THÉATRE · I

EUGÈNE LABICHE

THÉATRE I

Édition établie
par
GILBERT SIGAUX

GF-Flammarion

ISBN 2-08-070634-9
Imprimé en France

CHRONOLOGIE

1815 (6 mai) : Naissance à Paris d'Eugène-Marin Labiche. Fils de Jacques-Philippe-Marin Labiche (1786-1864), industriel qui exploite à Rueil une fabrique de « sirop et glucose de fécule ». Maison à Rueil, appartement à Paris : 56, rue du Faubourg-Montmartre.

1825-1833 : Études au Collège Bourbon qui deviendra le Lycée Condorcet.

1834 (26 janvier-15 août) : Eugène Labiche, ayant terminé ses études secondaires et obtenu le baccalauréat ès lettres, fait, en compagnie de trois amis, un voyage en Suisse, en Italie et en Sicile. Il écrit son Journal dont le manuscrit tient en deux gros cahiers. On lit à la première page du premier cahier : « *Voyage en Italie. Journal de mon voyage 1834* et encore ceci : *Je suis parti le 26 janvier 1834 et reviendrai... Dieu sait quand.* » Il revint le 15 août. En septembre, il s'inscrivit à l'École de droit pour préparer sa licence.
Il collabore à un petit journal *Chérubin* avec quelques comptes rendus de premières, des souvenirs de voyage : *Voyage à Arona et aux Iles Borromées* (23 octobre) et *De Paris à Melun, études de diligence* (13 et 17 novembre, 18 décembre).

1835 : En février et mars, Labiche donne de nouveaux comptes rendus à *Chérubin*. Mais le journal disparaît en mars. En mai, dans la *Revue de France* paraît une nouvelle de Labiche : *Dans la vallée de Lauterbrunnen (1715)*. Et dans *L'Essor : Les plus belles sont les plus fausses.*

1836-1837 : Labiche collabore à *La Revue du théâtre*, fondée en 1834. Il y publie des articles de critique dramatique et des esquisses ou variétés littéraires comme *La Tirelire de Jean Rotrou* et *Histoire politique et dramatique de la ville de Rueil.* Avec Auguste Lefranc, Marc-Michel, Albéric Second (qui seront ses collaborateurs pour de nombreuses pièces), Edouard Thierry, futur administrateur de la Comédie-Française, A. Seville, J. Belin et G. d'Avrigny, Labiche écrit un roman : *Le Bec dans l'eau* qui paraît dans cette même revue (juillet-septembre 1837).

1837 : Labiche fait ses débuts d'auteur dramatique avec *La Cuvette d'eau*, comédie écrite en collaboration avec Auguste Lefranc et Marc-Michel. La pièce n'a pas été imprimée on n'en connaît pas de manuscrit et on ignore la date exacte de sa création ainsi que le théâtre où elle fut jouée (peut-être le théâtre du Luxembourg).

1838 (2 juillet) : *Monsieur de Coyllin ou l'Homme infiniment poli.* Comédie en un acte mêlée de chant. Théâtre du Palais-Royal. Collaborateurs Marc-Michel et Auguste Lefranc. Editeur : Marchant, in-8 sur deux colonnes. *Le Capitaine d'Arcourt ou la Fée du Château.* Pièce, qui, comme *La Cuvette d'eau*, n'a pas laissé de traces; elle n'a pas été imprimée et on ne possède aucun renseignement en ce qui concerne la date exacte, et le lieu de la première représentation. Marc-Michel et Auguste Lefranc auraient collaboré avec Labiche.
28 août : *L'Avocat Loubet.* Drame en trois actes. Théâtre du Panthéon. Collaborateurs : Auguste Lefranc et Marc-Michel. Ed. : Musée dramatique L. Michaud.

1839 : Publication de *La Clef des Champs*, roman chez Gabriel Roux; sous-titre : *Etudes de mœurs.* Tirage 300 ex.
4 avril : *La Forge des Châtaigniers.* Drame en 3 actes. Théâtre Saint-Marcel. Collaborateurs : Marc-Michel et Auguste Lefranc. La pièce n'a pas été imprimée du vivant de Labiche. Elle figure au tome VIII des *Œuvres complètes* du Club de l'Honnête Homme (1968). Le théâtre Saint-Marcel, dirigé en 1839 par Antony Béraud (1782-1860), était une salle à fréquentation populaire située rue Pascal (à la limite des 5e et 13e arrondissements) à un emplacement proche de l'angle de la rue Pascal et du boulevard de Port-Royal. C'est au moment où l'on construisit cette dernière voie, le boulevard Arago et l'avenue des Gobelins que le théâtre Saint-Marcel fut détruit.
Juin : *La Peine du talion.* Drame-vaudeville en trois

actes. Théâtre du Luxembourg. Collaborateurs : Auguste Lefranc et Marc-Michel. La pièce n'a pas été imprimée. Reprise au Théâtre Beaumarchais le 5 novembre 1848.
Le théâtre du Luxembourg fondé en 1816 et situé rue de Fleurus donnait avant 1830 des spectacles forains; il était dirigé par Saix, dit Bobino. Après 1830 on y joua le drame et le vaudeville. Il fut démoli en 1868.
20 août : *L'Article 960 ou la Donation*. Comédie-vaudeville en un acte. Théâtre du Vaudeville. La pièce est signée de Jacques Ancelot (1794-1854) et de Paul Dandré (pseudonyme collectif de Labiche, Lefranc et Marc-Michel). Ed. : Marchant.

1840 (21 juillet) : *Le Fin Mot*. Comédie-vaudeville en un acte. Théâtre des Variétés. La pièce est signée Paul Dandré. Ed. : Marchant.
17 août : *Bocquet père et fils ou le chemin le plus long*. Comédie-vaudeville en deux actes. Théâtre du Gymnase. Collaborateurs : Paul Laurencin et Marc-Michel. Ed. : Marchant.
25 décembre : *Le Lierre et l'Ormeau*. Comédie-vaudeville en un acte. Théâtre du Palais-Royal. Collaborateurs : Auguste Lefranc et Albert Monnier. Ed. : Beck.
Second voyage de Labiche en Italie.

1841 : Pas de pièce cette année-là.
Labiche fait un voyage en Hollande.
Il publie avec son ami Lefranc un éphémère petit journal de cancans et de coulisses : *Les Papillotes*.

1842 (26 février) : *Les Circonstances atténuantes*. Comédie-vaudeville en un acte. Théâtre du Palais-Royal. Collaborateurs : Mélesville et Auguste Lefranc. Ed. : Beck.
25 avril : Mariage d'Eugène Labiche. Il épouse Mlle Adèle Hubert, née en 1823, fille de Jean-Baptiste Hubert et d'Adélaïde Flandin. Le ménage s'installe au 67, rue Caumartin. Mme Eugène Labiche mourra en 1914.

1843 (12 mai) : *L'Homme de paille*. Comédie-vaudeville en un acte. Théâtre du Palais-Royal. Collaborateur : Auguste Lefranc. Ed. : Beck.

1844 (15 février) : *Le Major Cravachon*. Comédie-vaudeville en un acte. Théâtre du Palais-Royal. Collabo-

rateurs : Auguste Lefranc et Paul Jessé. Ed. : Beck et *Théâtre complet.*
16 novembre : *Deux papas très bien ou la grammaire de Chicard.* Comédie-vaudeville en un acte. Théâtre du Palais-Royal. Collaborateur : Auguste Lefranc. Ed. : Beck et *Théâtre complet.*

1845 (28 mars) : *Le Roi des Frontins.* Comédie-vaudeville en deux actes. Théâtre du Palais-Royal. Collaborateur Auguste Lefranc. Ed. : Beck.
23 juillet : *L'Ecole buissonnière.* Comédie en deux actes mêlés de chant. Théâtre du Palais-Royal. Collaborateur : Auguste Lefranc. Ed. : Beck.
21 novembre : *L'Enfant de la maison.* Vaudeville en un acte. Théâtre du Gymnase. Collaborateurs : Charles Varin et Eugène Nyon. Ed. : Beck.

1846 (9 avril) : *Mademoiselle ma femme.* Comédie en un acte, mêlée de couplets. Théâtre du Palais-Royal. Collaborateur Auguste Lefranc. Ed. : Beck.
22 avril : *Rocambolle le bateleur :* Comédie populaire en deux actes. Théâtre des Folies Dramatiques. Collaborateur : Auguste Lefranc. Ed. : Michel Lévy frères.
28 avril : *Frisette.* Vaudeville en un acte. Théâtre du Palais-Royal. Collaborateur : Auguste Lefranc. Ed. : Michel Lévy frères et *Théâtre complet.*
17 juin : *L'Inventeur de la poudre.* Comédie-vaudeville en un acte. Théâtre du Palais-Royal. Collaborateurs : Auguste Lefranc et Eugène Nyon.

1847 (24 avril) : *L'Avocat pédicure.* Comédie-vaudeville en un acte. Théâtre du Palais-Royal. Collaborateur : Auguste Lefranc. Ed. : Beck.
18 mai : *La Chasse aux jobards.* Vaudeville en un acte. Théâtre des Folies Dramatiques. Collaborateur : Auguste Lefranc. Ed. : Beck.
15 août : *Un homme sanguin.* Comédie-vaudeville en un acte. Théâtre du Gymnase. Collaborateur : Auguste Lefranc. Ed. : Beck.
29 décembre : *L'Art de ne pas donner d'étrennes.* A-propos-vaudeville en un acte. Théâtre du Gymnase. Collaborateur : Auguste Lefranc. Ed. : Beck.

1848 (4 mars) : *Un jeune homme pressé.* Vaudeville. Vaudeville en un acte. Théâtre du Palais-Royal. Ed. : Michel Lévy et *Théâtre complet.*
23 et 24 avril : Elections à l'Assemblée constituante.

Labiche s'est porté candidat à Rueil, canton de Marly-le-Roi. Il obtient 12 060 voix, assez loin du dernier des douze élus de Seine-et-Oise (qui en obtient 34 587).
8 juin : *Le Club Champenois*. A-propos en un acte mêlé de couplets. Théâtre du Palais-Royal. Collaborateur : Auguste Lefranc. Ed. : Beck et *Théâtre complet*.
29 juillet : *Oscar XXVIII*. Comédie-vaudeville en deux actes. Théâtre des Variétés. Collaborateurs : Adrien Decourcelle et Jules Barbier. Ed. : Beck.
1er août : *Le Baromètre ou la Pluie et le Beau Temps*. Vaudeville en deux actes. Théâtre du Vaudeville. Collaborateurs : Auguste Lefranc et Marc-Michel. Pièce non imprimée.
4 août : *Une chaîne anglaise*. Comédie-vaudeville en trois actes. Théâtre du Palais-Royal. Collaborateur : Saint-Yves. Ed. : Beck.
12 août : *A moitié chemin*. Vaudeville en un acte. Théâtre Beaumarchais. Collaborateurs : Auguste Lefranc et Marc-Michel. Pièce non imprimée.
Le 5 décembre 1835, au 25, boulevard Beaumarchais, on inaugurait, sous le nom de théâtre de la Porte-Saint-Antoine, la salle qui, le 8 octobre 1842, deviendra le théâtre Beaumarchais. De nombreuses directions, des changements de répertoire (on y chanta l'opéra-bouffe, l'opérette) marquent l'histoire du théâtre Beaumarchais qui sera démoli à la fin de 1892.
13 août : *Histoire de rire*. Vaudeville en un acte. Théâtre du Gymnase. Collaborateur : Saint-Yves. Ed. : Beck.
16 septembre : *Agénor le dangereux*. Vaudeville en un acte. Théâtre du Palais-Royal. Collaborateurs : Adrien Decourcelle et Karl. Ed. : Beck.
12 décembre : *Une tragédie chez M. Grassot*. Folie en un acte. Théâtre du Palais-Royal. Collaborateur : Auguste Lefranc. Pièce non imprimée en 1848. Figure dans les *Œuvres complètes* du Club de l'Honnête Homme.
16 décembre : *A bas la famille, ou les Banquets*. A-propos montagnard en un acte. Théâtre du Gymnase. Collaborateur : Auguste Lefranc. Ed. : Beck.

1849 (25 janvier) : *Madame veuve Larifla*. Vaudeville en un acte. Théâtre des Variétés. Collaborateur Adolphe Choler. Ed. : Beck.
3 février : *Les Manchettes d'un vilain*. Comédie-vaude-

ville en deux actes. Théâtre du Palais-Royal. Collaborateurs : Auguste Lefranc et Saint-Yves. Ed. : Beck.
6 février : *Un monsieur qui pose.* Vaudeville en un acte. Théâtre des Folies-Dramatiques. Collaborateurs : Auguste Lefranc et Philippe de Marville. Pièce non imprimée.
15 février : *Une dent sous Louis XV.* Monologue. Théâtre du Palais-Royal. Collaborateur : Auguste Lefranc. Ed. : Michel Lévy frères.
17 février : *Mon ours.* Folie de carnaval en un acte. Théâtre des Variétés. Collaborateur : Adolphe Choler. Pièce non imprimée.
8 avril : *Trompe-la-Balle.* Comédie-vaudeville en un acte. Théâtre du Palais-Royal. Collaborateur : Auguste Lefranc. Ed. : Beck.
20 juin : *Exposition des produits de la République.* Vaudeville en trois actes et cinq tableaux. Théâtre du Palais-Royal. Collaborateurs : P.-F. Dumanoir et Louis Clairville. Ed. : Michel Lévy.
24 septembre : *Rue de l'Homme armé n° 8 bis.* Comédie-vaudeville en quatre actes. Théâtre des Variétés. Collaborateur : Eugène Nyon. Ed. : Beck.
1er décembre : *Pour qui voterai-je ?* Scène comique. Théâtre des Variétés. Collaborateur : Adolphe Choler. Pièce non imprimée.

1850 (6 mars) : *Embrassons-nous Folleville!* Comédie-vaudeville en un acte. Théâtre du Palais-Royal. Collaborateur : Auguste Lefranc. Ed. : Michel Lévy frères et *Théâtre complet.*
26 avril : *Traversin et Couverture.* (Parodie de *Toussaint Louverture,* drame de Lamartine créé le 6 avril 1850 par Frédérick Lemaître à la Porte-Saint-Martin) « En 4 actes, mêlée de peu de vers et de beaucoup de prose ». Théâtre du Palais-Royal. Collaborateur : Charles Varin. Ed. : Michel Lévy.
10 mai : *Un garçon de chez Véry.* Comédie en un acte mêlée de couplets. Théâtre du Palais-Royal. Ed. : Michel Lévy frères et *Théâtre complet.*
18 juillet : *Le Sopha.* Conte fantastique en trois actes mêlés de chant, précédé de *Schahabaham XCIV,* prologue-vaudeville en un acte. Théâtre du Palais-Royal. Collaborateurs : Mélesville et Charles Desnoyer. Ed. : Michel Lévy frères.
6 septembre : *La Fille bien gardée.* Comédie-vaudeville

en un acte. Théâtre du Palais-Royal. Collaborateur : Marc-Michel. Ed. : Beck et *Théâtre complet.*
12 octobre : *Un bal en robe de chambre.* « Episode de la vie du grand monde, mêlé de couplets. » Théâtre du Palais-Royal. Collaborateur : Marc-Michel. Ed. : Beck.
6 novembre : *Les Petits Moyens.* Comédie-vaudeville en un acte. Théâtre du Gymnase. Collaborateurs : Gustave Lemoine et Adrien Decourcelle. Ed. : Beck.
24 novembre : *Les Prétendus de Gimblette.* Vaudeville en un acte. Théâtre de la Gaîté. Signé Paul Dandré — c'est-à-dire Labiche, Lefranc et Marc-Michel et Senneif; ce dernier est Matharel de Fiennes. Ed. : Michel Lévy frères.

1851 (4 janvier) : *Une clarinette qui passe.* Comédie-vaudeville en un acte. Théâtre des Variétés. Collaborateur : Marc-Michel. Ed. : Michel Lévy frères.
8 février : *La Femme qui perd ses jarretières.* Comédie en un acte mêlée de couplets. Théâtre du Palais-Royal. Collaborateur : Marc-Michel. Ed. : Michel Lévy frères.
2 mars : *On demande des culottières.* Folie-vaudeville en un acte. Théâtre du Palais-Royal. Collaborateur : Marc-Michel. Ed. : Michel Lévy frères.
9 avril : *Mam'zelle fait ses dents.* Comédie en un acte mêlée de couplets. Théâtre du Palais-Royal. Collaborateur : Marc-Michel. Ed. : Beck.
8 août : *En manches de chemise.* Vaudeville en un acte. Théâtre du Palais-Royal. Collaborateurs : Auguste Lefranc et Eugène Nyon. Ed. : Michel Lévy frères et *Théâtre complet.*
14 août : *Un chapeau de paille d'Italie.* Comédie en cinq actes mêlée de couplets. Théâtre du Palais-Royal. Collaborateur : Marc-Michel. Ed. : Michel Lévy frères et *Théâtre complet.*

1852 (13 mars) : *Maman Sabouleux.* Comédie en un acte mêlée de chant. Théâtre du Palais-Royal. Collaborateur : Marc-Michel. Ed. : Michel Lévy frères et *Théâtre complet.*
25 mars : *Un monsieur qui prend la mouche.* Comédie en un acte mêlée de couplets. Théâtre des Variétés. Collaborateur : Marc-Michel. Ed. : Michel Lévy frères et *Théâtre complet.*
1er mai : *Soufflez-moi dans l'œil.* Comédie-vaudeville

en un acte. Théâtre du Palais-Royal. Collaborateur : Marc-Michel. Ed. : Michel Lévy frères.
8 mai : *Les Suites d'un premier lit.* Comédie en un acte mêlée de chant. Théâtre du Vaudeville. Collaborateur : Marc-Michel. Ed. : Michel Lévy frères et *Théâtre complet.*
10 août : *Le Misanthrope et l'Auvergnat.* Comédie en un acte mêlée de couplets. Théâtre du Palais-Royal. Collaborateurs : P.-M. Lubize et Paul Siraudin. Ed. : Michel Lévy frères et *Théâtre complet.*
22 septembre : *Deux Gouttes d'eau.* Comédie en un acte mêlée de couplets. Théâtre des Variétés. Collaborateur : Anicet-Bourgeois. Ed. : Michel Lévy.
30 septembre : *Piccolet.* Comédie-vaudeville en un acte. Théâtre du Palais-Royal. Collaborateurs : Auguste Lefranc et Montjoie. Ed. : Michel Lévy frères et *Théâtre complet.*
16 octobre : *Edgard et sa bonne.* Comédie en un acte mêlée de couplets. Théâtre du Palais-Royal. Collaborateur : Marc-Michel. Ed. : Michel Lévy frères et *Théâtre complet.*
16 décembre : *Le Chevalier des dames.* Comédie en un acte mêlée de couplets. Théâtre du Palais-Royal. Collaborateur : Marc-Michel. Ed. : Michel Lévy frères.
17 décembre : *Mon Isménie.* Comédie en un acte mêlée de couplets. Théâtre du Palais-Royal. Collaborateur : Marc-Michel. Ed. : Michel Lévy frères et *Théâtre complet.*
31 décembre : *Une charge de cavalerie.* Comédie-vaudeville en un acte. Théâtre du Palais-Royal. Collaborateurs : Eugène Moreau et Alfred Delacour. Ed. : Michel Lévy frères.

1853 : Labiche achète à Souvigny, près de Lamotte-Beuvron, en Loir-et-Cher, le château de Launoy, avec neuf cents hectares de terre, qu'il exploitera lui-même et où il résidera une partie de l'année.
19 janvier : *Un ami acharné.* Comédie-vaudeville en un acte. Théâtre des Variétés. Collaborateur : Alphonse Jolly. Ed. : Michel Lévy frères.
11 février : *On dira des bêtises.* Vaudeville en un acte. Théâtre des Variétés. Collaborateurs : Alfred Delacour et Raymond Deslandes. Ed. : Beck.
19 mars : *Un notaire à marier.* Comédie-vaudeville en trois actes. Théâtre des Variétés. Collaborateurs :

Marc-Michel et Arthur de Beauplan. Ed. : Michel Lévy frères.
2 mai : *Un ut de poitrine.* Vaudeville en un acte. Théâtre du Palais-Royal. Collaborateur : Auguste Lefranc. Ed. : Michel Lévy frères.
25 juin : *La Chasse aux corbeaux.* Comédie-vaudeville en cinq actes. Théâtre du Palais-Royal. Collaborateur : Marc-Michel. Ed. : Michel Lévy frères et *Théâtre complet.*
31 juillet : *Un feu de cheminée.* Vaudeville en un acte. Théâtre du Palais-Royal. Collaborateur : Arthur de Beauplan. Ed. : Michel Lévy frères.

1854 (24 février) : *Deux Profonds Scélérats.* Pochade en un acte. Théâtre du Palais-Royal. Collaborateur : Charles Varin. Ed. : Michel Lévy frères.
8 avril : *Un mari qui prend du ventre.* Comédie-vaudeville en un acte. Théâtre des Variétés. Collaborateur : Marc-Michel. Ed. : Michel Lévy frères.
7 juin : *Espagnolas et Boyardinos.* Folie-vaudeville en deux actes mêlée de chant. Théâtre du Palais-Royal. Collaborateur Marc-Michel. Ed. : Michel Lévy frères.
31 août : *Les Marquises de la Fourchette.* Vaudeville en un acte. Théâtre du Vaudeville. Collaborateur : Adolphe Choler. Ed. : Michel Lévy frères et *Théâtre complet.*
24 novembre : *Otez votre fille, s'il vous plaît.* Comédie en deux actes mêlée de chant. Théâtre du Palais-Royal. Collaborateur : Marc-Michel. Ed. : Michel Lévy frères.

1855 (10 février) : *La Perle de la Canebière.* Comédie en un acte, mêlée de chant. Théâtre du Palais-Royal. Collaborateur : Marc-Michel. Ed. : Michel Lévy frères et *Théâtre complet.*
2 mars : *Monsieur votre fille.* Comédie-vaudeville en un acte. Théâtre du Vaudeville. Collaborateur : Marc-Michel. Ed. : Michel Lévy frères.
7 août : *Les Précieux.* Comédie en un acte, mêlée de chant. Théâtre du Palais-Royal. Collaborateurs : Marc-Michel et Auguste Lefranc. Ed. : Michel Lévy frères.

1856 : Naissance d'André-Marin Labiche, fils unique d'Eugène Labiche. Il sera maître des requêtes au Conseil d'Etat et mourra en 1897. Marié en 1882 à Mlle Madeleine Flandin, il eut deux fils : Eugène (1883-1962) et Pierre (1884-1950). Veuf en 1885, André Labiche se remaria en 1889 avec Lucie Guiard

(1870-1930), nièce d'Emile Augier. De ce second mariage naquirent Jacques (1890-1910) et, en 1894, Suzanne, qui deviendra Mme Gracy.

19 janvier : *Les Cheveux de ma femme*. Comédie-vaudeville en un acte. Théâtre des Variétés. Collaborateur : Léon Battu. Ed. : Michel Lévy frères.

2 février : *En pension chez son groom*. Comédie-vaudeville en un acte. Théâtre du Palais-Royal. Collaborateur : Marc-Michel. Ed. : Michel Lévy frères.

20 février : *Monsieur de Saint-Cadenas*. Comédie-vaudeville en un acte. Théâtre du Palais-Royal. Collaborateur : Marc-Michel. Ed. : Michel Lévy frères.

16 avril : *La Fiancée du bon coin*. Tableau populaire en un acte mêlé de chant. Théâtre du Palais-Royal. Collaborateur : Marc-Michel. Ed. : Michel Lévy frères.

9 mai : *Si jamais je te pince !* Comédie en trois actes mêlée de chant. Théâtre du Palais-Royal. Collaborateur : Marc-Michel. Ed. : Michel Lévy et *Théâtre complet*.

14 novembre : *Mesdames de Montenfriche*. Comédie en trois actes mêlée de couplets. Théâtre du Palais-Royal. Collaborateur : Marc-Michel. Ed. : Michel Lévy frères.

29 novembre : *Un monsieur qui a brûlé une dame*. Comédie-vaudeville en un acte. Théâtre du Palais-Royal. Collaborateur : Anicet-Bourgeois. Ed. : Michel Lévy et *Théâtre complet*.

1857 (26 janvier) : *Le Bras d'Ernest*. Comédie-vaudeville en un acte. Théâtre du Palais-Royal. Collaborateur : Hippolyte Leroux. Ed. : Michel Lévy frères.

26 mars : *L'Affaire de la rue de Lourcine*. Comédie en un acte mêlée de couplets. Théâtre du Palais-Royal. Collaborateurs : Albert Monnier et Edouard Martin. Ed. : Michel Lévy frères et *Théâtre complet*.

11 avril : *La Dame aux jambes d'azur*. Pochade en un acte. Théâtre du Palais-Royal. Collaborateur : Marc-Michel. Ed. : Michel Lévy frères.

10 juin : *Les Noces de Bouchencœur*. Comédie en trois actes mêlée de chant. Théâtre du Palais-Royal. Collaborateurs : Albert Monnier et Edouard Martin. Ed. : Michel Lévy frères et *Théâtre complet*.

5 octobre : *Le Secrétaire de Madame*. Comédie-vaudeville en un acte. Théâtre du Gymnase. Collaborateur : Marc-Michel. Ed. : Michel Lévy frères.

11 décembre : *Un gendre en surveillance.* Comédie-vaudeville en un acte. Théâtre du Gymnase. Collaborateur : Marc-Michel. Ed. : Michel Lévy frères.

1858 (14 février) : *Je croque ma tante.* Comédie-vaudeville en un acte. Théâtre du Palais-Royal. Collaborateur : Marc-Michel. Ed. : Michel Lévy frères.
1er avril : *Le Clou aux maris.* Comédie-vaudeville en un acte. Théâtre du Palais-Royal. Collaborateur : Eugène Moreau. Ed. : Michel Lévy frères et *Théâtre complet.*
1er mai : *L'Avare en gants jaunes.* Comédie-vaudeville en trois actes. Théâtre du Palais-Royal. Collaborateur : Anicet-Bourgeois. Ed. : Michel Lévy frères et *Théâtre complet.*
12 mai : *Deux Merles blancs.* Comédie-vaudeville en trois actes. Théâtre des Variétés. Collaborateur : Alfred Delacour. Ed. : Michel Lévy frères et *Théâtre complet.*
20 juin : *Madame est aux eaux.* Comédie-vaudeville en un acte. Théâtre du Palais-Royal. Collaborateur : Vilmar (Philippe de Marville). Ed. : Michel Lévy frères.
3 novembre : *Le Grain de Café.* Comédie-vaudeville en trois actes. Théâtre du Palais-Royal. Collaborateur : Marc-Michel. Pièce non imprimée. Copie à la bibliothèque de l'Arsenal.
7 décembre : *Le Calife de la rue Saint-Bon.* Scènes de la vie turque, mêlée de couplets. Théâtre du Palais-Royal. Musique de Mangeant. Collaborateur : Marc-Michel. Ed. : Charlieu.
24 décembre : *En avant les Chinois! Revue de 1858.* Théâtre du Palais-Royal. Collaborateur : Alfred Delacour. Ed. : Librairie nouvelle (A. Bourdilliat et Cie).

1859 (9 janvier) : *L'Avocat d'un Grec.* Comédie en un acte mêlée de couplets. Théâtre du Palais-Royal. Collaborateur : Auguste Lefranc. Ed. : Librairie nouvelle.
16 mars : *L'Amour, un fort volume, prix 3 F 50 c.* Parodie mêlée de couplets en un acte. Théâtre du Palais-Royal. Collaborateur : Edouard Martin. Ed. : Librairie nouvelle.
30 avril : *L'Ecole des Arthur.* Comédie-vaudeville en deux actes. Théâtre des Variétés. Collaborateur : Anicet-Bourgeois. Ed. : Michel Lévy frères.

8 juin : *L'Omelette à la Follembuche*. Opérette bouffe en un acte. Théâtre des Bouffes-Parisiens. Collaborateur : Marc-Michel. Musique de Léo Delibes. Ed. : Librairie théâtrale. Nouvelle édition en 1877 chez Tresse.
15 juin : *Le Baron de Fourchevif*. Comédie en un acte. Théâtre du Gymnase. Collaborateur : Alphonse Jolly. Ed. : Tresse et *Théâtre complet*.
28 novembre : *Les Petites Mains*. Comédie en trois actes. Théâtre du Vaudeville. Collaborateur : Edouard Martin. Ed. : Librairie nouvelle et *Théâtre complet*.
29 novembre : *Voyage autour de ma marmite*. Vaudeville en un acte. Théâtre du Palais-Royal. Collaborateur : Alfred Delacour. Ed. : Michel Lévy frères.
9 décembre : *Le Rouge-Gorge*. Vaudeville en un acte. Théâtre du Vaudeville. Collaborateur : Adolphe Choler. Ed. : Librairie théâtrale. Nouvelle édition en 1877 chez Tresse.

1860 (16 janvier) : *J'invite le colonel!* Comédie en un acte mêlée de couplets. Théâtre du Palais-Royal. Collaborateur : Marc-Michel. Ed. : Michel Lévy frères et *Théâtre complet*.
10 mars : *La Sensitive*. Comédie-vaudeville en trois actes. Théâtre du Palais-Royal. Collaborateur : Alfred Delacour. Ed. : Michel Lévy frères et *Théâtre complet*.
16 mars : *Les Deux Timides*. Comédie-vaudeville en un acte. Théâtre du Gymnase. Collaborateur : Marc-Michel. Ed. : Michel Lévy frères et *Théâtre complet*.
10 septembre : *Le Voyage de M. Perrichon*. Comédie en quatre actes. Théâtre du Gymnase. Collaborateur : Edouard Martin. Ed. : Librairie nouvelle et *Théâtre complet*.
29 septembre : *La Famille de l'horloger*. Comédie-vaudeville en un acte. Théâtre du Palais-Royal. Collaborateur : Raimond Deslande (Raymond Deslandes). Ed. : Librairie nouvelle.
29 septembre : *Un gros mot*. Comédie-vaudeville en un acte. Théâtre du Palais-Royal. Collaborateur : Dumoustier. Ed. : Michel Lévy frères et *Théâtre complet*.

1861 : Labiche est nommé chevalier de la Légion d'honneur.
13 février : *J'ai compromis ma femme*. Comédie en un acte mêlée de chant. Théâtre du Gymnase. Collabo-

rateur : Alfred Delacour. Ed. : Michel Lévy frères et *Théâtre complet.*

16 mars : *Les Vivacités du capitaine Tic.* Comédie en trois actes. Théâtre du Vaudeville. Collaborateur : Edouard Martin. Ed. : Michel Lévy frères et *Théâtre complet.*

3 avril : *L'Amour en sabots.* Comédie-vaudeville en un acte. Théâtre des Variétés. Collaborateur : Alfred Delacour. Airs nouveaux de J. Nargent. Ed. : Michel Lévy frères.

6 mai : *Le Mystère de la rue Rousselet.* Comédie en un acte mêlée de couplets. Théâtre du Vaudeville. Collaborateur : Marc-Michel. Ed. : Librairie nouvelle.

19 octobre : *La Poudre aux yeux.* Comédie en deux actes. Théâtre du Gymnase. Collaborateur : Edouard Martin. Ed. : Michel Lévy frères et *Théâtre complet.*

1862 (7 mars) : *La Station Champbaudet.* Comédie-vaudeville en trois actes. Théâtre du Palais-Royal. Collaborateur : Marc-Michel. Ed. : Michel Lévy frères et *Théâtre complet.*

1er avril : *Les Petits Oiseaux.* Comédie en trois actes. Théâtre du Vaudeville. Collaborateur : Alfred Delacour. Ed. : Dentu et *Théâtre complet.*

15 mai : *Le Premier Pas.* Comédie en un acte. Théâtre du Gymnase. Collaborateur : Alfred Delacour. Ed. : Dentu et *Théâtre complet.*

30 décembre : *Les 37 sous de M. Montaudoin.* Comédie-vaudeville en un acte. Théâtre du Palais-Royal. Collaborateur : Edouard Martin. Ed. : Dentu et *Théâtre complet.*

1863 (6 février) : *La Dame au petit chien.* Comédie-vaudeville en un acte. Théâtre du Palais-Royal. Collaborateur : Dumoustier. Ed. : Dentu.

21 février : *Permettez, madame!* Comédie en un acte. Théâtre du Gymnase. Collaborateur : Alfred Delacour. Ed. : Dentu.

27 février : *Célimare le bien-aimé.* Comédie-vaudeville en trois actes. Théâtre du Palais-Royal. Collaborateur : Alfred Delacour. Ed. : Dentu et *Théâtre complet.*

23 décembre : *La Commode de Victorine.* Comédie-vaudeville en un acte. Théâtre du Palais-Royal. Collaborateur : Edouard Martin. Ed. : Dentu et *Théâtre complet.*

1864 (22 février) : *La Cagnotte.* Comédie-vaudeville en

cinq actes. Théâtre du Palais-Royal. Collaborateur : Alfred Delacour. Ed. : Dentu et *Théâtre complet.*
21 mars : *Moi.* Comédie en trois actes. Comédie-Française. Collaborateur : Edouard Martin. Ed. : Dentu et *Théâtre complet.*
23 avril : *Un mari qui lance sa femme.* Comédie en trois actes. Théâtre du Gymnase. Collaborateur : Raymond Deslandes. Ed. : Dentu et *Théâtre complet.*
4 et 12 décembre : *Le Point de mire.* Comédie en quatre actes créée à Compiègne devant la Cour impériale (4) puis au Théâtre du Gymnase (12). Collaborateur : Alfred Delacour. Ed. : Dentu et *Théâtre complet.*

1865 (8 mai) : *Premier Prix de piano.* Comédie-vaudeville en un acte. Théâtre du Palais-Royal. Collaborateur : Alfred Delacour. Ed. : Dentu.
31 octobre : *L'Homme qui manque le coche.* Comédie-vaudeville en trois actes. Théâtre des Variétés. Collaborateur : Alfred Delacour. Ed. : Dentu.
1er décembre : *La Bergère de la rue Monthabor.* Comédie-vaudeville en quatre actes. Théâtre du Palais-Royal. Collaborateur : Alfred Delacour. Ed. : Dentu.
9 décembre : *Le Voyage en Chine.* Opéra-comique en trois actes. Théâtre de l'Opéra-Comique. Collaborateur : Alfred Delacour. Musique de François Bazin. Mise en scène de Mocker. Ed. : Dentu.

1866 (21 août) : *Un pied dans le crime.* Comédie-vaudeville en trois actes. Théâtre du Palais-Royal. Collaborateur Adolphe Choler. Ed. : Dentu et *Théâtre complet.*

1867 (25 février) : *Le Fils du brigadier.* Opéra-comique en trois actes. Théâtre de l'Opéra-Comique. Collaborateur : Alfred Delacour. Musique de Victor Massé. Mise en scène de Mocker. Ed. : Librairie dramatique, 10, rue de la Bourse.
28 juillet : *La Grammaire.* Comédie-vaudeville en un acte. Théâtre du Palais-Royal. Collaborateur : Alphonse Jolly. Ed. : Dentu et *Théâtre complet.*
6 septembre : *La Main leste.* Comédie-vaudeville en un acte. Théâtre des Bouffes-Parisiens. Collaborateur : Edouard Martin. Ed. : Dentu et *Théâtre complet.*
25 novembre : *Les Chemins de fer.* Comédie-vaudeville en cinq actes. Théâtre du Palais-Royal. Collaborateurs : Alfred Delacour, Adolphe Choler. Ed. : Dentu.

1868 (6 février) : *Le Papa du prix d'honneur.* Comédie-

vaudeville en quatre actes. Théâtre du Palais-Royal. Collaborateur : Théodore Barrière. Ed. : Michel Lévy frères.
27 novembre : *Le Corricolo*. Opéra-comique en trois actes. Théâtre de l'Opéra-Comique. Collaborateur : Alfred Delacour. Musique de Fernand Poise. Mise en scène de Mocker. Ed. : Librairie dramatique.
27 novembre : *Le Roi d'Amatibou*. Comédie en quatre actes. Théâtre du Palais-Royal. Collaborateur : Edmond Cottinet. Musique d'Hervé. Pièce non imprimée.
1er décembre : *Le Petit Voyage*. Pochade en un acte. Théâtre du Vaudeville. Ed. : Dentu et *Théâtre complet*.

1869 (20 mars) : *Le Dossier de Rosafol*. Comédie-vaudeville en un acte. Théâtre du Palais-Royal. Collaborateur : Alfred Delacour. Ed. : Librairie dramatique.
22 avril : *Le Choix d'un gendre*. Pochade en un acte. Théâtre du Vaudeville. Collaborateur : Alfred Delacour. Ed. : Dentu et *Théâtre complet*.

1870 (11 janvier) : *Le plus heureux des trois*. Comédie en trois actes. Théâtre du Palais-Royal. Collaborateur : Edmond Gondinet. Ed. : Dentu et *Théâtre complet*.
24 février : *La Cachemire X.B.T*. Comédie en un acte. Théâtre du Vaudeville. Collaborateur : Eugène Nus. Ed. : Dentu et *Théâtre complet*.
Eugène Labiche, maire de Souvigny, reste en Sologne pour remplir son devoir et protéger ses administrés. Il a quitté Paris en septembre 1870 et n'y reviendra qu'en juillet 1871.

1871 (15 juillet) : *Le Livre bleu*. Comédie en un acte. Théâtre du Palais-Royal. Collaborateur : Ernest Blum. Ed. : Dentu.
L'Ennemie. Comédie en trois actes. Théâtre du Vaudeville. Collaborateur : Alfred Delacour. Ed. : Dentu.

1872 (7 mai) : *Il est de la police*. Comédie en un acte. Théâtre du Palais-Royal. Collaborateur : Louis Leroy. Ed. : Dentu.
15 novembre : *La Mémoire d'Hortense*. Comédie en un acte. Théâtre des Variétés. Collaborateur : Alfred Delacour. Ed. : Dentu.
20 décembre : *Doit-on le dire ?* Comédie en trois actes. Théâtre du Palais-Royal. Collaborateur : Alfred Duru. Ed. : Dentu et *Théâtre complet*.

1873 (9 avril) : *29 degrés à l'ombre*. Comédie en un acte. Théâtre du Palais-Royal. Ed. : Dentu et *Théâtre complet*.

1874 (12 février) : *Garanti dix ans*. Comédie en un acte. Théâtre des Variétés. Collaborateur : Philippe Gille. Ed. : Dentu.
7 mars : *Brûlons Voltaire!* Comédie en un acte. Théâtre du Gymnase. Collaborateur : Louis Leroy. Ed. : Dentu.
30 mars : *Madame est trop belle*. Comédie en trois actes. Théâtre du Gymnase. Collaborateur : Alfred Duru. Ed. : Dentu.
1er avril : *La Pièce de Chambertin*. Comédie en un acte. Théâtre du Palais-Royal. Collaborateur : Jules Dufresnois. Ed. : Dentu.
15 septembre : *Les Samedis de Madame*. Comédie en trois actes. Théâtre du Palais-Royal. Collaborateur : Alfred Duru. Ed. : Dentu.

1875 (22 janvier) : *Les Trente Millions de Gladiator*. Comédie-vaudeville en quatre actes. Théâtre des Variétés. Collaborateur : Philippe Gille. Ed. : Dentu et *Théâtre complet*.
30 avril : *Un mouton à l'entresol*. Comédie en un acte. Théâtre du Palais-Royal. Collaborateur : Albéric Second. Ed. : Dentu.
27 août : *La Guigne*. Comédie-vaudeville en trois actes. Théâtre des Variétés. Collaborateurs : Leterrier et Vanloo. Pièce non imprimée.

1876 (5 février) : *Le Prix Martin*. Comédie en trois actes. Théâtre du Palais-Royal. Collaborateur : Emile Augier. Ed. : Dentu et *Théâtre complet*.
31 mars : *Le Roi dort*. Féerie-vaudeville en trois actes et huit tableaux. Théâtre des Variétés. Collaborateur : Alfred Delacour. Pièce non imprimée.
22 mai : *La Cigale chez les fourmis*. Comédie en un acte. Comédie-Française. Collaborateur : Ernest Legouvé. Ed. : Dentu et *Théâtre complet*.

1877 (5 janvier) : *La Clé*. Comédie en quatre actes. Théâtre du Palais-Royal. Collaborateur : Alfred Duru. Ed. : Dentu.
14 août : Même pièce, réduite à trois actes. Même théâtre.
En 1877 paraît chez Ollendorff dans *Le Théâtre de campagne*, 2e série : *La Lettre chargée*, fantaisie en un acte.

1878 : Début de la publication chez Calmann-Lévy, en dix volumes, du *Théâtre complet* d'Eugène Labiche, qui réunit cinquante-sept pièces. Préface d'Emile Augier. La publication s'achèvera en 1879. Nombreuses réimpressions.
Après l'échec de *La Clé*, Labiche a décidé de ne plus écrire pour le théâtre et il tiendra parole. Mais ses pièces sont l'objet de très fréquentes reprises, notamment au théâtre du Palais-Royal où il ne se passe pas d'année que l'on n'affiche une, et parfois plusieurs de ses pièces, entre 1878 et 1914.
En 1878 paraît chez Ollendorff dans le *Théâtre de Campagne* 4e série : *L'Amour de l'Art*, comédie en un acte.

1879 (2 mai) : Triomphale reprise, à l'Odéon, du *Voyage de M. Perrichon*, qui aura 155 représentations dans l'année et 38 au début de 1880.

1880 : Labiche est élu à l'Académie française au fauteuil de Samuel Silvestre de Sacy (1801-1879), conservateur de la bibliothèque Mazarine, sénateur de l'Empire, un des grands journalistes des *Débats*, érudit de goût classique.

1881 : *Un coup de rasoir*, comédie en un acte, paraît dans *Saynètes et monologues*, 3e série, chez Tresse. Cette pochade figure dans certaines listes sous le titre *Un rasoir anglais*.
Labiche en Sologne la plus grande partie de l'année.

1882 (15 février) : Mariage d'André-Marin Labiche (voir année 1856). Labiche en Sologne.

1883 : Naissance d'Eugène-Louis-Marin, fils d'André, premier petit-fils de Labiche.

1884 : Naissance de Pierre, deuxième petit-fils de Labiche.
Reprises du *Petit Voyage* et de *La Cagnotte* au Palais-Royal, des *Petites Mains* à l'Odéon, du *Plus heureux des trois* au Vaudeville.

1885 : Labiche souffre d'une maladie de cœur.
Septembre : Mort de Madeleine Labiche, née Flandin, femme d'André Labiche.

1886 : Reprises du *Livre bleu*, de *Doit-on le dire ?*, du *Misanthrope et l'Auvergnat* et des *Chemins de fer* au Théâtre de Cluny; du *Voyage de M. Perrichon* et des

Deux Timides au Vaudeville; de *La Cagnotte* au Palais-Royal; d'*Un chapeau de paille d'Italie* aux Variétés; du *Choix d'un gendre* à la Renaissance.

1887 : Reprises de *La Grammaire* et de *Célimare le bien-aimé* au Vaudeville; de *La Cagnotte* au Palais-Royal; des *Trente millions de Gladiator* aux Variétés; de *Deux Merles blancs*, d'*Edgar et sa bonne* et des *Noces de Bouchencœur* à la Renaissance; du *Misanthrope et l'Auvergnat*, des *37 sous de M. Montaudoin* et d'*Une chaîne anglaise* au Théâtre de Cluny.

1888 : Reprises de *La Grammaire* et du *Voyage de M. Perrichon* au Vaudeville; de *La Cagnotte* au Palais-Royal; de *La Station Champbaudet* et de *Mon Isménie* à la Renaissance; de *La Clé* au théâtre de Cluny.
22 janvier : Eugène Labiche meurt, dans sa soixante-treizième année, 67, rue Caumartin.
25 janvier : obsèques à Saint-Louis d'Antin et au cimetière de Montmartre. Discours de Ludovic Halévy au nom de la Société des Auteurs et Compositeurs dramatiques et de Me Rousse au nom de l'Académie française.

1889 (4 avril) : Succédant à Labiche, Henri Meilhac prononce l'éloge de son prédécesseur à l'Académie française.

INTRODUCTION

I

On considère, avec raison, Labiche comme un maître du rire; le mouvement qui anime ses chefs-d'œuvre, la fertilité de ses inventions, ce comique extravagant que Théophile Gautier (peu tendre pour le vaudeville pourtant) définissait comme une logique de l'absurde, les formules cocasses dont son dialogue est semé, bref toutes les qualités d'une verve jaillissante souvent folle, et d'un métier dramatique très sûr, lui sont reconnues.

Qu'il soit un grand amuseur, personne ne l'a donc jamais contesté. Et on a compris, assez tôt, qu'il pouvait s'élever à la grande comédie. Flaubert affirmait après avoir vu *Le Prix Martin :* « C'est du Molière. » La publication du *Théâtre complet* (1878-1879) fournit à quelques contemporains de Labiche l'occasion de tracer de lui des portraits où, derrière l'amuseur, on reconnaît et on admire l'observateur.

Pourtant Labiche a longtemps souffert et souffre encore parfois d'un malentendu. Il faut comprendre : *l'œuvre de Labiche a souffert* — car lui-même, comme le remarque Philippe Soupault, auteur du premier essai *moderne* sur Labiche, « a fait tout ce qu'il a pu pour donner le change et éviter qu'on ne lui accorde plus qu'il ne demandait ».

Sur quoi Labiche voulait-il donner le change ? En essayant de répondre à la question nous pourrons voir l'écrivain dans sa vérité, lui donner sa dimension et le mettre à sa place : maître du rire, et moraliste; vaudevilliste génial et peintre de la société bourgeoise de son temps. Peintre sans illusion et souvent cruel volontairement (ou involontairement) en raison de la fidélité avec laquelle, à l'abri de la caricature, il met sur le théâtre non seulement les mœurs de ses contemporains, mais les ressorts qui font agir les hommes de toujours — l'homme.

Ici, une remarque s'impose : Labiche n'est pas ce peintre impitoyable d'un bout à l'autre de son œuvre. Il serait ridicule de mettre sur le même plan *Célimare le bien-aimé*, *Le Point de mire*, ou *Le Prix Martin* par exemple, qui sont des pièces singulièrement « dures » et une pochade comme *La Dame aux jambes d'azur* ou une folie-vaudeville comme *On demande des culottières*.

Pour restituer à Labiche sa dimension de peintre et de témoin, il est bon de commencer par être soi-même témoin exact de Labiche.

Sans mentionner toutes ses pièces, ni suivre sa biographie dans le détail [1], il faut situer sa carrière et en marquer les étapes.

La première pièce de Labiche, *La Cuvette d'eau*, est de 1837, la dernière, *La Clé*, de 1877. Entre ces deux dates, il a écrit, (la plupart du temps en collaboration) et fait représenter cent soixante-treize pièces : deux drames et un drame-vaudeville, œuvres de jeunesse; une revue de fin d'année (1868), une opérette-bouffe, trois opéras-comiques — les autres pièces étant des comédies, des vaudevilles, des pochades, des fantaisies, des folies-vaudevilles. Une part de cette production (dont l'importance numérique n'est pas exceptionnelle : beaucoup d'auteurs du XIXᵉ siècle ont des répertoires de deux cents, parfois trois cents pièces; Dumas père, par ailleurs romancier prolifique, en a signé quatre-vingt-dix-sept) correspond à des commandes, ou à des demandes de directeurs de théâtre ou de comédiens. La situation qu'occupe de nos jours un scénariste ou un dialoguiste de cinéma en renom, fut, à partir de 1848 environ, celle de Labiche. Il écrit beaucoup par nécessité professionnelle autant que par goût. Il a lui-même prouvé, en choisissant cinquante-sept pièces seulement pour les dix volumes de son *Théâtre complet* qu'il était conscient de n'avoir pas tout écrit de la même encre. On peut certes trouver son choix trop sévère; il est légitime de le compléter en remettant en lumière nombre de pièces qu'il a négligées. Mais on ne saurait oublier que, pour l'essen-

1. Voir plus haut la chronologie de la vie et de l'œuvre.

tiel, Labiche avait raison quand il composait en quelque sorte son testament d'auteur : le meilleur de son œuvre s'y trouve rassemblé.

II

1. 1837-1843 : Labiche fait jouer treize pièces dont il ne gardera aucune pour le *Théâtre complet*. C'est la période où il apprend son métier d'auteur dramatique tout en collaborant à de nombreux petits journaux et en écrivant un roman : *La Clef des champs*. En 1842 son mariage marque une coupure : sa belle famille essaie de le faire renoncer au théâtre.

2. 1844-1850 : l'année 1844 est celle du *Major Cravachon* et de *Deux papas très bien*, qui sont, dans l'ordre chronologique, les deux premières comédies retenues pour le *Théâtre complet*. Le succès du *Major Cravachon* fait de Labiche un collaborateur régulier du Théâtre du Palais-Royal : sur quarante pièces, écrites entre 1844 et 1850, il en donne vingt-trois à la salle de la rue de Montpensier. Mais ces sept années sont une période où les succès alternent avec les demi-succès. Huit pièces sur quarante seront retenues pour le *Théâtre complet* : la proportion est éloquente.

3. 1851-1860 : après avoir fait jouer cinq pièces entre le début de janvier et d'août 1851, Labiche donne le 14 août au Palais-Royal, *Un chapeau de paille d'Italie*. Avec le triomphe de ce prototype de vaudeville de mouvement s'ouvre la grande époque de Labiche, qui correspond, en gros, au second Empire. Pendant la période 1851-1860, entre *Un chapeau de paille d'Italie* et *Le Voyage de Monsieur Perrichon*, notre auteur donne cinquante-sept pièces dont vingt se retrouveront dans le *Théâtre complet*.

4. 1860-1863 : *Le Voyage de Monsieur Perrichon*, créé au Gymnase le 10 septembre 1860, marque une nouvelle étape. C'est, dans l'œuvre de Labiche la première comédie de mœurs qui se double d'une comédie de caractère. Perrichon est un homme de son temps, un de ces bourgeois qui ont accueilli avec soulagement en 1851 la liquidation de la deuxième République et l'arrivée au pouvoir de Louis-Napoléon. Il tient à son argent; c'est le parti de l'argent qui, après avoir tenu les rênes de 1830 à 1848, a escamoté en quelques mois la révolution de Février et donné à la France une stabilité rassurante...

Mais Perrichon, content de lui, d'un naturel jovial, vaniteux, ingrat, lâche et fanfaron, est un type d'homme qui appartient à toutes les époques. Labiche ne l'a pas peint sans nuances : Perrichon a de la finesse, de l'humour même, et sa pirouette finale est adroite. On rencontre chez Labiche nombre de quinquagénaires ronds et bien rentés, sûrs d'eux-mêmes et à peu près inconscients de leur vraie nature : Perrichon est le premier de la lignée. Qu'il doive quelque chose au Joseph Prudhomme d'Henry Monnier, c'est certain. *Grandeur et décadence de Joseph Prudhomme*, la comédie en 5 actes d'Henry Monnier et Gustave Vaez fut créée à l'Odéon le 23 novembre 1852, avec Henry Monnier dans le rôle principal. Elle connut le succès et donna du relief à un personnage de papier. Mais le bourgeois louis-philippard, ainsi *fixé* par la création d'Henry Monnier, était une caricature à l'existence précaire. Perrichon, lui, est construit par un dramaturge qui observe en reliant sans cesse l'extérieur et l'intérieur; le personnage n'est pas commandé par des ficelles, il suit sa pente naturelle, et agit dans la logique de son caractère : il est sa propre fatalité. Les circonstances le révèlent, l'obligent à se montrer dans sa vérité — mais nous avons le sentiment qu'avant d'entrer en scène il existait fortement. Ce n'est pas d'abord un rôle, mais une création d'écrivain.

Après *Le Voyage de Monsieur Perrichon* et jusqu'à la fin de 1863, en trois ans Labiche donne quinze pièces, dont dix seront retenues pour le *Théâtre complet*. Parmi elles, *La Poudre aux yeux*, chef-d'œuvre d'observation et de technique, et *Célimare le bien-aimé* qui est une de ses comédies les plus impitoyables. Mais secrètement impitoyable : révélatrice, de la façon dont l'écrivain « donne le change ».

5. 1864-1870 : l'année 1864 qui voit naître quatre comédies, réunies dans le *Théâtre complet* correspondrait, si nous figurions le destin de Labiche par une courbe, au point le plus haut. Trois de ces comédies doivent en effet être placées au premier rang, comme *Le Voyage de Monsieur Perrichon* et *Célimare le bien-aimé*, et pour les mêmes raisons : elles appartiennent au registre grave de Labiche. Ce sont : *La Cagnotte*, *Moi*, et *Le Point de mire*.

1864 est donc une grande année pour Labiche malgré le succès moyen de *Moi* (joué quarante-quatre fois de 1864 à 1868 puis abandonné) : *La Cagnotte* est un triomphe et *Le Point de mire* est créé au théâtre de la Cour, à Compiègne, avant de faire les beaux soirs du Gymnase.

De 1865 à 1870, dix-sept pièces s'ajoutent aux quatre que nous venons de citer. Et sur le total, onze seront retenues pour le *Théâtre complet*, dont *La Grammaire*, un des chefs-d'œuvre en un acte de Labiche, et *Le Plus heureux des trois* où l'adultère, thème traité dans le registre pathétique par beaucoup d'auteurs de l'époque, est ici « viré » au comique.

6. 1871-1877. Les théâtres parisiens, presque tous fermés pendant les derniers mois de 1870, recommencent à jouer à partir du milieu de février 1871. Mais la Commune (18 mars-26 mai) correspond à une nouvelle interruption : la vie théâtrale ne reprend qu'en juin. Labiche qui a passé de longs mois à Souvigny (il est maire de son village) revient à Paris pour la création du *Livre bleu*, au Palais-Royal, le 15 juillet 1871. C'est la première des dix-huit pièces de sa dernière période d'auteur dramatique : il en retiendra cinq pour le *Théâtre complet*, l'ébouriffant *29 degrés à l'ombre* et deux comédies de caractère : *Doit-on le dire ?* qui fait pendant au *Plus heureux des trois* et *Le Prix Martin* où la peinture de l'adultère s'achève en une farce délirante, nourrie d'amertume.

Mais *Le Prix Martin* (5 février 1876) fut un échec (vingt représentations) comme *La Guigne* qui l'avait précédé (douze représentations) et *Le Roi dort* qui le suivit (douze représentations également). Labiche annonce alors que *La Clé*, qu'il vient d'écrire avec Alfred Duru, sera sa dernière pièce. Fut-il déterminé à la retraite par ces trois « fours » successifs ? Il avait connu, dans sa longue carrière, d'autres déceptions. Mais il eut peut-être alors le sentiment que son rire appartenait au passé. Il avait vieilli; son démon fidèle, ce démon de la scène qui avait fait de lui, comme le dira plus tard un critique, *le plus mirifique des entrepreneurs de gaudrioles* — ce démon est las. Ayant connu trop de triomphes pour ne pas souffrir de l'indifférence du public et de sa propre insatisfaction, Labiche allait être confirmé dans sa décision par l'échec de *La Clé*, qui fut jouée trente-quatre fois en janvier et février 1877 et qu'une opération chirurgicale ne sauva pas; elle mourut en trois actes après être morte en quatre.

Labiche abandonne la plume de l'auteur dramatique, mais il ne quitte pas le théâtre : dans les deux « mauvaises » années de 1876 et 1877 il peut assister à neuf reprises de ses pièces dont huit au Palais-Royal.

La publication du *Théâtre complet* en 1878 et 1879 s'accompagne d'articles chaleureux, qui sont comme autant de rappels du public : le rideau n'est pas baissé pour de bon — et Labiche continue. En 1880, l'Académie française met le sceau final à sa destinée : l'entrepreneur de gaudrioles est traité de son vivant comme un auteur classique.

III

Mais cette consécration dissipe-t-elle le malentendu dont nous avons fait état ? Labiche lui-même dans son discours de réception à l'Académie, parle, avec la modestie qu'il aura manifestée d'un bout à l'autre de sa carrière, de ses « badinages », de sa « bien petite muse, la bonne humeur ». Et John Lemoinne qui le reçoit insiste sur sa « disposition à voir les bons côtés de la nature humaine ».

Emile Augier, dans sa préface au *Théâtre complet*, après avoir comparé les « magots » de Labiche à ceux de Téniers, écrit : « *Le fond de ces joyeusetés à outrance c'est la vérité* », et aussi : « Pour avoir une réputation de profondeur, il ne lui a manqué qu'un peu de pédantisme; et qu'un peu d'amertume pour être un moraliste de haute volée. Il n'a ni fouet, ni férule; s'il montre les dents c'est en riant; il ne mord jamais. Il n'a pas ces haines vigoureuses dont parle Alceste; il écrit, comme Regnard, pour s'amuser et non pour se satisfaire. »

On peut partir de ces réflexions pour chercher la réponse aux questions que nous suggérait Philippe Soupault : sur quoi et pourquoi Labiche voulait-il *donner le change ?*

Dans ses grandes pièces (*Un chapeau de paille d'Italie*, excepté, où l'art infaillible de l'ingénieur du rire règne seul) Labiche se montre, à qui sait voir, comme un satiriste sans illusion sinon sans indulgence. La plupart de ses personnages de premier plan sont non seulement mesquins, médiocres, mais hypocrites et égoïstes, tricheurs, voleurs et vaniteux; ils se trompent entre eux, dans leur ménage (pourtant l'adultère est plus souvent une tentation qu'une réalité) comme dans leurs affaires; ils rêvent de tuer leurs adversaires ou leurs rivaux, mais comme ils sont lâches, ils ne bougent pas; ils ont la passion de l'argent et la crainte du changement; pour garder ce qu'ils possèdent et pour durer dans l'immobilité, à l'abri de leurs rentes, ils pratiquent la méfiance dans tous les domaines, et ils se montrent d'une avarice que rien ne fait céder; leurs mariages se font sous le signe de l'argent.

On peut multiplier les traits : ils vont tous dans le même sens; au bout, nous trouvons cette étonnante galerie de « magots » à la Téniers ou à la Daumier (et à la Gavarni), ces bourgeois criants de vérité qui peuplent la comédie humaine de Labiche. Le monde de Labiche, comme celui de Balzac, est un monde déformé par la vision du créateur, un monde qui existe selon ses propres lois; un monde authentique : Perrichon, Célimare, Martin, Dutrécy (dans *Moi*) jetés dans des aventures extravagantes, improbables, ne sont pas des caricatures, mais des portraits. A travers eux Labiche a peint ses contemporains avec une clairvoyance sans défauts, une exactitude que corroborent cent témoins, historiens, chroniqueurs et romanciers réalistes.

Ses contemporains : non pas tous assurément; ceux qu'il connaissait bien, les bourgeois. Il les a vus, après 1830, s'établir comme classe dirigeante. Il a pu suivre leur ascension, assister à leurs victoires. Né dans une famille bourgeoise et acceptant la règle du jeu respectée par les siens, il est à certains égards son propre modèle. Mais il est intelligent et il crée : son art le sauve d'être Perrichon ou Célimare. Il aurait pu leur ressembler et c'est pourquoi il les comprend si bien, et réussit leurs portraits qui sont comme éclairés de l'intérieur.

Portraits impitoyables, mais portraits : le peintre ne juge pas. Labiche est moraliste, malgré lui si l'on peut dire, sans proférer de sentences, sans conclure. C'est le lecteur qui tire les conclusions, et voit dans Labiche un peintre de mœurs derrière l'entrepreneur de gaudrioles.

Le lecteur plus que le spectateur ? Labiche déchaîne le rire pour désarmer le spectateur son contemporain, qui sans cela pourrait se reconnaître, et peut-être se fâcher. Labiche ne laisse pas le temps au bourgeois du parterre de se dire : « Mais c'est moi! » De réplique en réplique et de scène en scène, il l'entraîne, il l'étourdit : le mouvement et le jeu des acteurs masquent la cruauté du dialogue. Ce vilain bonhomme de Célimare a des mots qu'un spectateur n'a pas le temps de peser. Le lecteur seul en saisit la portée. De même, dans *Le Prix Martin*, la farce masque une vérité amère : le spectacle est, littéralement, une folie; le texte, dans sa nudité, laisse transparaître une tristesse de contemplateur qui ramène au mot de Flaubert...

Veut-on un exemple ? Voici les dernières répliques de *Moi :* « *Dutrécy :* Nous nous écrirons... *De la Porcheraie :* Oh! à quoi bon ? Nous n'avons rien à nous dire! *Dutrécy :* Mais nous ne nous reverrons plus! *De la Porcheraie :* Eh bien, est-ce que cela vous fait quelque chose ? *Dutrécy :* Dame! et à vous ? *De la Porcheraie :* Moi! ça ne me fait rien. *Dutrécy :* Ah les hommes! les hommes! Je finirai par ne plus aimer que moi. »

A la représentation ce dernier mot fait rire. Mais qui ne voit la déception, la solitude, le renoncement amer sur lesquels il ouvre ?

L'art de Labiche, vaudevilliste de génie vient au secours de la lucidité du peintre Labiche; le premier protège le second, qu'il garde d'aller trop loin, et à qui il donne, comme un masque, le burlesque. Sous le masque on peut dire des vérités : Labiche fait grimacer ses personnages pour faire oublier de quelle moquerie profonde, de quelle risée ils sont nés.

« Je n'ai jamais pu prendre l'homme au sérieux » a-t-il écrit un jour à Zola. Ce mot ne correspond pas à un refus de voir le fond des êtres, à une volonté de fuir un réel insupportable. C'est un mot de créateur qui n'essaiera pas de corriger les hommes, de les perfectionner; il sait qu'il n'est pas fait pour cette tâche; il est fait pour dire ce qu'il voit. Sans tristesse, même quand il voit des horreurs. Décidé au contraire à se sauver de la tristesse par le rire, à se délivrer et à délivrer les autres par le rire. Le peintre s'appuie sur l'entrepreneur de gaudrioles. Ils sont inséparables : le fond et la forme. Leur art commun présente un miroir sans défauts, dans lequel pourtant le spectateur ne se reconnaîtra pas. C'est le triomphe du malentendu.

Il n'est pas une seule des grandes pièces de Labiche dont on ne puisse, en la « virant » du comique au sérieux, tirer un drame : cette contre-épreuve plaide pour un Labiche conscient de la ruse qu'il n'avoue pas. Mais il n'est pas nécessaire d'accepter cette hypothèse pour comprendre que les comédies, les farces, les vaudevilles de Labiche, avec leur mécanique admirable (et non pas *malgré* cette mécanique), durent parce qu'elles disent le vrai — sans dire si le vrai est le bien.

Gilbert SIGAUX.

NOTE DE L'ÉDITEUR

L'édition qui commence avec ce volume publiera dans l'ordre chronologique de leur création une importante sélection des pièces de Labiche : toutes celles qui figurent dans le *Théâtre complet* publié en 1878-1879 et un choix des pièces écartées par Labiche. Le texte choisi est le seul existant : celui des éditions originales en brochures (le nom des éditeurs figure dans la chronologie qui suit) repris dans notre édition des *Œuvres complètes* (1967-1968). Chaque volume à suivre comprendra comme celui-ci des notices sur les collaborateurs de Labiche au fur à mesure de leur apparition, et sur les pièces dont la composition, la création, le destin ultérieur ou la personnalité d'un interprète présentent une importance particulière.

Nous avons dû renoncer à faire figurer dans l'appareil documentaire les reprises, trop nombreuses et pas toujours répertoriées, depuis que Labiche est dans le domaine public, ainsi que les adaptations pour la télévision trop nombreuses elles aussi. Mais nous signalerons bien entendu les adaptations ou mises en scène significatives au cinéma ou au théâtre.

G. S.

BIBLIOGRAPHIE

A

Les textes

1. Sur les cent soixante-treize pièces de Labiche, cent cinquante-neuf ont été imprimées de son vivant. Sur les quatorze inédites, cinq ont été retrouvées aux Archives de France et publiées dans Gilardeau (*op. cit.*).

2. En 1878-1879, L. a publié, préfacé par Emile Augier, les dix volumes de son *Théâtre complet* (Calmann-Lévy) qui ont été fréquemment réimprimés pendant plus d'un demi-siècle. L. avait retenu cinquante-sept pièces. La plupart des choix suivants ont été faits à partir de cette édition.

3. *Théâtre choisi*, Calmann-Lévy, 1895. Préface d'Édouard Pailleron. Six pièces : *La Grammaire*, *L'Affaire de la rue de Lourcine*, *La Poudre aux yeux*, *La Cigale chez les fourmis*, *Les Deux Timides*, *Embrassons-nous Folleville !*

4. *Six Comédies de Labiche : Le Voyage de Monsieur Perrichon*, *Un chapeau de paille d'Italie*, *La Poudre aux yeux*, *L'Affaire de la rue de Lourcine*, *Mon Isménie*, *29 degrés à l'ombre*, (Club du Meilleur Livre, 1957) Préface de Gilbert Sigaux.

5. *Théâtre*, Robert Laffont, 1959. Collection *Les Cent chefs-d'œuvre* dirigée par Philippe Soupault. Neuf pièces. *Un chapeau de paille d'Italie*, *L'Affaire de la rue de Lourcine*, *Le Voyage de Monsieur Perrichon*, *La Poudre aux yeux*, *Les 37 sous de M. Montaudoin*, *Célimare le bien-aimé*, *La Cagnotte*, *La Grammaire*, *Les Trente millions de Gladiator*.

6. *Nouveau Théâtre choisi*, Denoël, 1960. Préface et notes par Gilbert Sigaux. Douze pièces : *Deux Papas très bien*, *Un garçon de chez Véry*, *La Chasse aux corbeaux*, *Si jamais je te pince ! Un monsieur qui a brûlé une dame*, *J'invite le colonel !*, *J'ai compromis ma femme*, *Les Vivacités du Capitaine Tic*, *La Station Champbaudet*, *Un pied dans le crime*, *Le Prix Martin* — et *Les Chemins de fer*, vaudeville qui ne figurait pas dans le *Théâtre complet* de 1878-1879.

7. *Théâtre*. Trois volumes, « Le Livre de poche », 1964-1967. Les deux premiers préfacés par Gilbert Sigaux, le troisième par Hubert Juin.

8. *Théâtre*, Marabout, 1964. Préface de Maurice Rat. Illustrations empruntées à Daumier.

9. *Œuvres complètes*. Huit volumes. Club de l'Honnête Homme, 1967-1968. Edition préparée et annotée par Gilbert Sigaux. Comprend 159 pièces de L., son roman *La Clef des Champs*, des articles de critique, son *Journal de Voyage* en Italie, des discours, et 101 lettres. Préfaces de Marcel Achard, Jean Dutourd, René Clair, André Roussin, Jean Anouilh, Pauline Carton, Félicien Marceau, Jean Grenier.

B

Sur Labiche

Soixante titres sont cités dans la Bibliographie figurant au tome VIII de l'édition du Club de l'Honnête Homme. On ne retiendra ici que les plus importants et les plus récents :

1. Zola (Emile), *Nos auteurs dramatiques*, Charpentier, 1881, (voir le tome II des œuvres critiques dans l'édition du Cercle du Livre précieux).
2. Lacour (Léopold), *Gaulois et Parisiens. Labiche, Meilhac et Halévy, Gondinet*, Calmann-Lévy, 1883.
3. Parigot (Hippolyte), *Le Théâtre d'hier*, Lecène et Oudin, 1893, chapitre IV.
4. Sarcey (Francisque), *Quarante Ans de théâtre*. Huit volumes, Librairie des Annales, 1900-1902 (voir les tomes I et IV).
5. Wogue (Jules), « Labiche romancier », *La Revue*, 1er novembre 1913. — « La Philosophie de Labiche », *La Grande Revue*, mars 1934. — « Une leçon politique de Labiche », *ibid.*, septembre 1934.

6. SOUPAULT (Philippe), *Labiche, sa vie, son œuvre* (Sagittaire, 1945; Nouvelle édition augmentée, Mercure de France, 1964).
7. NANTET (Jacques), *L. et la Société bourgeoise*, Critique, février 1959.
8. CHEVALLEY (Sylvie), Articles de plusieurs auteurs réunis par S. C. à l'occasion d'une reprise de *Perrichon* à la Comédie-Française (1966). Programme non mis dans le commerce.
9. GILARDEAU (Jacques), *Eugène Labiche, histoire d'une synthèse comique inespérée*, thèse (non imprimée), 1967.
10. AUTRUSSEAU (Jacqueline), *Labiche et son théâtre, essai*, L'Arche, 1971.

LES COLLABORATEURS DE LABICHE

Ils sont quarante-huit, dont quatre ont été vraiment associés à l'œuvre de Labiche de façon continue : Alfred Delacour, Auguste Lefranc, Marc-Michel et Edouard Martin. Les autres, qui ne sont pas tous oubliés des historiens du théâtre (Anicet-Bourgeois, Emile Augier, Théodore Barrière, Philippe Gille, Edmond Gondinet, Paul Siraudin) ont un « statut » bien différent des quatre premiers : certains ont fourni à Labiche un scénario ou une idée. D'autres comme Augier, Gondinet et Philippe Gille ont été associés, mais de façon occasionnelle, à un nombre restreint de pièces (d'une à six).

Nous groupons ci-dessous les notices concernant les collaborateurs de Labiche pour les pièces publiées dans le présent volume.

Notons que Labiche écrivit seulement six pièces sans collaborateur : *Un jeune homme pressé*, *Un garçon de chez Véry*, *Le Petit Voyage*, *29 degrés à l'ombre*, *La Lettre chargée*, *L'Amour de l'art*, *Un coup de rasoir*.

MÉLESVILLE

Mélesville, qui collabora aux *Circonstances atténuantes* et au *Sopha*, est un des plus étonnants producteurs de pièces qu'ait connus la première moitié du siècle. Il était l'aîné de Labiche, et de beaucoup, étant né à Paris le 13 novembre 1787. Mélesville est un pseudonyme; le vrai nom de l'auteur était Anne-Honoré-Joseph Duveyrier. Il fut d'abord avocat, puis substitut (1809-1815). Sa première pièce, *L'Oncle rival*, est de 1811. Mais c'est après 1815, date à laquelle il renonça à la magistrature et au barreau, que se développa son œuvre dramatique. Il commença par écrire des mélodrames : *Aben-Hamet ou les Héros de Grenade* (1815), *Boleslas et le Bûcheron écossais* (1816), *Onze heures du soir* (1817), *Le Proscrit et la Fiancée* (1818), *Les Frères invisibles* (1819). Mais il avait rencontré Scribe, qui débuta la même année que lui (1811) et était à peu de chose près son contemporain, étant né en 1791; avec Scribe, Mélesville passa à la comédie; les deux hommes furent inséparables et signèrent (parfois avec un troisième auteur) jusqu'en 1845, soit pendant près de trente ans, soixante pièces. La première, qui porte leur double signature est *Les Deux Précepteurs* (1817) que suivirent, entre autres : *Frontin mari garçon*, *La Petite Sœur* (1821), *Mémoires d'un colonel de hussards* (1822), *Valérie* (1826), *L'Ambassadeur*, *La Demoiselle à marier* (1826), *La Chatte métamorphosée en femme* (1827), *Zoé*, *La Seconde Année* (1830), *Le Chalet* (1834), *Le Lac des fées* (1839).

Mais Mélesville ne collabora pas seulement avec Scribe; il s'associa à Brazier, Merle, Carmouche, Xavier (c'est-à-dire Saintine) Bayard, etc. Le catalogue complet de son œuvre comprend environ trois cents titres. *Les Vieux Péchés* (1833) et *Michel Perrin* (1834) furent deux des pièces où triompha le célèbre Bouffé. *La Petite Maison* (1826), *Sullivan* (1852), *Un vers de Virgile* (1857) furent créés à la Comédie-Française — de même que *La Marquise de Sennetterre* (1837) qu'il écrivit avec son frère Charles Duveyrier et *Le Portrait vivant* (1842) pour lequel il collabora avec Léon Laya.

Il a écrit des livrets d'opéra, notamment celui de *Zampa* (1831). Et parmi tant de pièces qui firent les beaux soirs de dix théâtres, on peut citer encore *La Famille normande* (1822), *Suzanne* (1837), *La Fille de Figaro* (1843), *Les Bijoux indiscrets* (1850 — d'après le roman de Diderot), *La Bataille de la vie* (1853), *Un cerveau fêlé* (1854), *Monsieur Beauminet* (1854).

Mélesville mourut en 1865. Son frère Charles (1803-1866) fut un saint-simonien actif et l'auteur de plusieurs ouvrages d'économie politique. Sans quitter la vie publique pour le théâtre, il collabora avec son frère, avec Scribe aussi, pour de nombreuses pièces. Inspecteur des prisons jusqu'en 1845, il fut également homme d'affaires. Il formait avec son frère un des « tandems » les plus actifs du monde des théâtres.

Marc-Michel

Marc-Antoine-Amédée Michel, dit Marc-Michel, naquit à Marseille le 22 juillet 1812 et commença ses études à Aix-en-Provence, chez les jésuites, où se trouvait alors le célèbre Loriquet, et les acheva au collège de sa ville natale. Ses premières œuvres sont des poésies publiées dans *Le Sémaphore* de Marseille sous le pseudonyme de Scribomane Job. En 1834, Marc-Michel vint à Paris et publia quelques vers « lugubres », dit un de ses biographes, dans *La Revue de France* — et ne tarda pas à faire, au quartier Latin, la connaissance de Labiche. Comme lui il collabore à la *Revue du théâtre*, au *Journal des tribunaux* et au *Droit*. Dans ces deux dernières publications, il donne des comptes rendus de correctionnelle qui révèlent ses dons humoristiques. Un de ses contemporains, Philibert Audebrand, écrit dans *Un café de journalistes sous Napoléon III* (Dentu, 1888, p. 65) : « Parmi les auteurs dramatiques les plus applaudis, il y avait alors un très bon et très spirituel garçon, du nom de Marc-Michel. En même temps qu'il composait de jolies pièces en collaboration avec Labiche, il faisait pour le *Droit*, journal des tribunaux, le compte rendu de la police correctionnelle et, vu la diversité ou la cocasserie des types dont il avait à esquisser la mouvante physionomie, ces deux genres de labeur, le vaudeville au gros sel du Palais-Royal et les racontars de la Chambre, n'étaient pas trop inconciliables. » Les essais de Marc-Michel sont d'un observateur et d'un caricaturiste. Il les mit à profit pour nourrir les pièces auxquelles il collabora d'une verve bouffonne dans les situations comme dans le style. Il fut de ces hommes de théâtre qui savent et aiment écrire en pensant aux comédiens, aux effets que ceux-ci peuvent tirer de ce qu'ils ont à dire. Outre les quarante-huit pièces qu'il signa avec Labiche (Lefranc étant souvent le troisième collaborateur), Marc-Michel fit jouer une cinquantaine de comédies et de drames, en collaboration avec Lefranc seul, avec Charles Varin, P.-E. Dumanoir, Adolphe Jaime, Auguste Choler, Etienne Brisebarre. Parmi les œuvres auxquelles Labiche n'eut pas de part citons : *La Chanteuse des rues* (1840), *Un tigre du Bengale* (1849), *J'ai perdu mon Eurydice* (1860), *Les Amours de Cléopâtre* (1860), *Les Voisins de Molinart* (1861), *Les Finesses de Bouchavanne* (1863).

Comme Labiche, il avait publié en 1839 un roman — et chez le même éditeur Gabriel Roux — intitulé : *Le Mari de Madame Gaillardot*. Il mourut à Paris le 12 mars 1868.

Auguste Lefranc

Pierre-Charles-Joseph Auguste Lefranc naquit à Surrière, près de Mâcon, le 2 février 1814. Il fit ses études dans cette dernière ville puis à Paris, à l'Ecole de Droit. Il s'inscrivit au barreau et fut avocat. Mais très tôt, comme Labiche et Marc-Michel, il collabora à de nombreux petits journaux. On le trouve à *La Gazette des Théâtres* aussi bien qu'à *L'Audience*. Avec Labiche il fondera *Les Papillotes;* il écrit dans *Les Coulisses*, *La Vogue*, *Chérubin*, à la *Revue de France*, au *Journal de Paris*, à *L'Epoque*, à *La Galerie des Artistes*. Il fut aussi le fondateur de *La Chaire catholique*, « journal de prédication ». Outre les trente-six pièces qu'il écrivit avec Labiche (et souvent avec Marc-Michel) il donna : *Une femme du ciel* (1836), *Un grand criminel* (1841), *Une femme compromise* (1843), *Une existence décolorée* (1847), *L'Enfant de quelqu'un* (1847), *Une idée fixe* (1850), *Les Roués innocents* (1850), *Un mauvais coucheur* (1854). Il mourut à Suresnes le 15 décembre 1878.

Paul Jessé

Auteur complètement tombé dans l'oubli. Il ne figure dans aucun dictionnaire. Nous n'avons trouvé trace que de deux traductious de l'anglais signées de lui : *Histoire de la marine des Etats-Unis* (*Story of the Navy*, 1839) de James Fenimore Cooper (Corréard, 1845-1846), et *Retraite et Destruction de l'armée anglaise en Afghanistan en 1842* du général Sir Vincent Eyre (Corréard, 1844).

Gustave Albitte

Gustave Albitte fut de les nombreux auteurs qui, entre 1830 et 1900, fournirent les scènes parisiennes de vaudevilles, comédies, drames écrits la plupart du temps en association et témoignent de plus d'adresse que de personnalité. On ignore sa date de naissance. Il mourut le 17 novembre 1898. Parmi ses nombreuses pièces — énumérées dans le *Dictionnaire universel du théâtre français* de J. Goizet et A. Burtal (dont n'a paru que la lettre A) — citons : *Les Misères d'un timbalier* en collaboration avec Lubize (collaborateur de Labiche pour *Le Misanthrope et l'Auvergnat*) vaudeville créé au Palais-Royal en 1836; *Spectacle à la cour* avec le même Lubize et avec Théaulon (Gymnase, 1837); et *L'Ouverture de la chasse* avec Desvergers (Variétés, 1838).

Saint-Yves

Saint-Yves est le pseudonyme d'Edouard Déaddé (1810-1872). Il commence sa carrière d'auteur dramatique avec *Odette* (1832) et écrira, outre de nombreux romans-feuilletons, une centaine de pièces, la plupart en collaboration. Il signa notamment avec Victor Ratier, directeur du célèbre journal satirique *La Silhouette*. Une lettre de Balzac à Déaddé, publiée par Roger Pierrot (*Correspondance de Balzac*, Garnier, t. I, p. 450) nous apprend que le père de *La Comédie humaine* eut en 1830, un projet de collaboration avec le futur Saint-Yves.

Adrien Decourcelle

Adrien Decourcelle (1821-1892) débuta dans le vaudeville, épousa une nièce d'Adolphe d'Ennery, et écrivit plus de cinquante pièces. Il avait été joué à la Comédie-Française dès 1845 avec *Une soirée à la Bastille;* et il se retrouvera sur la même scène en 1846 avec *Don Guzman;* en 1848 avec *La Marinette* et *Les Portraits* (en collaboration avec Théodore Barrière); en 1856 avec *Fais ce que dois* (3 actes en collaboration avec H. de Lacretelle). Mais sa carrière, pour le plus grand nombre de ses pièces, se déroula sur d'autres scènes : Gymnase, Vaudeville, Palais-Royal. On se souviendra qu'il fut l'auteur (avec Jules Barbier) de *Jenny l'ouvrière* (Porte-Saint-Martin, 1850) et d'un drame tiré de *Geneviève* de Lamartine : *Les Orphelins de Valneige*. Adrien Decourcelle collabora avec Labiche pour : *Agénor le dangereux*, *Les Petits Moyens* et *Oscar XXVIII*.

Gustave Lemoine

Gustave Lemoine (1802-1885) composa des romances que mit en musique sa femme, la célèbre Loïsa Puget (auteur dramatique, elle aussi, avec une opérette en un acte : *La Veilleuse*, Gymnase, 1869). Mais il fut surtout dramaturge et même « mélodramaturge » avec, entre autres succès, *La Grâce de Dieu* (1841), pièce qui fut jouée six cents fois à la Gaîté. Il ne collabora avec Labiche que pour *Les Petits Moyens* mais on retrouve sa signature dans d'autres vaudevilles écrits en collaboration. Il était le frère aîné d'Adolphe Lemoine, dit Lemoine-Montigny (1805-1880), auteur dramatique, mais surtout directeur du Gymnase à partir de 1844.

Senneif

Senneif cachait par anagramme Fiennes — c'est-à-dire Charles Matharel de Fiennes (né en 1814) qui fut avocat, administrateur au Mont de Piété, puis administrateur du journal *Le Siècle* (1838) dont son beau-frère Louis Perrée était le gérant avant d'en devenir le directeur (1840). Au *Siècle*, Matharel de Fiennes fit sous le nom de Matharel, les comptes rendus des petits théâtres, puis à partir de 1849 le critique dramatique. Il collabora à de nombreux autres journaux : *Le Charivari*, *L'Entr'acte*, *La Semaine*, *Le Voleur*, *Le Dimanche*, *L'Illustration*, etc. Il a collaboré anonymement à quelques vaudevilles.

N. B. Karl, collaborateur de Labiche pour *Agénor le Dangereux* n'a pas pu être identifié. Plusieurs journalistes ont signé de ce nom-prénom dans la presse du XIXe siècle. Aucun d'entre eux n'a laissé de trace dans les archives de la Société des Auteurs et Compositeurs dramatiques.

Paul Dandré

est le pseudonyme collectif de Labiche, Lefranc et Marc-Michel.

Eugène Nyon

Né en 1812, il fut comme Labiche élève du Collège Bourbon. Il commença tôt une carrière de journaliste et d'auteur dramatique, la plupart du temps en collaboration avec un écrivain prolifique, Edouard Brisebarre. En 1868 il fit jouer à la Comédie-Française une comédie en deux actes et en vers : *Le Coq de Mycille* écrite en collaboration avec Henri Trianon. Eugène Nyon publia aussi des romans et des nouvelles, et signa Comtesse de Sabran des chroniques parisiennes dans *Le Messager des dames et des demoiselles*. Il mourut en 1870.

Paul Siraudin

Paul Siraudin naquit à Paris le 18 décembre 1813. Il commença d'écrire (le plus souvent à l'origine avec Alfred Delacour) dès 1835. Sa production fut considérable. Il collabora avec Méry, Ernest Blum, Clairville, Busnach, et fut l'un des trois auteurs (avec Alfred Delacour et Eugène Moreau) du *Courrier de Lyon* (1850). Labiche mis à part, il eut un collaborateur célèbre : Théophile Gautier, avec lequel il écrivit *Un voyage en Espagne* et *Le Tricorne enchanté*. En 1860, il ouvrit rue de la Paix une boutique de confiseur qu'il céda plus tard à un nommé Raynard tout en laissant son nom au magasin et en y conservant des intérêts. Il mourut en 1885.

Lubize

Pierre-Michel Martin, dit Martin-Lubize ou Lubize tout court, naquit à Bayonne le 21 février 1800. Il travailla chez le banquier Laffitte avant de faire du théâtre. Ses débuts sont de 1832 avec *Tout pour ma fille*, comédie en trois actes. Ils préludent à une œuvre abondante, dont la plus grande partie est faite de collaborations avec Théaulon, les frères Cogniard, Varin, Brisebarre, Grangé,

Paul de Kock, Clairville — et Siraudin. Il mourut le 23 janvier 1863.

La sœur de Lubize, Jeanne Martin, fut la mère du grand Henry Becque. L'auteur des *Corbeaux* et de *La Parisienne* publia le 22 octobre 1898 dans *La Volonté* un article intitulé *Labiche et ses collaborateurs* (repris dans le tome VI des œuvres complètes de Becque, 1926) dont le moins qu'on puisse dire est qu'il manque de tendresse pour Labiche « de tous nos auteurs, le plus surfait, le plus ridiculement surfait ». Becque affirme que les collaborateurs de Labiche étaient parfaitement capables de se passer de lui et de faire aussi bien que lui. A l'en croire, Labiche n'avait pas de personnalité; esclave de la collaboration, il ne valait que par elle. Tout cela pour dire que Lubize ayant écrit une comédie en cinq actes en vers intitulée *Un mauvais caractère* (manuscrit perdu) en avait tiré, avec Siraudin, *Le Misanthrope et l'Auvergnat*. Cette pièce, remise au Palais-Royal, aurait alors été confiée à Labiche pour être revue. Et Labiche, qui, selon Becque (il avait vu le manuscrit), laissa intactes les quinze premières pages, se serait contenté de substituer une intrigue à une autre, « rien de plus ». Le *rien de plus* est savoureux; surtout lorsqu'on lit plus loin : « Labiche doit tout au *Misanthrope et l'Auvergnat* qui ne lui doit que bien peu de chose »; et plus loin encore, à propos des œuvres complètes de Labiche poussées « stupidement jusqu'aux mains de nos collégiens » : « Etonnez-vous donc que les études baissent et que, le latin une fois supprimé, nous arrivions bien vite à la langue de Labiche ».

Alfred Delacour

De 1852 à 1876 il signa vingt-cinq pièces avec Labiche, parmi lesquelles *La Sensitive* (1860), *Célimare le Bien-aimé* (1863), *La Cagnotte* (1864), *Le Point de mire* (1864), *Le Choix d'un gendre* (1869).

Alfred Delacour était le pseudonyme d'Alfred-Charlemagne Dartigue, né à Bordeaux en 1817, reçu docteur en médecine à Paris en 1841. Il n'exerça que quelques années et se consacra au théâtre où il produisit beaucoup, principalement en collaboration. On peut citer parmi ses principaux associés : Siraudin, Marc-Michel, Lambert-Thiboust et, parmi ses pièces : *L'Hospitalité d'une grisette* (1847), *Paris qui dort* (1855), *Les Voisins de Molinchart* (1861). Il fut avec Siraudin et Eugène Moreau un des signataires du *Courrier de Lyon* (1850). Il mourut en 1883.

ALPHONSE JOLLY

Alphonse Jolly était le pseudonyme choisi par Alphonse Leveaux pour sa collaboration avec Labiche. Les deux hommes s'étaient liés d'amitié au lycée et Leveaux fut du voyage d'Italie (1834). Historien, il occupa les fonctions de conservateur de la bibliothèque du château de Compiègne sous le second Empire. C'est pourquoi il put écrire *Le Théâtre de la Cour à Compiègne pendant le règne de Napoléon III* (Tresse, 1882), vivante évocation de quelques représentations hors série, notamment de la dernière du règne, celle du 13 novembre 1869 où l'on donna *La Grammaire*. Alphonse Leveaux publia en 1888 chez un imprimeur de Compiègne un petit livre sur cette dernière pièce.

RAYMOND DESLANDES

Il était né à Yvetot le 12 juillet 1825, fit à Paris ses études de droit et quitta le droit pour le journalisme et le théâtre. Il collabora avec Decourcelle, Clairville, Durantin, Eugène Moreau, Gondinet, William Busnach. Mais il écrivit également seul des comédies en quatre actes : *Le Marquis Harpagon* (Odéon, 1862), *Un gendre* (Vaudeville, 1866), *Antoinette Rigaud* (Comédie-Française, 1885).

On retrouve son nom aux côtés de celui de Labiche dans trois pièces : *On dira des bêtises* (1852 — dans le présent volume), *La Famille de l'horloger* (1860) et *Un mari qui lance sa femme* (1864). Il mourut en 1890.

ARTHUR DE BEAUPLAN

Victor-Arthur Rousseau de Beauplan, fils d'un compositeur, naquit à Paris en juin 1823. Il commença par la poésie (il y reviendra à la fin de sa vie) avant de travailler, à partir de 1848, pour le théâtre, donnant des drames, des comédies, des vaudevilles et des revues. Il fera notamment jouer en 1853 à la Comédie-Française *Le Lys dans la vallée* — cinq actes tirés (avec la collaboration de Théodore Barrière), du roman de Balzac. Commissaire impérial auprès du théâtre de l'Odéon en 1868, il sera nommé aux mêmes fonctions près des théâtres lyriques et du Conservatoire, puis (juin 1871) chef du Bureau des théâtres et enfin sous-directeur des Beaux-Arts au ministère de l'Instruction publique. Il publia en 1885 un recueil de vers, *Les Sept Paroles.* Il collabora avec Labiche pour *Un notaire à marier* (1853) et pour *Un feu de cheminée* (1853). Il mourut le 11 mai 1890.

THÉATRE I

LES CIRCONSTANCES ATTÉNUANTES

COMÉDIE-VAUDEVILLE EN UN ACTE

PAR MÉLESVILLE, LABICHE ET LEFRANC

représentée pour la première fois, à Paris,
sur le Théâtre du Palais-Royal, le 26 février 1842

ACTEURS qui ont créé les rôles.

De Valory, avocat	M. Derval
Mme De Brée, jeune veuve	Mlle Pernon
Chabriac, prétendu de Mme de Brée	M. Ravel
Vaslin, concierge	M. Barthélemy
Coralie, femme de chambre . . .	Mlle Grave
Domestiques.	

La scène se passe à Moulins

Le théâtre représente une chambre. — A droite, une toilette chargée de brochures; à gauche, un secrétaire. Au fond, une cheminée; cordon de sonnette de chaque côté. Portes à droite et à gauche de la cheminée. A droite, deuxième plan, une porte donnant dans le boudoir de Mme de Brée. A gauche, sur le troisième plan, une fenêtre donnant sur un jardin. A gauche, sur le second plan, une porte de salon. Œil-de-bœuf au-dessus d'une porte du fond à gauche. Une pendule faisant pendant à l'œil-de-bœuf de la porte du fond à droite. Un fauteuil de chaque côté de la cheminée, et un autre près de la toilette; chaises, etc.

SCÈNE PREMIÈRE

VALORY, *enveloppé dans un ample manteau qui lui couvre le visage;* VASLIN, *une lanterne sourde à la main. Ils entrent par la porte du fond à droite.*

VALORY, *dans la coulisse.* — Allons, marche donc!

VASLIN, *entrant.* — Marche donc! marche donc! *(A part.)* C'est unique!... Je ne le connais pas, moi, ce monsieur... qui me force de l'éclairer.

VALORY, *à part.* — Enfin, m'y voici! ce n'est pas sans peine.

VASLIN. — Ah çà! Monsieur, vous me direz peut-être maintenant qui vous êtes?... vous m'avez bousculé de porte en porte, sans m'écouter... On n'entre pas comme ça, chez le monde, à cinq heures du matin!... Ce n'est pas l'heure des visites... Ça se ne fait pas à Moulins, que diable, ni ailleurs!...

VALORY, *à part.* — Il faut me débarrasser de cet homme!...

VASLIN. — Mme de Brée, ma maîtresse, est au bal de la préfecture.

VALORY, *froidement.* — Je le sais.

VASLIN. — Ah!... Et si elle apprenait... moi, qui ne suis ici que d'hier...

VALORY, *froidement.* — Je le sais...

VASLIN, *étonné.* — Ah!... *(A part.)* Il sait donc tout!... *(Haut, avec colère.)* Monsieur, voulez-vous vous en aller!... Avec votre manteau sur la figure, on pourrait vous prendre pour un...

VALORY. — Insolent!

VASLIN. — Dame! c'est louche... un manteau, la nuit...

VALORY, *haut, avec dignité.* — Monsieur Vaslin!

VASLIN, *à part.* — Il sait aussi mon nom!

VALORY. — Souvenez-vous que la discrétion et la politesse sont les premiers devoirs d'un portier! Je vous pardonne parce que vous êtes nouveau venu; mais, à l'avenir, ne l'oubliez pas, ou je vous chasse!...

Il remonte.

VASLIN, *à part.* — Je vous chasse! c'est quelqu'un de comme il faut... Oh!... peut-être le prétendu que Madame attend... *(Il passe à droite et pose sa lanterne sur la toilette.)* On m'a recommandé de lui ouvrir à toute heure... Ah! quelle maladresse!

VALORY, *qui est redescendu.* — Eh bien! vous êtes encore là ?

VASLIN. — Je m'en vais, monsieur, je m'en vais... Mais dites-moi seulement une chose. *(Baissant la voix.)* Ne seriez-vous pas le futur de Madame ?

VALORY. — Moi!...

VASLIN, *finement.* — Je ne vous vois pas... mais vous m'en avez bien la mine.

VALORY. — Chut. *(A part.)* Il me prend pour cet imbécile de Chabriac... Je suis sauvé! *(Haut.)* Ah çà! tu m'as donc reconnu, coquin ?...

VASLIN, *content de lui.* — Tout de suite, monsieur!... sur ce qu'on m'avait dit!

VALORY, *à part.* — A merveille!

VASLIN. — Monsieur veut-il que j'allume ?

VALORY. — Sans doute.

Vaslin prend sa lanterne. Valory lui tourne le dos. Demi-nuit jusqu'à la scène VII.

VASLIN, *allumant une bougie.* — Aussitôt que Madame rentrera, je la préviendrai.

VALORY. — Garde-t'en bien!... Je veux lui ménager une surprise... Ah! tu ne te coucheras pas... Je repars dans une heure!... tu m'attendras...

VASLIN. — Ça suffit!

Fausse sortie.

VALORY. — Surtout, pas un mot de mon arrivée à personne! *(Vaslin redescend la scène.)* Tiens, voilà pour payer ton silence.

Il lui présente une bourse.

VASLIN. — Une bourse! Ah! Monsieur...

VALORY

AIR : vaudeville de *Madame Favart.*

Tu n'acceptes pas cette somme ?

VASLIN

Monsieur, vous me rendez confus.
Et je ne puis, en galant homme,

Prenant la bourse.

Vous affliger par un refus.

VALORY, *souriant.*

C'est très bien!

VASLIN, *à part.*

Sans inquiétude,
A ma log', je puis retourner,
Car les voleurs ont l'habitude

Regardant Valory et la bourse.

De prendre et non pas de donner!

Il sort par la porte du fond à droite.

SCÈNE II

VALORY, *seul.*

Enfin, me voilà seul!... A l'œuvre! ne perdons pas une minute! *(Il se débarrasse de son manteau, pose sur la toilette une paire de pistolets et sur le fauteuil son manteau.)* Pour plus de sûreté, coupons ces cordons qui pourraient servir à donner l'alarme ! *(Il coupe les cordons de sonnette qui sont de chaque côté de la cheminée.)* Maintenant, voyons si mes renseignements sont exacts... *(Il ouvre la porte du boudoir à droite.)* Là, le boudoir de Mme de Brée... *(Il ouvre la porte du salon à gauche.)* De l'autre côté, le salon... et près de la porte, un secrétaire... C'est bien cela... *(Il s'approche du secrétaire.)* La clé n'y est pas!... je devais m'y attendre!... Comment faire pour arriver jusqu'à ce portefeuille ?... Toute la fortune de Mme de Brée est là... trois cent mille francs en billets de banque... Dire qu'un si léger obstacle me sépare de ce trésor... et... Quel bruit sous cette fenêtre ? Est-ce qu'un autre ?... un voleur, peut-être ! Celui-là serait piquant... *(Montrant la porte de droite.)* Chut ! De là, j'entendrai tout.

Il prend son manteau et ses pistolets, souffle la lumière et se retire dans le boudoir à droite. Au même moment on voit la tête de Chabriac au-dessus de la fenêtre.

SCÈNE III

CHABRIAC, VALORY, *caché*.

ENSEMBLE

AIR : *Allons tout d'suite.*

CHABRIAC, *à mi-voix.*

De la prudence,
Ici, sans bruit,
C'est l'espérance
Qui me conduit.

VALORY, *à part.*

De la prudence,
Ici, la nuit,
Quelqu'un, je pense,
Monte sans bruit.

Chabriac, en costume de voyage et chapeau gris, descend de la fenêtre, une valise sous le bras.

CHABRIAC, *descendant en scène.* — Parole d'honneur, c'est la première fois que ça m'arrive !

VALORY, *à part.* — Chabriac!... par la fenêtr
veut-il ?

Il attire la porte su

CHABRIAC. — C'est très audacieux, ce que j'ai fait là... s'introduire par le jardin!... escalader un entresol... Je pouvais me fracturer!... Heureusement qu'il y a, en bas, un certain pommier qui m'a prêté une main secourable! Toi, je te ferai arracher dès que je serai marié... Je n'ai pas envie que tu fasses la courte échelle pour d'autres... *(Regardant autour de lui.)* Tiens! pas la moindre veilleuse! Sacrebleu! j'ai manqué mon effet... Une entrée si romanesque que j'étudie depuis Paris, dans la diligence! Il y a de quoi se pendre!... C'est vrai!... au moment de m'unir à ma charmante cousine, Mme de Brée (les bans sont publiés et le mariage doit se célébrer demain), il était urgent de lui prouver la vivacité de mon amour... mon empressement... Et un futur qui tombe chez sa belle par la fenêtre!... Il n'y a rien de plus vif!... Les gens froids entrent tout bonnement par la porte... Et puis ça la compromet... ça l'empêche de regarder en arrière... et il n'y a pas de mal... car tant que son procès n'a pas été jugé, je dois convenir que j'ai été un peu *vacillant*... L'issue en était fort douteuse, et ma foi... Mais aujourd'hui c'est un excellent parti... Depuis qu'elle a gagné!... jolie comme un ange... sans appel... et trois cent mille francs... en dernier ressort!... Sacrebleu! faut-il que j'aie manqué mon effet! On me proposait bien à Paris un autre mariage... la fille d'un passementier de la rue aux Fers... deux cent mille francs... qui louche... cent mille francs de moins qu'ici... J'aime cent mille fois mieux ma cousine! Fi!... une louchon... je n'épouserai jamais une louchon... on pourrait croire que j'ai des vues... détournées... Ah ça! je voudrais bien y voir clair. *(Il s'approche à tâtons de la toilette et prend le flambeau.)* Où diable trouver... *(Regardant la cheminée.)* Oh! du feu!... que je suis bête!... *(Il va à la cheminée cherchant un papier dans ses poches.)* Je dois avoir là mon bulletin de diligence... *(Montrant un paquet cacheté.)* Diable! pas ça!... la nomination d'un de mes amis aux fonctions de substitut! Pauvre garçon! sera-t-il heureux quand je lui apprendrai demain, car il ne se doute de rien; c'est son oncle qui a fait toutes les démarches... *(Prenant un papier et allumant.)* Ah! voilà! *(Il revient à la toilette et trouve une lettre.)* Qu'est-ce que c'est que ça! « Bal de la préfecture. » Une lettre d'invitation... Elle danse en pensant à moi... *(Il s'assied dans le fauteuil.)* Attendons-la... Oh!... une idée! si je me poétisais un peu pour son retour... Je vais passer mon habit marron, et mon gilet glacé... *(Il se lève.)* Le fait est que je ne suis guère en tenue de roman... Il n'y a que mon chapeau qui soit bon style. *(Lisant dans le fond du chapeau.)* Ambrois, Chaussée-d'Antin. Je ne connais que cet homme-là pour vous coiffer proprement... Je cours passer mon habit marron... Sacrebleu!... j'ai récupéré mon effet... *(Il prend sa valise et le flambeau.)* Ah! Faublas! scélérat de Faublas [1] que tu es!...

Il entre dans le cabinet du fond à gauche.

SCÈNE IV

VALORY, *seul; il sort de la chambre de droite, se dirige vers le cabinet où est Chabriac, et ferme doucement la porte à deux tours.*

En cage, M. de Faublas! S'il crie, je saurai bien le faire taire. *(Il se place devant le secrétaire.)* Et maintenant pas une minute à perdre... J'entends marcher!... C'est Mme de Brée qui revient du bal... Elle n'est pas seule... prenons garde.

Il se cache dans le salon à gauche.

SCÈNE V

MADAME DE BRÉE, *en domino;* CORALIE, *portant une lampe allumée qu'elle place sur la toilette. Elles entrent par la porte du fond à droite.*

MADAME DE BRÉE. — Ah! quelle foule! quel ennui!... Ote-moi ce capuchon, Coralie... Ce bruit, ces danses, tout ce qui respire le plaisir me fait mal. Décidément, il faut que je me retire du monde.

1. Faublas est le héros du roman de Jean-Baptiste Louvet de Couvray : *Les Amours du chevalier de Faublas* (1787-1790). C'est un séducteur impénitent et parfaitement immoral.

CORALIE. — Y pensez-vous, madame ?... Lui dire adieu, vous, si jeune, si recherchée !

MADAME DE BRÉE. — Recherchée ! Oh ! sans doute... surtout depuis le gain de ce procès, qui a fait d'une pauvre veuve sans fortune un des plus riches partis du département. Quel tourbillon de soupirants !

AIR du *Premier Prix*.

Un cautionnement en souffrance
Brûle pour moi de mille feux...
Une charge à payer d'avance
Me poursuit de ses tendres yeux.
Enfin, s'il vante mon mérite,
Je lis sur le front d'un marchand :
« Madame, épousez-moi bien vite,
Ou je dépose mon bilan. »

CORALIE. — Oh ! Madame, tous les hommes ne sont pas si intéressés.

Elle cherche sur le secrétaire une pelote à épingles.

MADAME DE BRÉE. — Tous !... non... J'en connais un... *(Avec un soupir.)* un noble jeune homme, lui...

CORALIE. — Que dites-vous ?

MADAME DE BRÉE. — Rien... un souvenir !... qui remplira longtemps mon existence.

Elle va à la toilette et s'assied.

CORALIE, *la suivant et posant la pelote sur la toilette.* — Une aventure ! Oh ! contez-moi donc cela, madame, pendant que je vais vous coiffer.

MADAME DE BRÉE. — Curieuse !

CORALIE. — Ne m'avez-vous pas habituée à être de moitié dans tous vos secrets ?

MADAME DE BRÉE. — C'est vrai !... Mais celui-là me semblait plus précieux que les autres, et je l'ai gardé longtemps, là... pour moi seule !

CORALIE. — Mais, maintenant ?...

MADAME DE BRÉE. — Oui, maintenant qu'un mariage inévitable... *(Une pause.)* Tu te souviens de ce voyage que je fis, il y a six mois, en Italie, quelque temps après mon veuvage ?

CORALIE. — Et dont vous revîntes si triste ?...

MADAME DE BRÉE. — Eh bien ! j'étais à Naples. Un soir, en revenant d'une promenade sur les bords du golfe, je trouvai à ma glace un billet ainsi conçu :

« Madame, je vous aime... Je suis jeune, j'ai trente mille
» livres de rente, et l'unique désir de ma vie serait
» d'obtenir votre main. Je ne me présenterai à vous que
» lorsque vous me le permettrez... mais je prends ici
» l'engagement de vous suivre partout et de veiller sur
» vous ! »

CORALIE. — Sans se montrer!... Un drôle d'amoureux!

MADAME DE BRÉE, *se levant.* — Je ne répondis pas à cette lettre, que je considérai d'abord comme une plaisanterie... mais un mois, après, jour pour jour, je me trouvais alors à Rome, j'en reçus une seconde absolument conçue dans les mêmes termes... A Florence, à Venise, à Milan, même exactitude de la part de mon inconnu! et, pourtant, je n'avais encore répondu à aucune de ses lettres.

CORALIE. — Comment?... Est-ce que plus tard?...

MADAME DE BRÉE. — J'y fus forcée par un événement effroyable. Je traversais de nuit le Simplon sur une route qui n'est qu'un long précipice... Je dormais au fond de ma chaise, quand soudain je suis réveillée par les cris des postillons... Je regarde... oh! c'était affreux!... La voiture suspendue au-dessus d'une horrible fondrière... Le moindre mouvement pouvait l'entraîner... c'était la mort!... Tout à coup un homme qui nous suivait, sans doute, accourt, s'élance, et, avec la promptitude de l'éclair, coupe les traits des chevaux, qui roulent seuls dans l'abîme... puis, s'approchant de la portière : « C'est moi, me dit-il, madame, qui ai juré de veiller sans cesse sur vous... » Et il disparut, sans que je pusse distinguer sa figure.

CORALIE. — Oh! le brave jeune homme!

MADAME DE BRÉE, *baissant la tête.* — Le mois suivant, sa lettre ne resta pas sans réponse..

CORALIE. — Cela en valait bien une... Et que lui avez-vous dit?...

MADAME DE BRÉE, *revenant s'asseoir à la toilette.* — La vérité... que ma main était promise à un autre. Je lui racontai comment, dans mon enfance, le père de Chabriac avait sauvé le mien d'une faillite certaine... comment plus tard cet homme généreux fut ruiné à son tour... comment, enfin, mon père, pour s'acquitter envers lui, m'avait fait promettre d'épouser Chabriac.

CORALIE. — Et le pauvre garçon se l'est tenu pour dit?...

MADAME DE BRÉE. — Oh! tu le connais peu... Deux

heures après, je reçus ces simples mots : « Madame, j'espère toujours. »

CORALIE. — Ah! à la bonne heure! Et jamais il ne s'est présenté devant vous ?

MADAME DE BRÉE. — Jamais! je ne pourrais le reconnaître... Bien mieux, depuis un mois sa correspondance a cessé.

CORALIE, *tristement.* — Il se sera découragé.

MADAME DE BRÉE. — J'en ai peur!

AIR : *Tu ne sais pas.*

Oui, c'est ainsi que l'amour se prononce
Il est discret, timide et généreux...

Elle se lève.

Vois, à ma main, de lui-même il renonce;
Quand tant de faits m'accablent de leurs feux.
Loin d'imiter ceux que l'or seul captive,
Et cette foule ardente à s'enrichir...
C'est au moment où la fortune arrive
Qu'il est parti pour ne plus revenir!

CORALIE. — Eh bien! sans l'avoir jamais vu, je l'aime, celui-là... Il ne pense pas à votre fortune, lui... ce n'est pas comme votre cousin.

MADAME DE BRÉE. — Et c'est mon cousin que j'épouse! Il n'y a maintenant qu'un coup du ciel qui puisse empêcher ce mariage... Les bans sont publiés, Chabriac arrive demain.

CORALIE. — Sans compter qu'il n'est pas beau! Allons, madame, il faut du courage.

MADAME DE BRÉE, *avec un soupir.* — Ah! oui, il en faut!... Mais c'est assez nous occuper de souvenirs qui bientôt deviendraient coupables... Il est tard, tu peux te retirer.

CORALIE, *prenant son bougeoir.* — Vous n'avez plus besoin de moi ?

MADAME DE BRÉE. — Non, mon enfant. *(A la toilette.)* Bonsoir.

CORALIE, *en sortant.* — Ah! je suis sûre que je vais rêver de l'inconnu.

Elle sort par la droite.

SCÈNE VI

MADAME DE BRÉE; *puis* VALORY *et* CHABRIAC.

Valory sort doucement de la chambre, en suivant à pas de loup Coralie; pendant ce temps, Mme de Brée passe à gauche. Valory pose ses pistolets et son manteau près de la porte du fond à droite.

MADAME DE BRÉE, *à elle-même.* — Tâchons de prendre un peu de repos. — C'est encore toi, Coralie ?

Elle se retourne.

Ciel! un homme!

VALORY. — Point de bruit, madame, je vous en conjure.

MADAME DE BRÉE. — Que voulez-vous, monsieur ?

VALORY. — Remettez-vous, de grâce... car je me reprocherais toute ma vie d'avoir pu vous causer la moindre frayeur.

MADAME DE BRÉE, *à part.* — Les forces me manquent... si je pouvais appeler!

Elle veut se diriger vers la porte du fond.

VALORY. — Ne faites pas venir vos gens, madame, vous me forceriez à punir...

Il montre ses pistolets.

MADAME DE BRÉE. — Des armes ?

VALORY, *les posant sur la cheminée.* — Celui qui troublerait un si précieux tête-à-tête...

MADAME DE BRÉE, *devant le secrétaire, à part.* — Ah! mon Dieu! et ce portefeuille... cet argent que j'ai reçu depuis peu...

VALORY, *prenant au fond un fauteuil qu'il pose près de celui qui est devant la toilette.* — Je voyage souvent seul, la nuit, et c'est une précaution que je suis habitué à prendre... Les routes sont si peu sûres. *(Il s'avance poliment, prend la main de Mme de Brée et la conduit au fauteuil.)* Mais, ne tremblez pas ainsi, madame... Employer la violence contre une femme! fi! ce serait du plus mauvais ton... Asseyez-vous donc, je vous en prie... *(Elle s'assied.)* Je viens, madame, vous proposer une affaire... *(Avant de s'asseoir.)* Vous permettez...

MADAME DE BRÉE, *à part, se levant et s'approchant de la lampe.* — Si je pouvais connaître les traits.

VALORY, *l'arrêtant.* — Pardon, madame, j'ai la vue si faible... une trop grande clarté... *(Il tourne la lampe du côté de la coulisse. Mme de Brée s'assied.)* et puis l'affaire que je traite en ce moment exige le plus strict incognito.

Il s'assied.

MADAME DE BRÉE. — Eh bien! il s'installe!

VALORY. — J'arrive de Paris, madame... j'y exerce une profession honorable.

MADAME DE BRÉE, *à part.* — Oh! je m'en doute...

VALORY. — Je suis lancé dans les grandes entreprises industrielles; mon nom est assez répandu dans le haut commerce.

MADAME DE BRÉE. — Mais, monsieur, je ne vois pas quel rapport...

VALORY. — De grâce, un peu de patience. *(Reprenant.)* J'ai été malheureux... De riantes spéculations qui promettaient les plus beaux résultats ont échoué entre mes mains... ce qui a apporté dans mes finances un embarras momentané.

MADAME DE BRÉE. — Encore une fois, monsieur...

VALORY. — M'y voici! Je tiens dans ce moment les fils d'une opération magnifique... On peut doubler ses capitaux en moins d'un an... mais j'ai besoin de trois cent mille francs pour compléter la mise de fonds.

MADAME DE BRÉE, *à part.* — Trois cent mille francs!... On m'aura trahie!...

VALORY. — Sans les pertes récentes qui vous ont inspiré tout à l'heure un si touchant intérêt, je n'aurais pas recours, madame, à une bourse étrangère; j'aurais même pu trouver vingt fois cette somme à Paris... mais j'ai craint d'ébruiter l'affaire, et je pense que vous me saurez gré de vous avoir donné la préférence!

Il se lève.

MADAME DE BRÉE, *se levant et feignant l'étonnement.* — A moi! Monsieur?... Mais, je n'ai pas cette somme.

VALORY. — Oh! ne craignez rien, madame, vous aurez toutes les sûretés nécessaires... ma signature, d'abord... *(Il remet en place le fauteuil de Mme de Brée.)* Et puis, il va sans dire qu'outre votre part dans les bénéfices, vos fonds vous rapporteront dix pour cent, qui vous seront exactement payés à chaque trimestre... Je vais prendre note des échéances.

Il s'assied à la toilette.

MADAME DE BRÉE. — Je vous répète, monsieur...

VALORY. — Vous ne conserverez plus aucune crainte, quand vous saurez que c'est moi, moi seul qui suis le gérant responsable ?

MADAME DE BRÉE, *à part.* — Le fripon!

VALORY, *tirant son carnet de sa poche et prenant des notes.* — Je suis jeune, actif, intelligent... j'ai fait des études spéciales... enfin, je possède toutes les qualités qui peuvent assurer le succès d'une entreprise semblable! *(Il remet le carnet dans sa poche.)* Je vais donc vous donner un petit reçu provisoire, pendant que vous prendrez la peine de me compter la somme.

Il prend une plume et se prépare à écrire le reçu sur un papier qu'il trouve sur la toilette.

MADAME DE BRÉE. — Mais, je ne l'ai pas... je ne l'ai jamais eue...

VALORY. — Ah! je suis trop au courant des affaires pour ignorer l'arrêt si juste de la cour royale qui vous remet en possession... Je prends les frais de l'acte à ma charge... Vous voyez, madame, que j'agis rondement!

MADAME DE BRÉE. — Quelle audace!

VALORY, *prenant un journal.* — Ah! la lecture partage aussi vos loisirs... *La Gazette des tribunaux*, le journal à la mode... On trouve dans cette feuille des tours de voleurs tout à fait bouffons... Il faut avouer qu'il y a de ces coquins-là qui ont bien de l'esprit.

Il écrit le reçu.

MADAME DE BRÉE, *à part.* — Il ne manque pas d'amour-propre... Que faire ? Ah! cette sonnette communique à l'étage des domestiques!...

Elle se dirige vers la cheminée.

CHABRIAC, *paraissant à l'œil-de-bœuf du cabinet du fond à gauche.* — Qui diable s'est amusé à me renfermer là-dedans!... Ma future!... Sacrebleu!... j'ai encore manqué mon effet.

MADAME DE BRÉE, *avec effroi.* — Ah!... les cordons sont coupés!

VALORY. — Me pardonnez-vous cette innocente précaution ?

MADAME DE BRÉE. — Mais c'est un guet-apens!

CHABRIAC, *à part.* — Ah çà! mais, ma cousine n'est pas seule!

VALORY, *se levant, sans prendre le reçu.* — Voici le petit reçu...

CHABRIAC, *à part*. — Un homme!

VALORY, *passant à gauche*. — Maintenant, quand il vous plaira de verser les fonds...

MADAME DE BRÉE. — Mais, cela m'est impossible! Vous concevez qu'une femme ne garde pas une pareille somme... trois cent mille francs!

VALORY, *allant au secrétaire*. — Où sont-ils donc, madame ?...

MADAME DE BRÉE. — Chez mon notaire.

VALORY, *feignant de mal entendre*. — Hein ?... dans votre secrétaire ?

MADAME DE BRÉE, *à part*. — Il sait tout!

VALORY. — Oh! c'est imprudent!... Pardonnez-moi ce petit reproche... mais, ma nouvelle qualité d'associé me donne le droit de vous gronder un peu!

MADAME DE BRÉE, *à part*. — L'effronté!

CHABRIAC, *à part*. — Ma femme a un associé!...

VALORY. — Vous avez oublié, je crois, de me donner la clé ?

MADAME DE BRÉE. — La clé ?... Je l'ai perdue!

CHABRIAC, *à part*. — Mais, c'est un escroc que cet homme-là!

VALORY. — Cherchez un peu, madame... En vérité, ce serait dommage de briser un si joli meuble!

CHABRIAC, *à part*. — Le scélérat plaisante avec l'effraction!

MADAME DE BRÉE, *résolument*. — Monsieur, il est inutile de feindre plus longtemps... et je vous déclare que je ne céderai qu'à la violence...

VALORY, *s'avançant, Mme de Brée recule*. — Moi! de la violence envers vous!... Vous êtes parfaitement libre... *(Il se dirige vers la cheminée.)* Et je n'ai jamais eu la pensée de vous contraindre en aucune façon... je viens vous proposer une affaire... elle ne vous convient pas...

Il joue avec ses pistolets.

MADAME DE BRÉE, *à part*. — Oh! Mon Dieu!

CHABRIAC, *à part*. — Il prend ses pistolets!

VALORY. — Mais, de grâce, réfléchissez un moment sur vos véritables intérêts.

Il arme un pistolet.

MADAME DE BRÉE, *à part*. — Je suis morte!

CHABRIAC, *à part*. — Il va l'assassiner... et moi avec, si je pousse un cri!

VALORY, *s'avançant vers elle.* — Allons, madame, je vois que vous n'avez pas confiance.

CHABRIAC, *à part.* — Oh!

MADAME DE BRÉE, *vivement.* — Si! si! Monsieur, prenez tout!

CHABRIAC, *à part.* — Je suis ruiné!

VALORY, *posant les pistolets sur la cheminée.* — Je suis ravi de vous avoir persuadée... Oserai-je vous demander où est la clé ?

MADAME DE BRÉE, *s'appuyant contre son fauteuil.* — Sur la cheminée, dans ce vase...

VALORY, *la prenant.* — Mille grâces! Vous me remercierez plus tard. *(Il met la clé dans la serrure.)* J'espère au moins que vous ne conservez aucun regret, aucune arrière-pensée ?

Il ouvre le secrétaire vivement.

CHABRIAC, *s'oubliant.* — Arrêtez!... Oh!...

Il disparaît un moment.

MADAME DE BRÉE, *vivement.* — On a parlé dans ce cabinet!

VALORY. — Vous croyez ?... Sans doute un de mes gens que j'ai pris la liberté de loger là...

Mme de Brée s'assoit dans le fauteuil près de la toilette.

CHABRIAC, *qui a reparu indigné.* — Un de ses gens!

VALORY. — Ignorant si la somme était en billets de banque ou en espèces, je pouvais avoir besoin de ce mercenaire pour la porter jusqu'à mon tilbury.

CHABRIAC, *à part.* — Mercenaire!... Insolent!...

VALORY, *très haut.* — Mais, s'il se permet de nous troubler encore, je le fais sauter par la fenêtre.

CHABRIAC, *disparaissant tout à fait.* — Par la fenêtre!

MADAME DE BRÉE, *à part.* — Et personne!... aucun moyen!

VALORY, *fouillant dans le secrétaire.* — Un portrait... dans ce tiroir ? Le vôtre, peut-être... Rassurez-vous, madame... je n'aurai pas l'indiscrétion... et pourtant, de tous vos biens celui-ci est, à mes yeux, le plus précieux!

MADAME DE BRÉE, *à part.* — Il ose me faire des compliments!

VALORY, *tirant un autre tiroir.* — Ah! ah! ce tiroir-là est plus difficile.

AIR : *Il ne faut pas la réveiller.*

Pourtant, j'ai pour moi la pratique,
Il ne cède qu'avec effort;
Des diamants! Ah! je m'explique
Comment il résistait si fort.
Ce tiroir, sous la main rebelle,
Semble en effet nous avertir
Que Madame, pour être belle,
N'a jamais besoin de l'ouvrir!

MADAME DE BRÉE, *à part.* — Il ne manque pas d'esprit... mais c'est un homme affreux...

VALORY, *tirant un troisième tiroir.* — Par exemple!... ici, c'est le contraire.

MÊME AIR

Cet autre qui sous ma main glisse,
Renferme, je le parierais,
L'aumône aux malheureux propice,
Car vous êtes bonne à l'excès!
Le pauvre, en sa misère extrême,
Par vous jamais n'est rebuté.
Voyez!... il s'ouvre de lui-même,
Le tiroir de la charité.

MADAME DE BRÉE, *à part.* — Qui croirait jamais que c'est un scélérat!

VALORY. — Ah! voici, je crois, notre portefeuille. *(Il ferme le secrétaire. Mme de Brée se lève.)* Ce fermoir d'argent est d'un travail exquis! La somme y est bien, n'est-ce pas ?

MADAME DE BRÉE. — Monsieur...

VALORY. — Je ne compte pas après vous... *(Allant à la toilette.)* Ah! et votre reçu, que j'oubliais...

Il le prend.

MADAME DE BRÉE. — Je le crois parfaitement inutile.

VALORY. — Oui, entre gens comme nous, ces sortes de précautions sont de pures formalités; mais pour notre acte de société... prenez toujours, j'y tiens... on ne sait ce qui peut arriver.

Mme de Brée serre le reçu dans la poche de son domino, en le froissant.

MADAME DE BRÉE. — Oh! Monsieur... *(Toussant.)* Hum...! hum!...

VALORY. — Mais, vous prenez froid, madame... je vois qu'il serait indiscret de prolonger ma visite et de vous retenir plus longtemps... *(Il prend son manteau.)* Je vais prendre congé de vous... *(Il salue.)* J'emporte, madame...

MADAME DE BRÉE, *à mi-voix.* — Je sais... je sais monsieur, ce que vous emportez.

VALORY, *achevant sa phrase.* — L'espérance que cette entrevue ne sera pas la dernière...

Il sort par la porte du fond à droite.

MADAME DE BRÉE, *seule.* — Il va m'échapper! Si je pouvais donner l'alarme! *(Elle s'approche de la fenêtre.)* Au secours! au voleur!

CHABRIAC, *à l'œil-de-bœuf, d'une voix altérée.* — Je suis sûr qu'il la massacre... Au secours!... au secours!

Il se retire en voyant Valory.

VALORY, *rentrant.* — Comment! vous trahissez déjà votre associé ? Ah! madame, ce n'est pas loyal *(Saluant.)* Je vous réitère, madame, l'expression de mes hommages les plus respectueux!

Il sort et ferme la porte à double tour.

MADAME DE BRÉE, *tombant dans un fauteuil, près de la porte de sortie.* — Ah! je succombe!... je n'ai plus la force d'appeler...

SCÈNE VII

MADAME DE BRÉE, CHABRIAC

CHABRIAC, *à l'œil-de-bœuf, pâle et avançant la tête* — Spst! spst!... cousine!... Je n'entends plus rien. Est-il parti ?

MADAME DE BRÉE, *étonnée, se levant.* — Comment vous étiez là ?

CHABRIAC. — Parbleu! depuis une heure; j'ai tout entendu.

MADAME DE BRÉE. — Et vous n'avez rien dit ?

CHABRIAC. — Qu'est-ce que vous vouliez que je dise quand vous-même... Il faut convenir, cousine, que vous avez bien peu de caractère!... On ne se laisse pas dévaliser comme ça... on appelle, on crie!

MADAME DE BRÉE. — Mais, n'était-ce pas à vous de l'effrayer, vous, un homme ?...

CHABRIAC. — Moi, c'est différent... je descends de diligence, je suis très fatigué... et puis, il m'avait enfermé, le scélérat !... Si j'avais été libre... Ah ! ah !... je ne suis qu'un homme, mais sacrebleu !... La porte, s'il vous plaît ?

MADAME DE BRÉE. — Comment ! il vous avait enfermé ! Oh ! pauvre cousin ! Attendez, attendez !

Elle va ouvrir.

CHABRIAC, *entrant*. — Où est-il ?... où est-il ?... le scélérat !

Ici le jour arrive tout à fait.

MADAME DE BRÉE. — Il ne peut être encore bien loin... et en mettant la police sur ses traces...

CHABRIAC. — Vous me donnez une idée !... je cours chez le procureur du roi !

MADAME DE BRÉE. — Mais il est absent.

CHABRIAC. — Alors, je cours chez son substitut !

MADAME DE BRÉE. — C'est comme un fait exprès, nous n'en avons pas depuis quinze jours.

CHABRIAC. — Moi, j'en ai un là, moi... dans ma poche.

MADAME DE BRÉE. — Comment ?

CHABRIAC. — Je l'apporte de Paris !... Un de mes amis... Je lui conte l'affaire, et dans cinq minutes je vous l'amène, mort ou vif... le substitut... non, le voleur !... non... je dis bien... le substitut !

MADAME DE BRÉE. — Il perd la tête...

CHABRIAC, *s'animant et prenant la nomination dans sa poche*. — Le voilà !... ah ! nous allons verbaliser... on retrouvera le voleur et les trois cent mille francs avec... Il faut d'abord fouiller l'hôtel, la rue, le quartier... dans tous les sens... et je cours... *(Il essaie d'ouvrir la porte.)* Fermée encore !... Mais ces sonnettes ? les cordons coupés... Oh ! pour le coup !...

MADAME DE BRÉE. — Appelez... par cette fenêtre...

CHABRIAC. — Comment, appeler ?... mais je vais crier... je vais mugir... *(Il va à la croisée.)* Au secours !... au voleur !... au vol... Ah ! mon Dieu *(Regardant sur la cheminée.)* Des pistolets !... Il a oublié ses pistolets !... *(Il les prend et s'approche de Mme de Brée.)* Ça va nous servir.

MADAME DE BRÉE, *effrayée*. — Comment ?

CHABRIAC. — N'ayez pas peur, cousine... c'est pour sonner nos gens. *(Il s'approche de la fenêtre et lâche la détente.)* Ils ne sont pas chargés!... Le lâche!... Si je l'avais su!... je l'aurais traité...

MADAME DE BRÉE, *appelant près de la porte du fond à droite.* — Coralie! Vaslin!...

CHABRIAC, *appelant aussi.* — Coralie! Vaslin! Personne ne vient!... Il ne me reste plus que la fenêtre... un entresol... le pommier... un saut! et je suis en bas...

Il s'approche du balcon.

MADAME DE BRÉE, *effrayée.* — Qu'allez-vous faire ?

CHABRIAC. — Ne craignez rien! c'est par là que je suis venu... Je voulais produire un effet, je l'ai manqué... n'en parlons plus... Je vais envoyer toute la maison, et je cours éveiller l'autorité... Adieu!

MADAME DE BRÉE. — Prenez garde!

CHABRIAC, *en dehors.* — Le pommier me connaît... Il n'y a aucun danger...

MADAME DE BRÉE, *au balcon.* — Et votre chapeau qui est tombé!... Ah! il ne m'entend pas!... Il est déjà bien loin...

SCÈNE VIII

MADAME DE BRÉE; *puis* CORALIE, VASLIN *et* LES DOMESTIQUES

MADAME DE BRÉE, *seule.* — La frayeur lui aura troublé la cervelle... Et moi-même, malgré mon courage, je suis encore tout émue!... A-t-on idée d'une pareille audace ?... Et quel esprit! quel sang-froid, au milieu du crime. *(Bruit.)* Ah voici mes gens qui viennent à mon secours... quand tout est fini!... C'est juste!

Coralie, Vaslin et les domestiques entrent par le fond. Ils entourent Mme de Brée.

CORALIE, *effrayée.* — Un voleur dans la maison!...

MADAME DE BRÉE. — Eh! oui, sans doute... *(Aux domestiques.)* L'avez-vous vu s'échapper ?...

TOUS. — Non! ni moi! ni moi!...

MADAME DE BRÉE. — Et vous, Vaslin ?...

VASLIN. — Je n'ai connaissance que d'un homme dans un manteau qui se disait le futur de Madame et qui s'est installé ici...

MADAME DE BRÉE. — Eh bien ?

VASLIN. — Je ne l'ai pas vu ressortir... *(A part.)* Il est vrai que je dormais dans ma loge...

MADAME DE BRÉE. — Il est encore dans l'hôtel... Ne perdez pas une minute... Parcourez tous les étages... qu'on visite soigneusement l'office, les écuries, les remises.. Allez, allez...

CHŒUR, *en sortant.*

AIR : *Nous voici pleins d'ardeur.*

Un voleur! quoi! vraiment!
D'une telle insolence,
Que notre vigilance
Le punisse à l'instant!

Ils sortent par le fond. Vaslin emporte la lampe.

SCÈNE IX

CORALIE, MADAME DE BRÉE

Mme de Brée s'assied près de sa toilette.

CORALIE. — Miséricorde!... et vous n'êtes pas morte de frayeur, madame ?... Votre cousin assure que les misérables...

MADAME DE BRÉE. — Comment, les misérables!... c'est bien assez d'un.

CORALIE. — M. Chabriac vient de me dire qu'il en avait compté quatre...

MADAME DE BRÉE, *souriant malgré elle.* — Quatre! Oh! ce pauvre cousin!

Elle se lève.

CORALIE. — Enfin, c'est égal!... se trouver seule, la nuit, avec un pareil brigand...

MADAME DE BRÉE. — Oh! oui, c'est affreux... et rien que d'y penser!...

CORALIE. — Ça donne le frisson! Je le vois d'ici... une tournure atroce... Il devait sentir l'eau-de-vie, le tabac... Pouah! l'air est encore empesté!...

MADAME DE BRÉE. — Quelle folie! J'ai causé une heure avec lui... et...

CORALIE. — Vous avez pu causer avec un pareil scélérat ?

MADAME DE BRÉE. — Ai-je causé ? je n'en sais rien... Mais j'étais bien forcée de répondre à ses questions, et il me semble que sa conversation ne manquait pas d'une certaine grâce...

CORALIE. — De la grâce!... un voleur!

MADAME DE BRÉE, *souriant.* — Mon Dieu! on se fait des idées sur ces gens-là... Mais en les voyant de plus près... A quoi pensé-je ?... Ce substitut du procureur du roi va venir... je ne puis le recevoir en domino... La justice n'y voit pas, c'est vrai... mais il faut l'intéresser, et pour cela il ne faut pas lui faire peur! Tu m'avertiras de son arrivée.

CORALIE. — Oui, madame.

Mme de Brée entre dans le salon à gauche.

SCÈNE X

CORALIE, *seule; puis* CHABRIAC *et* VALORY

CORALIE. — Eh bien! je trouve qu'elle n'est pas assez en colère... O Dieu! si pareille chose m'arrivait! si un scélérat venait me prendre ce que j'ai... je lui en voudrais à la mort!

Entrent Chabriac et Valory par la porte du fond.

VALORY, *à Chabriac qui l'amène et résistant.* — Mais, non, te dis-je!

CHABRIAC. — Ah! corbleu! tu ne peux pas refuser...

VALORY. — Je te répète que je refuse très positivement.

CHABRIAC, *le retenant.* — Oh! je ne te lâche pas!... *(A Coralie.)* Prévenez votre maîtresse que M. le substitut est arrivé.

CORALIE, *à elle-même.* — Il est très bien, pour un homme de loi!

Elle sort.

SCÈNE XI

VALORY, CHABRIAC

VALORY. — Moi, substitut!... Mais, encore une fois, je ne le suis pas, je ne veux pas l'être... je n'ai rien demandé.

CHABRIAC. — Tu n'as rien demandé! Homme rare, va!... Mais on a demandé pour toi... ton oncle.

VALORY, *vivement.* — Mon oncle, le président ?...

CHABRIAC. — Qui adore la robe! et qui ne sera content que lorsque son cher neveu en sera revêtu.

VALORY, *à part.* — Que le diable l'emporte!... Si j'avais pu prévoir... *(Haut et voulant sortir.)* Eh bien! je donne ma démission.

CHABRIAC. — Eh quoi! c'est dans le moment où la société t'appelle à son secours par ma voix, que tu veux déserter ton poste ?

VALORY, *à part.* — Morbleu! *(Haut.)* Mais, enfin, que veux-tu ?

CHABRIAC. — Que tu reçoives ma plainte.

VALORY, *à part.* — Au fait, s'il ne s'agit que de cela, je suis trop avancé maintenant... et puis, je la reverrai. *(D'un air grave.)* Allons, je t'écoute.

CHABRIAC. — Comme magistrat ?

VALORY. — Comme magistrat.

CHABRIAC, *triomphant.* — Ah! bravo! fonctionne... Je vais déposer.

VALORY, *à part.* — Parbleu! il est assez piquant...

CHABRIAC. — Voici le théâtre du crime... tu comprendras mieux.

VALORY, *toussant d'un air doctoral.* — Hum! très bien!...

CHABRIAC. — Figure-toi, mon cher... Je descendais de diligence... j'arrivais de Paris, où j'ai passé une huitaine. Ma première idée, en rentrant pied à terre, fut de voir ma cousine... idée bien naturelle, puisque je devais l'épouser aujourd'hui. Tu sais ?... je t'avais écrit...

VALORY. — Pour te servir de témoin.

CHABRIAC. — J'accourais donc plein d'amour, lorsqu'en approchant de cette porte, *(il montre la porte du fond)* j'entends un sourd gémissement partir de cette chambre! Aussitôt, tu connais ma vivacité, je m'élance sur la serrure... fermée... Le sourd gémissement continuait... alors, d'un coup de poing... tu connais ma force musculaire... j'enfonce la porte!

VALORY, *souriant, à lui-même.* — C'est un peu fort...

CHABRIAC. — Très fort... Mais je ne connais pas ma force! *(Reprenant.)* D'un coup de poing j'enfonce la porte, et je vois...

VALORY. — Quoi ?

CHABRIAC. — Rien... la lampe était éteinte!... Mais je me trouve nez à nez avec un homme énorme... des moustaches longues de ça... Ma cousine était tombée dans un fauteuil, sans connaissance... mais pâle... mais pâle!...

VALORY. — Puisqu'il faisait nuit, tu ne pouvais pas voir...

CHABRIAC. — Quand on se trouve mal, on est toujours pâle... Mais là n'est pas la question. A ce tableau, je sens la colère me monter au cœur... Tu connais ma vivacité... je me jette, moi sans armes, sur cet homme armé jusqu'aux dents... Il résiste... Suis-moi bien... alors, s'engage une lutte terrible... Tu connais ma force musculaire... Je le terrasse... Il se relève et cherche à gagner la porte... *(il remonte)* mais j'avais eu soin de la fermer!

VALORY, *riant sous cape.* — Comment! la porte que tu avais enfoncée d'un coup de poing ?

CHABRIAC. — D'un seul... mais là n'est pas la question. Le brigand, voyant que cette issue lui est interdite, se dirige vers la fenêtre... Je le devine... je me précipite de nouveau... Suis-moi... Suis-moi toujours bien!... Je le saisis pour la seconde fois, et nous nous roulons.

VALORY, *feignant de frémir.* — Ah! Dieu!

CHABRIAC

AIR du *Ménage de garçon.*

Armé d'un courage féroce,
Surtout d'un sang-froid sans égal,
Je résumais l'humeur atroce
De l'ours, du lion, du chacal,
Et du tigre du Sénégal!...

Le regardant et parlant.

Tu ris ?...

VALORY, *continuant l'air.*

Non, mais j'admire avec surprise,
Qu'après ces sanglants démêlés,
Ta cravate soit si bien mise,
Et tes cheveux si bien bouclés!

CHABRIAC, *avec un peu d'embarras.* — Oh! je me suis donné un coup de brosse *(montrant la fenêtre)* après que le misérable s'est élancé...

VALORY, *se récriant.* — Tu l'as laissé échapper!

CHABRIAC. — Que veux-tu? une anguille, mon cher! Il m'a glissé entre les mains... *(S'essuyant le front.)* Quelle nuit!

VALORY. — Ah çà! tu n'as reçu aucune blessure, au moins?...

CHABRIAC, *se tâtant.* — Moi, non... je ne crois pas... mais lui!... il doit être bleu, mon cher... bleu des pieds à la tête. Je lui ai appliqué entre autres, sur le crâne, un coup de ce poing-là... Tu connais?

VALORY. — Oui... ta force musculaire.

CHABRIAC, *redescendant.* — Il ne portera pas celui-là en paradis!... Ah çà! maintenant, mon cher Valory, il faut mettre toute ta police sur pied, ensemencer les routes de gendarmes... Je suis ton ami, je m'en rapporte à toi... Tu me feras retrouver mon argent...

VALORY. — Ton argent?...

CHABRIAC. — L'argent de ma femme... c'est la même chose, puisque j'épouse aujourd'hui la jolie veuve.

VALORY, *à part.* — Aujourd'hui!... *(Haut et prenant un ton magistral.)* Je ferai ce que je pourrai.

CHABRIAC. — J'y compte! Chut!... Voici Mme de Brée!

VALORY, *à part.* — Elle!

SCÈNE XII

LES MÊMES, MADAME DE BRÉE

CHABRIAC, *allant lui donner la main.* — Arrivez donc, cousine, arrivez donc; vous faites attendre la justice.

MADAME DE BRÉE, *saluant et examinant Valory.* — Pardon... quelques ordres à donner... Monsieur serait...

CHABRIAC. — Mon ami le substitut... qui, en l'absence du procureur du roi, vient vous interroger à domicile... Qu'avez-vous donc à le regarder?

MADAME DE BRÉE. — C'est singulier... il me semble que ce n'est pas la première fois...

CHABRIAC. — Ah bah!

VALORY, *galamment.* — Aurais-je déjà eu le bonheur de rencontrer Madame dans le monde ?

MADAME DE BRÉE. — Je ne le pense pas, monsieur, et pourtant... Mais laissez-moi vous remercier d'abord d'un empressement...

VALORY. — Qui est bien naturel, madame! Un malheur qui vous arrive est une calamité pour tous! Vous êtes encore tout émue, madame... Rassurez-vous... Nous avons le temps.

CHABRIAC. — Comment, le temps!... Mais il va se sauver, l'autre...

VALORY. — Sois donc tranquille. A quelle heure, madame, cet audacieux coquin a-t-il pénétré chez vous ?

MADAME DE BRÉE — Mon Dieu, monsieur... je revenais du bal... Il n'était pas encore jour...

VALORY. — Ah! diable!... il a une grande avance...

CHABRIAC. — Alors, il faut courir...

VALORY. — Un moment! Il n'a peut-être pas quitté la ville... c'est même une tactique que ces messieurs emploient souvent. J'ai connu un voleur...

CHABRIAC. — Hein ?...

MADAME DE BRÉE. — Vous, monsieur ?...

VALORY. — Mon ancienne profession d'avocat m'a mis en rapport avec ces gens-là... J'ai beaucoup connu un voleur qui ne se cachait jamais moins que lorsqu'il avait commis un méfait... Après un vol, par exemple, on le voyait se pavanant à la promenade, au théâtre, dans le monde, partout... Tranquille, l'air aisé, faisant l'aimable, auprès des dames... Aussi ne le soupçonnait-on jamais!

CHABRIAC. — A la bonne heure... Mais on ne peut pas arrêter tous les gens aimables... *(D'un air agréable, à Mme de Brée.)* Sans cela, ma cousine et moi... Hé! hé!...

Il remonte.

MADAME DE BRÉE, *à part et troublée.* — Plus j'examine... Oh! quelle folie!... c'est impossible!...

VALORY, *allant s'asseoir à la toilette et changeant subitement de ton.* — Mais comment a-t-il pénétré jusqu'ici ?

MADAME DE BRÉE. — Je l'ignore... J'étais là... j'entends du bruit, je me retourne... il était devant moi!

VALORY, *écrivant, avec intérêt.* — Pauvre dame! *(Regardant Chabriac.)* Heureusement, votre cousin est accouru à votre défense, et d'un seul coup de poing...

CHABRIAC, *bas.* — Hum! ne lui rappelle donc pas ces détails-là... ça la crispe...

MADAME DE BRÉE, *à part, agitée.* — C'est étrange... mais chaque mot qu'il prononce...

VALORY, *à Mme de Brée.* — J'attends de vous quelques renseignements sur l'extérieur de l'individu.

MADAME DE BRÉE. — Oh! pour cela, je n'ai pas bien remarqué...

CHABRIAC. — Hum! ni moi.

VALORY, *à mi-voix.* — Comment, toi qui l'as terrassé!

CHABRIAC, *de même.* — Dans la nuit... dans la nuit, mon cher... et puis, la nuit, tous ces coquins sont... se ressemblent.

VALORY. — Sa taille?

CHABRIAC, *de même.* — Peuh!

MADAME DE BRÉE. — Mon Dieu! monsieur, je vous demande bien pardon... mais à peu près la vôtre...

CHABRIAC. — Tiens! c'est vrai, ça... Absolument la tienne.

VALORY, *écrivant.* — Taille...

MADAME DE BRÉE. — Taille élégante.

VALORY, *souriant.* Vous êtes bien bonne!... — La somme?

CHABRIAC. — Cent mille écus...

VALORY, *se récriant et se levant.* — Cent mille écus!...

Il passe au milieu.

CHABRIAC. — Les misérables n'ont rien de sacré... *(Ajoutant.)* En billets de banque...

VALORY. — Et... où était le portefeuille?... Dans votre secrétaire?...

MADAME DE BRÉE, *dont la surprise augmente, et regardant Valory en face.* — En vérité, monsieur, vous devinez avec une précision...

VALORY. — Oui, la grande habitude... *(Il va au secrétaire.)* Et puis, les billets de banque, cela se place toujours dans le tiroir le plus mystérieux d'un secrétaire.

Il l'ouvre.

MADAME DE BRÉE, *à part.* — C'est lui!

Chabriac remonte.

VALORY, *ouvrant le tiroir.* — Celui-ci, par exemple.

MADAME DE BRÉE, *à part.* — Ah! il me fait peur!

VALORY, *secouant la tête.* — Hum! Cet homme-là doit avoir une longue pratique de ces sortes d'expéditions... et j'ai bien peur...

CHABRIAC, *s'approchant de lui.* — Comment, tu crois?

VALORY, *à mi-voix.* — Il nous échappera, mon cher...

il faut en faire son deuil! Mais dans deux ou trois ans, peut-être, il se fera arrêter pour autre chose, et alors...

CHABRIAC, *bas*. — Que le diable t'emporte!... Il sera bien temps! Les trois cent mille francs seront mangés.

VALORY. — C'est probable.

CHABRIAC, *furieux*. — Mais c'est là que la justice doit empêcher. Je n'ai été te chercher que pour ça! *(A Mme de Brée.)* Eh bien! ma cousine, vous ne dites rien ? Ça n'a pas l'air de vous émouvoir.

Il s'approche d'elle.

MADAME DE BRÉE, *sans l'écouter et très émue*. — Dites-moi, Chabriac, ce jeune homme, vous le connaissez ?...

CHABRIAC. — Qui ? le voleur ?...

MADAME DE BRÉE. — Non... ce jeune homme qui est là... C'est bien celui que...

CHABRIAC. — Mon ami le substitut, pourquoi ça ? Mais, oui, c'est parfaitement lui!... Pas l'ancien, le nouveau... *(Elevant la voix.)* Pas l'ancien!

MADAME DE BRÉE. — Vous en êtes bien sûr ?...

CHABRIAC. — Parbleu! un camarade de collège!

Il va à Valory et lui prend la main.

MADAME DE BRÉE, *à elle-même*. — Quel doute affreux!

CHABRIAC, *bas à Valory*. — Tu penses donc que ces renseignements...

VALORY. — Je tremble qu'ils ne soient insuffisants.

CHABRIAC, *à part*. — Je réagis vers la passementière... Deux cent mille francs en maisons... Ça louche, mais ça ne se vole pas.

VALORY, *s'approchant de Mme de Brée*. — A moins, cependant, que Madame ne puisse nous fournir quelque preuve... quelque indice personnel...

MADAME DE BRÉE, *passant en le regardant fixement*. — Assez, monsieur... songez que je puis compromettre...

VALORY. — Et qui donc ?...

MADAME DE BRÉE. — Mais un homme que sa position...

VALORY. — Quel qu'il soit, pas de ménagements pour le coupable...

CHABRIAC. — Pas le moindre ménagement... Je voudrais le pulvériser!...

VALORY et CHABRIAC, *à Mme de Brée*. — Eh bien ?...

MADAME DE BRÉE. — Eh bien!... eh bien! oui, monsieur... cet homme m'a laissé un billet par lequel il prétendait reconnaître l'emprunt bizarre qu'il me faisait...

VALORY. — Et vous avez conservé ce papier ?

MADAME DE BRÉE. — Il doit être encore dans la poche du domino que je portais en sortant du bal...

CHABRIAC. — Mais... allez donc le chercher!...

MADAME DE BRÉE, *avec intention.* — Monsieur est-il de cet avis ?

VALORY. — Tout à fait... Madame...

CHABRIAC. — C'est ça... Et toi, en attendant, pousse jusqu'à la préfecture... Ce matin, j'ai donné quelques renseignements pour commencer les premières poursuites... Vas-y, mon ami... va vite!

VALORY. — Madame est-elle de cet avis ?

MADAME DE BRÉE. — Tout à fait, monsieur...

Valory donne la main à Mme de Brée, et la reconduit à la porte du salon.

ENSEMBLE

AIR : *Valse de Strauss.*

MADAME DE BRÉE, *à part.*

A mon effroi,
Plus je le vois,
Je reconnais
Sa voix, ses traits.
Mais quel espoir
Peut-il avoir ?
Quel intérêt ?...
C'est un secret!

VALORY, *à part.*

Oui, son effroi
Me dit, je crois :
Je reconnais
Ta voix, tes traits.
Mais concevoir
Mon fol espoir,
Qui le pourrait ?...
C'est mon secret!

CHABRIAC, *à part.*

Dans mon effroi,
Oui, je le crois,
Si j'écoutais
Mes intérêts...

Mais un espoir
Vient m'émouvoir,
Et rend discret
Mon vœu secret!

Mme de Brée et Valory se saluent et sortent, elle, par la gauche, lui, par le fond.

SCÈNE XIII

CHABRIAC, *seul.*

Ouf! quelle secousse!... *(Se jetant dans un fauteuil, près de la cheminée, et s'essuyant le front.)* J'en suis en nage!... La position est atroce pour un cœur délicat!... Au moment d'épouser celle que j'adore... trois cent mille francs de moins!... c'est-à-dire tout!... *(Se levant.)* Allons doucement, Chabriac... L'événement décidera du parti que je dois prendre, et de mon amour!... Car, enfin, ma cousine... certainement c'est une bonne petite femme... mais elle est veuve... elle est veuve, au bout du compte, et une veuve... dame! c'est toujours moins flatteur!... Et puis aussi pourquoi a-t-elle eu la maladresse de se laisser dévaliser ?... Car, ça me révolte, ça m'indigne!... Après tout, je ne dois pas en souffrir, moi!... Je n'ai pas envie de faire un mariage d'inclination... Je ne suis pas assez... Malvina [2] pour ça...

AIR : vaudeville des *Maris ont tort.*

Pour épouser une héritière,
Le ciel tout exprès m'a bâti;
Quand on a ce qu'il faut pour plaire,
On doit chercher un bon parti,
Moi, je veux un riche parti.
Il est juste que ma future
Soit très libérale à son tour...
Je suis doté par la nature,
Je dois l'être aussi par l'amour!

2. *Malvina ou un mariage d'inclination*, vaudeville en deux actes d'Eugène Scribe, créé au théâtre du Gymnase le 8 décembre 1828. La pièce eut un succès prolongé.

C'est décidé!... Si les nouvelles ne sont pas bonnes... je romps... J'aime à mener les affaires rondement!... Au fait, comme dit Valory... si on ne retrouve le voleur que dans deux ans... la belle avance!... Il aura eu le temps de placer son argent à fonds perdus!... Ces gens-là ont si peu de conduite!...

SCÈNE XIV

CHABRIAC, CORALIE

CORALIE, *entrant par le fond, une lettre à la main.* — Monsieur! Monsieur!...

CHABRIAC. — Qu'est-ce que tu veux?

CORALIE, *cherchant des yeux.* — Ce n'est pas vous... c'est l'autre... le joli garçon...

CHABRIAC. — Que vous êtes bête! Coralie... Vous ne pouvez pas dire M. le Substitut?

CORALIE. — Justement!... C'est une lettre pour lui qui arrive de la préfecture... c'est très pressé!...

CHABRIAC, *prenant la lettre.* — De la préfecture!... Les renseignements que nous attendions...

Il brise le cachet.

CORALIE. — Mais ce n'est pas pour vous!

CHABRIAC, *défaisant l'enveloppe.* — Plaît-il?... Puisque c'est pour mon ami... et que ça concerne notre affaire... Une minute de retard peut compromettre... *(Voyant Coralie qui reste.)* Qu'est-ce que vous faites donc là?...

CORALIE. — J'écoute, monsieur!...

CHABRIAC. — Elle écoute!... Mais allez-vous-en donc, Coralie... Vous restez là... plantée... Est-ce que ça vous regarde?...

CORALIE, *passant à gauche.* — Je m'en vais, monsieur, je m'en vais... *(A part.)* Oh! le vilain homme!... Je ne voudrais pas l'épouser en peinture!...

Elle sort par le salon à gauche.

CHABRIAC, *seul, ouvrant la lettre.* — On ne saurait trop se défier... ces gens-là sont d'une curiosité!... Voyons un peu... *(Lisant.)* « M. le Substitut, je m'empresse de vous » annoncer que la police est sur les traces du voleur... » *(Parlé.)* Déjà!... victoire!... *(Continuant.)* « Nous avons

« une pièce à conviction... » Ils ont une pièce à conviction!... Et moi qui voulais rompre!... Excellente police de Moulins, va!... « Un chapeau de feutre gris imper- » méable... » Tiens, comme le mien... « Sortant des ate- » liers de M. Ambrois, 22, rue de la Chaussée-d'Antin... » Mon chapelier!... Ces coquins-là se mettent bien... Pour ce que ça leur coûte... *(Lisant.)* « On a vu sauter le » voleur par la fenêtre du jardin... » *(Parlé.)* Hein?... par la fenêtre!... « Et le chapeau a été ramassé au-dessous » d'un pommier... » *(Tâtant sa tête.)* Eh! mais, mon chapeau?... Où est mon chapeau?... Qui est-ce qui a pris mon chapeau?... je me rappelle maintenant... en sautant... C'est le mien... Plus de doute, c'est moi qu'on soupçonne!... *(Il descend.)* Oh! oh! police de Moulins, que vous êtes stupide!... Il y a un post-scriptum!... Je parie que c'est une bêtise!... « On est sûr qu'il n'a pas quitté la » ville... aussi, tous nos agents sont sur pied... à l'inté- » rieur... » A l'intérieur!... Là... qu'est-ce que je disais?... Pendant que l'autre gagne le large... Ils vont concentrer leurs recherches... sur un chapeau gris... Oh! les ânes!... les ânes de Moulins!... Il n'y a pas un moment à perdre... Je cours prévenir Valory... Ah! c'est lui!...

SCÈNE XV

VALORY, CHABRIAC

VALORY, *entrant par la porte du fond.* — Bonne nouvelle, mon ami!... bonne nouvelle! Nous tenons le voleur...

CHABRIAC. — Oui, oui, je sais... Le chapeau, n'est-ce pas?... le chapeau gris...

VALORY. — Qui te l'a dit?...

CHABRIAC. — Cette lettre pour toi... que j'ai lue...

VALORY, *à part.* — J'en étais sûr!... *(Haut.)* Eh bien! tu dois être content?...

CHABRIAC. — Très content!... Mais, si tu savais, mon ami!... ce malheureux imperméable...

VALORY. — Oh! tu peux être tranquille... Dans une heure, les portes de la ville seront gardées... et je le défie bien de s'évader...

CHABRIAC. — Permets donc!...

VALORY. — Dès ce soir, il sera jeté dans un cachot... vingt pieds sous terre!...

CHABRIAC, *ému, à part.* — Les jambes me manquent!...

VALORY. — Du pain noir à discrétion.

CHABRIAC, *à part.* — C'est restaurant.

VALORY. — Nous le logerons toujours là, en attendant... jusqu'aux prochaines assises... et dans trois mois...

CHABRIAC, *à part.* — Trois mois de prison!...

VALORY. — Tu vois que j'y mets du zèle...

CHABRIAC. — Merci!... bien obligé!... Mais, enfin, si tu te trompais... si les apparences...

VALORY. — C'est impossible!... ce chapeau...

CHABRIAC, *vivement.* — Mais tout le monde en porte... des chapeaux... Toi, lui, moi-même... Enfin, si c'était le mien... Ça n'est pas; mais, suppose que c'est le mien...

VALORY. — Si c'était le tien!... j'en serais désolé... mais je serais obligé de te faire arrêter préventivement... Mon cœur en gémirait, mais je te ferais coffrer... parce que, vois-tu ? le devoir avant tout...

CHABRIAC, *à part.* — Miséricorde!...

VALORY, *le secouant.* — Eh bien! eh bien!... qu'est-ce que tu as donc ?...

CHABRIAC, *piteusement.* — Rien, mon ami... la chaleur, l'émotion...

VALORY. — De ton combat nocturne?...

CHABRIAC. — Précisément... *(A part.)* Dans une heure, les portes de la ville fermées... *(Haut.)* Et puis, la position dans laquelle je me trouve vis-à-vis de ma cousine...

VALORY. — Comment!... ta cousine...

CHABRIAC. — Oui... Pauvre femme!... Toute réflexion faite, je me suis aperçu que j'en aimais une autre...

VALORY. — Ah bah!

CHABRIAC. — Et comme un honnête homme n'a qu'une parole, je veux retirer la mienne.

VALORY. — Une rupture!...

CHABRIAC. — Oh! si ma cousine était dans le malheur, je m'en garderais bien!... Mais, puisque tu vas retrouver ses trois cent mille francs...

VALORY. — C'est fort douteux...

CHABRIAC. — Non... ça ne peut pas manquer avec... les données que tu as... Et dès que je suis tranquille sur sa fortune... je ne dois pas la tromper...

VALORY. — Ce serait barbare.

CHABRIAC. — Ce serait... barbare!... Vois-tu, j'adore

une petite Parisienne charmante!... rue aux Fers... Une fraîcheur!... des yeux...

VALORY, *à part.* — Qui ne sont pas pareils...

CHABRIAC. — J'en suis fou!... Mais la passion est très pressée... et je voudrais l'aller rejoindre tout de suite... Pour cela, mon bon Valory, rends-moi un service... Toi, qui es éloquent comme Cicéron, charge-toi de dire à ma cousine...

VALORY. — Y penses-tu ?... Moi, qui la connais à peine... C'est trop délicat...

CHABRIAC. — Tu ne veux pas ?... Eh bien ! tant pis... je pars tout de même... Elle pensera de moi ce qu'elle voudra... en passant dans le quartier... Adieu, Valory...

Il passe à droite.

VALORY, *à part.* — Diable! non... A tout prix, il me faut sa renonciation... *(Haut.)* Tu ne peux pas t'en aller ainsi... ce serait d'une inconvenance... Si tu crains de lui parler, que ne lui écris-tu ?... Je me charge de lui remettre ta lettre.

CHABRIAC. — Ah bah! je n'aurais pas le temps...

VALORY. — Si!... Deux mots, là... pendant que je vais interroger le jardinier.

CHABRIAC. — Comment! le jardinier ?

VALORY. — Oui, qui a vu sauter le scélérat, et qui le reconnaîtrait entre mille!

CHABRIAC. — Non, non... je te gênerais... Je vais écrire dans ce boudoir... Je vais voir si je puis trouver une phrase honnête... Renvoie-le vite... Ça me trouble, quand je compose...

Il entre dans le boudoir à droite.

SCÈNE XVI

VALORY, *seul; puis* MADAME DE BRÉE

VALORY. — Chabriac!... *(A lui-même.)* Ecrira-t-il ? C'est qu'il me faut absolument cette lettre... C'est à ce prix seul qu'elle peut me pardonner mon expédition de cette nuit!

MADAME DE BRÉE, *qui a paru du côté à gauche et qui a*

entendu des derniers mots. — C'était lui!... j'en étais sûre! Mais dans quel but?... Je le saurai.

VALORY, *l'apercevant.* — C'est elle!

MADAME DE BRÉE, *s'avançant.* — Vous voilà de retour, monsieur?...

VALORY. — J'arrive...

MADAME DE BRÉE, *à part.* — Menteur!... Ah! monsieur le Substitut, vous me paierez la frayeur que vous m'avez causée.

VALORY. — Eh bien! madame, vous avez retrouvé ce papier?...

MADAME DE BRÉE. — Oui; mais en le lisant, car je ne l'avais pas lu d'abord, j'ai été cruellement désappointée...

VALORY. — Bon!

MADAME DE BRÉE. — Oh! je suis furieuse! ce misérable a ajouté le persiflage... Figurez-vous que ce n'est point un reçu, mais un madrigal... des fadeurs sur ma grâce, ma beauté...

VALORY. — Cela prouve, au moins, qu'il ne manque pas de goût...

MADAME DE BRÉE. — Mais non, monsieur; c'est à en devenir folle de dépit... Car ces vers sont très mauvais...

VALORY, *interdit.* — Ah!... vous les trouvez...

MADAME DE BRÉE. — Détestables... *(A part.)* Il se mord la lèvre, c'est lui. *(Haut.)* Ça rime... Voilà tout...

VALORY, *à part.* — C'est flatteur!...

MADAME DE BRÉE. — Des vers de Moulins, c'est tout dire...

VALORY, *à part.* — Suez donc sang et eau...

MADAME DE BRÉE. — Et si je désire sa punition maintenant... c'est peut-être encore plus à cause de sa poésie que de son vol...

VALORY, *déconcerté.* — Il faut que ce soit bien mauvais!... Eh bien! Madame, confiez-moi ces malheureux vers, et nous parviendrons sans doute...

MADAME DE BRÉE. — Je ne les ai plus.

VALORY. — Comment?...

MADAME DE BRÉE. — Une rencontre... un événement dont vous allez être enchanté... Le juge d'instruction, M. de Pommereuse, qui est un peu mon parent, sort de chez moi!

VALORY, *un peu ému.* — Le juge d'instruction!

MADAME DE BRÉE, *à part.* — Je ne l'ai pas vu seulement.

VALORY. — Je le croyais à la campagne.

MADAME DE BRÉE, *l'observant.* — Justement... Il est accouru sur la clameur publique... Je lui ai montré cette sotte épître... il a cru reconnaître l'écriture...

VALORY, *à part.* — Je crois bien! je lui ai écrit vingt fois.

MADAME DE BRÉE, *de même.* — Oui... oui, s'est-il écrié, c'est bien cela! mais ce serait inouï... incroyable... Il faut que je vérifie... que je compare...

VALORY, *agité.* — Et il a emporté le papier ?...

MADAME DE BRÉE. — Sans doute...

VALORY, *à part.* — Miséricorde! Et moi qui n'avais pas songé...

Il veut sortir.

MADAME DE BRÉE. — Où allez-vous donc ?...

VALORY, *plus troublé.* — L'aider dans ses recherches...

MADAME DE BRÉE. — C'est inutile... vous ne pourrez pas sortir.

VALORY, *plus troublé.* — Je ne pourrai pas ?...

MADAME DE BRÉE. — Le juge d'instruction a donné ordre à la gendarmerie de garder toutes les issues, dans l'espoir que le coupable était encore ici...

Elle se dirige vers la toilette.

VALORY, *à part, en descendant.* — Me voilà bien! *(Haut.)* Oh! encore ici... ce n'est guère probable...

MADAME DE BRÉE, *le regardant.* — Si... moi, je le crois... Ces hommes-là sont d'une audace... Comme vous disiez tantôt... vous savez, ce voleur... que vous avez beaucoup connu... qui ne se cachait jamais.

Elle s'assied.

VALORY, *à part.* — Morbleu!...

MADAME DE BRÉE, *lui montrant un fauteuil.* — En attendant l'arrivée de M. de Pommereuse, asseyez-vous donc, je vous en prie, et causons tranquillement.

VALORY, *plus agité.* — Oui, tranquillement. *(Il s'assied. A part.)* Je suis sur des charbons ardents... M. de Pommereuse... qui va venir, et qui...

MADAME DE BRÉE. — Lisez-moi donc cet article de *La Gazette des tribunaux*, le journal à la mode... il y a quelquefois des tours de voleurs tout à fait bouffons.

VALORY — Eh! Madame...

MADAME DE BRÉE. — Mais quelle heureuse idée vous avez eue là, de songer à ce papier!...

VALORY, *d'un air contraint.* — Oui... oui... c'est une idée assez heureuse...

MADAME DE BRÉE. — Admirable!... C'est à vous que nous devrons la découverte du voleur... sa punition...

VALORY, *hésitant.* — Ah!... vous tenez beaucoup à ce qu'il soit puni ?...

MADAME DE BRÉE. — Comment donc!... Comme vous disiez tantôt, quel qu'il soit, point de pitié... pas de ménagements... Est-ce que ce n'est plus votre avis ?...

VALORY, *à part.* — Ce n'est pas possible... elle se moque de moi!

MADAME DE BRÉE. — Hein ?...

VALORY. — Peut-être, madame.

MADAME DE BRÉE, *se levant.* — Comment! peut-être ?

VALORY, *se levant.* — Oui... j'ai réfléchi. Et les circonstances de ce prétendu vol me semblent si bizarres, si originales, qu'il est bien permis de lui chercher un autre motif que celui que nous lui donnions.

MADAME DE BRÉE. — Ah! vous croyez qu'un autre motif ?...

VALORY, *à mi-voix.* — Oui!...

MADAME DE BRÉE, *à part.* — Enfin, je vais savoir... *(Haut.)* Et lequel ?...

VALORY. — Mais... l'amour, par exemple...

MADAME DE BRÉE. — L'amour!

VALORY. — C'est une supposition...

MADAME DE BRÉE, *à part.* — Allons donc... on a bien de la peine à lui arracher cela... *(Haut et souriant.)* L'amour des billets de banque...

VALORY, *avec force.* — Non, madame... Le sentiment le plus vrai, le plus profond! N'y avait-il pas là quelques circonstances atténuantes ?...

MADAME DE BRÉE. — Oh! les circonstances atténuantes, on les fourre partout!

VALORY, *avec force.* — Je suppose une de ces passions irrésistibles que nul obstacle, nulle puissance ne peuvent arrêter...

MADAME DE BRÉE, *émue.* — C'est une supposition ?...

VALORY, *continuant.* — Instruit qu'un autre va devenir votre époux, qu'une promesse solennelle vous engage, *(baissant la voix)* mais certain, en même temps, que cet autre est indigne de tant de bonheur... qu'il ne chérit, n'adore que votre fortune... on n'avait peut-être qu'un moyen de vous sauver... c'était de vous ruiner tout à coup... complètement... d'amener ainsi la renonciation du rival que l'on redoutait, et de vous conserver à celui qui vous aime plus que sa vie!

MADAME DE BRÉE, *à part.* — Ah! je commence à comprendre... *(Haut.)* Le moyen eût été un peu vif... M'exposer à mourir de peur!...

VALORY. — Oh! Madame... on connaît votre courage, votre sang-froid. Et puis, pour être certain que cela se passât avec tous les égards... on n'a voulu s'en rapporter qu'à soi-même... Et, jugez donc!... que d'amour ne fallait-il pas pour tout sacrifier?...

MADAME DE BRÉE, *à part, le regardant avec intérêt.* — En effet... comme il est ému!...

VALORY, *avec chaleur.* — Pour compromettre son nom, sa réputation, au seul désir de vous conserver votre liberté.

MADAME DE BRÉE, *à part et tout attendrie.* — Il a raison!... Pauvre garçon! faut-il qu'il m'aime... pour être venu me voler ainsi!

VALORY. — Oh! tenez, madame, je me mets à sa place!...

MADAME DE BRÉE. — C'est toujours une supposition.

VALORY. — Mais il me semble que cette preuve d'amour est plus forte que toutes les protestations, tous les serments... et qu'une femme qui est sûre d'être aimée à ce point de folie, d'extravagance... ne pourrait, sans cruauté, se jouer d'une pareille affection!...

MADAME DE BRÉE, *se composant.* — Fort bien, monsieur... mais, pour donner quelque vraisemblance à ce roman, que vous improvisez avec beaucoup de grâce et d'imagination... il ne manque que la renonciation du rival...

VALORY. — Sans doute... *(Passant à droite, à part.)* Ecrira-t-il, le malheureux?

MADAME DE BRÉE, *s'asseyant à droite.* — Et cette renonciation? Je l'attends...

VALORY, *inquiet, à part.* — Je l'attends aussi...

MADAME DE BRÉE. — Et je l'attendrai vainement!

SCÈNE XVII

LES MÊMES, CHABRIAC,
entr'ouvrant la porte du boudoir.

CHABRIAC. — Oh!... ma cousine qui est là!...

MADAME DE BRÉE, *sans le voir, et continuant.* — Car on a calomnié les sentiments de mon cousin... Je connais son cœur... mon défaut de fortune ne le changera pas.

CHABRIAC, *à part.* — Elle y tient!... Et moi, qui hésitais!...

Il referme la porte doucement sur lui.

MADAME DE BRÉE. — Et je ne puis mieux le venger d'un semblable soupçon qu'en persistant à l'épouser... Oui, monsieur... *(On voit le bras de Chabriac sortir du boudoir, agitant une lettre.)* Et je l'épouserai aujourd'hui même...

VALORY. — Mais, enfin, madame, s'il vous écrivait ?

Chabriac s'approche doucement de Valory en se baissant.

MADAME DE BRÉE, *appuyant.* — Oui, mais cette lettre ne vient pas... elle ne viendra pas...

Chabriac glisse la lettre dans la main de Valory, qui la saisit vivement. Chabriac se sauve par le fond.

VALORY, *la présentant à Mme de Brée, après que Chabriac est sorti.* — La voici!

MADAME DE BRÉE, *passant à droite.* — Comment ? En effet... c'est de sa main... *(Elle ouvre et lit.)* « Chère » cousine, vous connaissez mon cœur. Ce n'est pas » quelques centaines de mille francs de plus ou de moins » qui pourraient altérer mon amour... » *(A Valory.)* Vous voyez.

VALORY, *à part.* — Que le diable l'emporte!

MADAME DE BRÉE, *continuant.* — « Mais je suis excessi» vement délicat sur certain chapitre... Et la présence » d'un jeune homme chez vous, au milieu de la nuit, » fait jaser à tel point, dans la ville, que pour ma propre » dignité je dois vous rendre votre parole... »

VALORY, *avec transport.* — Est-il possible ?

MADAME DE BRÉE, *regardant Valory.* — Ainsi voilà une visite qui me coûte ma fortune et ma réputation.

VALORY, *vivement.* — Que vous importe ? s'il peut tout réparer!... Vous voilà libre... libre de votre main...

MADAME DE BRÉE, *avec ironie.* — Qu'en savez-vous, monsieur ?... Si j'en aimais un autre... en secret... depuis longtemps... qui m'a sauvé la vie... et dont j'ai parfaitement reconnu l'écriture...

VALORY, *avec transport.* — Comment, madame ?...

MADAME DE BRÉE. — Eh! oui, monsieur. Ne voyez-vous pas que depuis une heure je prends ma revanche ?

VALORY, *lui baisant la main.* — Ah! tant de bonheur!...

MADAME DE BRÉE, *le masquant.* — Silence!... on vient!

SCÈNE XVIII

LES MÊMES, VASLIN; *puis* CHABRIAC, *conduit par les domestiques, et* CORALIE, *qui entre de côté.*

VASLIN, *criant en dehors.* — Madame, madame... nous tenons le voleur!

MADAME DE BRÉE, *souriant à Valory, dont elle tient la main.* — Moi aussi!

VASLIN, *accourant.* — Il est arrêté!

MADAME DE BRÉE, *étonnée.* — Le voleur!

VALORY. — C'est un peu fort!...

VASLIN. — C'est vot'garçon jardinier qui l'a saisi au moment où il se sauvait, *(montrant la gauche)* et sans chapeau, ce qui est clair.

VALORY, *à part.* — Je devine!...

VASLIN. — Le voici.

CHABRIAC, *se débattant au milieu des domestiques.* — Lâchez-moi donc, impertinents! Je vous apprendrai...

MADAME DE BRÉE. — Mon cousin!

CORALIE, *qui est entrée.* — Le futur de Madame!

VASLIN. — Le futur?... Du tout... je le connais, c'est un grand...

Regardant Valory.

CHABRIAC. — C'est un grand! c'est un grand!... Vieil entêté! Il veut le savoir mieux que moi... La valetaille est stupide!

MADAME DE BRÉE, *à ses gens.* — Laissez Monsieur... Il n'y a plus personne à arrêter.

VALORY, *remettant le portefeuille sur le bureau.* — Car Madame a retrouvé son portefeuille.

TOUS. — Ah bah!

CHABRIAC, *faisant un bond, et passant entre Valory et Mme de Brée.* — Il l'a renvoyé...

MADAME DE BRÉE. — Oui, mon cousin.

CHABRIAC. — Et mon chapeau, l'a-t-il renvoyé aussi?

VALORY. — Il est au greffe!

CHABRIAC. — Autant de flambé!... C'est égal, voilà un homme honnête! *(Tendrement.)* Ah! chère cousine! si vous saviez combien je partage... *(Bas à Valory.)* Dis donc, rends-moi ma lettre.

MADAME DE BRÉE. — Oui, je sais que vous aimez à partager...

CHABRIAC. — Votre joie, votre satisfaction... *(Tendant la main à Valory.)* Rends-moi donc ma lettre ? *(Haut.)* C'est si naturel! *(Bas à Valory.)* Tu ne l'as pas remise, j'espère ?

VALORY, *bas.* — Ma foi, mon ami, tu semblais si pressé...

CHABRIAC, *à part, et remontant à la droite de Valory.* — Oh! imbécile! *(Haut.)* Permettez, cousine... du moment que le portefeuille est intact, cela fait disparaître toute espèce de malentendu... et...

MADAME DE BRÉE. — Oh! non, non, mon cousin... Il resterait toujours ce tête-à-tête... avec un jeune homme, au milieu de la nuit... Et moi, qui connais votre délicatesse!... Aussi, en reprenant la parole que vous m'avez rendue, et pour échapper aux propos... je vous annonce que demain je pars pour l'Italie.

CHABRIAC. — Pour l'Italie!

MADAME DE BRÉE, *bas à Valory.* — Je crois que les tribunaux entrent en vacances.

VALORY, *avec joie.* — Aujourd'hui même!

MADAME DE BRÉE. — Coralie... tu m'accompagneras...

CHABRIAC, *galamment.* — Quoi! toutes deux seules...

MADAME DE BRÉE, *souriant.* — Non... nous serons trois...

CHABRIAC, *prenant cela pour lui, d'un air agréable.* — Ah!

MADAME DE BRÉE, *tendant la main à Valory.* — Mon mari vient avec nous...

CHABRIAC, *stupéfait.* — Son mari! *(A Valory.)* Comment! tu partirais ?...

VALORY. — Oui, mon cher, c'est une idée qui nous est venue tout à l'heure en parlant du Simplon!

CORALIE, *qui comprend, bas à Mme de Brée.* — C'était donc lui ?...

CHABRIAC. — Le Simplon!... Connais pas... *(A part.)* Au fait, en luttant avec un procureur du roi, je devais m'attendre à être mis dedans. *(Haut.)* Mais, puisqu'il en est ainsi, je me déporte...

TOUS. — Ah! mon Dieu!

CHABRIAC. — Rue aux Fers, 47.

VALORY, *à Chabriac.* — Dis donc... prends garde... Chabriac, tes héritiers loucheront.

CHABRIAC, *à part, étonné.* — Comment sait-il ?... *(Avec dignité.)* Ça me regarde, monsieur...

VALORY, *souriant.* — C'est-à-dire que ça regarde tout le monde... et de travers!

CHŒUR

AIR du chœur final des *Secondes Noces.*

Quelle heureuse alliance!
Et quel tendre avenir pour { nous! / vous!
La plus douce espérance
Brille, enfin, pour ces deux époux!

FIN DES CIRCONSTANCES ATTÉNUANTES

L'HOMME DE PAILLE

COMÉDIE-VAUDEVILLE EN UN ACTE

PAR E. LABICHE ET A. LEFRANC

représentée pour la première fois à Paris, sur le Théâtre du Palais-Royal, le 12 mai 1843

ACTEURS qui ont créé les rôles.

DE CAMBIAC	M. BERGER
DE CHAMVILLERS.	M. GERMAIN
BILLAUDIN	M. LHÉRITIER
MME DE LANJOIE	MLLE PERNON
ADELINE	MLLE ESTELLE
DARESSY, notaire.	M. BACHELARD
JULIEN, domestique de Chamvillers. .	M. FERDINAND

Un salon élégamment meublé. Porte principale au fond, seconde porte. A droite, au second plan, porte latérale conduisant à la bibliothèque. A gauche, au second plan, porte latérale conduisant à la chambre de Mme de Lanjoie. A droite, premier plan, une table garnie. A gauche, premier plan, une fenêtre garnie de rideaux.

SCÈNE PREMIÈRE

DARESSY, MADAME DE LANJOIE, ADELINE

MADAME DE LANJOIE, *à Daressy.* — Ainsi, monsieur le notaire, voilà qui est convenu... vous rédigerez le contrat d'après ce que nous venons de dire.

DARESSY. — Votre mariage avec M. de Chamvillers est donc une chose bien décidée ?

MADAME DE LANJOIE. — Tout à fait... Oh! je sais bien que certaines gens pourront considérer cette alliance comme une folie...

DARESSY. — Ah! c'est qu'on reproche à M. de Chamvillers une jeunesse un peu dissipée.

MADAME DE LANJOIE. — Qu'importe ? n'est-ce pas un homme dévoué, généreux, plein de franchise et de loyauté... Eh bien! voilà ce que j'aime en lui... Et pour m'allier à sa famille, je n'ai même pas besoin de me rappeler qu'elle est une des plus considérées de la noblesse de France.

ADELINE. — Et puis, on se lasse de rester veuve; quand on a eu tant de reproches à adresser à son premier mari, on a hâte de trouver une compensation.

MADAME DE LANJOIE. — Adeline!

ADELINE. — Ah! madame, voyez-vous, quand je pense à M. de Lanjoie, ça me crispe!... Un homme qui d'abord vous débarrasse subitement de sa personne, pour faire croire qu'il a du bon... et qui ensuite vous condamne par son testament à un veuvage forcé de deux ans, si vous voulez recueillir sa succession, et quelle succession encore!... En voilà une qui a donné du mal à M. Daressy!

DARESSY. — C'est vrai.

ADELINE. — Des dettes à payer, des créances en recouvrement, des procès à soutenir... en un mot, une liquidation si embrouillée que, dernièrement encore, sans l'assistance d'un étranger qui, sur votre simple signature, consentit à vous avancer cette somme de cent mille livres...

DARESSY. — Tous les biens de Madame allaient être vendus; son héritage passait aux mains des procureurs, des huissiers.

MADAME DE LANJOIE. — Oui... et c'est ainsi qu'une partie de ma fortune fut sauvée par la générosité d'un inconnu. *(A Daressy.)* Vous ne me direz donc jamais son nom?

DARESSY. — Je ne le puis... je le lui ai promis... et je suis discret.

MADAME DE LANJOIE. — Vous êtes un notaire modèle... A ce soir donc. Soyez exact, à quatre heures la signature.

DARESSY, *se retirant.* — Vous pouvez y compter, madame.

ADELINE, *le reconduisant.* — Au revoir, monsieur le notaire.

Daressy sort.

SCÈNE II

MADAME DE LANJOIE, ADELINE

MADAME DE LANJOIE. — Déjà onze heures! et M. de Chamvillers qui ne vient pas!...

ADELINE. — Vous savez bien, madame, que M. de Chamvillers n'est jamais d'une exactitude... surtout quand son ami de Cambiac est à Paris. C'est un terrible rival que vous avez là, madame. M. de Cambiac!

MADAME DE LANJOIE. — Faites-moi grâce de vos observations... *(A elle-même.)* Etre en retard un jour comme celui-ci... un jour que nous attendons depuis deux ans avec tant d'impatience!... *(On entend sonner.)* Ah! courez, Adeline.

ADELINE. — Si c'était M. Billaudin, votre amoureux surnuméraire ?

MADAME DE LANJOIE. — Ce vieux fat si insupportable!... Ah! je n'y suis pas pour lui. *(On entend une voix.)* Oh! mais non, ce n'est pas lui... Elle m'a fait une peur!

ADELINE, *introduisant Chamvillers.* — Entrez, monsieur, entrez... Depuis une heure on soupire après vous.

Elle sort.

SCÈNE III

MADAME DE LANJOIE, CHAMVILLERS

CHAMVILLERS. — Serait-il possible!... et tant de bonheur!

MADAME DE LANJOIE, *avec humeur.* — N'en croyez rien... cette fille est une sotte!...

CHAMVILLERS, *à part.* — De l'humeur!... En avant, mon ami Cambiac! *(Haut.)* Accablez-moi de votre froideur, de votre indifférence, je me sens trop coupable pour chercher seulement à me défendre... mais au moins vous ne m'empêcherez pas de punir mon complice, et je cours de ce pas...

MADAME DE LANJOIE. — Où allez-vous ?

CHAMVILLERS. — Je vais couper la gorge à mon ami Cambiac.

MADAME DE LANJOIE, *avec douceur.* — Comment! c'est encore lui ?

CHAMVILLERS. — Ne m'en parlez pas... mon cœur est d'une lâcheté pour ce garnement-là!...

MADAME DE LANJOIE. — Qu'a-t-il donc fait ?

CHAMVILLERS, *à part.* — Et moi qui n'ai pas préparé mon histoire!... *(Haut.)* Ce qu'il a fait ? Ah! ne m'interrogez pas. Il est si cruel d'avoir à blâmer un ami absent!

MADAME DE LANJOIE. — Mais encore ?

CHAMVILLERS. — Non, vous dis-je, non... Sachez seulement que grâce à mon assistance, il vient d'échapper à la plus mauvaise affaire... Sans moi, il passait la nuit au petit Châtelet... Plus tard, vous saurez...

MADAME DE LANJOIE. — Je vous crois... et loin de vous en vouloir maintenant de votre retard, je suis prête à vous remercier. Une bonne action, un jour comme celui-ci, nous portera bonheur.

CHAMVILLERS. — Mathilde, vous êtes la meilleure et la plus indulgente des femmes; il n'en est pas une après vous...

MADAME DE LANJOIE, *négligemment.* — A propos, on vous a vu hier au soir en loge à l'Opéra avec une dame... Qui était-ce ?

CHAMVILLERS, *à part.* — Encore!... *(Haut, ayant l'air de chercher.)* Une dame!... Ah! oui, j'oubliais, c'était sa sœur.

MADAME DE LANJOIE. — La sœur de qui ?

CHAMVILLERS. — De mon ami Cambiac... Il lui avait promis de la mener hier à l'Opéra entendre Sophie Arnould [1], mais, préférant de beaucoup aller souper avec une vingtaine de vauriens, il m'a tant prié, tant supplié de le remplacer près de sa parente, que moi qui ne sais pas refuser un service...

MADAME DE LANJOIE. — Aussi, mon ami, vous êtes trop bon!

CHAMVILLERS. — Que voulez-vous ? je suis comme ça... Il me connaît, et abuse de ma faiblesse.

MADAME DE LANJOIE. — Mais au moins ne me présenterez-vous jamais ce maudit homme ?

CHAMVILLERS. — Ah! madame, vous ne le connaissez pas!... C'est un ours, un nouveau paysan du Danube. Il ne va nulle part, il est toujours débraillé comme un matelot, il boit, il joue, et il brise... cristaux, assiettes, glaces, porcelaines, tout y passe dans leurs soupers.

MADAME DE LANJOIE. — Ah! mon Dieu!... Et vous pouvez rester attaché à un pareil mauvais sujet ?

CHAMVILLERS. — Ce sont de ces sentiments dont on ne peut se rendre compte... on en rougit, et on est leur esclave... Je l'ai vu si jeune, ce pauvre enfant... *(Feignant l'attendrissement.)* J'ai vu mourir son père dans mes bras... et sa mère... ailleurs. J'ai été son camarade d'étude, son frère d'armes, son mentor... Ah! ce sont là des titres.

MADAME DE LANJOIE. — Vous avez toujours raison... Allons, je tâcherai d'aimer à mon tour votre ami, de lui pardonner tout le temps de bonheur qu'il me vole.

1. Sophie Arnould (1744-1803), cantatrice, eut une carrière glorieuse à l'Opéra.

Pourtant, prenez garde à cette connaissance-là. Tant que je ne l'aurai pas vu, que je ne pourrai juger de lui que par les récits que vous m'en faites, j'en aurai peur.

CHAMVILLERS. — Soyez tranquille... un de ces jours, il faudra bien que je l'amène à vos pieds, mort ou vif !

MADAME DE LANJOIE. — A la bonne heure!... Ah! dites-moi, j'ai prévenu le notaire qui doit dresser notre contrat... Il sera ici à quatre heures.

CHAMVILLERS. — Que vous êtes bonne!

MADAME DE LANJOIE. — Et maintenant, je vais achever ma toilette.

AIR de *La Médecine.*

Je voudrais être assez jolie
Pour que chacun pût m'admirer.

CHAMVILLERS.

Pour cela, sans coquetterie,
Il suffira de vous montrer.

ENSEMBLE

CHAMVILLERS

Moi je vous trouve si jolie,
Que chacun doit vous admirer;
Pour plaire sans coquetterie,
Vous n'avez donc qu'à vous montrer.

MADAME DE LANJOIE

Il prétend que je suis jolie,
Et que chacun doit m'admirer;
Pour plaire sans coquetterie,
N'aurai-je donc qu'à me montrer ?

Elle sort.

SCÈNE IV

CHAMVILLERS, *seul.*

Ah! respirons un peu... C'est qu'en vérité je n'ai plus un moment à moi... tant de choses à prévoir, tant de mensonges à colorer, et de plus, une rupture à ménager avec une danseuse de l'Opéra, le corps de ballet à mettre à la raison... Ah! ma foi! l'entreprise était au-dessus de mes forces, et cent fois j'aurais renoncé à la main de Mme de Lanjoie, si le hasard, ou plutôt ce livre précieux *(il tire un livre de sa poche)*, ne fût venu procréer à mon bénéfice mon ami Cambiac, ce personnage imaginaire qui, jusqu'à ce jour, a endossé mes iniquités avec tant de bonne grâce. Le voilà, ce cher conseiller qui ne me quitte plus... Tout mon ami Cambiac est là... en quelques lignes. *(Lisant.)* « Cliton est un ami précieux, son dévouement » est sans bornes, son manteau vous couvre en tout » temps. Avez-vous mérité quelque blâme ? Cliton le » détourne sur lui; vous faut-il une excuse, un faux-» fuyant ? il est toujours là pour vous en servir... Un jour » vous manquez le rendez-vous de votre maîtresse, c'est » Cliton qui vous a retenu; le lendemain, vous avez un » duel, c'est pour Cliton que vous vous battiez. Ainsi de » suite. Cliton est un *homme de paille* qui absorbe vos » fautes et fait votre réputation en défaisant la sienne. » Quel trait de lumière!... Depuis deux ans, prétendu en titre de Mme de Lanjoie, je me voyais condamné près d'elle à toutes les assiduités d'un époux... sans en avoir les bénéfices. La chaîne était lourde, il fallait l'alléger. Un Cliton me devenait indispensable, j'inventai mon ami Cambiac, excellent camarade, qui, dès lors, assuma sur sa tête toutes les menues peccadilles de ma vie de garçon... J'espère que c'est ingénieux!... *(Montrant le volume.)* Décidément, La Bruyère [2] est un grand homme!... *(Il remet le livre dans sa poche.)* Hein! qu'est-ce que ce papier ?... « Signification de prise de corps. » Diable! « A la requête de... » *(Il le déchire.)* A-t-on vu cet animal de Billaudin, qui, sous prétexte que je lui dois quelques milliers d'écus, perdus au pharaon, me menace de la prison!... Au reste, quand il saura que j'épouse Mme de Lanjoie... car tout le monde l'ignore encore, elle a voulu que notre mariage restât secret jusqu'à la signature du contrat...

2. Le Cliton des *Caractères* est un gourmand, non pas un « homme de paille ». Le texte lu par Chamvillers n'est naturellement pas de La Bruyère.

SCÈNE V

ADELINE, JULIEN, CHAMVILLERS

ADELINE, *introduisant Julien.* — Entrez donc, monsieur Julien, voici votre maître.

JULIEN. — Une lettre très pressée pour...

CHAMVILLERS, *lisant la suscription.* — Pour mon ami Cambiac, c'est bien... *(Julien et Adeline sortent après avoir ouvert.)* L'écriture d'Olympia!... Comme j'ai bien fait de donner l'ordre à mon domestique de ne m'apporter ici mes lettres qu'après les avoir soigneusement revêtues d'une enveloppe avec suscription : « A M. de Cambiac. » *(Lisant.)* « Monstre! » C'est bien d'elle. « La vérité m'est » enfin connue... c'est pour en épouser une autre que » vous avez voulu me planter là... Si, dans une heure, » vous n'êtes pas venu vous justifier de cette infamie, je » vais vous relancer jusque chez ma rivale... » Ah! mon Dieu! tout serait perdu!... « Votre amie pour la vie, » Olympia. » Mais comment a-t-elle pu savoir ?... Eh! mon Dieu! est-ce que les femmes ne savent pas tout!... C'est qu'elle est capable de venir... je la connais... une tête... Allons, il n'y a pas d'autre moyen, il faut absolument que je la voie, que je lui fasse entendre raison... Mais comment m'éloigner d'ici maintenant ?... où trouver un prétexte honnête ?... car Mme de Lanjoie va venir tout à l'heure, tout de suite... *(Cherchant.)* Eh mais, pourquoi pas ?... *(Il se met à la table placée à droite, et écrit.)* « Ma chère » amie, une lettre que je reçois de mon ami Cambiac » m'oblige à vous quitter pour un instant... Vicitme d'un » accident affreux... » *(Parlé.)* Quel accident ?... Ah! je le trouverai plus tard. *(Ecrivant.)* « Victime d'un accident » affreux, il m'écrit peut-être à son lit de mort!... J'y » cours, et reviens en toute hâte... Plaignez-moi! » Là, voilà ce que c'est... *(Appelant.)* Adeline!

SCÈNE VI

CHAMVILLERS, BILLAUDIN

BILLAUDIN, *entrant, à part.* — Chamvillers! ah! diable!

CHAMVILLERS. — Ah! ah! c'est vous, Billaudin... A propos, j'ai eu de vos nouvelles. *(Appelant.)* Adeline!

BILLAUDIN. — Ah! oui... vous avez reçu... Que voulez-vous ? il faut bien se mettre en règle... mais, quant à l'exécution...

CHAMVILLERS. — C'est bien, nous recauserons de ça... Tenez, vous qui allez voir Mme de Lanjoie, chargez-vous de ce billet pour elle... je suis pressé, et...

BILLAUDIN. — Avec plaisir, comment donc!

CHAMVILLERS. — Au revoir, Billaudin.

Il sort.

BILLAUDIN, *à part.* — Il s'en va!... *(Haut.)* Sans rancune, Chamvillers.

SCÈNE VII

BILLAUDIN; *puis* MADAME DE LANJOIE

BILLAUDIN, *seul.* — Allons, allons, il prend bien la chose. Le fait est que ce n'est qu'une simple précaution... Je me suis dit : Chamvillers est un gaillard qui ne se laisse pas marcher sur le pied, s'il s'aperçoit que je courtise Mme de Lanjoie, la veuve de céans, que je suis en train de compromettre, il voudra se battre avec moi... Il me tuera! je suis sûr de mon affaire... Alors, voilà ma ruse... j'avais sa signature, il ne pouvait pas me payer, j'ai pris jugement contre lui, et maintenant...

AIR de *Partie et Revanche.*

S'il apprend que pour sa maîtresse
J'éprouve un tendre sentiment;
Si, dans sa fureur vengeresse,
Il poursuivait mon châtiment,
Je lui procure un logement;
Sa rage ainsi sera trompée.
Je me moque de son courroux.
Contre moi, s'il tire l'épée,
Sur lui, je tire les verroux.

Et voilà ma ruse.

MADAME DE Lanjoie, *entrant.* — Eh bien! où est-il donc ?... *(Apercevant Billaudin et saluant.)* M. Billaudin...

BILLAUDIN. — Salut à la plus belle des marquises!

MADAME DE LANJOIE, *vivement.* — Merci, merci... Vous n'avez pas vu M. de Chamvillers ?

BILLAUDIN. — Je l'ai trouvé ici; il m'a même chargé de vous remettre ce billet, en sortant.

MADAME DE LANJOIE, *prenant le billet.* — Il est sorti ?... *(Lisant, à part.)* Cambiac! toujours son ami Cambiac!... *(Avec impatience.)* C'est insupportable!

BILLAUDIN. — Ce billet paraît vous contrarier ?

MADAME DE LANJOIE. — Ça ?... Oh! ce n'est rien... une personne sur laquelle je comptais, et qui me manque.

BILLAUDIN. — Ah!... Eh bien! en revanche, vous avez été sur le point de recevoir une visite à laquelle vous ne vous attendiez guère.

MADAME DE LANJOIE. — Comment ?

BILLAUDIN. — Une aventure assez originale qui vient de m'arriver, un assez bon tour que j'ai joué à un importun.

MADAME DE LANJOIE, *avec intention.* — Ah! vous n'aimez pas les importuns ?

BILLAUDIN. — Moi! sitôt que j'en vois un, je me sauve.

MADAME DE LANJOIE. — Mais, vous avez beau faire, il arrive toujours en même temps que vous, n'est-ce pas ?

BILLAUDIN, *sans comprendre.* — Ah! ah! ah! c'est un mot charmant!... Figurez-vous, marquise, que je viens d'écraser un petit jeune homme.

MADAME DE LANJOIE. — Ah! mon Dieu!

BILLAUDIN. — Quand je dis moi, mes chevaux... Je sortais de chez mon procureur... pour une petite contrainte par corps... oui, un ami qui me doit... mais il ne s'agit pas de cela... Je venais vous voir, c'est assez vous dire que j'avais recommandé à mon cocher d'aller ventre à terre... *(Après une pause, appuyant.)* Je venais vous voir, c'est assez vous dire que j'avais recommandé à mon cocher...

MADAME DE LANJOIE, *l'interrompant.* — D'aller ventre à terre... Après ?

BILLAUDIN. — Voilà qu'au détour de la place Royale, j'entends un cri; je mets la tête à la portière, et je vois un homme renversé. Je lui crie : « Ah çà! monsieur prenez donc garde, vous gênez la circulation... » Il était sans connaissance... Alors je descends, et j'aperçois un jeune homme de très bonne mine, ma foi! l'air gentilhomme... Je le fais transporter dans mon carrosse, et là, je lui prodigue tous les soins d'une mère. Je lui tape dans les mains, je lui fourre des clés dans le dos... bref, il revient à lui, et me demande : Où suis-je ? Je lui réponds : Billaudin. Il paraît sensible à ma courtoisie, et bientôt la connaissance s'établit. Il venait dans ce quartier, je lui offre une place dans mon carrosse. En route, il me demande chez qui je vais : Chez Mme de Lanjoie, lui dis-je. — Chez Mme de Lanjoie! s'écrie-t-il, vous connaissez Mme de Lanjoie ? Oh! que je vous remercie de m'avoir écrasé... vous allez m'y présenter.

MADAME DE LANJOIE. — C'est extraordinaire!

BILLAUDIN. — Naturellement, je refuse... S'il fallait présenter tous ceux qu'on écrase... Il insiste, il s'entête, et je voyais le moment où j'allais être forcé de l'amener ici malgré moi. Alors il me vint une idée, une idée que vous trouverez fort jolie... Je feins de consentir, puis, comme il ne connaissait pas votre adresse, je lui persuade qu'avant de me présenter chez vous, j'allais m'arrêter un moment pour faire relever ma coiffure... Je tire le cordon, mon cocher s'arrête, je descends, et me voici. Comment trouvez-vous mon idée ?

MADAME DE LANJOIE. — Fort spirituelle!

BILLAUDIN. — N'est-ce pas ? Pour les plaisanteries, je suis unique!

MADAME DE LANJOIE. — Mais pourquoi n'avoir pas consenti ?

BILLAUDIN. — Oh! c'eût été d'une inconvenance... Et puis, servir de patron à un jeune homme que je connais à peine... Il est vrai qu'il est d'une très bonne famille... C'est un Cambiac.

MADAME DE LANJOIE. — Il se nomme Cambiac ?

BILLAUDIN. — Vous le connaissez ?

MADAME DE LANJOIE. — Non... j'ai beaucoup entendu parler d'un jeune homme de ce nom, mais il est probable que ce n'est pas le même.

BILLAUDIN. — Oh! il n'y en a pas deux... il est le dernier de sa famille, le seul de son nom.

MADAME DE LANJOIE. — Un mauvais sujet, n'est-ce pas ? un cerveau brûlé ?

BILLAUDIN. — Et un obstiné... Il a bien l'air de tout cela.

MADAME DE LANJOIE, *à part*. — Cette coïncidence avec l'accident que m'annonce M. de Chamvillers... Plus de doute. C'est lui... Quelle occasion... Ah! monsieur de Cambiac, je vous tiens!...

BILLAUDIN. — Mais, c'est assez nous occuper de ce gentilhomme.

MADAME DE LANJOIE, *l'interrompant* — Pardon... *(Elle sonne.)* Un ordre à donner... Vous permettez ?

BILLAUDIN. — Faites, madame... *(A part.)* Elle est d'une humeur charmante, j'ai bien envie de risquer la déclaration.

Adeline est entrée; Mme de Lanjoie lui a parlé à l'oreille pendant l'aparté de Billaudin. Adeline sort.

MADAME DE LANJOIE, *à part.* — Il faut absolument que j'éloigne Billaudin.

BILLAUDIN, *avec expansion.* — Madame... depuis longtemps...

MADAME DE LANJOIE, *à part.* — Comment faire ?

BILLAUDIN, *de même.* — Madame... depuis fort longtemps...

MADAME DE LANJOIE, *de même.* — Ah!... *(Haut.)* Depuis fort longtemps, vous m'avez promis des vers pour mes tablettes, monsieur Billaudin; je les attends toujours.

BILLAUDIN, *à part.* — Quel à-propos!... *(Haut.)* Vous ne les attendrez plus, belle dame, car les voici.

Il lui présente un papier.

MADAME DE LANJOIE, *à part.* — Et moi qui espérais... *(Haut.)* Voyons...

Elle prend le papier.

BILLAUDIN. — Vous y trouverez l'expression bien timide d'un sentiment qui, pour être concentré, n'en est pas moins... au contraire.

MADAME DE LANJOIE, *après avoir lu.* — Charmants, en vérité, charmants!... Nous les enverrons au *Mercure*... Boufflers [3] en séchera de dépit.

BILLAUDIN. — Qu'il sèche!... laissons-le sécher.

MADAME DE LANJOIE. — Je me permettrai pourtant une petite critique... Voyez donc ce vers...

BILLAUDIN. — Un alexandrin, un vers de douze pieds.

MADAME DE LANJOIE. — Je crains bien qu'il n'en ait treize.

BILLAUDIN. — C'est possible.

3. Boufflers, chevalier, puis marquis (1737-1815), fils naturel de la marquise de Boufflers et du roi de Pologne, Stanislas, était un homme d'esprit qui écrivit des vers et des contes licencieux. Il fit aussi une brillante carrière militaire et politique.

AIR de *Voltaire chez Ninon.*

Au moins, rendez grâce à l'effort
Tenté par mon pauvre génie;
Rarement on a mis d'accord
L'amour avec la prosodie.
Le poète, en chantant vos vertus,
Votre esprit et votre figure,
A bien pu mettre un pied de plus...
Puisqu'il vous aime outre mesure.

MADAME DE LANJOIE. — Vous êtes galant... mais il faudra retoucher ce vers-là.

BILLAUDIN. — Tout de suite, si vous voulez.

MADAME DE LANJOIE. — Eh bien! c'est cela... Je vais vous installer dans ma bibliothèque, et vous pourrez y rêver à loisir.

BILLAUDIN. — Tant de bonté... *(A part.)* Ça va bien, ça va très bien!... Ce que c'est que la poésie... *(Il va pour entrer, et revient.)* A propos, et mon jeune homme qui m'attend.

MADAME DE LANJOIE. — Bah! il se lassera d'attendre, et s'en ira.

BILLAUDIN. — C'est parfaitement juste. *(Billaudin s'approche de la porte de droite. Près d'entrer, il se retourne.)* Trouverai-je un Dictionnaire de rimes ?

MADAME DE LANJOIE. — Vous en trouverez deux.

BILLAUDIN. — Oh! alors... *(A part.)* Voilà ma déclaration lancée... le reste doit aller comme sur des roulettes.

Il sort.

MADAME DE LANJOIE. — Un vers à composer, cela me laisse une heure de libre.

Elle sort à gauche.

SCÈNE VIII

ADELINE, CAMBIAC

ADELINE, *l'introduisant.* — Par ici, monsieur, par ici.

CAMBIAC. — Mais pourquoi ce mystère ? Et puis-je savoir au moins...

ADELINE. — Je ne puis rien vous dire.

CAMBIAC. — Mais encore...

ADELINE. — Ma maîtresse répondra à toutes vos questions.

Elle sort à gauche.

SCÈNE IX

CAMBIAC, *seul.*

Ah çà! mais, c'est du roman espagnol tout pur... j'étais là à me morfondre dans la voiture de ce gros financier, lorsqu'une gracieuse soubrette vient me tirer par la manche et me dire : Monsieur, ma maîtresse vous demande un moment d'entretien. — Son nom ? — Elle vous le dira. — Sa demeure ? — Suivez-moi. Et la voilà qui me conduit par un escalier mystérieux jusqu'à cet appartement... Ma foi! voyons l'aventure jusqu'au bout et puisque décidément ce monsieur au carrosse s'est joué de moi en me faisant espérer de me conduire chez Mme de Lanjoie, cherchons ici une distraction à ce souvenir qui me poursuit partout... Oh! Mme de Lanjoie! Mme de Lanjoie! ange qui m'êtes apparue une seule fois pour laisser au fond de mon cœur une trace ineffaçable, si jamais j'ai le bonheur de mettre un pied chez vous... Mais, je crois entendre... oui, on vient... je vais savoir enfin... *(Il aperçoit Mme de Lanjoie.)* Que vois-je ? Mme de Lanjoie!... Oh! mon étoile!

SCÈNE X

MADAME DE LANJOIE, CAMBIAC

MADAME DE LANJOIE, *entrant.* — Ah! enfin, monsieur, je me trouve donc en face de vous... Il y a bien longtemps que je le désirais.

CAMBIAC, *à part.* — Un tel début... *(Haut.)* Croyez, madame...

MADAME DE LANJOIE. — Prenez, je vous prie, place sur cette bergère; vous devez vous ressentir un peu de votre chute.

CAMBIAC. — Comment, vous savez?... Oh! ce n'est rien, absolument rien.

MADAME DE LANJOIE. — Voulez-vous prendre quelque chose?... un verre d'alicante, cela vous remettra tout à fait.

Elle va pour sonner.

CAMBIAC, *l'arrêtant.* — Non, madame, non... je me sens parfaitement bien.

MADAME DE LANJOIE. — Je n'insiste pas... Et d'abord, monsieur, j'ai un pardon à vous demander. Veuillez ne pas m'en vouloir du mystère dont je me suis entourée pour vous amener jusqu'à moi... Je savais être pour vous l'objet d'une sorte de prévention, et pour être sûre de votre empressement, je me suis adressée à votre curiosité.

CAMBIAC, *à part.* — Que veut-elle dire?... *(Haut.)* Mon Dieu! madame, je suis si peu préparé contre un pareil reproche, que vous me voyez confondu, anéanti du bonheur...

MADAME DE LANJOIE, *riant aux éclats.* — Ah! ah! ah! mille pardons!... C'est que vous êtes si singulier quand vous faites des phrases... ah! ah! ah! Avec votre air cérémonieux... si je ne vous connaissais pas... Voyons, point de façons, reprenez vos manières habituelles... c'est le premier article du traité de paix que je viens vous proposer.

CAMBIAC. — Je ne sache pas, madame, que nous ayons déjà été en guerre, et je vous répète au contraire que mon vœu le plus ardent fut toujours d'être au nombre de vos amis.

MADAME DE LANJOIE. — Je vous prends au mot... C'est aujourd'hui, vous le savez, que je signe mon contrat de mariage avec M. de Chamvillers.

CAMBIAC, *à part.* — Elle se marie!

MADAME DE LANJOIE. — J'avais espéré qu'aujourd'hui au moins je pourrais disposer de lui sans concurrence, eh bien! non, son amitié pour vous l'emporte encore sur les préoccupations d'un pareil jour; et ce matin, à la seule nouvelle de l'accident qui vous est arrivé, il a tout quitté, tout oublié.

CAMBIAC, *à part.* — Décidément il y a méprise.

MADAME DE LANJOIE. — Je n'ai donc plus qu'un moyen de le retenir près de moi, c'est d'enchaîner à mes côtés celui qui cause ses distractions.

AIR des *Frères de lait.*

L'hymen, dit-on, est un rude esclavage,
Pour votre ami, je voudrais l'embellir;
Mais, seule, hélas! faible et sans patronage,
Je ne pourrais jamais y parvenir;
A mon secours, monsieur, daignez venir.
Et lorsque enfin d'une liberté vaine
Il n'aura plus le brillant horizon,
Nous serons deux pour alléger sa chaîne
Et lui faire aimer sa prison.

CAMBIAC. — Je le voudrais, madame... cependant... *(A part.)* Il y a des gens qui profiteraient de la circonstance.

MADAME DE LANJOIE. — Allons, un dernier effort. Promettez-moi de ne pas songer à sortir d'ici avant que M. Chamvillers n'ait signé le contrat.

CAMBIAC. — Mais, madame...

MADAME DE LANJOIE. — C'est dit ? vous consentez à être mon prisonnier sur parole ?

CAMBIAC. — Votre prisonnier!... Que ne puis-je, madame, profiter du bonheur que vous m'offrez!... Mais, avant tout, est-ce bien à moi, est-ce bien à M. de Cambiac que vous faites cette proposition ?

MADAME DE LANJOIE, *familièrement* — Mais, oui, mon cher M. de Cambiac, c'est bien à vous... vous êtes ici, et vous y resterez bon gré, mal gré.

CAMBIAC, *à part.* — Au fait, je ne sais pas pourquoi je m'obstinerais. *(Haut.)* Vous le voulez ?... il est bien entendu que c'est vous qui m'en priez... qui m'en suppliez ?... Eh bien! oui, je reste... je m'installe... je ne sors plus d'ici!

MADAME DE LANJOIE. — Vous m'en donnez votre parole ?

CAMBIAC. — Ma parole de gentilhomme.

MADAME DE LANJOIE. — A la bonne heure! je vous retrouve. *(Montrant la porte du fond, à droite.)* Voici votre chambre.

CAMBIAC. — Ah!... j'aurai ma chambre ?

MADAME DE LANJOIE. — Celle qu'habite mon frère le colonel lorsqu'il vient à Paris... Vous y trouverez des livres... ce n'est guère votre affaire... Mais, ce qui vaut mieux que tout cela, de vieux flacons, du tabac d'Espagne... et un balcon à dévisager toutes les jolies promeneuses de la place Royale.

CAMBIAC. — Mais, madame... *(A part.)* Ah! çà, pour qui me prend-elle ?

MADAME DE LANJOIE. — Je vais aussi vous faire servir à déjeuner... un très bon déjeuner... je sais que vous n'y êtes pas indifférent.

CAMBIAC. — Ah! vous savez...

MADAME DE LANJOIE. — Il faut bien que je rende votre captivité aussi douce que possible... Et, maintenant, allez, venez, faites comme chez vous... je ne vous retiens pas.

CAMBIAC. — Allons, soit, je vais me retirer... chez moi... *(A part.)* Comment tout cela finira-t-il ?

MADAME DE LANJOIE

AIR : *Valse de Giselle.*

A mon désir que votre humeur se prête,
Soyez ici sans gêne et sans façon;
Car je prétends, monsieur, que l'on vous traite
Comme un ancien ami de la maison.

CAMBIAC

Moi, votre ami! Combien vous êtes bonne,
Et qu'à mon cœur ce titre est précieux!
Lorsque surtout votre bouche le donne :
Oui, c'est beaucoup.
(A part.)
Mais on peut avoir mieux.

ENSEMBLE

CAMBIAC

A son désir aisément je me prête;
Oui, je serai sans gêne et sans façon;
Laissons-nous faire, et qu'ici l'on me traite
Comme un ancien ami de la maison.

Il sort au fond, à droite.

MADAME DE LANJOIE

A mon désir que votre humeur se prête, etc.

SCÈNE XI

MADAME DE LANJOIE, *seule; puis* CHAMVILLERS

MADAME DE LANJOIE. — Dirait-on jamais que ce M. de Cambiac est un homme affreux!... Eh bien! moi je ne m'y serais pas laissé prendre, j'aurais deviné tout de suite à son air...

CHAMVILLERS, *à part, en entrant.* — Olympia n'était pas chez elle... Je suis dans des transes!...

MADAME DE LANJOIE. — Ah! enfin!... vous voici... je vous attendais avec une impatience... Eh bien! votre ami Cambiac, vous ne l'avez pas rencontré ?

CHAMVILLERS. — Comment savez-vous ?... *(A part.)* Au fait, j'aime mieux ne l'avoir pas rencontré.

MADAME DE LANJOIE. — Tenez, comme vous avez couru! vous êtes encore tout essoufflé... Si cela est raisonnable!... Ah! vous ne feriez pas pour moi le quart de ce que vous faites pour cet ami-là.

CHAMVILLERS. — Que voulez-vous, chère amie, je n'ai pas été maître d'un premier mouvement... Savoir que la vie de Cambiac était en danger, et ne pas courir à son secours... Ah!...

MADAME DE LANJOIE. — Rassurez-vous... ce n'était rien... Il se porte maintenant à merveille!

CHAMVILLERS. — Hein ?

MADAME DE LANJOIE. — Une chute sans gravité... depuis une heure il n'y pense plus.

CHAMVILLERS. — Comment! *(A part.)* Que signifie...

MADAME DE LANJOIE. — Cela vous étonne que je sois si bien instruite ?

CHAMVILLERS. — Mais... oui... j'avoue que je ne m'attendais pas...

MADAME DE LANJOIE. — Je vais vous étonner bien davantage... mon ami, je vous ai ménagé une surprise.

CHAMVILLERS. — Ah!... vous m'avez ménagé...

MADAME DE LANJOIE, *confidentiellement.* — Il est ici.

CHAMVILLERS. — Qui ?

MADAME DE LANJOIE. — Votre ami Cambiac.

CHAMVILLERS. — Ah! bah!

MADAME DE LANJOIE. — Lui, qui semblait avoir juré de n'y jamais mettre les pieds.

CHAMVILLERS, *à part*. — Est-ce qu'elle se moquerait de moi ?

MADAME DE LANJOIE. — Dans cette chambre... il vous attend... Je vous conterai cela... un hasard, une rencontre... c'est très original. Oh! nous sommes maintenant les meilleurs amis du monde. A propos, je l'ai invité à déjeuner, et je vais donner les ordres nécessaires... Cela vous fait plaisir, n'est-ce pas ?

CHAMVILLERS, *étourdi*. — Certainement, certainement.

MADAME DE LANJOIE. — Eh bien! vous restez là ?... Mais vous devriez déjà vous être précipité dans ses bras... Allons... allons donc... que je vous retrouve ensemble... Moi, je vais achever sa conquête... à l'office.

Elle sort par le fond.

SCÈNE XII

CHAMVILLERS, *puis* CAMBIAC

CHAMVILLERS, *seul*. — Ah çà, ah çà, voyons donc!... Est-ce que je rêve ?... Cambiac, mon ami Cambiac, cet être imaginaire que j'ai créé dans un jour de folie pour endosser, au besoin, mes escapades... Est-ce qu'il prendrait aujourd'hui une forme, une couleur ?... Oh! non, c'est impossible! Elle aura découvert le mensonge et veut se jouer de moi. *(On entend du bruit.)* Du bruit dans cette chambre!... Quelque intrigant peut-être, qui profitant de mon stratagème...

CAMBIAC, *entrant, en robe de chambre*. — Ma foi, puisque la jolie veuve m'a recommandé le sans-gêne, je veux lui montrer du moins que j'ai suivi ses ordres à la lettre. *(Apercevant Chamvillers.)* Ah! ah! c'est sans doute le prétendu.

CHAMVILLERS, *à part*. — Une pareille tenue... par exemple, c'est trop fort!

Ils échangent un salut.

CAMBIAC. — Est-ce à M. de Chamvillers que j'ai l'avantage de parler ?

CHAMVILLERS, *sèchement*. — A lui-même, monsieur.

CAMBIAC. — Enchanté, monsieur, de faire votre connaissance... Je vous demande bien pardon de me présenter à vous sous ce costume... mais les circonstances...

CHAMVILLERS. — Il est vrai, monsieur, que si quelqu'un doit s'en formaliser ici...

CAMBIAC. — C'est vous... Je l'accorde... mais, quand vous saurez par quelle bizarre aventure...

CHAMVILLERS. — D'abord, monsieur, en vous disant mon nom...

CAMBIAC. — Pardon, monsieur, vous ne me l'avez pas dit; je l'ai deviné.

CHAMVILLERS. — N'importe. Vous connaissez mon nom; cela doit vous engager à décliner le vôtre.

CAMBIAC. — Comment! Mme de Lanjoie ne vous a pas dit... Elle le sait très bien, elle, mon nom, parfaitement.

CHAMVILLERS. — Elle m'a dit, monsieur, que vous vous étiez présenté ici...

CAMBIAC. — Je vous demande bien pardon encore, monsieur, je ne me suis pas présenté... on est venu me chercher... C'est bien là ce qui m'étonne le plus.

CHAMVILLERS. — Trêve de plaisanterie, monsieur... vous vous êtes fait passer ici pour un M. de Cambiac...

CAMBIAC. — C'est vrai, monsieur, mais j'avais mes raisons pour cela.

CHAMVILLERS. — Vos raisons!

CAMBIAC. — Une entre autres, qui, j'espère, vous semblera bonne : c'est que je me nomme, en effet, de Cambiac.

CHAMVILLERS. — C'est impossible!

CAMBIAC. — Et pourquoi donc?... Il me semble n'avoir émis aucun doute sur l'existence des Chamvillers.

CHAMVILLERS. — De Cambiac, de Cambiac... c'est un nom d'invention, un nom fait à plaisir.

CAMBIAC, *ironiquement*. — Vous croyez?...

AIR : *Connaissez mieux le grand Eugène.*

Cependant, bien avant mon père,
Mon bisaïeul l'avait porté;
Je crois même qu'en mainte affaire
Avec honneur il fut cité.
Voilà ma généalogie :
Si j'avais cru, sur les chemins,
Rencontrer votre seigneurie,
J'aurais pris tous mes parchemins.

CHAMVILLERS, *avec vivacité*. — Eh! monsieur!...

CAMBIAC, *l'interrompant*. — Pardon... Je n'ajouterai

plus qu'un mot. *(Sévèrement.)* C'est qu'à l'exemple de mes ancêtres, je n'eus jamais l'habitude de laisser élever deux fois un doute sur la véracité de mes paroles.

CHAMVILLERS, *à part.* — Serait-il vrai ?

SCÈNE XIII

CAMBIAC, CHAMVILLERS, BILLAUDIN

BILLAUDIN, *lisant un papier.* — Là!... dix, onze et douze... Cette fois, le compte y est; je me suis élagué.

CHAMVILLERS. — Que faites-vous donc là, Billaudin ?

BILLAUDIN. — J'achevais un petit impromptu, une boutade...

CAMBIAC. — Tiens! l'homme au carrosse!

BILLAUDIN. — Tiens!... comment! c'est vous ?

CHAMVILLERS. — Vous connaissez Monsieur ?

BILLAUDIN. — Certainement... beaucoup... le dernier des Cambiac. *(Bas.)* J'ai manquer de le tuer.

CHAMVILLERS. — Comment! vous ?

BILLAUDIN. — Oui, une rencontre... *(à part)* en carrosse.

CHAMVILLERS, *à part.* — Plus de doute!... Il faut le ménager, car si Mme de Lanjoie venait à savoir... *(Haut.)* Mais c'est aussi un des mes meilleurs amis... un peu étourdi... un peu jeune... mais toujours prêt à rendre service quand l'occasion s'en présente. *(Bas à Cambiac.)* Ne me démentez pas.

CAMBIAC, *à part.* — Quel changement!

BILLAUDIN. — Oh! je ne m'étonne plus alors... *(A part.)* C'est Chamvillers qui l'aura présenté. *(A Cambiac.)* Ah çà! vous ne m'en voulez pas pour la petite espièglerie...

CAMBIAC. — Par exemple!

CHAMVILLERS, *à part.* — C'est Billaudin qui l'a introduit ici.

CAMBIAC. — Eh bien! mes chers amis, *(à part)* que je ne connais pas... *(haut)* puisque nous voici tous trois réunis, permettez-moi de vous inviter à prendre votre part d'un excellent déjeuner que j'attends.

CHAMVILLERS, *à part.* — On dirait qu'il fait les honneurs de la maison.

BILLAUDIN, *à part.* — Il a l'air d'être ici comme chez lui. Et cette robe de chambre... ça me chiffonne.

CAMBIAC. — Vous acceptez ?

CHAMVILLERS, *à part.* — Il faut jouer mon rôle. *(Haut.)* Parbleu! ce n'est pas avec toi, Cambiac, que je ferai des façons.

Il lui serre la main.

BILLAUDIN, *même jeu.* — Parbleu! ce n'est pas avec toi, Cambiac que je... Mais je suis obligé de vous quitter... on m'attend chez la petite comtesse de la Vrillière, un enfant que je suis en train de compromettre... Nous devons ce matin répéter le duo de Castor et Pollux [4] sur la harpe... C'est moi qui fais Castor... sur la harpe.

CAMBIAC. — A votre aise. Il ne faut pas se gêner avec ses intimes.

BILLAUDIN, *à part.* — Je suis très ennuyé de partir sans avoir remis mon impromptu avec la variante; mais je reviendrai. *(Haut.)* Au revoir donc, mes chers petits roués. *(Regardant Cambiac en sortant.)* Je ne peux pas digérer cette robe de chambre.

Il sort.

SCÈNE XIV

CHAMVILLERS, CAMBIAC

CAMBIAC. — Maintenant que nous sommes seuls, me direz-vous, monsieur, le secret de cette comédie ?...

CHAMVILLERS. — Je vous dirai tout, monsieur, car je suis convaincu de votre loyauté... Et, d'abord, permettez-moi de rétracter ce qui, dans mes paroles de tout à l'heure, aurait pu vous paraître offensant.

CAMBIAC. — A la bonne heure, et, puisque nous voilà sur le pied d'une mutuelle bienveillance, apprenez-moi donc pourquoi Mme de Lanjoie m'a salué, en entrant ici, du titre de votre ami... Je voulais la désabuser...

CHAMVILLERS, *vivement.* — Vous ne l'avez pas fait, au moins ?

CAMBIAC. — Impossible!... Ma foi, quand j'ai vu que cela lui faisait tant plaisir...

4. *Castor et Pollux* (1737), opéra en cinq actes et un prologue, la plus célèbre des œuvres de Rameau.

CHAMVILLERS. — Ah! c'est bien, cela... c'est très bien!... Touchez là, monsieur, vous êtes mon bon ange, mon sauveur.

CAMBIAC. — En vérité ?

CHAMVILLERS. — Ah! c'est que vous ne savez pas tout ce que je vous dois et... tout ce que vous me devez.

AIR

Sans me connaître, en mainte circonstance,
Pour m'assister vous vîntes à ma voix :
Moi, j'ignorais jusqu'à votre existence;
Sans moi, pourtant, vous seriez mort vingt fois!
Bien mieux encore, ma tendresse éprouvée
Vous ménagerait l'accueil le plus flatteur :
Je vous servais ici d'introducteur
Longtemps avant votre arrivée.

CAMBIAC. — Ah çà! quel amphigouri me faites-vous là ?

CHAMVILLERS. — C'est que la chose est assez difficile à expliquer... Figurez-vous... Au fait, tenez, vous comprendrez mieux en lisant ceci vous-même. *(Il tire le livre de sa poche et le donne à Cambiac.)* Page 35... Là... Cliton... *(Cambiac lit.)* Ça va le mettre au courant.

CAMBIAC, *après avoir lu.* — Ah bien!... très bien... c'est moi qui suis Cliton.

CHAMVILLERS. — Précisément.

CAMBIAC. — Mais pourquoi moi plutôt qu'un autre ?

CHAMVILLERS. — Eh! mon Dieu! le hasard... votre nom, un joli nom, ma foi, me vint sur la langue un jour qu'il me fallait expliquer à Mme de Lanjoie une chose... inexplicable... et dès lors...

CAMBIAC. — Je vois cela d'ici, vous fîtes du dernier des Cambiac votre éditeur responsable.

CHAMVILLERS. — Je vous en demande mille pardons... mais pouvais-je deviner aussi...

CAMBIAC. — Non cela ne se pouvait pas... *(Il dépose le livre ouvert sur la table.)* Ah çà! mais, comme cela, Mme de Lanjoie a de moi une opinion...

CHAMVILLERS, *riant.* — Détestable.

CAMBIAC, *sérieusement.* — C'est charmant!

CHAMVILLERS. — Et puisque j'ai le bonheur de trouver en vous un homme qui comprend les folies de jeunesse... j'espère que vous voudrez bien...

CAMBIAC. — Continuer mon rôle... Comment donc!

mais avec grand plaisir. *(A part.)* Ah! mes chers ancêtres, je vous dois une réparation!

CHAMVILLERS. — Ainsi, mon ami Cambiac, voilà qui est convenu... Notre affection, pour avoir été pressentie par moi deux ans trop tôt, n'en sera ni moins vive, ni moins franche.

Il lui tend la main.

CAMBIAC, *mettant sa main dans la sienne.* — Ni moins franche.

Deux domestiques apportent une table servie qu'ils posent à gauche.

CHAMVILLERS, *à part.* — Je saurai bien me débarrasser de lui quand je serai marié.

CAMBIAC, *à part.* — S'il croit que je suis sa dupe, il se trompe.

CHAMVILLERS. — Mais il faut que je vous mette un peu au courant de votre personnage; sans cela, vous pourriez vous couper et...

SCÈNE XV

CHAMVILLERS, MADAME DE LANJOIE, CAMBIAC

MADAME DE LANJOIE. — Allons, à table, messieurs... *(Apercevant Cambiac en robe de chambre.)* Ah! je savais bien que M. de Cambiac ne tarderait pas à se mettre à son aise.

CAMBIAC. — Excusez-moi... c'est mon ami qui m'a autorisé...

CHAMVILLERS, *à part.* — Comment, moi!

MADAME DE LANJOIE. — Eh mais! j'oubliais... et M. Billaudin que j'ai laissé...

Elle montre la bibliothèque.

CAMBIAC, *familièrement.* — Billaudin! il vient de partir.

MADAME DE LANJOIE. — Ah!... *(A part.)* Il se sera impatienté. *(Haut.)* Allons, messieurs... prenons place.

CAMBIAC, *donnant la main à Mme de Lanjoie.* — Madame... Oh! voilà une main qui ferait tourner la tête au roi de France. *(Il lui baise la main.)* Tu permets, Chamvillers, tu permets...

CHAMVILLERS, *à part.* — Eh bien! il ne se gêne pas. *(On se met à table.)* Je tremble qu'il ne s'embrouille.

Mme de Lanjoie sert, Chamvillers verse à boire.

MADAME DE LANJOIE. — Vous devez avoir de l'appétit monsieur, après une journée si pleine d'émotion.

CHAMVILLERS, *vivement.* — A ta santé, Cambiac.

CAMBIAC. — A la tienne, Chamvillers... excellent vin! c'est du bordeaux.

CHAMVILLERS, *à Mme de Lanjoie.* — Il s'y connaît.

MADAME DE LANJOIE. — Vous aimez le vin de Bordeaux ?

CAMBIAC. — Mais... ce n'est pas que j'aie positivement une préférence bien marquée...

CHAMVILLERS, *à Mme de Lanjoie.* — Il les aime tous. *(A Combiac.)* Mauvais sujet !

CAMBIAC. — Hein ?

CHAMVILLERS. — Oui, oui, on sait que tu aimes le cabaret... la joyeuse compagnie.

MADAME DE LANJOIE, *avec intention.* — On le sait.

CAMBIAC. — Comment, vous savez... moi ?... *(Se rappelant.)* Ah! oui, oui... très bien! *(Il renverse une assiette avec son coude que Chamvillers pousse.)* Ah! madame!... je suis désolé.

CHAMVILLERS, *bas à Mme de Lanjoie.* — Voilà que ça commence.

MADAME DE LANJOIE. — Faites, mais faites donc!... Est-ce que je ne sais pas bien que toute la douzaine est condamnée ?

CAMBIAC. — La douzaine... vous me croyez donc bien maladroit ?

MADAME DE LANJOIE. — Non, mais... M. Chamvillers m'a tout dit.

CHAMVILLERS. — Absolument tout.

MADAME DE LANJOIE. — Ainsi, ne vous gênez pas.

CHAMVILLERS. — Ne te gêne pas... Allons, casse, mon ami, casse...

CAMBIAC. — Comment, vous voulez...

MADAME DE LANJOIE. — Cassez, mais cassez donc, puisque je vous en prie...

CHAMVILLERS. — Puisque Madame t'en prie.

CAMBIAC. — Ma foi! si ça peut vous être agréable...

Il jette plusieurs assiettes par la fenêtre qui se trouve près de lui. Chamvillers et Mme de Lanjoie rient.

MADAME DE LANJOIE. — Vous trouvez donc ça bien amusant ?

CAMBIAC. — Moi ? pas le moins du monde... Et vous ?

CHAMVILLERS. — A ton âge, pourtant, tu devrais bien songer à devenir raisonnable... Fais comme moi, mon ami, marie-toi.

CAMBIAC, *regardant Mme de Lanjoie.* — J'y ai bien songé... j'ai même en vue certaine personne...

MADAME DE LANJOIE. — Ah! sans doute, une amie de Mlle votre sœur ?

CAMBIAC. — Ma sœur!... *(Signe de Chamvillers.)* Oh! non... Ma sœur ne connaît personne, et personne ne la connaît... enfin, c'est absolument comme si je n'en avais pas. *(A part.)* C'est très fatigant de déjeuner comme ça.

ADELINE, *entrant.* — Madame, le notaire vient d'arriver.

CAMBIAC, *à part.* — Le notaire, déjà!

ADELINE. — Je l'ai fait entrer dans la bibliothèque.

MADAME DE LANJOIE, *à Chamvillers.* — Voyez-le donc, mon ami, il doit s'entendre avec vous pour les clauses du contrat.

CHAMVILLERS, *hésitant.* — Mais...

MADAME DE LANJOIE. — Arrangez cela pour le mieux, que nous n'ayons plus qu'à signer.

CHAMVILLERS, *à part.* — Le laisser seul... il n'a qu'à se trahir.

CAMBIAC. — Va, mon cher, puisque Madame s'en rapporte à toi.

CHAMVILLERS, *bas à Cambiac.* — Soyez prudent.

CAMBIAC, *de même.* — Je sais mon rôle.

CHAMVILLERS. — Dans un instant j'ai terminé. *(A part, en sortant.)* Maudit homme!... je voudrais le voir à cent lieues d'ici!

SCÈNE XVI

CAMBIAC, MADAME DE LANJOIE; *puis* BILLAUDIN

MADAME DE LANJOIE. — Eh bien! monsieur de Cambiac, commencez-vous à vous habituer un peu à votre captivité ?

CAMBIAC. — Ah! Madame, votre présence me la rend si douce, que j'aurais donné volontiers ma liberté de toute la vie, pour un jour, pour une heure seulement de cette prison-là.

MADAME DE LANJOIE. — Vous le dites... mais je parierais qu'au fond vous voudriez déjà que mon contrat fût signé.

CAMBIAC, *vivement*. — Moi, madame... Oh! n'en croyez rien... je me sens si heureux ici... heureux de vous voir, de vous parler, de respirer le même air que vous... que c'est avec une sorte d'effroi que je vois arriver le moment où tout ce bonheur doit s'évanouir.

MADAME DE LANJOIE. — Mais il me semble que ce bonheur, vous pourrez toujours le faire renaître à volonté... Quand votre ami sera devenu mon époux... ne le verrez-vous donc plus ?

CAMBIAC. — Non, madame. Oh! non... une séparation éternelle.

MADAME DE LANJOIE. — Comment... et pourquoi ?

CAMBIAC. — Pourquoi ?... parce qu'alors je le détesterai, parce qu'alors, ma vie sera sans but, sans espoir.

MADAME DE LANJOIE. — Je ne vous comprends pas.

CAMBIAC. — Vous ne comprenez pas ?... vous ne comprenez pas que lui une fois marié, marié avec vous, il ne me restera plus que l'isolement et l'ennui.

MADAME DE LANJOIE. — Votre amitié est donc bien exclusive... Comment! vous seriez à ce point jaloux, et jaloux de moi ?

CAMBIAC. — Non, madame... de lui...

MADAME DE LANJOIE, *à part*. — Que dit-il ?

CAMBIAC. — De lui, vous dis-je... de lui qui possédera un trésor de vertu et de beauté qu'un autre peut-être eût mieux mérité, si un dévouement sans bornes et un amour à toute épreuve...

MADAME DE LANJOIE. — De l'amour... vous! allons, allons, c'est une plaisanterie... M. de Cambiac amoureux!...

CAMBIAC. — Pardonnez cet aveu fait si brusquement... mais les minutes sont précieuses pour celui qui n'a plus qu'un jour, qu'une heure à espérer.

MADAME DE LANJOIE. — Comment, vous parlez sérieusement ?

CAMBIAC. — Vous n'en douteriez pas, madame, si, depuis le jour où je vous ai aperçue si belle, si gracieuse à la fête donnée par Mme de Sérigny; si, depuis ce jour, où rapprochés par une contredanse, j'ai senti votre main effleurer la mienne, vous aviez pu juger des mouvements de mon cœur, et savoir quel fut, pendant tout ce temps, sa seule pensée, son unique ambition.

BILLAUDIN, *qui a entendu ces derniers mots.* — Qu'entends-je ?...

Il se cache derrière les rideaux de la croisée, à gauche, au premier plan.

MADAME DE LANJOIE. — Assez, monsieur, assez... Un pareil langage dans votre bouche... Ah! c'est affreux! vous, l'ami de M. Chamvillers, le trahir à ce point!

CAMBIAC. — Ecoutez-moi, madame, au nom du ciel!... Si vous saviez tout!...

MADAME DE LANJOIE. — Je sais, monsieur, je sais maintenant que vous êtes un homme sans foi et sans loyauté, qui m'avez estimée assez peu pour croire que j'accueillerais des hommages aussi perfides!... Allez, monsieur, allez, c'est une injure pour moi et une honte pour vous!...

Elle sort par la gauche.

CAMBIAC, *la suivant.* — Madame!... madame!... au nom du ciel!...

SCÈNE XVII

CAMBIAC, BILLAUDIN, *toujours caché.*

CAMBIAC. — Impossible de la désabuser, de lui dire... Et puis, après tout, ce Chamvillers qui la trompe si indignement, elle l'aime peut-être... Et pourquoi irais-je lui ôter une illusion qui la rend heureuse ?

BILLAUDIN, *à part.* — Qu'est-ce qu'il dit ?

CAMBIAC. — Allons, il n'y faut plus penser... quittons cette maison dans laquelle je ne suis entré qu'à l'aide d'un mensonge, et tâchons de tout oublier.

Il rentre dans sa chambre.

BILLAUDIN, *seul.* — Eh bien! j'en apprends de belles!... En voilà un petit serpent...! Et moi qui l'ai réchauffé sur mon sein... en lui fourrant des clés dans le dos... A peine a-t-il ouvert les yeux, que... Et c'est qu'il n'y a pas à dire... c'est un rival dangereux!... jeune, aimable, bien taillé... Eh bien! et Chamvillers donc!... quand il va savoir... lui, qui l'a introduit... car, moi, je m'en étais défié... Justement, le voici.

SCÈNE XVIII

BILLAUDIN, CHAMVILLERS

CHAMVILLERS. — Ah! c'est vous, Billaudin... Eh bien! et Mme de Lanjoie, et mon ami Cambiac ?...

BILLAUDIN, *à part.* — Il l'appelle son ami! *(Haut.)* Vous le croyez votre ami ?...

CHAMVILLERS. — Comment ?... *(A part.)* Est-ce qu'il se douterait...

BILLAUDIN. — Je viens de le surprendre à l'instant aux pieds de Mme de Lanjoie...

CHAMVILLERS. — Hein!... aux pieds de...

BILLAUDIN. — Et lui disant de ces choses que je n'ai jamais dites à aucune des femmes... que je suis en train de compromettre.

CHAMVILLERS. — Vous l'avez vu ?

BILLAUDIN. — De mes propres yeux!

CHAMVILLERS. — Oh! je me vengerai!

BILLAUDIN. — Oh! oui, nous nous vengerons!

CHAMVILLERS. — Vous ? Mais que vous importe ?

BILLAUDIN. — Ce qu'il m'importe!... Vous voulez m'empêcher d'être sensible à la douleur d'un ami... d'épouser ses chagrins, d'épouser ses querelles, d'épouser... Allons donc! ça ne se peut pas!

CHAMVILLERS. — Cette affaire ne regarde que moi seul!

BILLAUDIN. — C'est convenu.

CHAMVILLERS. — Eh mais, j'y pense... ces vers, ces mauvais vers que je viens de trouver dans la bibliothèque...

BILLAUDIN, *à part.* — Mon brouillon! Aïe! Aïe!

CHAMVILLERS. — C'était de lui!... Plus de doute, il les lui adressait... Ah! Monsieur le faquin! vous avez voulu vous jouer de moi!... Prenez garde!... je vais prendre une revanche éclatante.

BILLAUDIN, *à part.* — Ah! mon Dieu! mais, s'il vient à découvrir... *(Haut.)* Voyons, voyons... du calme... Il faut voir, ses intentions sont peut-être pures... au poète.

CHAMVILLERS. — Comment! ses intentions!... mais ne me disiez-vous pas vous-même, tout à l'heure...

BILLAUDIN. — Oui, certainement, sa conduite a été légère... mais ce n'est peut-être qu'un moment d'erreur, un éclair d'imagination... Je connais ça; c'est terrible, l'imagination... à nos âges!

CHAMVILLERS. — Je vois ce que c'est : vous le défendez, parce que c'est vous qui l'avez introduit ici!

BILLAUDIN. — Hein! vous dites ?... Comment! c'est moi... C'est bien vous!

CHAMVILLERS. — Mais, puisque je l'ai trouvé ici... c'est vous!

BILLAUDIN. — Au contraire, puisque je l'avais laissé dans mon carrosse... c'est vous!

CHAMVILLERS. — Mais, je ne le connais pas, moi!

BILLAUDIN. — Ni moi non plus.

CHAMVILLERS. — Comment!... cette rencontre dont vous me parliez...

BILLAUDIN. — Eh! c'est mon carrosse qui l'a rencontré. Mais, vous-même, cette amitié de vingt ans...

CHAMVILLERS. — Erreur... je l'avais pris pour un autre.

BILLAUDIN. — Mais, alors, c'est un vagabond!

CHAMVILLERS. — Un intrigant sans aveu!

BILLAUDIN. — Ou un bohémien sans guitare!

CHAMVILLERS. — Et je vais, armé de ce griffonnage, lui demander raison.

BILLAUDIN. — Chamvillers!...

CHAMVILLERS. — Eh bien!

BILLAUDIN. — Qu'allez-vous faire, mon ami!... *(A part.)* Cambiac va lui dire que l'impromptu n'est pas de lui, et, alors...

CHAMVILLERS, *dramatiquement*. — Billaudin!... l'auteur de ces vers ne périra que de ma main!

BILLAUDIN, *à part*. — Ah! mon Dieu! je sens une sueur froide!... Heureusement que j'ai un moyen...

CHAMVILLERS. — Vous serez mon second!

BILLAUDIN. — Soit, je suis votre second, et je vais chercher des armes!

CHAMVILLERS. — Nos épées suffisent!

BILLAUDIN. — Une peut casser... Comprenez bien... Une peut casser... et comme c'est un combat à outrance, il nous faut un arsenal... Je vais m'enquérir d'un arsenal! *(A part.)* Se battre, oh! mais, non!... Attendez-moi... dix minutes, et je reviens bardé de fer!... bardé de fer!

Il sort.

SCÈNE XIX

CHAMVILLERS, CAMBIAC

CHAMVILLERS. — Quelle affreuse position!... Etre obligé de traiter en ennemi un homme qu'on a le plus grand intérêt à ménager... Et au milieu de tous ces débats... Si Mme de Lanjoie venait à savoir la vérité... Pourvu qu'il ne lui ait pas déjà dit... car, enfin, contre un rival, tous les moyens sont bons!... C'est lui!... Ah! j'ai peine à me contenir!

CAMBIAC, *avec son premier costume.* — C'est bien décidé, je pars!... Entré ici par contrebande, je puis bien en sortir sans adieu.

Il va pour sortir.

CHAMVILLERS, *l'arrêtant.* — Monsieur!...

CAMBIAC. — Monsieur...

CHAMVILLERS. — Après ce qui vient d'arriver...

CAMBIAC, *à part.* — Ah! il paraît qu'il sait déjà...

CHAMVILLERS. — J'espère, monsieur, que vous ne m'obligerez pas à vous tolérer plus longtemps dans cette maison.

CAMBIAC, *à part.* — Allons, il tombe bien!... moi qui m'en allais. *(Haut.)* Mais êtes-vous mon hôte, monsieur, pour que j'aie un congé à recevoir de vous ?

CHAMVILLERS. — Votre hôte ou non, votre présence ici me déplaît; et si je ne puis vous convaincre par de bonnes paroles...

CAMBIAC. — Comment! des menaces!

CHAMVILLERS. — Mieux que cela, monsieur, une injure si directe...

CAMBIAC. — Oh! assez.

AIR du *Prix.*

A qui croyez-vous donc parler,
Pour tant monter votre langage ?
A quoi sert de tant batailler ?
Un mot doit suffire au courage.
Avez-vous oublié, mon cher,
Qu'entre gens de notre figure,
On doit croiser vingt fois le fer
Avant d'échanger une injure!

CHAMVILLERS. — Eh bien! alors, tout de suite, dans le jardin!

CAMBIAC. — Soit! *(A part.)* Je ne suis pas fâché de me mesurer avec lui!

CHAMVILLERS. — C'est un combat à mort, monsieur!

CAMBIAC. — A mort ? Ça m'arrange!

MADAME DE LANJOIE, *entrant.* — On n'attend plus que vous!

TOUS DEUX, *apercevant Mme de Lanjoie.* — Ah!...

CHAMVILLERS, *serrant la main à Cambiac.* — Ah! l'excellent ami

CAMBIAC, *haut, l'imitant.* — Ce bon Chamvillers!

MADAME DE LANJOIE, *à part.* — L'hypocrite!

CHAMVILLERS, *bas, à Cambiac.* — Je suis obligé à cette comédie, mais je vous déteste!

CAMBIAC, *de même.* — Et moi, donc!

SCÈNE XX

MADAME DE LANJOIE, CHAMVILLERS, CAMBIAC

MADAME DE LANJOIE, *à Chamvillers.* — Venez-vous, mon ami ?... les témoins sont là.

CHAMVILLERS. — Charmante...

ADELINE, *entrant, à Chamvillers.* — Une dame demande à parler à Monsieur, je l'ai fait entrer.

CHAMVILLERS. — Son nom ?

ADELINE. — Olympia.

CHAMVILLERS, *troublé.* — Olympia!... *(A Mme de Lanjoie.)* J'ignore qui ce peut être... pourtant... je vais... Vous permettez ?... *(A part, en sortant.)* Olympia!...

MADAME DE LANJOIE, *à part.* — Quel empressement!

SCÈNE XXI

MADAME DE LANJOIE, CAMBIAC

CAMBIAC. — Vous vous étonnez, sans doute, madame, de me retrouver encore ici... croyez que si M. de Chamvillers ne m'avait pas retenu...

MADAME DE LANJOIE. — Oui, monsieur, je sais qu'il est encore aveuglé sur votre compte, et que son amitié pour vous...

CAMBIAC. — Son amitié... Oh! ne m'accablez pas ainsi, madame, car si vous saviez la vérité, peut-être ne me trouveriez-vous pas si coupable; mais ma position est telle que vos reproches, fussent-ils encore plus cruels, je dois les subir sans me justifier, sans me plaindre... Un jour, peut-être, vous saurez tout, et alors vous regretterez, j'en suis sûr, de m'avoir si mal jugé.

MADAME DE LANJOIE, *à part.* — Que veut-il dire ?

CAMBIAC. — Adieu, madame, soyez heureuse avec votre nouvel époux, c'est mon dernier vœu, c'est un dernier regret.

SCÈNE XXII

LES MÊMES, BILLAUDIN

BILLAUDIN, *entrant vivement, à part.* — Encore ensemble! *(Haut.)* Ne l'écoutez pas, madame, pour l'amour de Dieu, ne l'écoutez pas!... il vous trompe!

CAMBIAC. — Monsieur!...

BILLAUDIN. — J'arrive à temps pour vous sauver... tout ce qu'il fait, tout ce qu'il dit, tout est faux!... c'est au point que je ne suis plus sûr maintenant de l'avoir écrasé... *(A Cambiac.)* Voyons... vous ai-je écrasé ?...

CAMBIAC. — Cette plaisanterie...

BILLAUDIN. — Enfin, qui êtes-vous ?... Depuis ce matin vous vous familiarisez en prétendant que mes chevaux vous ont endolori... mais je ne vous connais pas, moi... ni Madame, ni personne... Voyons, qui êtes-vous ? d'où sortez-vous ?... Faites-vous réclamer!... Qui est-ce qui réclame Monsieur ?

MADAME DE LANJOIE. — Mais, M. de Chamvillers...

BILLAUDIN. — Il l'a vu ce matin pour la première fois!

MADAME DE LANJOIE. — Est-il possible!

BILLAUDIN. — C'est lui-même qui me l'a dit!

CAMBIAC. — Ah merci, mon cher, merci!... vous avez de l'esprit... comme un financier!

BILLAUDIN — Hein ?

CAMBIAC, *à Mme de Lanjoie.* — Monsieur vous a dit la vérité... Voilà le secret que je voulais vous cacher.

MADAME DE LANJOIE. — Mais ces protestations échangées... cette familiarité si cordiale...

CAMBIAC. — Je m'y prêtais, madame... il m'en avait prié.

MADAME DE LANJOIE, *à part.* — Oh! j'entrevois une indigne trahison!

BILLAUDIN. — Oh! mais, ce n'est rien encore!... j'en suis bien fâché, mais je dirai tout!... Cet homme, qui osait vous adresser des paroles d'amour, recevait en même temps d'une danseuse de l'Opéra... des poulets dans le genre de celui-ci... J'ai mis le pied là-dessus en traversant votre antichambre. *(A Cambiac.)* Que voulez-vous, marquis... j'ai du malheur aujourd'hui, j'écrase un peu de tout!

CAMBIAC. — Une danseuse... je m'y perds!

BILLAUDIN, *présentant la lettre à Cambiac.* — « A » monsieur, monsieur de Cambiac... » Quand une adresse est bien mise, ça parvient toujours *(Cambiac va pour prendre la lettre)*, en faisant un détour.

Il la remet à Mme de Lanjoie.

MADAME DE LANJOIE, *après avoir lu.* — Olympia! ce nom que tout à l'heure... *(A Cambiac.)* Connaissez-vous cette lettre ?

CAMBIAC. — Non madame... elle n'a jamais été pour moi, je vous le jure sur l'honneur.

BILLAUDIN, *à part.* — Jure sur l'honneur, va!... ton affaire est bonne!

MADAME DE LANJOIE, *à part.* — Oh! mon Dieu! je n'ose comprendre... Ces lettres qui étaient adressées à M. de Champvillers, sous le couvert d'un M. de Cambiac... Que veut dire tout ceci ?... *(A Cambiac.)* Aidez-moi, monsieur...

CAMBIAC. — Mais, madame...

MADAME DE LANJOIE. — Le motif ? le motif ?

CAMBIAC. — Je ne puis... je ne dois...

MADAME DE LANJOIE. — Mais, monsieur...

CAMBIAC, *apercevant le livre sur la table à droite.* — Ah!... tenez, madame, vous le trouverez peut-être dans ce volume, oublié par M. de Champvillers.

MADAME DE LANJOIE, *parcourant le livre.* — « Vous » manquez le rendez-vous de votre maîtresse, c'est » Cliton qui vous a retenu... »

Elle continue de lire bas.

BILLAUDIN, *à part.* — Eh bien! elle se met à lire à présent!

MADAME DE LANJOIE, *à part.* — Comme il m'a trompée!

SCÈNE XXIII

BILLAUDIN, CAMBIAC, MME DE LANJOIE, DARESSY

DARESSY, *sortant de la bibliothèque.* — Madame, tout est prêt.

MADAME DE LANJOIE. — Monsieur le notaire... veuillez laisser les noms du futur en blanc, je vous prie.

DARESSY, *se plaçant près de la table à droite.* — C'est très facile.

BILLAUDIN, *à part.* — Un mariage, et moi qui ignorais...

Daressy aperçoit Cambiac et s'approche.

DARESSY, *à Cambiac.* — Ah! vous ici, monsieur de Cambiac, vous venez signer le contrat de ma cliente, à la bonne heure. *(A Mme de Lanjoie.)* Il s'est donc enfin décidé à quitter l'anonyme ?

MADAME DE LANJOIE. — Comment ?

CAMBIAC, *à Daressy.* — Silence!

DARESSY. — Ah! pardon!... je croyais que vous vous étiez avoué l'auteur de ce prêt généreux...

MADAME DE LANJOIE, *vivement.* — Que dites-vous ?... M. de Cambiac, c'est à lui que je devrais ?...

BILLAUDIN. — Quoi ?

MADAME DE LANJOIE, *à part.* — Tant de noblesse, tant de générosité... tandis que l'autre... *(A Cambiac.)* Ah! vous aviez raison tout à l'heure, je vous avais bien mal jugé!

CAMBIAC. — Ah! Madame...

BILLAUDIN, *à part.* — Eh bien! moi qui croyais le faire... *(Geste de congé.)* J'ai joliment réussi!

SCÈNE XXIV

LES MÊMES, CHAMVILLERS

CHAMVILLERS, *à part, en entrant.* — Elle est partie... pauvre Olympia! *(Haut.)* Pardon de vous avoir fait attendre.

MADAME DE LANJOIE. — Eh bien! cette... cette dame qui vous a fait demander ?

CHAMVILLERS. — Oh! c'était... *(A Cambiac.)* C'était votre sœur, Cambiac.

CAMBIAC. — Ma sœur!

CHAMVILLERS. — Elle venait pour... ce que vous savez... elle est partie pour aller... Vous êtes au fait ?

MADAME DE LANJOIE, *à part.* — Quelle impertinence!

Elle se place à droite de Daressy.

CHAMVILLERS. — Et, maintenant, je suis tout à vous.

DARESSY, *écrivant.* — Les nom et prénoms du futur ?

CHAMVILLERS, *s'avançant.* — Charles-Augustin Chamvillers.

BILLAUDIN, *à part.* — Chamvillers!

MADAME DE LANJOIE, *à Chamvillers.* — Mais, ce n'est pas à vous que Monsieur s'adresse.

CHAMVILLERS. — Comment!

BILLAUDIN, *à part.* — Oh! bonheur! *(S'avançant.)* Ecrivez : Achille-Fortuné Billaudin.

MADAME DE LANJOIE, *à Billaudin.* — Ni à vous.

BILLAUDIN. — Ah!... Mais à qui donc ?

MADAME DE LANJOIE, *regardant Cambiac.* — Il n'y a donc que vous qui ne voulez pas parler ?

CAMBIAC, *s'élançant pour signer.* — Ah!...

CHAMVILLERS, *à part.* — Lui!...

BILLAUDIN. — Ah bah!...

CHAMVILLERS. — Mais que veut dire...

MADAME DE LANJOIE. — Cela veut dire que mieux éclairée sur les véritables sentiments de celui que j'avais d'abord distingué, je porte ailleurs un choix dont il s'est montré si peu digne.

BILLAUDIN, *à part, prenant ces paroles pour lui.* — Qu'est-ce que je lui ai donc fait ?

CHAMVILLERS, *à part.* — Elle sait tout!

MADAME DE LANJOIE. — Et ce choix, vous l'approuverez, car il tombe sur un de vos amis les plus chers, votre ami Cambiac.

CHAMVILLERS, *à part.* — Le traître!

Cambiac donne, de la main gauche, la plume à Mme de Lanjoie, et lui offre la main droite pour la conduire près du notaire. Elle signe.

BILLAUDIN, *à part.* — Je tombe de mon haut!... L'épouser! après ce que je viens de lui dire!... Elle aime les mauvais sujets, c'est une femme qui aime les mauvais sujets!

CHAMVILLERS, *bas à Cambiac.* — Vos armes, monsieur ?

CAMBIAC. — L'épée.

BILLAUDIN. — Un duel!

MADAME DE LANJOIE. — Un duel! Ah! mon Dieu! je n'y avais pas songé!

BILLAUDIN. — Ça ne se peut pas! J'ai un billet de Chamvillers... *(Il le montre à Cambiac.)* Il ne peut pas se battre!... Vous n'avez pas le droit d'abîmer ma caution!

CAMBIAC, *qui a regardé le billet.* — C'est trop juste!... Monsieur Daressy, vous paierez à l'ordre de Monsieur *(il montre Billaudin)* une somme de dix mille écus. Vous m'entendez ?

CHAMVILLERS. — Je refuse!

BILLAUDIN. — Et moi, j'accepte.

CAMBIAC. — Maintenant, monsieur, vous êtes libre, et quand vous voudrez...

MADAME DE LANJOIE. — Oh! mais, c'est impossible!

CHAMVILLERS. — J'aurais pu pardonner son triomphe à un adversaire franc et loyal... mais abuser d'une confidence...

CAMBIAC, *vivement.* — Vous vous trompez, monsieur!

CHAMVILLERS. — Comment! n'est-ce pas vous ?...

MADAME DE LANJOIE. — Du tout! C'est M. Billaudin...

CAMBIAC. — C'est Billaudin!

CHAMVILLERS. — C'est Billaudin ? Mais ces vers, ces mauvais vers que j'ai trouvés dans la bibliothèque ?

MADAME DE LANJOIE. — C'est Billaudin!

CAMBIAC. — C'est Billaudin!

CHAMVILLERS. — C'est Billaudin!

BILLAUDIN. — Billaudin! Billaudin! Diable m'emporte, je n'y comprends plus rien!

CHAMVILLERS. — Imbécile!... *(A Cambiac.)* S'il en est ainsi, je ne puis plus me battre avec vous... c'est fort désagréable, mais je ne puis plus vous tuer!

MADAME DE LANJOIE. — Voilà qui rachète bien des torts!

BILLAUDIN, *à part.* — Est-elle gentille!... Je deviendrai mauvais sujet... et nous verrons!

CHAMVILLERS, *à part.* — Bah! Olympia me reste, je m'étourdirai... *(Haut.)* Allons, sans rancune... ou plutôt, mieux que cela... *(Tendant la main à Cambiac.)* Restons comme devant, moi, votre ami Chamvillers...

CAMBIAC, *mettant sa main dans la sienne.* — Et moi, votre ami Cambiac.

CHŒUR FINAL

AIR : *Et si j'ai gagné la bataille.*

Toute haine doit disparaître,
Soyons tous d'accord en ce jour;
L'amitié saura reconnaître
Les sacrifices de l'amour.

FIN DE L'HOMME DE PAILLE

LE MAJOR CRAVACHON

COMÉDIE-VAUDEVILLE

PAR JESSÉ, LABICHE ET LEFRANC

représentée pour la première fois, sur le Théâtre du Palais-Royal, le 15 février 1844

ACTEURS qui ont créé les rôles.

CRAVACHON	M. LEMÉNIL
DERVIÈRES	M. BERGER
ANTONIN, domestique de Cravachon	M. DUBLAIX
OLYMPE, fille de Cravachon. . .	Mme SCRIWANECK
AMÉLIE, amie de pension d'Olympe (rôle travesti)	Mme ALINE DUVAL
UN NOTAIRE	M. LEMEUNIER

La scène se passe à Saumur, en 1813.

Le théâtre représente un salon. — Ameublement simple, fleurets suspendus. — Porte principale au fond. — A droite, au premier plan, une porte et une table garnie. — Au second plan, une cheminée avec glace et pendule. — A gauche, deux portes, l'une au premier, l'autre au second plan.

SCÈNE PREMIÈRE

LE NOTAIRE, CRAVACHON

Tous deux sont assis au milieu de la scène, au lever du rideau.

CRAVACHON, *se levant.* — Ça suffit, monsieur... vous n'aurez pas ma fille.

LE NOTAIRE, *se levant.* — Comment... mais songez donc que je suis...

CRAVACHON, *brusquement.* — Quoi ? que voulez-vous dire ?... Que vous êtes notaire impérial, que vous êtes honnête homme, que votre étude est payée... Eh bien! après ?

LE NOTAIRE. — Il me semble que ces avantages...

CRAVACHON. — Ce ne sont pas là des avantages... Moi, monsieur, je suis le major Cravachon, je suis un honnête homme aussi; j'ai vu l'Allemagne, la Prusse et l'Italie, et je ne m'en vante pas, moi monsieur... Et aujourd'hui, je suis commandant de la forteresse de Saumur, une prison d'Etat, monsieur, et je n'en suis pas plus fier pour ça. Parbleu!... notaire, voilà-t-il pas le diable!

LE NOTAIRE, *avec calme.* — J'ai suivi avec attention

le fil de votre raisonnement, et je ne comprends pas...

CRAVACHON. — Ce n'est pas nécessaire... Vous n'aurez pas ma fille Olympe, c'est clair, c'est net... Ainsi, monsieur...

LE NOTAIRE, *cérémonieusement.* — Monsieur, j'ai bien l'honneur d'être avec une profonde considération...

CRAVACHON, *le reconduisant.* — Serviteur, monsieur serviteur, de tout mon cœur. *(Le notaire sort.)*

SCÈNE II

OLYMPE, CRAVACHON

CRAVACHON, *revenant.* — J'ai cru qu'il n'en finirait pas avec ses salamalecs.

OLYMPE, *entrant.* — Eh bien! papa, ce jeune homme... ce notaire...

CRAVACHON. — Je l'ai remercié poliment.

OLYMPE. — Encore!... Vous êtes trop difficile aussi.

CRAVACHON. — Tiens! je donne cent mille francs!

OLYMPE. — Songez donc, mon petit papa, je me fais vieille... dix-neuf ans!... Et voilà le sixième que vous congédiez... Six! qui en épousent d'autres! si ce n'est pas affreux!... Il n'en restera plus!

CRAVACHON. — Puisque je donne cent mille francs, sois donc tranquille. Quand on a un père qui a vu le monde, vois-tu, qui a détrôné des rois... qui a mangé du cheval...

OLYMPE. — Oh! là-dessus, vous savez bien que tous les jours j'écoute et j'admire... Mais... *(câlinant)* dites donc, petit papa, si vous me les présentiez, peut-être que mes avis...

CRAVACHON. — Une entrevue!... il ne manquerait plus que ça!...

OLYMPE. — Alors, tâchez qu'ils vous plaisent... Toutes mes amies de pension ont des maris.

CRAVACHON. — Tu appelles ça des maris, toi!... tu t'y connais... ce sont des... Ça fait pitié!... Un peu de patience, et nous t'en aurons un... comme je l'entends.

OLYMPE. — Et comment l'entendez-vous ?

CRAVACHON. — Comment ? sacrebleu!... Je voudrais

là... un... morbleu!... Voilà l'homme qui te rendrait heureuse!... et je le trouverai...

OLYMPE. — Sera-ce bien long ?

CRAVACHON. — Est-ce que je sais, moi ?... Tiens, au fait, j'en attends un ce matin de Paris... et tu sais que Paris est le centre des lumières.

OLYMPE. — Oui, et des coups d'épée... Vous souvenez-vous, il y a trois mois...

CRAVACHON. — Si je me souviens!... Je crois bien, une blessure superbe! ça me fait encore mal!... mais c'est égal, quel beau coup!... On a bien raison de dire : il n'y a qu'un Paris!

OLYMPE. — Je suis sûre que c'est encore vous qui aviez tort.

CRAVACHON. — Oh! non... cette fois, j'avais été insulté!... mais insulté!... Ah! le digne jeune homme! je ne pense jamais à lui sans plaisir.

OLYMPE. — Que vous avait-il fait ? car vous ne m'avez jamais dit...

CRAVACHON. — Ce qu'il m'avait fait, le brigand! Tu vas voir. Je sortais du théâtre Feydeau[1]... il faisait un brouillard à ne pas distinguer une vivandière d'un tambour-major... je descendais la rue Vivienne en ruminant à part moi le morceau d'Elleviou[2] que je venais d'applaudir... Elleviou, tu sais ? c'est mon idole!... quand j'entends sur le trottoir, à trois pas devant moi, une voix dans le brouillard, qui écorchait le même morceau. J'avais beau ralentir le pas, ou marcher plus vite, je ne pouvais pas me dépêtrer de ce maudit chanteur! Dame! moi, ça commençait à m'échauffer les oreilles... Il était évident que le particulier y mettait de la méchanceté... Il s'était dit : voilà un bourgeois qui sort de Feydeau... Elleviou est son idole, bon! je vais le taquiner...

OLYMPE. — Oh! pouvez-vous croire...

CRAVACHON. — Laisse faire, on connaît son monde... Alors, moi, je lui crie : Holà! hé! monsieur! monsieur! chantez autre chose, vous m'ennuyez... Il me répond par un grand éclat de rire!... puis il entame, avec son infernal

1. Le théâtre Feydeau, construit en 1790, fut inauguré le 6 janvier 1791. Il sera fermé en avril 1829 pour cause de vétusté. Il était approximativement situé aux numéros 19-21 de la rue Feydeau, percée en 1650, et qui doit son nom au propriétaire du terrain.

2. Pierre-Jean-Baptiste-François Elleviou (1769-1842). Ténor, il fit ses débuts aux Italiens en 1790, fut ensuite engagé au théâtre Feydeau où il chanta jusqu'en 1813, date à laquelle il quitta la scène.

fausset... quoi ? le morceau de Martin [3]... Martin, tu sais ? c'est mon idole!... Mille tonnerres! je n'y tenais plus!... Ah! pour le coup, mon oiseau, lui criai-je en le rejoignant, nous allons changer de musique!... Un duel! ça me va, j'ai froid aux doigts, qu'il me répond sans ostentation... Voilà un armurier, je vais chercher des outils... Et il part en chantant :

Malbrough s'en va-t-en guerre,
Mironton, ton, ton...

Et faux! toujours faux! le gueux!

OLYMPE. — Il ne pouvait peut-être pas chanter autrement.

CRAVACHON. — Ça ne me regarde pas... J'arrête deux fiacres, chacun le nôtre, il revient avec des épées, nous nous embarquons, et bientôt nous voilà hors Paris, dans la campagne, au milieu d'une belle route, ma foi! mais il faisait noir... noir!... Mon inconnu fait en un clin d'œil ranger les sapins sur les bas-côtés, il en décroche lui-même les lanternes, et, bon gré mal gré, nos cochers immobiles nous servent à la fois de candélabres et de témoins... à quarante sous l'heure... Nous croisons le fer... Oh! je vis tout de suite que j'avais affaire à forte partie... *(S'animant.)* Aussi, comme nous nous comprenions, c'était un plaisir; tous nos coups étaient mutuellement portés et parés... Sans presque nous voir, nous nous devinions dans l'obscurité, et...

OLYMPE. — Et vous êtes resté sur la place avec une blessure!

CRAVACHON. — Oui, ce cher ami, il m'a désossé l'épaule... *(Vivement.)* Mais, je ne m'en plains pas, oh! Dieu!

OLYMPE. — Vous lui devez des remerciements, peut-être.

CRAVACHON. — Pourquoi pas ? car tous les jours on est blessé... Qu'est-ce qui n'est pas blessé ?... Mais pas comme ça! oh! non! pas comme ça! *(Tristement.)* Ah! je ne regrette qu'une chose...

OLYMPE. — Quoi donc ?

CRAVACHON. — Tu ne le croiras pas... je ne sais pas encore comment il m'a touché... il faisait si noir... Je

3. Jean-Blaise Martin (1768-1837). Baryton, il fit une grande partie de sa carrière au théâtre Feydeau. Il a donné son nom à un type de baryton léger, le baryton-martin.

donnerais dix napoléons pour connaître ce coup-là... car, enfin, je ne me découvre jamais, c'est connu. Est-ce en quarte ? Est-ce en tierce ?

OLYMPE. — La belle avance.

CRAVACHON. — Tu n'es pas artiste, toi... Ah! si tu l'avais vu, ce brave jeune homme! avec quelle modestie il s'est dérobé à mes félicitations... il est parti, là, tout bonnement comme le premier venu... Je l'ai à peine vu, ce garçon-là, il me serait impossible de le reconnaître... *(Regardant la pendule.)* Diable! déjà dix heures! et moi qui suis témoin dans une affaire!

OLYMPE. — Encore!

CRAVACHON. — Oh! presque rien... des commerçants, des mazettes! des pékins!

OLYMPE. — C'est toujours la même chose; quand vous ne vous battez pas, vous faites battre les autres!

CRAVACHON. — Il faut bien s'occuper... et prouver à l'Empereur que je ne suis pas encore un invalide, bien qu'il ne me juge plus bon qu'à faire un geôlier... Oh! je lui en veux!... Moi, le major Cravachon, moi qui l'ai aidé à gagner la bataille de Marengo, m'employer à garder des prisonniers d'Etat, des conspirateurs!

OLYMPE. — De mauvaises têtes comme vous... et que pourtant vous traitez avec une rigueur...

CRAVACHON. — Ah! dame! je ne connais que ma consigne, c'est vrai.

OLYMPE. — Jusqu'à empêcher ces pauvres détenus de communiquer avec leurs femmes, leurs filles, leurs sœurs... Si ce n'est pas affreux!

CRAVACHON. — C'est l'ordre de l'Empereur... il ne veut pas que les femmes entrent ici... faut croire qu'il a ses raisons pour ça... Pour lors, bon, très bien, assez causé... *(Allant décrocher les fleurets.)* Voyons, mes fleurets... Toi, tu vas rentrer dans ton appartement... Si le prétendu en question arrivait, je veux l'examiner le premier... Allons, sois bien raisonnable.

AIR : *Adieu, tâche de distraire.*

Adieu, rentre chez toi, ma chère,
Je m'en vais au plus tôt régler cette affaire!
Après ce rendez-vous d'honneur,
Je ne veux m'occuper que de ton bonheur.

ENSEMBLE

CRAVACHON

Adieu,
Etc.

OLYMPE

Oui, je rentre chez moi, mon père,
Quant à vous, terminez vite cette affaire;
Après ce rendez-vous d'honneur,
Il ne faut s'occuper que de mon bonheur.

SCÈNE III

OLYMPE, *seule.* — Oui, sois bien raisonnable... Il me dit ça chaque fois... ou bien il s'en va sans rien dire... boutonné jusqu'en haut... Alors j'ai encore plus peur... et pourtant, c'est la bonté même... Mais il a été toujours comme ça... il faisait trembler ma pauvre mère.

SCÈNE IV

ANTONIN, OLYMPE

ANTONIN. — Mademoiselle, c'est un jeune homme qui demande à parler à Monsieur.

OLYMPE, *à part.* — Un jeune homme!... le futur, sans doute.

ANTONIN. — Je lui ai dit que Monsieur était sorti.

OLYMPE, *à part.* — Ah! mon Dieu! encore un que je ne verrai pas. *(Haut.)* Est-ce qu'il est parti ?

ANTONIN. — Non, il est là

OLYMPE, *avec joie.* — Ah! il est là.

ANTONIN. — Oui, il dit comme ça que Monsieur, ça lui est égal, qu'il aime mieux causer avec Mademoiselle.

OLYMPE. — Ah! mon Dieu! que c'est désagréable!... Ce qu'il a à me dire est peut-être important... je ne peux pas le renvoyer.

ANTONIN. — Oh! que ça ne vous chagrine pas, je vais lui dire que vous êtes sortie. *(Fausse sortie.)*

OLYMPE, *le rappelant.* — Antonin! Antonin!... Comment! vous savez donc mentir ?

ANTONIN. — Dame! puisque ça vous ennuie de le voir.

OLYMPE. — Certainement... Surtout en l'absence de mon père... mais un mensonge... Ah! Antonin... faites entrer ce jeune homme.

ANTONIN, *sortant.* — Tout de suite, mademoiselle.

SCÈNE V

OLYMPE; *puis* AMÉLIE

OLYMPE, *s'arrangeant vivement devant une glace.* — Il va venir... vite! vite!... Bon! mes cheveux qui s'en vont! Ah! mon Dieu! il ne voudra jamais m'épouser dans cet état-là... Le voici... tenons-nous droite.

AMÉLIE, *en uniforme de lieutenant de hussards.* — Mademoiselle...

OLYMPE, *à part.* — Je rougis, je rougis, comment faire ? *(Ils se saluent tous les deux.)* Monsieur... *(A part.)* Un militaire!... tenons-nous encore plus droite.

AMÉLIE. — Excusez, mademoiselle, la liberté que j'ai prise...

OLYMPE. — Il n'y a pas de mal... Croyez, au contraire, monsieur, que... je suis flattée...

AMÉLIE, *riant aux éclats.* — Ah! ah! ah!

OLYMPE, *à part.* — Il rit!

AMÉLIE. — Ah çà! tu ne veux donc pas me reconnaître ?

OLYMPE. — Amélie!... Ah! quel dommage!

AMÉLIE. — Comment ?

OLYMPE. — Quel bonheur! veux-je dire! Comment, c'est toi... tu m'as fait une peur... Embrasse-moi donc!...

AMÉLIE, *l'embrassant.* — Cette chère petite Olympe!... Nous ne nous sommes pourtant pas revues depuis la pension. Mais je suis loin de t'avoir oubliée! Tiens, cette bague qui me vient de toi, je ne l'ai jamais quittée.

OLYMPE. — Bonne Amélie! mais pourquoi ce déguisement ?

AMÉLIE. — Pourquoi ? oh! c'est un grand secret... une

bien grande audace... mais tu ne me trahiras pas... tu m'aideras au contraire... M. Cravachon peut-il nous entendre ?

OLYMPE. — Non... Mais d'où vient ce mystère ?

AMÉLIE. — Ecoute... Mon mari... car je suis mariée..

OLYMPE, *à part.* — Encore une!

AMÉLIE. — Mon mari, M. Doffin, compromis dans une prétendue conspiration contre l'Empereur, a été arrêté, il y a huit jours, et conduit ici, dans la citadelle commandée par ton père.

OLYMPE. — Ah! mon Dieu!... tu as un mari sous clé!

AMÉLIE. — Et tu sais qu'un ordre impitoyable, mais motivé par quelques abus, ferme depuis un certain temps l'entrée de cette forteresse, de cette prison, à toutes les femmes quelles qu'elles soient... Pourtant, je ne pouvais abandonner ainsi mon mari.

OLYMPE. — Je crois bien!

AMÉLIE. — Pendant que des amis puissants sollicitent à Paris son élargissement, j'ai voulu à toute force le voir, lui parler...

OLYMPE. — C'est si naturel!

AMÉLIE. — Mais comment faire ? J'espérais d'abord que le titre de ton ancienne amie pourrait aplanir la difficulté... mais bientôt la réputation de l'inflexible commandant vint m'ôter tout espoir...

OLYMPE. — Alors ?

AMÉLIE. — Alors j'ai pris un parti extrême, violent... J'ai pris les habits de mon frère l'officier, et, sous cette enveloppe, je viens affronter la consigne du major et solliciter mon laisser-passer.

AIR : *S'il apprend que pour sa maîtresse.*

Gagnant ensemble tous leurs grades,
Depuis longtemps mon frère et mon mari
Sont bien connus pour d'anciens camarades.
Sans crainte donc, je me présente ici,
Sous le costume et le nom d'un ami.
Dans mon stratagème j'espère,
Car l'amour triomphe à moitié,
Quand il a pour habit de guerre
L'uniforme de l'amitié.

OLYMPE. — Pourvu que papa Cravachon se laisse prendre à la ruse... Voyons, tourne-toi, que je t'examine.

(Elle la fait tourner autour d'elle.) Là... marche un peu... encore... Eh bien! ce n'est pas trop mal... tu peux faire illusion.

AMÉLIE. — Ma foi, j'ai confiance. Ton père ne m'a jamais vue, et pour peu que je fasse honneur à mon uniforme...

OLYMPE, *confidentiellement.* — Entre nous, je t'avouerai que je n'en suis pas contente du tout de papa Cravachon... mais du tout, du tout!

AMÉLIE. — Que veux-tu dire?

OLYMPE. — Enfin, ma chère, en me regardant, certainement on le voit tout de suite, je suis bien d'âge... Eh bien, pourtant, je crois qu'il ne veut pas me marier.

AMÉLIE. — Quel enfantillage!

OLYMPE. — Je parle très sérieusement... car enfin, je suis demandée de tous côtés; c'est incroyable... chacun veut m'épouser.

AMÉLIE, *souriant.* — Ça ne m'étonne pas du tout.

OLYMPE. — Moi, je ne demande pas mieux... mais lui ne veut pas... Mes prétendus, on me les cache... ensuite, mon père s'enferme avec eux... là... *(Elle montre la première porte à gauche.)* Je ne sais pas ce qui se dit... mais ce doit être affreux!... car ils partent tous, et l'on n'entend plus parler d'eux.

AMÉLIE. — Au fait, c'est étrange!

OLYMPE. — C'est abominable! Quelquefois, j'écoute à la porte... c'est mal, mais c'est par raison.

AMÉLIE. — Eh bien?

OLYMPE. — Je n'entends rien... Seulement, papa fait la grosse voix comme un bourdon, l'amoureux disparaît et je continue à rester fille.

AMÉLIE. — Pauvre enfant!... Ça ne peut pourtant pas durer ainsi!

OLYMPE. — Je crois bien que ça ne peut pas durer ainsi!...

AMÉLIE. — Il faudrait savoir... Mais j'y pense... je ne peux voir mon mari que demain... après deux heures on n'entre plus... d'ici là, je puis m'occuper de toi, de ton bonheur... Je vais demander ta main à ton père.

OLYMPE. — Toi!... mais pas du tout!

AMÉLIE. — Eh bien! voyons, n'as-tu pas peur que je t'épouse? De cette façon, j'aurai avec lui cette entrevue si mystérieuse, si redoutable, et...

OLYMPE. — Eh bien! oui... mais comment?

AMÉLIE. — Le meilleur moyen de prouver que je suis

un homme, c'est de vouloir épouser une jolie personne comme toi... Je suis ton nouveau prétendu.

OLYMPE. — Toi ? Mais prends bien garde!

AMÉLIE. — Moi prendre garde!... *(Elle s'avance menaçante sur Olympe, qui recule effrayée.)* Un militaire, un officier, un hussard! Maintenant, du papier, une plume... *(Elle va à la table placée à droite.)*

OLYMPE. — Que vas-tu faire ?

AMÉLIE. — Je vais écrire à ton père... J'ai mon idée... ce sera court, mais nerveux! *(Elle écrit.)*

OLYMPE. — Comme nous allons nous amuser! *(Elle sonne. — Antonin entre.)* Antonin, préparez tout de suite pour Monsieur la chambre verte.

ANTONIN. — Oui, mademoiselle. *(Il sort à droite.)*

AMÉLIE. — Tiens, voici ma lettre... Trois lignes d'éloquence. *(Lisant.)* « Monsieur, je suis gentil, bien » tourné, jeune et hussard; j'aime Mlle votre fille, je » vous demande sa main... Causons-en! — NOTA. Je » suis pressé, corbleu! »

ANTONIN, *rentrant.* — Mademoiselle, la chambre est prête.

OLYMPE. — C'est bien.

AMÉLIE, *à Antonin.* — Mon garçon, tu vas remettre cette lettre à M. Cravachon.

ANTONIN. — Ça suffit.

AMÉLIE. — Tout de suite, entends-tu ?

ANTONIN, *se rangeant pour la laisser passer et saluant militairement.* — Oui, mon lieutenant.

AMÉLIE, *passant.* — A la bonne heure, corbleu!

OLYMPE, *passant à son tour devant Antonin.* — A la bonne heure, corbleu!

SCÈNE VI

ANTONIN, *seul.* — Eh ben!... ils entrent... tous les deux... Ne vous gênez pas. Avec ça qu'il a l'air mauvais sujet, le hussard... il vous a un petit œil!... J'ai bien vu des œils, mais jamais, au grand jamais... Après ça, c'est peut-être un mari... Imprudent! s'il avait, comme moi, réfléchi sur la matière... il se garderait bien...

AIR : *Je loge au quatrième étage.*

Tout le drame du mariage
Dans ma main est représenté.

Il montre sa main les doigts en l'air.

La femme, premier personnage,

Il indique le pouce.

Se place ici sur le côté,
Avec fortune,

Il indique l'index.

Et jeunesse,

Il indique le médium.

Et beauté;

Il indique l'annulaire.

Puis un mioche d'humeur folâtre,

Il indique le petit doigt.

Mais le temps disperse tout cela!

(Parlé.) A son approche la fortune s'esquive par la droite *(il baisse l'index)*, la beauté par la gauche *(il baisse l'annulaire)* et la jeunesse par le fond *(il baisse le médium)*, de façon qu'au dénouement...

Il ne reste sur le théâtre
Que ces deux petits acteurs-là.

Le pouce et le petit doigt restent levés et forment deux cornes.

SCÈNE VII

ANTONIN, DERVIÈRES

DERVIÈRES. — Holà! hé! personne!... *(Apercevant Antonin, brusquement.)* M. Cravachon ?

ANTONIN, *à part.* — Ah! un monsieur... *(Haut.)* Vous demandez ?

DERVIÈRES. — M. Cravachon ? Est-ce que vous êtes sourd ?

ANTONIN, *niaisement.* — Oh! que non, monsieur, je ne suis pas sourd... *(S'approchant.)* Par exemple, j'ai un oncle qui l'est, sourd, mais qui l'est...

DERVIÈRES. — M. Cravachon ?

ANTONIN, *sans l'écouter.* — Comme un pot, sauf votre respect.

DERVIÈRES, *s'emportant.* — Ah çà! veux-tu me répondre ?

ANTONIN. — Il est sorti. *(Reprenant.)* Ça lui est arrivé bien drôlement, allez...

DERVIÈRES. — Mlle Cravachon ?

ANTONIN. — Elle est occupée... elle cause avec un hussard.

DERVIÈRES, *à part.* — Un hussard!

ANTONIN. — Oui. *(Reprenant.)* Il ne s'attendait à rien, le pauvre cher homme... quand, tout à coup...

DERVIÈRES, *le poussant violemment.* — Ah çà! vas-tu te taire, imbécile!

ANTONIN. — Oui, monsieur.

DERVIÈRES. — Va-t'en! j'attendrai.

ANTONIN, *s'en allant.* — Oui, monsieur.

DERVIÈRES, *traversant le théâtre de droite à gauche.* — Un hussard!... *(Plus haut.)* Ici.

ANTONIN, *revenant.* — Voilà, monsieur.

DERVIÈRES, *traversant de gauche à droite.* — Un parent sans doute... Je suis bien bon de m'inquiéter...

ANTONIN, *qui l'a suivi.* — Voilà, monsieur. *(Dervières se retourne, ils se trouvent face à face.)*

DERVIÈRES. — Quoi ? que veux-tu ? Tu ne me laisseras donc pas tranquille ? mille tonnerres! Va-t'en! mais va-t'en donc!

ANTONIN. — Oui, monsieur. *(Dervières le pousse dehors par les épaules.)*

SCÈNE VIII

DERVIÈRES, *seul.* — Par tous les diables!... Allons, bon; voilà que j'oublie déjà mes recommandations... On m'a pourtant assez sermonné, à Paris... Si vous voulez plaire à la jeune personne, soyez doux, calme, conciliant; ils croient que c'est facile, quand on a été toute sa vie emporté, brutal, querelleur... vingt-cinq millions!... Bien! voilà que je rejure! Allons, c'est dit, il faut que l'on me prenne ici pour un modèle d'aménité... On dit la demoiselle jolie, ça mérite bien quelques sacrifices... Quelqu'un!... attention!...

SCÈNE IX

DERVIÈRES, OLYMPE

OLYMPE, *sortant de la chambre de droite, et parlant à la cantonade.* — Un peu de patience, donc! il va rentrer! *(A elle-même.)* Est-elle pressée! *(Apercevant Dervières.)* Ah! un jeune homme!...

DERVIÈRES, *s'inclinant.* — Mille pardons... C'est sans doute Mlle Olympe Cravachon que j'ai l'honneur de saluer ?

OLYMPE, *faisant la révérence.* — Oui, monsieur.

DERVIÈRES. — Excusez ma curiosité... mais elle vous paraîtra naturelle quand vous connaîtrez les espérances que M. votre père m'a permis de concevoir...

OLYMPE. — Comment, monsieur, vous seriez...

DERVIÈRES. — Un prétendu... oui, mademoiselle.

OLYMPE, *à part, après l'avoir regardé.* — Ah! en voilà un!... un vrai! *(Même jeu.)* Eh bien! quel mal ça fait-il ?

DERVIÈRES. — Mon nom ne vous est sans doute pas tout à fait inconnu... Dervières.

OLYMPE, *à part.* — Ah! le joli nom... pour une femme! *(Haut, avec embarras.)* Monsieur, je suis très honorée... de l'honneur que... et je vous en... remercie... *(A part.)* Oh! non, on ne remercie pas... *(Haut.)* Mais mon père est absent...

DERVIÈRES. — Je le sais, mademoiselle, et je bénis l'heureux hasard qui me permet de causer un moment avec vous. *(A part.)* Elle n'a encore rien dit, mais elle est charmante.

OLYMPE. — Puisque vous voulez m'épousez *(étourdiment)* mon intention n'est certainement pas de vous décourager, monsieur, mais je dois vous prévenir que c'est très difficile.

DERVIÈRES. — Quand on vous a vue, mademoiselle, les obstacles ne comptent plus. *(A part.)* Eh bien! mais ça, ça va.

OLYMPE. — Ah! c'est qu'il s'agit d'abord de plaire à mon père... et mon père... il refuse tout le monde.

DERVIÈRES, *à part.* — Comme c'est encourageant!... Mais j'étais prévenu. *(Haut.)* Eh bien! mademoiselle, j'ose vous l'avouer, ce père inflexible m'effraierait beaucoup moins s'il m'était permis d'espérer que vous ne m'êtes pas tout à fait contraire.

OLYMPE, *vivement.* — Moi ? par exemple!

DERVIÈRES. — Il y aurait bien encore un moyen de s'entendre plus vite... Si vous étiez assez bonne, assez confiante, pour me donner un petit aperçu du mari que vous avez rêvé... car vous avez dû en rêver un *(Olympe fait un oui de tête)*, je m'efforcerais alors de lui ressembler.

OLYMPE. — Comment, monsieur, vous voulez...

DERVIÈRES. — Je conçois votre embarras... Mais n'est-ce pas le chemin le plus court, le plus sûr pour juger de la sympathie des caractères et ne s'engager qu'avec connaissance de cause ?

OLYMPE, *à part.* — Il raisonne très bien!

DERVIÈRES. — Ainsi, mademoiselle, parlez sans crainte.

OLYMPE. — C'est que je ne sais guère faire les portraits... Cependant, puisque vous insistez...

AIR de *L'Herbagère*

Je veux d'abord qu'il ait beaucoup d'esprit,
Qu'il ait bonne tournure;
Je veux encor qu'il soit assez instruit
Et d'aimable figure;
Je veux aussi qu'il soit d'excellent ton,
Qu'il ne parle pas politique,
Qu'il n'aime pas jouer au boston,
Et qu'il fasse un peu de musique.

DERVIÈRES

Vraiment, il vous faut tout cela ?

OLYMPE

Oui, j'ai rêvé ce mari-là,
Vraiment il me faut cela,
Car j'ai rêvé ce mari-là.

DERVIÈRES *(parlé)*. — Mais... je tâcherai...

OLYMPE

A la rigueur je pourrais me passer
D'une haute naissance,
Mais je voudrais qu'il sût un peu valser,
Et qu'il chérît la danse;
Pourvu qu'il fasse enfin ma volonté,
Qu'il soit toujours d'humeur joyeuse,
Et qu'il n'aime pas trop sa liberté,
Je sens qu'il peut me rendre heureuse.

DERVIÈRES

Vraiment, il vous faut tout cela ?

OLYMPE

Oui, j'ai rêvé ce mari-là...
Etc.

DERVIÈRES, *à part.* — Elle est ravissante!

OLYMPE. — Ah! j'oubliais une condition... oh! mais très importante. Je ne pourrais jamais me résoudre à épouser un homme emporté, querelleur, qui eût des duels enfin!

DERVIÈRES. — Fi donc! *(A part.)* Comme ça se trouve.

OLYMPE. — Voilà tout, monsieur.

DERVIÈRES. — C'est extraordinaire, tout ce que vous aimez, je l'aime, tout ce que vous détestez, je le déteste.

OLYMPE, *avec joie.* — Vraiment ? Ah! qu'on a bien raison de s'expliquer franchement!... voilà ce que les parents ne veulent pas comprendre... Si mon père savait que je vous ai vu... que je vous ai parlé... Ah! mon Dieu! je l'entends!... il ne faut pas qu'il se doute... *(Saluant solennellement.)* Monsieur, je vous permets d'aspirer à ma main. *(Elle sort par la seconde porte de gauche.)*

SCÈNE X

DERVIÈRES; *puis* CRAVACHON; *puis* AMÉLIE

DERVIÈRES, *la regardant sortir.* — Et j'userai de la permission, je vous prie de le croire... Quelle bonne petite nature : franche, naïve, aimante... Je l'ai bien un peu trompée... mais je me corrigerai... c'est décidé, plus de querelles, plus d'affaires d'honneur... Je veux rivaliser de douceur avec le papa Cravachon, qui doit être, d'après les principes qu'il a donnés à sa fille, l'invalide le plus pacifique... On le dit un peu original... j'éviterai de le froisser...

AIR de *Julie.*

Pour enjôler ce père de famille,
Adoptons des mœurs de couvent,
Je ferais des travaux d'aiguille,
Je consens même à jouer au volant...

Pour ta douceur, beau-père, on te renomme,
De patience, eh bien! faisons assaut :
Pour épouser ta fille, s'il le faut,
J'oublierais que je suis un homme.

(Parlé.) Ah! le voici!

CRAVACHON, *entrant sans voir Dervières, une lettre à la main, à part.* — Les poltrons!... ils ont arrangé l'affaire... et maintenant ils déjeunent... N'ont-ils pas eu le front de m'inviter!... « Messieurs, je ne déjeune jamais entre mes repas. »

DERVIÈRES, *à part.* — Il a l'air bon diable! mais il ne me voit pas... *(Toussant.)* Hum! hum!

CRAVACHON, *l'apercevant.* — Hein ?

DERVIÈRES, *saluant.* — Monsieur...

CRAVACHON. — Vous êtes enrhumé.

DERVIÈRES. — Nullement.

CRAVACHON. — Que voulez-vous ?

DERVIÈRES, *à part.* — Diable! il est brusque! *(Haut.)* Monsieur, je m'appelle Dervières et je pense que mon nom...

CRAVACHON. — Ah! très bien, très bien.

AMÉLIE, *entr'ouvrant la porte de droite.* — Hein ? quelqu'un!...

Pendant toute cette scène elle écoute, à moitié masquée par la porte.

DERVIÈRES. — J'ose prétendre à l'honneur...

CRAVACHON. — Vous voulez épouser ma fille ?

AMÉLIE. — Comment, j'ai un rival ?

CRAVACHON. — Je suis enchanté que nous soyons seuls!... *(Avec intention.)* J'ai l'habitude de causer en particulier avec les prétendus.

DERVIÈRES. — C'est trop juste.

AMÉLIE, *à part.* — Enfin je vais connaître ce grand secret.

CRAVACHON, *remontant la scène.* — Vous permettez... *(Il ferme la porte du fond.)* On ne saurait trop prendre de précautions pour n'être pas dérangé.

DERVIÈRES, *à part.* — Voilà un singulier préambule.

CRAVACHON, *présentant un fauteuil.* — Asseyez-vous. *(Il va chercher un autre fauteuil pour lui et voyant Dervières encore debout.)* Asseyez-vous donc. *(Ils s'asseyent.)*

DERVIÈRES, *après un temps, à part.* — Soyons insinuant. *(Haut.)* C'est en tremblant, monsieur...

CRAVACHON. — Permettez... *(Il tousse.)* Monsieur,

je suis le major Cravachon, j'ai brûlé l'Allemagne, la Prusse et l'Italie, j'ai détrôné des rois, monsieur, j'ai mangé du cheval...

DERVIÈRES, *gaiement.* — Sans sel ?

CRAVACHON. — Il n'en avait pas... Enfin je suis un honnête homme et je donne cent mille francs à ma fille... A vous maintenant... Allez. *(Il s'enfonce dans son fauteuil et allonge les jambes.)*

DERVIÈRES, *à part.* — Il est drôle, le beau-père. *(Haut.)* Ma foi, monsieur, je n'ai encore brûlé ni l'Allemagne, ni la Prusse, ni l'Italie; et je vous avouerai que l'occasion ne m'a jamais été présentée de consommer du quadrupède en question... mais...

CRAVACHON. — Pardon... dites-vous ça pour vous moquer de moi ?

DERVIÈRES. — Ah! pouvez-vous croire...

CRAVACHON, *reprenant sa première position.* — Allez.

DERVIÈRES. — J'allais ajouter que je n'en crois pas moins posséder les qualités nécessaires au bonheur d'une femme. *(Une pause. — Cravachon reste dans la même attitude. — A part.)* Eh bien! il ne répond pas. *(Haut.)* Monsieur...

CRAVACHON. — Allez, j'écoute.

DERVIÈRES, *à part.* — Allons. *(Haut.)* Vous ne me connaissez que par quelques recommandations toutes bienveillantes, et vous désirez sans doute que j'entre dans quelques détails sur ma position et sur ma fortune... Orphelin fort jeune et seul héritier d'une famille...

CRAVACHON, *immobile.* — La fortune ne fait pas le bonheur... passons.

DERVIÈRES, *avec étonnement.* — Ah! la fortune ne fait pas... *(Se ravisant.)* Vous venez de dire là une bien grande vérité, monsieur, car enfin qu'est-ce que la fortune ? Mon Dieu! la fortune!... c'est un fait... une... comment dirai-je ?... Ah! monsieur... bien peu de pères comprennent cela! tandis que... l'éducation par exemple... certainement il ne m'appartient pas de vanter la mienne, mais...

CRAVACHON. — L'éducation ne fait pas le bonheur... passons.

DERVIÈRES, *étonné.* — Ah! l'éduc... *(Se ravisant.)* J'allais le dire... l'éducation! qu'est-ce que ça prouve ? qu'on a été bien élevé, pas autre chose... Ce qu'il faut pour faire le bonheur d'une femme, c'est une âme tendre, c'est un cœur brûlant, c'est un amour...

CRAVACHON. — Oh! l'amour!... l'amour ne fait pas le bonheur... passons.

DERVIÈRES. — Comment!... l'amour non plus?... *(A part.)* C'est un logogriphe que ce beau-père-là.

AMÉLIE, *à part.* — Ah çà! qu'est-ce qui fait donc le bonheur?

DERVIÈRES. — Alors, monsieur, pour être véritablement heureux, quelles sont, je vous prie, les qualités...

CRAVACHON. — Ah! là-dessus, jeune homme, j'ai des idées... des idées à moi, et... *(Dervières tend l'oreille.)* et je les garde... Mais vous ne m'avez pas encore dit un mot de votre existence de garçon. *(Il se lève.)*

DERVIÈRES, *à part, en se levant.* — Diable! *(Haut.)* Je ne vous cacherai pas que, comme tous les jeunes gens, je me suis un peu amusé.

AMÉLIE, *à part.* — Je ferais peut-être bien de m'en aller.

CRAVACHON. — Vrai? eh bien! vous avez bien fait... bah! la jeunesse n'a qu'un temps! Mais, il ne s'agit pas de cela... Voyons, là... franchement... un gaillard comme vous doit avoir la tête chaude... vive... rien qu'à vos oreilles ça se voit...

DERVIÈRES, *à part.* — Ah! mon Dieu!

CRAVACHON. — Pour un mot, flamberge au vent!

DERVIÈRES. — Mais... *(A part.)* D'où sait-il?

CRAVACHON. — Voyons, combien avez-vous eu de duels? contez-moi ça; je suis un vieux loup, moi.

DERVIÈRES, *à part.* — C'est un piège. *(Haut.)* Moi, monsieur, je ne me suis jamais battu.

CRAVACHON, *brusquement.* — Ce n'est pas vrai.

DERVIÈRES, *avec vivacité.* — Monsieur...

CRAVACHON. — Ah! vous voyez bien que vous vous êtes battu?

DERVIÈRES, *à part.* — Quelle faute! *(Haut.)* J'ai bien eu quelques petites altercations...

CRAVACHON. — A la bonne heure!

DERVIÈRES, *froidement.* — Mais j'ai toujours arrangé l'affaire.

CRAVACHON. — Hein?

DERVIÈRES. — Le duel est un préjugé barbare!... Avez-vous lu Jean-Jacques, monsieur?...

CRAVACHON, *fièrement.* — Je n'ai lu ni l'un ni l'autre, monsieur.

DERVIÈRES, *avec un feinte exaltation.* — Quel dommage! vous auriez vu flétrie, dans ces pages immortelles, cette coutume à jamais sanglante, vous auriez vu...

CRAVACHON. — Est-ce que vous avez été curé, monsieur ? Ah çà! vous qui parlez, si on vous insultait ?

DERVIÈRES, *après un mouvement réprimé.* — Je mépriserais l'insulte, monsieur.

CRAVACHON, *à part.* — C'est ce que nous allons voir.

DERVIÈRES. — Mais ce n'est là pour nous qu'un simple sujet de conversation... et je crois que, sur les points essentiels, nous sommes à peu près d'accord.

CRAVACHON. — D'accord! d'accord! comme vous y allez, vous... mais, je ne vous connais pas.

DERVIÈRES. — Il me semble pourtant vous avoir donné des détails assez précis...

CRAVACHON. — Et qui vous dit que je les crois, vos détails ?

DERVIÈRES. — Comment ? *(Se calmant tout à coup.)* Je pense pourtant que vous ne doutez pas de ma loyauté!

CRAVACHON. — Votre loyauté, votre loyauté... c'est un mot qu'on trouve tous les jours dans la bouche des...

DERVIÈRES, *vivement.* — Assez, monsieur.

CRAVACHON, *à part.* — Très bien.

AMÉLIE, *à part.* — Il l'insulte, à présent.

DERVIÈRES, *à part.* — Qu'allais-je faire! *(Haut, avec beaucoup de calme.)* Mais à quoi bon nous emporter ?... je suis persuadé, monsieur, que vous n'avez pas eu l'intention de m'offenser...

CRAVACHON, *à part, avec un geste de dédain.* — Incurable!

DERVIÈRES. — Et j'espère que ce mariage...

CRAVACHON. — Vous! épouser la fille du major Cravachon... j'aimerais mieux la marier... à un Anglais.

AMÉLIE, *à part.* — Jolie conclusion!

DERVIÈRES. — Mais...

CRAVACHON. — Voulez-vous me laisser tranquille!... Je ne vous écoute plus. *(Il appelle.)* Antonin! Antonin!... *(A part.)* Maintenant, il s'agit de voir l'autre.

ANTONIN, *entrant.* — Voilà!

CRAVACHON. — Dès que la personne qui t'a remis cette lettre sera venue, tu l'introduiras dans mon cabinet. *(A Dervières en lui tendant la main.)* Je peux vous dire une chose... c'est que vous ne serez jamais mon gendre. *(Goguenard.)* Serviteur, monsieur, serviteur. *(Près de sortir.)* Ah! pouah! *(Il sort par la première porte à gauche.)*

SCÈNE XI

DERVIÈRES, ANTONIN, AMÉLIE

DERVIÈRES. — Je n'y comprends rien... Je rêve sans doute.

ANTONIN, *à la porte de droite, appelant Amélie.* — Hé! monsieur! lieutenant!

AMÉLIE, *sortant.* — A mon tour maintenant; s'il croit que je vais me laisser comme l'autre... ah! mais non! mon uniforme me le défend.

ANTONIN. — Le major vous attend dans son cabinet.

AMÉLIE, *traversant le théâtre.* — C'est bien.

DERVIÈRES, *l'apercevant.* — Un officier! D'où sort-il? *(Il passe à droite et échange un salut avec Amélie.)*

AMÉLIE. — Pauvre jeune homme! il me fait de la peine! *(Elle entre par la première porte à gauche.)*

SCÈNE XII

ANTONIN, DERVIÈRES

DERVIÈRES, *à Antonin.* — Quel est cet officier?

ANTONIN. — Cet officier? c'est un militaire... Pour vous achever l'histoire de mon oncle...

DERVIÈRES. — Laisse là ton oncle, et dis-moi...

ANTONIN, *poursuivant son idée.* — Le vétérinaire a prétendu que c'était le serein qui lui était tombé...

DERVIÈRES, *à part.* — Maudit homme!

ANTONIN. — Sur les oreilles... Faut se méfier du serein!

DERVIÈRES, *le prenant au collet.* — Mais cet officier... cet officier... dis-moi donc...

ANTONIN. — Eh bien! quoi? un hussard qui vient pour épouser Mademoiselle... *(Reprenant.)* Pour lors, quand mon oncle a vu...

DERVIÈRES. — Comment... es-tu sûr?

ANTONIN. — Parbleu! puisque Monsieur le demande dans son cabinet... Pour lors...

DERVIÈRES, *se promenant avec agitation.* — Mais en ce cas, on s'est joué de moi! Ah! je me vengerai, oui, je me vengerai!

ANTONIN. — Pour vous achever l'histoire de mon oncle...

DERVIÈRES. — Eh bien! que fais-tu là ? Va-t'en donc, imbécile!

ANTONIN. — Merci, monsieur. *(A part.)* Décidément ce n'est pas le moment de lui conter l'histoire de... ça se retrouvera. *(Haut.)* Monsieur, ça se retrouvera.

DERVIÈRES. — Eh! va donc te promener, animal! *(Antonin sort.)* Pendant que je m'étudiais là à flatter ce vieux maniaque... il y avait ici un autre tout prêt qui écoutait sans doute, et qui a été témoin de... et un militaire encore! Oh! ce que j'ai été insulté, méprisé, conspué... et je n'ai rien dit! j'ai fait de la philosophie avec ce traîneur de sabre, quand j'aurais dû le... Moi qui me suis battu vingt fois sans motifs, il n'y a pas quinze jours encore, pour un carambolage... on me le contestait... et, maintenant qu'on m'insulte... Oh! ce n'est pas fini... je vais trouver le major, il est encore d'âge à tenir une épée et... quant à sa fille, j'y renonce... c'est dommage pourtant... Ah! au diable le sentiment! nous allons voir... je redeviens moi, je me retrouve, je me reconnais... Qu'on me reprenne à faire le moraliste, vingt-cinq millions de tonnerres! Ah! ça fait du bien de jurer... morbleu!... sacrebleu!... *(Il frappe du pied.)*

SCÈNE XIII

OLYMPE, DERVIÈRES

OLYMPE, *entrant.* — Ah! mon Dieu!

DERVIÈRES, *à part.* — La petite... je crois qu'elle m'a entendu.

OLYMPE. — Eh bien! monsieur, c'est joli... Qu'est-ce que vous faites donc là ?

DERVIÈRES, *embarrassé.* — Moi! je... je... je m'épanchais!

OLYMPE. — Ils sont gracieux vos épanchements... Avez-vous vu mon père ?

DERVIÈRES. — Je l'ai tellement vu, que je le cherche pour me couper la gorge avec lui!

OLYMPE. — Comment, avec mon père ?

DERVIÈRES. — N'essayez pas de m'arrêter... c'est impossible... Voyez-vous, il m'a insulté, il m'a outragé!

OLYMPE. — Lui!

DERVIÈRES. — Lui-même! aussi, adieu... J'en suis fâché pour vous, qui êtes bien bonne, bien douce, mais... *(Fausse sortie.)*

OLYMPE, *pleurant.* — Je le vois bien... vous ne voulez plus m'épouser...

DERVIÈRES, *revenant.* — Moi!... c'est-à-dire... *(A part.)* Est-elle gentille, mon Dieu! *(Haut.)* Au contraire, je veux bien vous épouser... mais... après.

OLYMPE. — C'est ça, quand vous aurez tué mon père.

DERVIÈRES. — Mais non... soyez donc tranquille... on ne sait pas... c'est peut-être lui qui me tuera.

OLYMPE, *pleurant.* — Alors, ce sera encore plus difficile.

DERVIÈRES. — C'est juste... je ne sais plus ce que je dis... Comment faire ?

OLYMPE. — Moi qui vous croyais si doux, si paisible... Tenez, je vois bien que vous m'avez trompée... et que votre caractère...

DERVIÈRES. — Justement, c'est que je n'y suis pas dans mon caractère, j'en suis sorti!...

OLYMPE. — Alors, rentrez-y, monsieur, rentrez-y.

DERVIÈRES. — C'est bien ce que je demande. *(Bruit dans la chambre à droite.)*

OLYMPE. — Ciel! j'entends la voix de mon père.

DERVIÈRES. — Ah! grâce au ciel.

OLYMPE. — Qu'allez-vous faire ?

DERVIÈRES. — Je vous en prie, laissez-nous.

OLYMPE. — Je vous devine... je reste!

DERVIÈRES. — Je l'entends!... Je ne réponds plus de moi!

OLYMPE, *effrayée.* — Oh! mon Dieu! cachez-vous.

DERVIÈRES. — Moi, le fuir!

OLYMPE. — Ah! je vous en supplie... dans l'état d'exaspération où vous êtes...

DERVIÈRES. — Je n'ai plus rien à ménager... il m'a refusé votre main... il l'avait peut-être accordée d'avance à cet officier de hussards.

OLYMPE, *à part.* — Amélie. *(Haut.)* Le hussard mais je n'en veux pas.

DERVIÈRES. — Il serait possible ?

OLYMPE. — A une condition... partez.

DERVIÈRES. — Et vous m'aimerez ?

OLYMPE. — Oui, oui, dépêchez-vous!

DERVIÈRES. — Et vous m'épouserez ?

OLYMPE. — Je ferai mon possible, allez, allez.

DERVIÈRES. — Mais où ?... Ah! cette chambre *(Il se dirige à gauche, deuxième plan.)*

OLYMPE. — La mienne, non, non.

DERVIÈRES, *allant à droite.* — Celle-là ?

OLYMPE, *à part.* — La chambre d'Amélie! *(Haut.)* Monsieur!

DERVIÈRES, *entrant.* — Voyez ce que je fais pour vous!

SCÈNE XIV

CRAVACHON, AMÉLIE, OLYMPE

OLYMPE, *voyant entrer Amélie à gauche.* — Ah! Dieu soit loué!

CRAVACHON. — Allons, allons, jeune homme, du calme!

AMÉLIE. — Morbleu! ventrebleu! sacrebleu!

OLYMPE, *à part.* — Dieu! comme elle jure!

CRAVACHON. — Monsieur!

AMÉLIE. — Je ne veux rien entendre!

CRAVACHON. — Mais...

AMÉLIE, *frappant du pied.* — Tête-bleue!

CRAVACHON. — Puisque je vous dis que c'est une ruse...

AMÉLIE. — Je n'aime pas les ruses.

CRAVACHON. — Une plaisanterie.

AMÉLIE. — J'abhorre les plaisanteries... vous m'avez insulté!

OLYMPE, *à part.* — Comment! elle aussi!

AMÉLIE. — Ça ne se passera pas comme ça, mille bombes!

CRAVACHON. — A la fin, voilà un homme. *(Haut, avec effusion.)* Mon ami, je vous dois une réparation...

OLYMPE, *à part.* — Encore un duel!

CRAVACHON. — Touchez là : vous êtes mon gendre.

OLYMPE. — Hein ?

AMÉLIE. — Vrai ?... Eh bien! j'accepte!...

OLYMPE, *à part.* — Par exemple!... *(Haut.)* Mais, papa...

CRAVACHON. — Te voilà... avance ici... *(Il la prend par la main et la présente à Amélie avec cérémonie.)* Monsieur, voilà ma fille... c'est jeune, c'est timide, ne faites pas attention à elle... *(A Olympe.)* Voici l'époux que je t'ai choisi... il réunit toutes les qualités...

OLYMPE. — Pourtant, papa...

CRAVACHON. — Pas d'observations... je connais Monsieur, je l'ai étudié, je l'ai éprouvé...

OLYMPE. — Si vous vous trompez...

CRAVACHON. — Je ne me trompe jamais.

OLYMPE, *à part.* — Là! laissez donc faire les grands parents.

AMÉLIE, *à part.* — J'ai une envie de rire!... *(Elle remonte la scène, en se donnant un air décidé.)*

CRAVACHON, *à Olympe.* — Regarde donc quel air décidé! quelle tournure martiale!... C'est un héros que je t'ai donné là, ma fille... et un jour... qui sait ? il deviendra peut-être maréchal.

OLYMPE. — Oui, papa.

CRAVACHON. — Et toi on t'appellera Mme la maréchale.

OLYMPE. — Oui, papa.

CRAVACHON, *à Amélie.* — Alors, vous avez vu le feu ?

AMÉLIE. — Si j'ai vu le feu! j'en ai vu plus d'un.

CRAVACHON. — Ah! bah!

AMÉLIE

AIR CONNU

Oui, mon vieux,
Courageux,
En tous lieux,
J'ai vu, par mes yeux,
Un peu tous les feux.
De retour,
En ce jour,
Je viens pour connaître,
Connaître, à son tour,
Celui de l'amour;
J'ai vu le feu du canon,
Feu de peloton,
Feu de bataillon,
Feu de bastion,
Le feu du bivouac,
Le feu du tillac.
Même celui... du cognac.

Si je vous disais que le gouvernement a eu trois chevaux tués sous moi, monsieur.

CRAVACHON. — Et si je vous disais, moi, que j'en ai mangé, monsieur!

AMÉLIE. — De quoi, monsieur ?

CRAVACHON. — Du cheval, monsieur, et vous ?

AMÉLIE. — Moi,

Mon vieux,
Etc.

CRAVACHON, *enthousiasmé.* — Ah! vous serez mon gendre! vous serez mon gendre!

OLYMPE, *à part.* — Elle va tant faire, qu'elle va faire renvoyer l'autre.

CRAVACHON. — Je vais écrire au notaire.

AMÉLIE. — A la bonne heure!... j'aime qu'on mène les choses rondement.

CRAVACHON. — Et quant à cette permission que vous m'avez demandée pour voir le capitaine Doffin, je vais vous la donner. *(Il va à la table à droite.)*

AMÉLIE, *à part.* — Ah! enfin!

CRAVACHON, *écrivant.* — Demain, à dix heures, les portes vous seront ouvertes.

AMÉLIE. — Merci, major.

OLYMPE, *bas à Amélie.* — Tu n'y penses pas... Il y a ici un autre prétendu auquel tu nuis!

AMÉLIE, *bas.* — Ah! bah! tu l'aimes ?

OLYMPE, *bas.* — Dame! tu ne peux pas le remplacer.

AMÉLIE, *à part.* — A-t-elle peur! *(Elle indique par signes à Olympe qu'elle va tâcher d'arranger cela.)*

CRAVACHON, *présentant un papier à Amélie.* — Là, voilà la chose... *(Amélie prend le papier.)* Et ce soir, le contrat.

AMÉLIE *et* OLYMPE, *à part.* — Ce soir.

AMÉLIE. — Major, je suis on ne peut plus flatté de votre alliance, mais je n'ai pu encore m'expliquer avec Mademoiselle, et j'ignore si son cœur...

CRAVACHON. — Laissez donc! elle vous adorera... un homme qui a eu trois chevaux tués sous le gouvernement!

(A sa fille.) N'est-ce pas que tu...

OLYMPE. — Mais non, papa.

CRAVACHON, *bas à Olympe.* — Veux-tu te taire!... *(Haut à Amélie.)* Et puis, vous me plaisez, ça suffit... Vous avez de ça... c'est tout dire... Au moins, vous, vous saurez protéger votre femme; et si une figure lui déplaît dans la rue, elle n'a qu'un mot à dire... vous mettez le particulier à l'infirmerie, vous... et vous croyez que ça ne flatte pas une demoiselle ?

AMÉLIE. — Cependant...

CRAVACHON. — Je vous dis que vous êtes mon homme et qu'elle vous chérira... Quant à moi, je suis si heureux de vous avoir pour gendre, que si vous n'épousez pas ma fille, je me bats avec vous... voyez...

SCÈNE XV

OLYMPE, CRAVACHON, AMÉLIE,
DERVIÈRES; *puis* ANTONIN

DERVIÈRES, *à Amélie.* — Et si vous l'épousez, moi, je vous tue! voyez!

AMÉLIE, *à part.* — Ah! mon Dieu! à l'autre maintenant!

CRAVACHON, *à part.* — Le poltron! d'où sort-il ?

DERVIÈRES. — Décidez-vous bien vite... je veux en finir.

OLYMPE. — Un duel! mais c'est impossible.

CRAVACHON, *à Olympe.* — Le hussard va lui appliquer son affaire.

DERVIÈRES, *à Amélie.* — J'attends votre réponse.

CRAVACHON, *à Amélie en faisant le geste de donner un soufflet.* — Comment, vous ne répondez pas...

AMÉLIE. — Si... si... Eh bien! monsieur, c'est très bien! *(Résolument.)* Nous nous battrons! Cinq minutes, et je suis à vous! Major, ce jeune homme m'appartient, vous m'en répondez.

CRAVACHON. — Bravo!

CHŒUR

AMÉLIE et DERVIÈRES.

AIR de *La Prova.*

Pour laver cet outrage,
Je reviens } à l'instant.
Revenez }
Craignez tout de ma rage,
Car il me faut du sang!

CRAVACHON

Comme il ressent l'outrage!
Son rival n'est pas blanc!
Pour apaiser sa rage,
Il lui faudra du sang!

OLYMPE

Pourquoi tout ce tapage ?
On peut heureusement,
Apaiser tant de rage
Sans répandre le sang.

Amélie sort, Dervières reste un instant au fond comme pour accompagner Amélie de ses menaces.

OLYMPE, *revenant, à Cravachon.* — Allez, papa, c'est affreux, toujours des querelles, des affaires d'honneur mais, cette fois, ce duel ne s'accomplira pas, car puisqu'il faut vous le dire depuis ce matin vous guerroyez avec une femme, une de mes camarades de pension, ma meilleure amie. *(Elle sort.)*

SCÈNE XVI

CRAVACHON, *à part.* — Une femme... comment... *(Examinant Dervières.)* Il se pourrait... Au fait, cette poltronnerie n'était pas naturelle, et j'aurais dû m'en douter... *(Il s'approche de Dervières en riant.)* Eh! eh! eh!

DERVIÈRES. — La drôle de figure!

CRAVACHON, *mignardement.* — Eh bien! nous voulons nous battre... avec ces petites menottes-là!... et les petits petons que voici ?

DERVIÈRES, *à part.* — Qu'est-ce qui lui prend ?

CRAVACHON. — Ah! vous croyez qu'on a les yeux dans sa giberne ? *(Lui frappant doucement sur la joue.)* Petit lutin!

DERVIÈRES. — Eh! morbleu, monsieur!

CRAVACHON, *étonné.* — Morbleu!

DERVIÈRES, *avec emportement.* — Ces plaisanteries! Si je ne respectais votre âge...

CRAVACHON, *à part.* — Comment! elle me cherche querelle, à présent ? Ah çà! mais, ce n'est donc pas... *(Haut.)* Vous êtes donc brave, vous ?...

DERVIÈRES. — Je ne crains personne.

CRAVACHON. — Vous vous êtes donc déjà battu ?

DERVIÈRES. — Vingt fois!

CRAVACHON. — Je n'y suis plus... *(Haut.)* Où çà ?

DERVIÈRES. — Partout!... Dernièrement encore, à Paris, à onze heures du soir, entre deux fiacres.

CRAVACHON, *faisant un bond en arrière.* — Entre deux fiacres!... vous avez dit : entre deux fiacres! Chantez! ou plutôt non, non, ne chantez pas!

DERVIÈRES. — C'est ça! comment savez-vous ?...

CRAVACHON. — C'était moi, mon ami! c'était moi!

DERVIÈRES, *à part.* — Lui!... je suis perdu!

CRAVACHON. — Enfin je vous retrouve... Embrassez-moi donc... puisque je vous dis que c'était moi!...

DERVIÈRES. — Vraiment! Monsieur, je suis désolé!... j'espère du moins que vous êtes entièrement guéri ?

CRAVACHON. — Du tout! ça me fait encore mal! et c'est ce qui en fait le charme... Une égratignure, je l'aurais oubliée tout de suite avec son auteur, mais vous, ce n'est plus ça, aussi :

AIR : *Connaissez-vous le grand Eugène ?*

Je vous aimais sans vous connaître!
Enfin, Dieu merci, vous voilà!
Vous vous étiez montré mon maître,
Votre souvenir était là;
Il était gravé là.

Il montre son cœur.

Puis là.

Il montre son épaule.

Vraiment la circonstance est drôle :
Quand vous m'avez porté ce coup vainqueur
Vous n'en vouliez qu'à mon épaule,
Et vous m'avez touché le cœur.

Ah çà! vous dînez avec nous, n'est-ce pas ? Voyons, veux-tu prendre quelque chose ?

DERVIÈRES. — Merci mille fois. *(A part.)* Quel homme singulier! *(Haut.)* Je n'ose plus maintenant me présenter devant Mlle votre fille.

CRAVACHON. — Ma fille... mais, au contraire, plus que jamais, puisque le hussard... Je suis fixé sur le hussard. *(Appelant.)* Antonin!

ANTONIN, *entrant.* — Monsieur...

CRAVACHON. — Où est-elle ?

ANTONIN. — Qui ça ?

CRAVACHON. — Le lieutenant!

DERVIÈRES, *à part.* — Le lieutenant.

ANTONIN. — Il monte l'escalier... Je ne sais pas ce qu'il a, mais il est d'une joie...

CRAVACHON, *à part.* — Eh bien! à la bonne heure! nous allons rire.

SCÈNE XVII

CRAVACHON, AMÉLIE, DERVIÈRES;
puis OLYMPE et ANTONIN

AMÉLIE, *à Dervières.* — Eh bien! petit, sommes-nous prêt ?

DERVIÈRES. — Je suis à vos ordres, monsieur.

CRAVACHON, *goguenard.* — Ah çà! nous allons donc nous massacrer, nous tailler en pièces ?

DERVIÈRES. — Les témoins ?

AMÉLIE. — Je viens de prévenir le mien, et dans un instant...

CRAVACHON. — Oh! sans le connaître, j'ai mieux que cela à lui offrir... un gaillard solide qui, une fois sur le terrain... *(Il appelle.)* Olympe! Olympe! *(Il monte la scène.)*

AMÉLIE, *à Dervières.* — Monsieur, entre deux rivaux on se doit de la franchise... me voilà prêt à vous donner toute satisfaction... Mais, avant tout, j'ai un aveu à vous faire... *(A Cravachon qui s'est approché.)* Pardon... *(A Dervières.)* Apprenez que depuis longtemps, *(avec fatuité)* je suis au mieux avec Mlle Olympe... depuis longtemps, je porte à ce doigt le gage d'une affection...

DERVIÈRES. — Monsieur! c'est une infâme calomnie, et tout votre sang...

CRAVACHON et OLYMPE, *qui entre.* — Qu'y a-t-il donc, messieurs ?

DERVIÈRES. — Votre témoin ?

AMÉLIE. — Le capitaine Doffin.

CRAVACHON. — Le prisonnier!... impossible!

AMÉLIE. — Silence dans les rangs!... et lisez. *(Elle lui présente un papier.)*

CRAVACHON. — Que vois-je!... « Ordre de mettre en

liberté le capitaine Doffin, reconnu innocent. » Le capitaine !

DERVIÈRES. — C'est encore un nouveau prétexte... Finissons !

AMÉLIE. — Je ne me bats jamais sans son consentement.

CRAVACHON. — Et pourquoi ça ?

AMÉLIE. — Parce que...

CRAVACHON et DERVIÈRES. — Parce que ?...

AMÉLIE. — Parce que... c'est mon mari.

DERVIÈRES. — Son mari !

CRAVACHON. — Comment, vous seriez...

OLYMPE. — Mme Amélie Doffin, une de mes bonnes amies. Tu n'aurais pas deviné celui-là, toi, qui as vu le monde !

AMÉLIE. — Et mangé du cheval !

CRAVACHON. — Ah ! vieux quinze-vingts... Si je m'appelais Napoléon, je donnerais des lunettes à la garde impériale.

DERVIÈRES, *à Amélie.* — Ah ! madame, que d'excuses !

CRAVACHON. — Oui ! je comprends... vous vouliez voir votre mari à toute force, et... *(A Olympe.)* Elle est très espiègle, ton amie, très espiègle. *(Prenant Dervières, à part.)* Ah çà ! dites-moi donc, mon cher... il y a une chose qui m'intrigue depuis longtemps... Quel diable de coup m'avez-vous donc porté ?

DERVIÈRES, *de même.* — Oh ! mon Dieu ! un coup bien simple... un coup de seconde.

CRAVACHON, *de même.* — Ah ! que c'est bête ! j'aurais dû parer cercle. *(Avec solennité, haut.)* Ma fille, voici l'époux que je vous ai choisi.

OLYMPE, *à part.* — Ah ! enfin !

CRAVACHON. — Et j'espère cette fois avoir eu la main heureuse.

ANTONIN, *à Dervières.* — Pour vous achever l'histoire de mon oncle... vous savez bien qu'il avait perdu l'ouïe...

DERVIÈRES, *avec complaisance.* — Eh bien ?

ANTONIN. — Eh bien ! il ne l'a pas retrouvée.

CRAVACHON, *à Dervières.* — Dites donc, Dervières, si vous étiez bien gentil, vous me feriez répéter ce coup-là, hein ? Avant la nuit, nous avons bien le temps de faire un petit assaut.

DERVIÈRES. — Avec plaisir. *(Antonin remet à Cravachon ses fleurets : celui-ci en donne un à Dervières, et se met en garde. En ce moment, Olympe, qui a causé bas avec Amélie, se retourne.)*

OLYMPE. — Mais, que faites-vous donc ?

CRAVACHON. — Ne t'inquiète pas, nous réglons les clauses du contrat.

AIR FINAL des *Gants jaunes.*

Il faut bien que je reconnaisse,
Avant tout, son identité...
Le coup qu'il m'a déjà porté ;
Il me doit cette indemnité.

Au public.

Soyez, messieurs, de cette affaire
Les témoins désintéressés.
Grâce à votre concours, j'espère,
Que nous n'aurons pas de blessés.

TOUS

Grâce à votre concours,

Etc.

FIN DU MAJOR CRAVACHON

DEUX PAPAS TRÈS BIEN

OU LA GRAMMAIRE DE CHICARD

COMÉDIE-VAUDEVILLE EN UN ACTE

PAR EUGÈNE LABICHE ET LEFRANC

représentée pour la première fois, à Paris, sur le Théâtre du Palais-Royal, le 6 novembre 1844

Aimable satire de la manie qu'on avait, à l'époque où la pièce fut jouée, d'assaisonner la conversation de mots d'argot, qui étaient aussi des mots-scies, comme *chicard*, *chicocandard*, etc., qui succédaient aux innombrables variations autour de *rama* que l'on trouve datés, notamment par certains romans de Balzac. « Eugène Sue, dit un article de *L'Entr'acte* (17 novembre 1844), a naturalisé français ces mots « chicandardissants » en vertu de tous les vices ».

Le comédien Grassot marquait de sa personnalité le rôle de Tourterot et faisait un sort aux nombreux tics de langage soigneusement relevés et enchâssés par les auteurs depuis le *chicocandard* du début jusqu'aux *quilles* de la fin.

Paul-Louis-Auguste Grassot (1800-1860) joua dès 1826 en province. Il ne fit ses débuts à Paris qu'en 1838, dans la pièce qui marque précisément les vrais débuts de Labiche, *Monsieur de Coyllin*. Il créa ou reprit cent quarante rôles et fut un des interprètes préférés de Labiche dont il joua douze pièces — dont *Un chapeau de paille d'Italie*. Sa voix le trahit en 1859. Il quitta la scène, dirigea le Café de Minerve, au Palais-Royal, où il vendait le « punch Grassot ». Il publia *Grassot en Italie, lettres familières et romanesques* et *Grassotiana* (Parmentier, 1856). Il mourut le 18 janvier 1860. C'était un personnage parisien et l'un des comédiens les plus originaux de son temps — « un des plus étonnants bouffons qui aient nagé dans l'absurde comme un cygne dans l'eau pure d'un lac ». (Théodore de Banville : *Mes souvenirs*, 1883, chap. XXXV, « L'Acteur Grassot) ».

ACTEURS qui ont créé les rôles

POUPARDIN, négociant, père de Camille	M. LEMÉNIL
TOURTEROT, propriétaire, père de César	M. GRASSOT
CÉSAR, médecin	M. Germain
GÉLINOTTE, avoué	M. LACOURRIÈRE
MÉDARD, domestique de Tourterot	M. Dubleix
CAMILLE, fille de Poupardin. . .	Mlle JULIETTE

La scène se passe à Châtellerault.

Le théâtre représente un salon avec trois grandes portes ouvertes au fond sur un jardin. — Portes à droite et à gauche. — Chaises, fauteuils, etc.

SCÈNE PREMIÈRE

MÉDARD, *seul; puis* TOURTEROT

TOURTEROT, *en dehors, à droite, parlant à Médard.* — Enfin un déjeuner chicocandard!

MÉDARD, *près de la porte, à droite, répondant.* — Chicocandard... c'est clair... je comprend parfaitement... *(Descendant la scène.)* Eh bien, non!... à présent que je suis seul... je peux m'avouer ça à moi-même... je n'y comprends rien du tout!... mon nouveau maître a un si drôle de jargon!... Il paraît que c'est depuis son voyage à Paris... Ah! il a de drôles de mots tout de même : chicard... chicandard... chicocandard!... un vrai tintamarre!... quoi... Si bien que je suis toujours à me demander ce qu'il a dit, trois quarts d'heure après qu'il a parlé... C'est ma faute, bien sûr, c'est ma faute...

TOURTEROT, *entrant par la droite, un écriteau à la main.* — Là!... voilà mon écriteau terminé... Médard!...

MÉDARD. — Monsieur!

TOURTEROT. — Tu vas m'accrocher ça au-dessous du balcon.

MÉDARD. — Oui, monsieur.

TOURTEROT, *montrant l'écriteau.* — Qu'est-ce que tu dis de ça, toi ? *A brocanter, joli petit bazar entre cour et jardin.*

MÉDARD. — Vous avez un bazar à... ?

TOURTEROT. — Mon bazar ou ma souricière, comme tu voudras.

MÉDARD, *bêtement.* — Ah!

TOURTEROT, *l'imitant.* — Ah!... Il ne comprend pas!... quel serin que ce Médard! Mais je te pardonne... tu n'es pas forcé de connaître les progrès de la langue; tu es de Châtellerault... il faut te parler le patois de Châtellerault... Toi, tu mettrais tout bêtement : *A vendre, jolie petite maison, entre cour et jardin.*

MÉDARD. — Vous vendez votre maison?

TOURTEROT. — Oui, je... certainement. *(A part.)* C'est une couleur, mais qu'il ignore.

MÉDARD. — Eh bien, franchement, je n'aurais jamais compris...

TOURTEROT. — Vous êtes si melons à Châtellerault!

MÉDARD. — Possible; mais, quand on s'adresse aux melons... qu'on veut être compris des melons, m'est avis qu'il faut leur parler le langage... melon.

TOURTEROT. — Cet esclave pourrait dire vrai... Alors, va prendre l'ancien écriteau qui est dans le grenier... Mais que va dire mon fils à son arrivée, en retrouvant sa paternité si rococote!

MÉDARD. — Votre fils?

TOURTEROT. — Oui, mon fils, mon moucheron, qui arrive aujourd'hui de Paris, le foyer du beau langage... Il m'appellera perruque... Ah! dame! c'est qu'il en pince crânement, lui!... Si tu l'entendais! quelle platine!

MÉDARD. — A Paris, tout le monde parle donc comme ça?

TOURTEROT. — Tout le monde?... Ah! non; les gens de la haute seulement, ceux qui donnent le ton... Il y a dix-huit mois, quand j'ai été passer une quinzaine avec mon jeune homme, alors simple carabin, je sentais mon Châtellerault d'une lieue, j'étais ce que l'on appelle un vrai cruchon; mais peu à peu je m'y suis mis, je me suis fait présenter dans les meilleures sociétés... Il y avait surtout un ami de César, un nommé le père Lahire... Ah! les belles fêtes de nuit qu'il nous a données, celui-là, dans son parc, boulevard Montparnasse!... c'était princier... illuminations *a giorno*, orchestre Musard[1], montagnes russes et gardes municipaux...

1. François Musard (1793-1859), chef d'orchestre des bals du théâtre des Variétés, puis des bals de l'Opéra. Il créa en 1836, rue Vivienne, une salle de concerts et de bal qu'il installa plus tard aux Champs-Elysées.

toutes les douceurs de la vie!... Ah! je peux dire que j'ai goûté des plaisirs bien purs dans cette chaumière!... J'y ai vu la jeunesse dorée, tout ce qu'il y a de plus flambart dans la capitale, et il m'en est resté un certain vernis... Ah! si César n'avait pas cessé tout à coup de m'écrire, je dialoguerais aujourd'hui d'une façon un peu mouchique!

MÉDARD. — Comment! est-ce que, dans ses lettres, M. votre fils...

TOURTEROT. — Il écrit comme il parle... Quel style! comme c'est fignolé!... Tu n'es pas sans avoir entendu parler de Mme Sévigné... Eh bien, franchement, ça la dégotte... Mais je ne sais pas pourquoi, depuis qu'il a été reçu docteur, depuis six mois environ... n-i, ni, fini, bonsoir à vos poules, plus de correspondance... Et moi qui avais besoin d'être entendu dans la chose... je me rouille... je me dégomme... je rentre dans mon vieux cabriolet.

Il tire une tabatière à portrait de sa poche et prend une prise.

MÉDARD, *regardant la tabatière.* — Ah! la belle femme!

TOURTEROT, *flatté.* — Tu trouves ? Eh! eh! eh!... c'est mon épouse, la défunte à papa... *(Il se désigne du geste.)* Un assez beau faciès, hein ?... ça flatte un veuf... Allons, va mettre l'écriteau, va!

MÉDARD. — J'y cours, bourgeois, j'y cours!

Il remonte.

TOURTEROT. — Comment, j'y cours ?... Arrive donc ici toi, phénomène... Dans le beau monde, on ne dit pas « Je cours!... » on dit : « Je me la casse... » ou bien : « Je me la brise. »

MÉDARD. — Ça suffit, bourgeois... je me la brise.

Il sort par le fond.

SCÈNE II

TOURTEROT, *seul, regardant sa tabatière.*

Jobard! lui aussi, il croit que c'est ma femme... Allons donc! elle était grêlée... Mais, un jour, en passant devant le Mont-de-piété, rue des Blancs-Manteaux... on vendait ceci... ça tient vingt-cinq grammes et ça flatte un veuf... adjugé à papa. *(Il prend une prise.)* Là!... maintenant, M. Poupardin et sa fille peuvent abouler quand bon leur semblera... Il est cocasse, ce père Poupardin : pourquoi ne pas dire tout bonnement à sa fille : « Voilà... tu es » d'âge à prendre un mari... j'y ai songé... j'ai trouvé ton » blot... appuie-toi sur mon aile, et en route pour Châtel- » lerault, nous allons piger le futur... » Eh bien, non... il lui faut des tournures... il a voulu l'amener ici sous prétexte d'acheter un bien-fonds... il veut qu'elle rencontre mon rejeton par hasard... qu'il lui fasse l'œil sans en avoir l'air, et que leur bonheur se bibelote ainsi en douceur et comme sans préméditation... C'est une idée qu'il a, je la respecte... Quant à moi, j'ai tout uniment écrit à César : « Allons, ho! du lest!... au reçu de la présente, » file ton nœud vers le toit paternel; j'ai levé pour toi une » jeune poulette que je brûle de te conjoindre : c'est la » fille d'un homme très bien, membre de l'académie » d'Etampes, et qui a publié d'immenses travaux sur » l'i grec et le point d'exclamation... Quant à la dot, » cinquante mille balles, ça doit t'aller, viens-y! » Et je l'attends, c'est bien plus nature.

SCÈNE III

MÉDARD, TOURTEROT; *puis* POUPARDIN

MÉDARD, *rentrant par la gauche.* — Monsieur, l'écriteau est perché.

TOURTEROT. — Et le déjeuner ?

MÉDARD. — Sur le gril.

TOURTEROT, *à lui-même.* — Et mon fils qui n'arrive pas!... Où peut-il être ?...

MÉDARD, *croyant qu'il n'a pas compris, en remontant.* — Sur le gril, monsieur.

TOURTEROT. — Quel haricot que ce Médard!

POUPARDIN, *sur le seuil, au fond.* — « Maison à vendre... » Je touche, ce me semble, au but de mes pérégrinations. *(A Médard.)* M. Tourterot, rentier ?

MÉDARD, *lui montrant Tourterot.* — C'est ça, monsieur.

POUPARDIN. — Je viens pour... l'immeuble.

Médard sort par la gauche.

TOURTEROT, *s'approchant vivement et gaiement de Poupardin.* — Monsieur Poupardin, connu!... *(Ils se serrent la main.)* Et votre fille... votre accessoire ?

POUPARDIN, *mystérieusement.* — Il était bon que je la laissasse un moment dans la carriole... ayant une ouverture à vous faire seul à seul.

TOURTEROT. — Ah!... allez.

POUPARDIN. — Personne ne peut nous ouïr ?

TOURTEROT. — Personne.

POUPARDIN, *mystérieusement.* — J'éprouve le besoin de me mettre à nu devant vous.

TOURTEROT, *étonné.* — Ah!... allez.

POUPARDIN. — Monsieur, pères tous deux, nous nous distinguâmes, nous nous écrivîmes, nous nous convînmes et bientôt nous caressâmes un projet d'alliance entre votre fils et ma...

TOURTEROT. — Et votre unique.

POUPARDIN. — Précisément; mais, avant de perpétrer ledit projet... je dois vous dire que ma fille unique n'est pas mon seul enfant... Il peut m'en surgir un nouveau d'un moment à l'autre.

TOURTEROT. — Qu'importe ? Dans notre famille, nous ne tenons pas à la monnaie; vous couperez le gâteau en deux, voilà tout... Et où est-il, ce jeune biberon ?

POUPARDIN. — Plaît-il ?

TOURTEROT. — L'autre, le numéro 2.

POUPARDIN. — L'autre ? je l'ignore... *(Avec fatuité.)* Cela tient à des circonstances...

TOURTEROT. — Ah! gaillard!

POUPARDIN. — J'étais garçon, alors, monsieur, et voyageur de commerce. Or, vous savez que, dans cette arme... Mais je ne sais si je dois...

TOURTEROT. — Allez donc!... je ne suis pas chipie, faites votre jeu.

AIR : *Songez donc que vous êtes vieux.*

Pour bien élever son enfant
Faut avoir connu la bamboche;
On est toujours plus indulgent
Lorsque l'on n'est pas sans reproche.
Du cœur on pardonn' les écarts
Quand pour l'amour on fut précoce...,
Et, pour bien marier ses moutards,
Il faut qu'un père ait fait la noce.

POUPARDIN. — Au fait, vous pourrez peut-être m'aider à saisir certain fil... Il y a de cela vingt-six ans, un soir, à Châtellerault:..

TOURTEROT. — A Châtellerault ? ici ? Ah! mais ça me pique... je commence à être piqué...

POUPARDIN. — Dans l'intention évidente d'échapper aux douceurs de ce chef-lieu, plus célèbre par sa coutellerie que par son architecture, j'allais prendre la diligence. A cet effet, enveloppé d'un carrick, et ma valise sous le bras, je longeais un sentier obscur que je n'hésiterai pas à qualifier de ruelle...

TOURTEROT. — C'était la grande rue.

POUPARDIN. — Lorsqu'une petite porte s'ouvre à proximité... une voix flûtée en sort et articule : « C'est » toi, Arthur ? » Je me nomme Edgard!... Mais, comme le timbre était flatteur, je réponds : « C'est moi, Arthur! » Qu'eussiez-vous fait à ma place ?

TOURTEROT. — J'aurais coupé dans le même pont... d'autant plus qu'Arthur, c'est le petit nom à papa.

Il se désigne.

POUPARDIN. — Ah!... Je franchis le seuil, le cœur plein d'émotion et ma valise sous le bras... *(Avec gaillardise.)* Que vous dirai-je ?...

TOURTEROT, *gaiement*. — Rien de plus... Compris!

POUPARDIN. — Quelques instants après, une lumière voisine vint, hélas! trahir mon incognito... A la première lueur de ce gaz inattendu, la belle inconnue poussa un cri... Ah!... Arthur, c'était un autre voyageur qu'elle attendait.

TOURTEROT. — C'est pénible!

POUPARDIN. — Je fis de vains efforts pour la calmer... elle se révolta, s'emporta, se gendarma, et...

TOURTEROT. — Et elle vous flanqua à la porte...

POUPARDIN. — Juste!... J'en fus navré... d'autant plus qu'en débouchant chez MM. Laffitte et Caillard[2], je m'aperçus que j'avais omis ma valise.

TOURTEROT. — Fichtre!... Elle contenait des valeurs ?

POUPARDIN. — Trois pantalons de nankin et une redingote de bouracan... Déjà j'en avais fait le sacrifice, lorsque, un an après... elle vint me rejoindre à Etampes...

TOURTEROT. — Votre inconnue ?

2. Laffitte et Caillard, compagnie qui assurait par diligences le transport dans une grande partie de la France.

POUPARDIN. — Non... ma valise.
TOURTEROT. — Avec son contenu ?
POUPARDIN. — Amplifié d'un billet ainsi conçu : « Ne » cherchez jamais à me connaître... Une démarche indis- » crète pourrait compromettre l'avenir de notre fils. » De notre fils! Signé...
TOURTEROT. — Signé ?
POUPARDIN. — Trois étoiles.
TOURTEROT. — Nous n'avons personne de ce nom-là!
POUPARDIN. — Je me conformai scrupuleusement à ce vœu. J'avais ma valise et... Mais, en revoyant Châtellerault, je n'ai pu me défendre d'un certain tiraillement... Est-ce l'espérance qui m'agite ?...
TOURTEROT, *avec doute.* — Oh!
POUPARDIN. — Est-ce le cahot de la voiture ?...
TOURTEROT, *affirmant.* — Ah!
POUPARDIN. — Je l'ignore... Mais je vous devais cet épanchement. Maintenant, parlons d'autres choses... Voyons... ce mariage...
TOURTEROT. — Il vous bottera... D'abord, voyez-vous, pour ce qui est du César...
MÉDARD, *introduisant Camille par le fond.* — Voici, mademoiselle.

Il sort.

POUPARDIN. — Chut!... ma fille!

SCÈNE IV

CAMILLE, POUPARDIN, TOURTEROT

CAMILLE. — Je vous dérange ?
POUPARDIN. — Mais non! viens donc! *(La prenant par la main.)* Permettez que je vous présente ma fille.
TOURTEROT, *saluant.* — Mademoiselle... *(Bas à Poupardin.)* Chic!... très chic!
POUPARDIN, *étonné.* — Hein ?
TOURTEROT. — Je dis : chic, très chic.
POUPARDIN. — Elle désirait que je la promenasse... j'ai pensé qu'il était bon que je m'exécutasse et que je l'emmenasse...
TOURTEROT, *à part.* — C'est un subjonctif à jet continu que ce beau-père.

POUPARDIN. — Afin qu'ensemble nous vissions, nous décidassions et nous terminassions...

TOURTEROT. — L'acquisition... *(A part.)* Il parle comme Napoléon... Landais [3].

POUPARDIN. — Mais avant tout...

TOURTEROT. — Avant tout, nous casserons bien une petite croûte.

POUPARDIN. — Soit, j'obtempère à ce vœu.

TOURTEROT, *appelant.* — Médard! *(Médard paraît.)* Allons, Médard, en avant la gobichonnade!

MÉDARD, *à la droite de Tourterot.* — On y est, bourgeois.

Fausse sortie.

TOURTEROT. — Et puis tu passeras chez Me Paillotet, le notaire. Tu lui diras qu'il vienne tout de suite.

MÉDARD, *revenant à la gauche de Tourterot.* — Oui! dar... dar... quoi!... dar... dar...

Il sort par le fond.

TOURTEROT. — C'est ça : dar... dar... Eh bien, mais il va, ce petit... il va très bien.

SCÈNE V

CAMILLE, POUPARDIN, TOURTEROT

TOURTEROT, *prenant Poupardin à part.* — Dites donc, elle nous gêne pour causer, votre demoiselle; est-ce qu'elle ne va pas se pousser un peu d'air ?

POUPARDIN. — Hein ?

TOURTEROT. — Elle nous embarrasse, ôtez-la. *(Faisant geste de déplacer quelque chose.)* Otez-la.

POUPARDIN. — Ah! très bien!... un tour de jardin, très bien!...

TOURTEROT. — Ça peut se dire aussi comme ça.

POUPARDIN. — C'est rationnel...

TOURTEROT. — Et champêtre.

POUPARDIN, *à sa fille.* — Dis donc, Camille... dans l'hypothèse où la sérénité de la température t'inviterait à...

3. Napoléon Landais (1803-1852) était un lexicographe, auteur d'un *Dictionnaire général et grammatical* (1834) et d'une *Grammaire générale* (1836).

CAMILLE, *avec une ingénuité maligne.* — A m'aller promener... Mais, papa, j'aime mieux rester, si cela vous est égal...

POUPARDIN, *avec embarras.* — Comment donc!...

CAMILLE, *remontant.* — Parlez de vos affaires... je n'écoute pas.

POUPARDIN, *bas à Tourterot.* — Aurait-elle levé notre lièvre ?

TOURTEROT. — J'en ai le trac.

POUPARDIN. — Dépistons-la. *(Haut.)* Et la contenance de cet immeuble est de ?...

TOURTEROT. — Vingt-deux ares trente-trois centiares... ce qui nous donne...

CAMILLE, *revenant à eux.* — Bien du mal pour me cacher une chose que je sais parfaitement.

POUPARDIN. — Et quoi donc, s'il vous plaît, ma fille ?

CAMILLE. — Ne faites donc pas le discret : ma tante m'a tout dit avant de partir... Je sais qu'il s'agit d'un mari.

TOURTEROT. — C'est nous qui posions... Elle est bonne, je la trouve bonne, la petite.

POUPARDIN. — Comment! ta tante... ? Ah! c'est mal, je vitupère son indiscrétion... Enfin, monsieur, nous pouvons nous ouvrir, maintenant qu'elle sait tout.

TOURTEROT. — Ouvrons-nous, ça me chausse.

POUPARDIN, *à part.* — Cet homme a une façon d'exprimer sa pensée qui confond mon intellect.

TOURTEROT, *à Camille.* — Primo, d'abord, et d'un, j'ai l'honneur de vous présenter votre futur beau-père, un petit gris qui n'est pas encore trop déchiré, comme vous pouvez voir.

CAMILLE. — Ah! c'est M. votre fils...

TOURTEROT. — Lui-même... un amour d'homme... Vous m'en direz des nouvelles.

CAMILLE. — Ah!... c'est un joli cavalier ?... Et... est-il bien pâle ?...

TOURTEROT. — Je ne pourrais pas vous dire... parce que, comme il a une barbe qui lui prend là... jusque-là... mais il doit être pâle... en dessous.

POUPARDIN. — Et sa clientèle ?... j'aimerais assez que vous touchassiez cette corde.

TOURTEROT. — Sa clientèle ?... Ah! dame!... dans le commencement, il y a eu du tirage... mais, maintenant, ça boulotte, surtout depuis qu'il a mis une queue à son nom... depuis qu'il se fait appeler le docteur Césarius... vous comprenez, César, Césarius... Il s'est fait Polonais, parce qu'à Paris, en médecine, si on n'est pas un peu Polonais... Il est si ficelle, mon jeune homme... *(A Camille.)* Vous verrez comme il est ficelle.

CAMILLE, *étonnée.* — Ficelle!

POUPARDIN. — Ficelle!

CAMILLE. — Et, à Paris... un docteur... ça se met bien, n'est-ce pas... ça suit la mode ?...

TOURTEROT. — Ah! pour ce qui est de la tenue... tout ce qu'il y a de plus verdâtre : pantalon écossais, burnous algérien, béret montagnard, la blague en sautoir et la bouffarde aux gencives. Quelle sensation il a faite à Châtellerault la dernière fois qu'il est venu me voir!... on louait des fenêtres pour le voir passer. Mais aussi quelle bouffarde!

POUPARDIN. — Bouffarde! Qu'entendez-vous par ce substantif ?

TOURTEROT. — Sa bouffarde ?... c'est Dagobert, sa pipe favorite, ainsi nommée parce qu'elle est culottée.

POUPARDIN. — A l'envers ?

TOURTEROT, *riant.* — Farceur!... Ah! c'est qu'il est très voluptueux sur les pipes... Faut voir chez lui, il en a mis partout, jusque dans la bouche de ses têtes de mort.

CAMILLE. — Il a des têtes de mort ?

TOURTEROT. — Dans tous les coins... C'est gentil, ça meuble.

CAMILLE. — Ah! l'horreur!

TOURTEROT. — Non... je vous assure que ça fait très bien, surtout à côté d'un petit écorché.

CAMILLE. — Ah! mon Dieu!... un écorché aussi ?

TOURTEROT. — En cire... Ah! le bel écorché!... c'est parlant; et puis c'est commode... On entre, on ne sait où placer son chapeau... *(Il fait le geste.)* Flac!

CAMILLE. — C'est épouvantable... un écorché!... Ah! papa, je n'épouserai jamais un écorché!

POUPARDIN. — Mais comprends donc, puisqu'il est médecin, tout cela est pour lui d'utilité professionnelle.

TOURTEROT. — C'est avec ça qu'il a appris à disséquer.

CAMILLE. — Il dissèque ?

TOURTEROT. — Comme un ange!... et il vous coupe une jambe que c'est un plaisir; psit! c'est fait!... On ne s'en aperçoit que lorsqu'on veut marcher... dit-on.

CAMILLE, *à part.* — Quel horrible portrait!

TOURTEROT, *à part.* — J'espère que je le fais mousser.

CAMILLE, *à Poupardin.* — Allons-nous-en, papa, je ne pourrais jamais consentir...

POUPARDIN. — Permets, ma fille... les bienséances, les convenances... *(A Tourterot.)* Monsieur, j'apprécie comme je le dois l'honneur...

TOURTEROT. — Ne parlons pas de ça... J'ai fait prévenir Me Paillotet le notaire, et...

POUPARDIN. — Mais, avant d'aller plus loin, il serait opportun, je crois, que nous appréciassions...

TOURTEROT. — Le futur ?... Je la partage, monsieur, j'y abonde... Mais comment donc!... il va venir, vous pourrez l'allumer sous toutes ses faces... Oh! mais je suis bien tranquille... il vous empaumera.

POUPARDIN. — Vous dites, monsieur ?

TOURTEROT. — Vous serez paumé, je ne vous dis que ça, vous serez paumaqué.

POUPARDIN. — Paumaqué!

SCÈNE VI

CAMILLE, POUPARDIN, TOURTEROT, MÉDARD

MÉDARD, *entrant par la gauche.* — Monsieur, le déjeuner est servi.

TOURTEROT. — Ah! ce n'est pas dommage... Et le notaire ?

MÉDARD. — Il va venir... il est en train de passer son habit noir.

TOURTEROT. — Très bien!

POUPARDIN, *à part.* — Ah! ce pauvre notaire qui va se déranger.

TOURTEROT. — En attendant, allons toujours tortiller.

POUPARDIN. — Qu'est-ce que vous voulez tortiller, monsieur ?

TOURTEROT. — Des aliments... des comestibles...

POUPARDIN. — Ah! vous voulez dire satisfaire les organes nutritifs ?... Viens, Camille...

CAMILLE. — Mais, papa...

POUPARDIN, *bas.* — Bah! cela n'engage à rien. *(Haut.)* Ma fille et moi sommes prêts à faire honneur à votre collation.

ENSEMBLE

AIR : *Dansons, et même aux cloisons (Trois Péchés du Diable.)*

TOURTEROT

Chaud, chaud,
Pendant qu'il est chaud,
Il faut
Prendre un déjeuner d'assaut!
Un sot
Pourrait seul rester manchot
Tantôt
En face de mon fricot!

POUPARDIN et CAMILLE

Chaud, chaud,
Pendant qu'il est chaud,
Il faut
Prendre un déjeuner d'assaut!
Bientôt
Nous allons dire au galop
Un mot
A ce qu'il nomme un fricot!

TOURTEROT, *seul.*

Boire sans vergogne
Un bourgogne
Qui cogne,
C'est pectoral
Et ça garnit l' bocal.

ENSEMBLE

REPRISE

Chaud, chaud,
Etc.

Ils sortent par la gauche.

SCÈNE VII

MÉDARD, *seul; puis* POUPARDIN

MÉDARD. — Tiens, ils vont déjeuner!... Il suffit donc de se présenter comme acquéreur pour être invité à... ? C'est bon à savoir; quand je serai sans place, j'irai marchander des propriétés.

POUPARDIN, *à part, en entrant.* — Décidément je me fais un vrai scrupule de déplacer inutilement cet officier ministériel. *(A Médard.)* Jeune homme, vous venez de chez Me Paillotet ?

MÉDARD. — Le notaire... oui, monsieur... un fameux notaire, allez! il ne fonctionne jamais qu'en habit noir.

POUPARDIN. — Eh bien, auriez-vous l'extrême obligeance de vous y transporter incontinent ?

MÉDARD, *faisant mine de sortir.* — J'y cours!

POUPARDIN. — Pour lui dire ?...

MÉDARD, *même jeu.* — Qu'il se dépêche.

POUPARDIN. — Au contraire, pour le prier d'ajourner indéfiniment sa visite.

MÉDARD. — Tiens! *(Haut.)* Ça suffit, monsieur, je me la casse.

POUPARDIN. — Là! comme ça, je déjeunerai sans perplexité; ce pauvre notaire!

Il sort.

MÉDARD. — Il paraît que la souricière ne leur sourit pas... et pourtant, ils déjeunent : ce sont des pique-assiettes.

SCÈNE VIII

GÉLINOTTE, MÉDARD

GÉLINOTTE, *entrant, un paquet de lettres à la main.* — Je les ai vus entrer ici... j'en suis sûr!

MÉDARD, *à part.* — Le nouvel avoué de Châtellerault! Viendrait-il aussi pour la maison ?

GÉLINOTTE, *à part.* — Un domestique... tâchons de savoir... *(Haut.)* Dites-moi, jeune indigène; ils sont ici, n'est-ce pas ?

MÉDARD. — Ici, qui ?

GÉLINOTTE. — Un monsieur d'un âge... chauve... et une jeune personne d'une tournure...

MÉDARD. — Oui, monsieur, oui... ils déjeunent.

GÉLINOTTE. — Ah! ils déjeunent ?

MÉDARD. — Oui; et je dois vous prévenir que leur intention est aussi d'acquérir.

GÉLINOTTE, *à part.* — D'acquérir... qu'est-ce qu'il chante là ? *(Haut.)* Pourriez-vous me fournir quelques renseignements ?

MÉDARD. — Volontiers... je crois que ça fera votre affaire... position magnifique... et assurée.

GÉLINOTTE. — C'est une bonne chose, parce que les assurances... et puis, je la crois gaie.

MÉDARD. — Très gaie... Ah! dame, vous savez... il y a des jours de souffrance!

GÉLINOTTE. — Qu'est-ce qui n'a pas ses jours de souffrance!

MÉDARD. — Pourvu que ça soit bien bâti et que ça ne fume pas...

GÉLINOTTE. — Parbleu!

MÉDARD. — Ah! dame, c'est qu'à Châtellerault elles fument toutes.

GÉLINOTTE. — Comment! les demoiselles... ?

MÉDARD. — Eh non! les maisons.

GÉLINOTTE. — Je vous parle demoiselles, et vous me répondez...

MÉDARD. — Mais non! c'est moi qui vous parle maison et vous qui... Ne venez-vous pas pour acheter la propriété ci-incluse ?

GÉLINOTTE. — La propriété ?... *(A part.)* Elle est à vendre!... au fait, ça me fournit une entrée, et je verrai par-moi-même... *(Haut.)* Eh bien, oui, puisqu'on ne peut rien vous cacher, je viens pour acquérir.

MÉDARD. — Alors, vous allez déjeuner.

GÉLINOTTE. — Moi, Gélinotte ?

MÉDARD. — Vous, Gélinotte; vous venez pour voir la propriété, vous venez pour l'acheter... pour lors, allez vous mettre à table... c'est l'usage du pays.

GÉLINOTTE, *gaiement.* — Du moment que ça fait parti du cahier des charges...

MÉDARD. — Allons, dépêchez-vous... Tenez, par là... Moi, j'ai une commission à faire, et, comme ça presse... bon appétit! je me la brise!...

Il sort.

SCÈNE IX

GÉLINOTTE, *seul.*

C'est elle, plus de doute!... elle que j'ai rencontrée à Etampes, il y a quelques mois... elle que je retrouve à Châtellerault, avec son cœur, avec sa dot... tous deux, je l'espère, exempts d'hypothèques... En voilà un hasard!... J'étais là tranquillement sur la place, à causer avec le facteur, qui me remettait un paquet de lettres venant de Paris... tout un arrérage de correspondance que je me suis fait transmettre ici, depuis que j'y ai planté mes lares... et que je lirai en temps utile... Tout à coup, deux êtres d'âge et de sexe différents frappent mes regards... l'un vieux et laid... c'était le père... l'autre blanche et rose, c'était la fille... Je quitte le facteur, je cours... je les vois entrer ici, je me glisse comme un serpent... et je tiens leur trace... Mais quelle chance! la retrouver juste au moment où j'aurais tant besoin de quarante-neuf mille sept cents francs pour compléter le prix de ma charge... une charge de cinquante mille francs!... que je ne puis pas payer en reconnaissances du Mont-de-Piété... et je n'ai pas d'autre papier-monnaie... Il est vrai que le père m'a déjà refusé une fois sa main... mais, alors, j'étais sans charge... et, maintenant... je dois quarante-neuf mille sept cents francs... c'est une position, ça... Oh! il faut absolument...

AIR : *Un homme pour faire un tableau.*

Je lui ferai sommation
De prêter l'oreille à mon dire,
D'admettre, par provision,
L'amour que sa beauté m'inspire;
Elle invoque l'ajournement;
Mais je plaide avec tant d'instance,
Qu'enfin j'obtiens mon placement
Avant la fin de l'audience.

Il remonte.

SCÈNE X

CAMILLE, POUPARDIN, GÉLINOTTE

POUPARDIN, *entrant par la gauche, suivi de sa fille.* — Je n'y peux plus tenir!... ce vieillard a une trivialité d'élocution qui me coupe l'appétit et m'intercepte l'œsophage.

GÉLINOTTE, *à part.* — C'est elle!

POUPARDIN, *à Camille.* — Et je doute que son fils te conduise jamais à l'autel.

CAMILLE. — Et moi, je n'en doute pas, mon papa; j'aimerais mieux n'importe quoi!

GÉLINOTTE, *saluant.* — Monsieur, mademoiselle...

CAMILLE. — M. Gélinotte!

POUPARDIN. — Que nous possédâmes à Etampes pendant le laps d'un mois.

GÉLINOTTE. — Lui-même.

POUPARDIN. — Comment cela va-t-il ?

GÉLINOTTE. — Mais pas mal, pas mal, surtout depuis que je suis avoué à Châtellerault.

POUPARDIN. — Ah!... je vous offre mes congratulations... Vous voilà sur un bon pied.

GÉLINOTTE. — Vous trouvez ?... Eh bien, monsieur, maintenant, pourquoi refuseriez-vous, pour votre fille, un mari qui serait sur ce pied-là ?

CAMILLE. — Comment! monsieur, vous pensez encore.

GÉLINOTTE. — A vous ? oui, toujours!... Est-ce qu'on peut oublier cet assemblage fantastique de toutes les grâces ?

POUPARDIN. — Au fait, je me rappelle maintenant, à votre passage à Etampes, vous nourrissiez déjà l'espoir...

GÉLINOTTE. — Et je le nourris toujours, monsieur; je le nourris plus que jamais, aujourd'hui. *(Avec amabilité.)* Sans savoir, hélas! si j'en serai plus gras!

POUPARDIN, *à part.* — La parole de ce garçon est fleurie... Il me plaît, parce qu'il est fleuri... *(Haut.)* Permettez, jeune homme, votre apostrophe, quoique brusque, n'est pas froissante, et j'avoue tout d'abord que, si ma fille répondait...

GÉLINOTTE. — Oh! monsieur!... je me leurre, peut-être... je me berce sans doute... mais il m'a semblé que, pendant mon court séjour à Etampes, Mademoiselle m'avait écouté avec une oreille...

POUPARDIN, *à sa fille, sérieusement.* — Tu avais écouté Monsieur avec une oreille ?...

CAMILLE, *indifféremment.* — Oh! mon Dieu!...

GÉLINOTTE. — Je croyais pourtant que vous m'aviez vu d'un œil...

POUPARDIN, *à sa fille.* — De quel œil avais-tu vu Monsieur ?

CAMILLE. — Ma foi, papa, M. Gélinotte ne me déplaisait pas plus qu'un autre.

GÉLINOTTE. — Doux aveu!

CAMILLE. — Et pourvu que Monsieur n'ait chez lui aucune tête de mort.

GÉLINOTTE. — Des têtes de mort, chez moi ?... je n'ai que la mienne.

POUPARDIN. — Parbleu! un avoué!

CAMILLE. — Pourvu que Monsieur n'écorche personne!

GÉLINOTTE. — Moi!

POUPARDIN, *gaiement.* — Dame, un avoué! ah! ah!

GÉLINOTTE, *riant.* — Ah! ah! ah!... c'est très drôle! *(A part.)* C'est bête!

CAMILLE. — Je comprends qu'à la rigueur...

POUPARDIN, *à sa fille.* — Tu vas trop loin! *(A Gélinotte.)* Monsieur, j'apprécie comme je le dois l'honneur... mais je n'engage pas ma parole... Seulement, s'il arrivait que vos affaires vous appelassent à Etampes, je pourrais consentir à ce que vous nous y reconduisissiez... nous repartons aujourd'hui... Venez, cela vous est loisible.

GÉLINOTTE. — Vraiment ? ah! monsieur, je prends acte de vos paroles et je cours de ce pas retenir trois places de coupé.

POUPARDIN. — J'y condescends!

SCÈNE XI

CAMILLE, POUPARDIN, TOURTEROT,
GÉLINOTTE; *puis* CÉSAR

TOURTEROT, *entrant par la gauche. — Trémolo à l'orchestre.* — Le voilà!... le voilà!... je viens de l'apercevoir de ma fenêtre!

POUPARDIN. — Qui ça ?

TOURTEROT. — Mon fils! mon présomptif!

GÉLINOTTE. — Son présomptif!

CAMILLE, *effrayée.* — Ah! papa, sauvons-nous!

CÉSAR, *entrant, élégamment vêtu et se jetant dans les bras de son père.* — Mon père!

ENSEMBLE

AIR

CÉSAR

Sans vous, là-bas ma vie
Etait remplie *(bis)*
D'ennui mortel!
J'ai pris la fuite,
Et je m'abrite
Sous le toit paternel!

TOURTEROT et GÉLINOTTE

Sans nous, là-bas sa vie
Etait remplie *(bis)*
D'ennui mortel!
Mais par la fuite,
César s'abrite
Sous le toit paternel!

POUPARDIN et CAMILLE

Blâmant déjà sa vie,
Je l'ai flétrie *(bis)*...
Arrêt cruel!
Car, son mérite
Dément bien vite
Le portrait paternel!

POUPARDIN. — Comment! c'est là M. votre fils ?

TOURTEROT. — Oui, sans doute... *(A César.)* M. Poupardin et sa fille.

CÉSAR, *saluant.* — Monsieur... mademoiselle...

TOURTEROT, *bas à César.* — Allons, ho! du combustible!

CÉSAR. — Excusez-moi de me présenter dans un pareil négligé... mais, vous le savez, les voyageurs ont des privilèges...

CAMILLE, *à part.* — Il est beaucoup mieux que son signalement.

CÉSAR. — Et si quelque chose peut me consoler de m'offrir ainsi à vous avec tout le sans-gêne du débotté, c'est que les rigueurs de l'étiquette auraient retardé le bonheur que j'éprouve à me trouver au milieu de vous.

TOURTEROT, *à part.* — Est-il devenu fadard!

POUPARDIN, *à sa fille.* — Mais il a l'air très convenable, ce jeune homme.

TOURTEROT, *à César.* — Sais-tu que nous t'attendons depuis ce matin... tu nous as fait droguer.

CÉSAR, *bas.* — Mon père!

GÉLINOTTE. — Ces médecins, ils arrivent toujours trop tard!

CÉSAR. — Gélinotte... *(A part.)* Diable! *(Haut.)* Toi, ici ?...

GÉLINOTTE. — Bonjour, César!

Ils se donnent la main.

TOURTEROT. — Qu'est-ce que c'est que celui-là ?

CÉSAR. — Un de mes amis, que je ne m'attendais pas à retrouver ici... Depuis quand as-tu quitté Paris ?

GÉLINOTTE. — Depuis un an.

CÉSAR. — Ah!... *(A part.)* Voilà qui me rassure sur sa discrétion.

GÉLINOTTE. — Dis donc, je suis avoué ici.

TOURTEROT, *à part.* — Ça, un avoué ?... oh! ce coquillage!

CÉSAR. — Mon compliment sincère.

TOURTEROT, *bas à César.* — Dis donc, la petite te guigne... Allume! allume!

CÉSAR, *à Tourterot.* — Chut!

Gélinotte remonte.

TOURTEROT, *bas à César.* — Quelle carnation! ah! méchant! *(A Poupardin.)* Il n'est pas encore bien à son gobelet, mais laissez-lui prendre son pivot... vous verrez comme il se met! Je vous laisse ensemble, vous allez le creuser, creusez-le... *(A César.)* Hardi là!... du pavillon, du pavillon à mort!

GÉLINOTTE, *à Poupardin.* — Je vais retenir les trois places de coupé, et je reviens!... *(A Camille.)* A bientôt, mademoiselle.

TOURTEROT, *à César.* — Décidément, il me gêne des entournures, ton avoué!

ENSEMBLE

TOURTEROT, à POUPARDIN.

AIR : *Je vous fais mon compliment (Paris voleur).*

Il vous plaît assurément,
Avec lui, causez un moment,
Vous vous convaincrez aisément
Qu'il doit faire un mari charmant.

POUPARDIN et CAMILLE, *à part.*

Il peut plaire, assurément;
Mais je doute qu'en un moment
Il me prouve facilement
Qu'il doit être un mari charmant!

CÉSAR, *à part.*

Elle est charmante, vraiment;
Mais je doute qu'en un moment
Je lui prouve facilement
Que je suis un futur charmant!

GÉLINOTTE, *à part.*

Je lui plais, assurément,
Il m'aura suffi d'un moment
Pour lui prouver facilement
Que je suis un futur charmant!

Tourterot sort par la droite, et Gélinotte par la gauche.

SCÈNE XII

CAMILLE, CÉSAR, POUPARDIN

CÉSAR. — Pauvre père! voyez pourtant, monsieur, où peut conduire la contagion du mauvais exemple et les égarements de l'amour paternel... M. Tourterot était, il y a deux ans à peine, l'homme le plus naïf dans ses habitudes, le plus classique dans son langage... son fils, au contraire, était un étudiant aux manières débraillées, aux allures sans-gêne... Un beau jour, l'un a déteint sur l'autre... Oui, monsieur, je dois l'avouer... mon père est aujourd'hui une sorte de miroir qui reflète, à ma honte, tout le décousu de ma vie passée... Pardonnez-lui, je suis le seul coupable... *(Souriant.)* Et c'est moi qui l'ai perdu!

POUPARDIN. — C'est vous qui le métamorphosâtes ?

CÉSAR. — Oui, monsieur... Et, franchement, avant mon arrivée, ne vous étiez-vous pas fait une tout autre idée de ma personne ?

POUPARDIN. — Il est vrai que M. votre père nous avait fait de vous un portrait...

CÉSAR. — Ressemblant... il l'a été... Je fus absolument tout ce qu'il vous a dit que j'étais... mais je me suis transformé... Ai-je gagné au change ?... il ne m'appartient pas d'en juger...

CAMILLE, *vivement.* — Oh! certainement, vous avez gagné, beaucoup gagné.

CÉSAR. — Ce témoignage me suffit, et, dût-il être ma seule récompense...

POUPARDIN. — Et y a-t-il longtemps que vous dépouillâtes votre ancienne existence ?

CÉSAR. — Du jour où, après mon temps d'école, abordant une profession sérieuse, je résolus d'adopter des habitudes et des goûts sérieux; du jour où, voulant entrer dans le monde pour m'y créer une position, je songeai à en épouser le ton, les manières et le costume; du jour enfin, où, voulant plaire à une jeune personne de bonne famille, d'éducation distinguée, je compris qu'il me fallait rompre irrévocablement avec un passé qui ne m'avait offert que des distractions creuses et des plaisirs sans bonheur...

POUPARDIN. — Et un style sans orthographe... mais aujourd'hui...

CÉSAR. — Aujourd'hui, l'habitué du quartier Latin a fait place à l'austère docteur... celui-ci est ardent à l'étude, comme l'autre était ardent à la dissipation; celui-ci n'a plus qu'un désir, c'est de se placer honorablement dans les rangs de la science et dans l'estime des honnêtes gens.

POUPARDIN, *allant à sa fille.* — De l'éloquence, du jugement, une noble ambition et de la grammaire!

CAMILLE. — Et de la tournure... *(A part.)* Quel dommage qu'il soit médecin!

CÉSAR. — Et, maintenant que je vous vois, mademoiselle, que je comprends tous ce que vous méritez... j'ai bien peur de ne pas être encore digne de vous!

CAMILLE. — Oh! monsieur... *(Vivement et allant à lui.)* Vous ne pourriez pas vous faire avoué ?

CÉSAR. — Avoué!

POUPARDIN. — Oh!... puisque Monsieur a étudié la médecine, il ne peut pas...

CÉSAR. — A moins de retourner à l'école... de reprendre mes anciennes habitudes...

CAMILLE. — Oh! non, non, monsieur... vous en savez assez... C'est que, médecin, c'est bien vilain!

CÉSAR. — Et pourquoi donc ?

CAMILLE. — Vivre continuellement au milieu des crânes, des squelettes et des messieurs écorchés!

CÉSAR. — Rassurez-vous, ce sont là des objets d'étude qui ne sortent pas du cabinet.

POUPARDIN. — C'est de l'ostéologie.

CAMILLE. — Oui, mais, soigner des malades, des mourants, des morts...

CÉSAR, *souriant.* — Des morts, le moins possible.

POUPARDIN. — C'est de la pathologie...

CÉSAR. — Et ne pensez-vous pas qu'il y ait quelque mérite à donner ses soins, ses veilles et parfois même sa vie...

CAMILLE. — Ah!

CÉSAR. — Pour sauver son semblable ?

POUPARDIN. — C'est de la philanthropie! *(Avec émotion.)* J'apprécie comme je le dois l'honneur que vous me faites de briguer la main...

SCÈNE XIII

MÉDARD, POUPARDIN, CAMILLE, CÉSAR

MÉDARD, *essoufflé.* — Ah!... monsieur, j'ai vu Me Paillotet le notaire... il ne viendra pas.

POUPARDIN. — Ah! mon Dieu! moi qui ai contremandé...

MÉDARD. — Il venait de passer son habit noir; je lui ai dit la chose... alors, il a remis sa redingote.

POUPARDIN, *à César.* — Je ne sais comment vous avouer... Ce fonctionnaire allait venir pour le contrat... et ma foi... d'après les renseignements qu'on m'avait donnés sur votre personne, dame!... moi... je... Et... il a remis sa redingote ?...

CAMILLE. — Que faire ?

CÉSAR. — Eh bien, mais c'est facile... Il n'a qu'à remettre son habit.

CAMILLE. — Ah! oui... c'est ça!... un habit, c'est si vite mis!

POUPARDIN. — Au fait! *(A Médard.)* Va vite lui dire de remettre son habit!

MÉDARD, *courant.* — Ah ben! ah ben! ah ben!...

Il sort.

SCÈNE XIV

CAMILLE, CÉSAR, POUPARDIN, TOURTEROT; *puis* GÉLINOTTE

POUPARDIN, *qui a fait quelques pas pour accompagner Médard.* — Mon cher gendre, croyez que je me félicite sincèrement...

TOURTEROT, *entrant par la droite.* — Ah! ah! encore ensemble! *(A Poupardin.)* Eh bien, mais ça biche! Il paraît que ça biche!

POUPARDIN. — Il m'a plu, je lui ai plu... et, dès qu'un beau-père et un gendre se plurent...

TOURTEROT. — Bravo! bravissimo!... Eh bien, vrai, là... ce n'est pas parce que c'est mon fils, mais vous aurez là un gendre soignemuche!

GÉLINOTTE, *qui est entré et a entendu ces derniers mots.* — Qu'entends-je!... comment, un gendre ?... et les trois places de coupé que j'apporte ?

POUPARDIN, *à Gélinotte.* — Monsieur, je me dois à moi-même de vous témoigner tous mes regrets, mais c'est ma fille...

Il montre Camille.

GÉLINOTTE, *à Camille.* — Comment! mademoiselle ?...

CAMILLE. — Certainement, monsieur, je suis désolée... *(Indiquant César.)* Mais c'est Monsieur...

GÉLINOTTE, *à César.* — Comment! toi, mon ami ?...

CÉSAR. — Tu avais donc des prétentions sur Mademoiselle ?... Ma foi, mon cher, j'ignorais... ça m'afflige, mais... *(montrant Tourterot)* c'est mon père...

GÉLINOTTE, *à Tourterot.* — Comment! monsieur ?...

TOURTEROT, *s'approchant de Gélinotte.* — De quoi ?... vous voulez aussi ?... du flan!

GÉLINOTTE. — Mais permettez, monsieur!...

TOURTEROT, *criant.* — *La Marseillaise !... (Gélinotte remonte.)* Il me bassine, cet avoué! *(A César.)* Il me bassine!

CÉSAR. — Mon père, ça ne se dit plus!

TOURTEROT. — Non ? Eh bien, il me traquemarde!... *(A Gélinotte.)* Vous me traquemardez... voilà!

CÉSAR. — Impossible de l'arrêter!

GÉLINOTTE, *élevant la voix.* — Mais mes trois places de coupé ?... j'en serai donc pour mes frais ?... Un avoué!... ça ne se peut pas!... J'en appelle! j'irai en cassation!

TOURTEROT. — Ne moussez donc pas comme ça, mon brave homme... faut se faire une raison... *(Montrant Poupardin.)* Monsieur est comme moi, il abomine les avoués... *(Gélinotte remonte.)* Pour lors, il préfère marier sa fille à un médecin, à mon jeune homme... au docteur Césarius!

GÉLINOTTE, *à part.* — Césarius!... où diable ai-je vu ce nom-là ?

TOURTEROT, *à Gélinotte.* — Faut en prendre son parti, mon cher, vous êtes fumé!

GÉLINOTTE, *avec explosion.* — Oh! mais c'est ça!... j'y suis!... ces lettres que je viens de recevoir... *(Tirant une lettre et regardant la signature.)* « Césarius! » Eh! justement!... *(A Poupardin.)* Le docteur Césarius ne peut pas épouser votre fille!

CAMILLE. — Pourquoi donc ça ?

TOURTEROT. — Ah! monsieur l'épanoui... et pourquoi donc ça ?

GÉLINOTTE. — Pourquoi ? Parce qu'il est marié!

TOURTEROT. — As-tu fini, portier!

GÉLINOTTE, *donnant la lettre à Tourterot.* — Lisez ça!

TOURTEROT, *lisant.* — « M. le docteur Césarius a l'honneur de vous faire part de son mariage avec Mlle de Follembuche!... » Hein! eh bien, j'en apprends de belles!

GÉLINOTTE. — C'est écrit.

César remonte en riant.

CAMILLE. — Ah! papa, c'est affreux!

POUPARDIN. — C'est de la bigamie!

GÉLINOTTE. — C'est de la polygamie!

TOURTEROT, *exaspéré.* — C'est de la polissonnerie!

CÉSAR, *riant et venant au milieu.* — Ah! ah! ah!...

TOURTEROT. — Il rit, le sans-cœur! *(Sévèrement à*

César.) Est-ce que vous prétendez continuer longtemps cette balançoire ?...

POUPARDIN. — Voyons, monsieur, qu'avez-vous à dire ?

CÉSAR. — Mais c'est une chose toute simple!

CAMILLE et GÉLINOTTE. — Toute simple!

TOURTEROT. — Il est à mettre sous verre!

CÉSAR. — Et mon seul tort, c'est qu'en vous racontant, ce matin, l'histoire de mon passé... j'en ai oublié un chapitre... permettez-moi de le rétablir.

TOURTEROT, *avec humeur.* — A toi la pose, pousse ton dé.

CÉSAR. — Je venais de passer ma thèse; j'étais reçu docteur... il s'agissait de s'établir, de se former une clientèle... Un de mes amis était dans la même position que moi... et, malgré trois mois d'efforts, de travail, d'activité, nous ne possédions pas un seul malade à nous deux.

TOURTEROT. — Vous étiez des docteurs panés... quoi!

CÉSAR. — Cela se comprend!... des jeunes gens, des garçons, ça n'inspire de confiance ni aux femmes, ni aux époux; mais voilà qu'un beau jour, mon confrère se marie, il fait part de sa nouvelle position à tout Paris, et les clients commencent à venir : ce résultat m'ouvrit les yeux, et, ma foi, j'épousai...

TOUS, *indignés.* — Ah!...

CÉSAR. — C'est-à-dire j'inventai Mlle de Follembuche... et le docteur Césarius, sans compromettre le célibataire César, eut soin de mettre tout le public dans la confidence de son bonheur... imaginaire.

GÉLINOTTE, *à part.* — Ah! c'est une bonne banque, ça!

TOURTEROT, *riant.* — C'est absurde!

POUPARDIN. — C'est de la diplomatie!

CAMILLE. — A la bonne heure, voilà un mariage qui n'empêche pas...

CÉSAR. — De se marier.

TOURTEROT. — Ah! vieux bilboquet, va!

POUPARDIN, *à sa fille.* — Ce jeune homme a la triture des affaires!

CAMILLE, *à Poupardin.* — Vous verrez, papa, il fera son chemin.

POUPARDIN, *allant à Gélinotte.* — Monsieur, j'apprécie comme je le dois l'honneur que... mais...

TOURTEROT, *à Gélinotte.* — Mais on vous chante *La*

Colonne !... (A Poupardin.) Chantez-lui dont *La Colonne*, et prenons une prise...

Il tire sa tabatière de sa poche.

POUPARDIN. — Oui, prenons une... *(Apercevant la miniature de la tabatière.)* Ah! mon Dieu! que vois-je!... ce portrait!... *(A part.)* C'est mon inconnue de Châtellerault!... ma voix flûtée... « C'est toi, Arthur ?... »

TOURTEROT, *avec fatuité.* — La légitime à papa... ma défunte!

POUPARDIN. — Votre défunte!... comment! c'est là votre femme ?

TOURTEROT, *de même.* — Chouette, hein! Voilà comme nous les épousions il y a vingt-six ans.

CÉSAR, *bas à Tourterot.* — Mon père!...

TOURTEROT, *bas à César.* — Chut! ça flatte un veuf.

POUPARDIN, *à lui-même.* — Vingt-six ans! quel soupçon!... *(Regardant César.)* Oui, ce nez, ces yeux... *(Allant à César.)* Jeune homme, votre âge ?

CÉSAR. — Comment ?

TOURTEROT. — Un fier âge, allez, pour le conjugo... vingt-cinq ans aux chasselas.

POUPARDIN. — Juste! Ah! j'éprouve un je ne sais quoi!...

Il défaille.

TOURTEROT, *le soutenant.* — Qu'est-ce qui lui prend ?

POUPARDIN, *à César, avec effusion.* — Ah! mon ami, s'il était possible que vous connussiez, que vous apprissiez...

CÉSAR. — Quoi ?

TOURTEROT. — Quoi ?

POUPARDIN, *regardant Tourterot avec compassion.* — Rien... rien... *(A part.)* Je ne puis pourtant pas lui dire, à ce malheureux... *(Haut.)* Mais la joie... l'émotion...

CÉSAR. — Que signifie ?

POUPARDIN, *à César.* — Mon ami!... *(A Tourterot.)* Arthur! ne m'en veuillez pas!... les circonstances, la fatalité!... *(Il saute au cou de César et l'embrasse à plusieurs reprises.)* Camille ne peut être votre femme!

GÉLINOTTE. — Ah! je savais bien, moi!

TOURTEROT. — Et pourquoi ça ?... pourquoi donc ça ?

GÉLINOTTE, *à part.* — Il est bon, le père... puisqu'il est marié!

CÉSAR, *à Poupardin.* — Mais, songez-y, monsieur, après votre promesse de tout à l'heure, me défendre d'aimer...

POUPARDIN. — Ma fille!... Au contraire, aimez-la, jeune homme, aimez-la toujours!...

GÉLINOTTE. — Qu'est-ce qu'il dit donc ?

POUPARDIN. — Mais, quant à l'épouser, jamais!

TOURTEROT. — C'est trop fort!

POUPARDIN, *allant à Gélinotte.* — Voici mon gendre... mon gendre définitif!

TOURTEROT. — Hein ? *(A part.)* Ah çà! mais c'est un vieux cheval de bois, il tourne toujours.

CÉSAR, *le calmant.* — Mon père!

TOURTEROT, *exaspéré.* — Laisse-moi donc... depuis ce matin qu'il nous mécanise!... En voilà un oiseau!...

POUPARDIN, *à Tourterot.* — Monsieur, j'apprécie comme je le dois l'honneur que... mais...

GÉLINOTTE, *à Tourterot.* — Mais on vous chante, comme à moi, tout à l'heure... *(A Poupardin.)* Chantez-lui donc *La Colonne*...

POUPARDIN. — Et prenons une prise.

Il va pour ouvrir la tabatière de Tourterot, qui est restée entre ses mains.

GÉLINOTTE. — Oui, prenons une... *(Apercevant le portrait et saisissant la boîte.)* Ah! mon Dieu!... je ne me trompe pas!... cette figure!...

TOURTEROT. — La défunte à papa, quoi!

GÉLINOTTE. — Ça ? mais non! *(Bien accentué.)* C'est maman!

TOUS. — Votre mère!...

GÉLINOTTE. — J'ai la reconnaissance!

Il se fouille.

TOURTEROT et POUPARDIN. — Hein!

GÉLINOTTE. — Mme Gélinotte!... autrefois maîtresse de poste à Châtellerault!

TOURTEROT, *à part.* — Je suis mordu!

POUPARDIN, *à Tourterot.* — Mais alors cette défunte n'était donc pas votre femme ?

TOURTEROT. — Eh ben, quoi! une défunte d'occasion, là!... que j'ai épousée dans une vente pour sept francs... A qui que ça donne des engelures ?

POUPARDIN, *regardant Gélinotte.* — Mais alors... oui, ce nez... ces yeux... Jeune homme, votre âge ?

TOURTEROT. — Bon! il va recommencer!

GÉLINOTTE. — Moi ?... j'aurai vingt-cinq ans, comme César, aux vendanges!

POUPARDIN. — Juste!... Ah! j'éprouve un je ne sais quoi!

Il défaille.

TOURTEROT, *le soutenant.* — Ah! mais ça devient fatigant.

POUPARDIN. — La joie! l'émotion!

TOUS. — Mais qu'y a-t-il ?

POUPARDIN, *sautant au cou de Gélinotte, et après l'avoir embrassé à plusieurs reprises.* — Camille ne peut être votre femme!

GÉLINOTTE. — Qu'est-ce que vous dites donc ?

TOURTEROT. — Décidément, c'est un tic!

POUPARDIN, *bas à Gélinotte.* — Mais soyez tranquille, j'aurai l'œil sur vous!

GÉLINOTTE. — Eh! quand vous aurez votre œil sur moi, ça me fera une belle jambe!

POUPARDIN, *de même.* — Votre charge n'est pas soldée, on y pourvoira.

GÉLINOTTE. — Bah!

POUPARDIN. — Chut! *(Allant à César.)* Voici mon gendre, mon gendre définitif!

TOURTEROT. — Eh bien, à la bonne heure! ça devait finir comme ça!... à force de tourner, on revient... le jeu de l'écureuil.

POUPARDIN. — Quel bonheur! retrouver après vingt-six ans... *(Bas à Tourterot.)* Comment le trouvez-vous ?

TOURTEROT. — Qui ça ?

POUPARDIN, *bas.* — Vous savez bien cette aventure à Châtellerault ?... *(Montrant Gélinotte.)* C'est lui!

TOURTEROT. — Ah bah! c'est là le tubercule ?

CÉSAR, CAMILLE et GÉLINOTTE. — Mais, enfin, expliquez-nous donc...

TOURTEROT. — Voilà ce que c'est...

SCÈNE XV

LES MÊMES, MÉDARD

MÉDARD, *annonçant.* — Me Paillotet...

TOUS. — Ah! enfin!

TOURTEROT. — Alors, la main aux dames... la mariée en tête, en avant les quilles! Il ne faut jamais laisser refroidir... un notaire!

ENSEMBLE

AIR de *La Lucie.*

Plus de tristesse,
Plus de chagrin,
Bonheur certain,
Plus de tristesse,
De chagrin,
Buvons jusqu'à demain.

FIN DE DEUX PAPAS TRÈS BIEN

LE ROI DES FRONTINS

VAUDEVILLE EN DEUX ACTES
PAR LABICHE ET LEFRANC

représenté pour la première fois, à Paris, sur le Théâtre du Palais-Royal, le 28 mars 1845

Le Roi des Frontins a été « adapté pour hommes seuls » par J. Dubois, en 1925. Cette version, destinée aux collèges et aux sociétés d'amateurs où les dames n'étaient pas admises, fut publiée par Stock.

ACTEURS qui ont créé les rôles.

Arthur de Bethmont . .	M. Germain
Frontin	M. Lhéritier
Thomas	M. Alcide Tousez
Jules de Sérigny	M. Eugène Meynadier
Fayensal.	M. Grassot
Dumarsay.	M. Kalekaire
Un huissier.	M. Masson
Un sergent du guet . .	M. Ferdinand
Camille de Sérigny. . .	Mlle Aline Duval
Marinette	Mlle Durand

La scène, à Paris. — Le premier acte, chez Arthur de Bethmont. — Deuxième acte, au Petit-Châtelet.

ACTE I

Un salon. — A droite, premier plan, une table; au-dessus, une glace. — Deuxième plan, une porte. — Troisième plan, une croisée. — A gauche, premier plan, un petit guéridon. — Deuxième plan, une porte. — Troisième plan, une croisée. — Chaises, fauteuils, etc.

SCÈNE PREMIÈRE

ARTHUR, *seul; puis* FRONTIN

ARTHUR, *à la croisée de gauche, regardant dans une longue-vue.* — Depuis deux jours aucun signal, et pas de nouvelles. Camille serait-elle malade ?... Rien ne paraît... Oh ! il faut que j'aille moi-même... Holà !... quelqu'un !... Labrie, Frontin, Bourguignon !... Frontin ! Frontin !

FRONTIN, *arrivant par la droite.* — M. le comte a appelé ?

ARTHUR. — Enfin, en voilà toujours un !

FRONTIN. — Le premier et le dernier.

ARTHUR. — Comment ?

FRONTIN. — Les autres ont pris leur volée.

ARTHUR. — Mais c'est impossible !... Quel motif ?...

FRONTIN. — Ils prétendent que vous leur devez une année de gages et que vous êtes ruiné. C'est un motif de cinquante écus par tête.

ARTHUR. — Eh bien ! tant mieux !... je ne les regrette pas... Des ivrognes, des paresseux ; j'aurais fini un jour ou l'autre par chasser cette canaille-là. Je n'aurais gardé que toi, Frontin.

FRONTIN. — M. le comte est trop bon, mais...

ARTHUR. — Oui, ton service me plaît. Je t'aime, Frontin! Tu es dévoué, fidèle...

FRONTIN. — Cependant, monsieur...

ARTHUR. — Tiens, ta conduite m'attendrit... A compter d'aujourd'hui, je double tes gages.

FRONTIN. — Pardon, vous me les avez déjà doublés la semaine dernière.

ARTHUR. — Eh bien! je les double encore!... Ah çà! voilà qui est plaisant!... Est-ce que je ne suis pas le maître de couvrir d'or un valet actif, honnête, zélé ?...

FRONTIN, *à part.* — Il n'y a que ce moyen!... *(Pleurant.)* Hi! hi! hi!...

ARTHUR. — Eh bien! tu pleures ?

FRONTIN. — C'est la douleur, monsieur, de quitter un maître qui sait si bien m'apprécier.

ARTHUR. — Mais pourquoi t'en vas-tu ?

FRONTIN. — Je renonce au monde... Je me fais ermite.

ARTHUR. — Toi ?

FRONTIN. — Oui, monsieur; c'est l'aspect de votre maison qui m'a inspiré cette pieuse idée.

AIR : *La Robe et les Bottes.*

De votre cave en contemplant le vide,
Et du buffet la triste humilité,
J'ai mieux compris, dans cette vie aride,
Que tout n'était que vanité!
Aussi, du néant qui l'enserre,
Mon estomac, sondant la profondeur,
S'est détaché des choses de la terre
Pour s'élancer vers un monde meilleur.

ARTHUR, *à part.* — Le faquin se moque de moi! *(Haut.)* Ah! tu veux me quitter ? et tu fais de l'esprit! Je vous apprendrai, marauds, que vous n'avez pas le droit de laisser un gentilhomme dans l'embarras. Et, d'abord, tu restes, je te garde.

FRONTIN. — Mais, monsieur...

ARTHUR. — Assez! je le veux! Ce n'est pas que je tienne à toi plus qu'à un autre : un coureur de tripots, un ivrogne, un libertin, qui vend mes habits après les avoir portés, déshonorés peut-être!... Le nieras-tu ? *(Montrant son habit.)* Voilà ce qui me reste de ma garde-robe!... Encore si tu étais bon à quelque chose!...

FRONTIN. — Vous m'accorderez pourtant quelques petits talents...

ARTHUR. — Oui, un entre autres, qui te mènera tout droit sur les galères de Sa Majesté... celui d'imiter la signature des honnêtes gens!

FRONTIN. — Il faut tout imiter des honnêtes gens... La calligraphie est un art!

ARTHUR. — Et les faussaires des fripons!

FRONTIN. — Mais, alors, pourquoi tenez-vous tant à moi ?

ARTHUR. — Ce n'est pas à toi que je tiens!... c'est à la matière qui est dans cette livrée, qui porte mes billets, brosse mes habits et ouvre la porte quand on frappe. Au reste, écoute : si tu fais mine de quitter cette maison, je te coupe les deux oreilles!... et tu sais que je ne menace pas en vain!... *(En remontant la scène.)* Cependant il te reste un moyen de conquérir ta liberté; trouve-moi, pour remplir ta place, un autre coquin dans ton genre, et, comme je ne puis que gagner au change, s'il me plaît... beaucoup... peut-être alors serai-je assez bon pour te jeter à la porte. Tu m'as entendu ?

FRONTIN. — Parfaitement.

ARTHUR, *regardant à la croisée de gauche avec la longue-vue.* — Rien encore!... Oh! je n'y tiens plus!... Allons, Frontin, mon ami, le front haut et la pose opulente... cela donne bon air à la maison!

Il sort par le fond.

SCÈNE II

FRONTIN, *seul, après avoir regardé sortir son maître.*

Le drôle a de l'esprit... mais pas le sou!... Allons, allons, il faut décamper... Mais comment ?... Le comte est vif, emporté; il me retrouverait... j'en suis sûr... Nous ferions quelque éclat, et M. le lieutenant de police qui m'en veut... O police, ma mie!... si j'obtiens une fois cette place qu'on me promet chez M. le duc de Villeroi, je pourrai alors, grâce à ce protecteur puissant... Mais, présentement, il s'agit de me donner un successeur... *(Regardant autour de lui.)* C'est que la succession est minable... Où diable trouver un homme d'esprit qui veuille prendre la suite de mes affaires ?... Je ne vois qu'un confrère de province...

THOMAS, *criant dans la rue.* — Canes! canes! canes! canards!

FRONTIN, *à la fenêtre de gauche.* — Hein!... Oh! la bonne figure!... Quelle idée!... Ma foi!... essayons!... Ohé! l'homme!... l'homme aux canards!... par ici!... Oui!... c'est ça!... *(Quittant la fenêtre.)* Si je pouvais endoctriner ce paysan, l'engager à me remplacer ici... Il vient! attention!

SCÈNE III

FRONTIN, THOMAS, *paraissant sur le seuil de la porte, avec un panier de canards à la main.*

THOMAS. — Canes! canes! canes! canards!... C'est-y vous qui demandez des canes?

FRONTIN. — Approche, mon garçon, approche!

THOMAS. — Voilà ce que c'est : Quarante sous les z'huppés... Quant aux autres...

FRONTIN. — Laisse ces animaux. *(Thomas dépose son panier à droite.)* Je t'ai appelé pour causer...

THOMAS. — Pour causer! *(A part.)* C'est un étranger qui veut apprendre la langue.

FRONTIN. — Es-tu content de ton commerce?

THOMAS. — Franchement, je n'en suis pas fou; le canard n'est pas sans épines... Je ne sais pas si ça tient aux événements politiques, mais on trime dans le canard et on trime bien!

FRONTIN. — Vraiment! *(A part.)* Ça se trouve à merveille!

THOMAS. — Vous avez devant vous un tout jeune homme qui mange sa légitime.

FRONTIN. — Comment cela?

THOMAS. — Voilà la chose... Je suis de Poissy. Mon père, un vieux brave homme, tient dans cette localité un pensionnat... pour les bestiaux et autres volailles... C'est là que j'ai été élevé... Tous les ans, à ma fête, mon père me pesait, et, tous les ans, je le voyais sourire, en constatant mon poids, qui augmentait à vue d'œil... Un jour, enfin, au sortir de la balance, il m'attire, sous un vain prétexte, près de la porte de son établissement et me tient à peu près ce langage : « Mon fieu! de tous mes élèves, tu es, en ce moment, le plus gras... Selon la règle de la maison, c'est donc toi qui dois en sortir le premier... Je n'ajouterai qu'un mot : va-t'en... » *(Il fait mine de lancer un coup de pied.)* Et il me pousse au milieu d'un attroupement de canards qui semblaient s'être réunis tout exprès pour assister à cette séparation touchante... Dans ma rage, j'avais déjà écrasé deux ou trois de ces bipèdes, lorsque j'entends de nouveau la voix de mon auteur qui s'écrie : « Malheureux! mais, c'est ta dot que tu foules aux pieds!... » Ma dot! Ce mot m'éclaire; je prends un bâton et je me mets à taper sur ma dot qui s'en allait de-ci, de-là!... A force de taper, nous arrivons à Paris, ma dot et moi; canes! canes! canes! canards! Voulez-vous des canards?... Ah! ben oui! personne n'achète!... Alors, pour donner l'exemple, je me mets à en plumer un et je le mange... j'en plume un second et je le mange... j'en replume un troisième et je le remange... Enfin, depuis quinze jours que je donne l'exemple, je suis ma seule pratique : voilà les cinq derniers.

AIR du *Fleuve de la vie.*

De l'héritage de mes pères,
Voilà ce qui m'reste à présent!
Ça m'promet des jours peu prospères
Dans un av'nir peu rassurant!
Je n'puis pas, malgré mon envie,
Aspirer au rang des vieillards,
Et, descendre, avec cinq canards,
Le fleuve de la vie!

FRONTIN. — Ton histoire m'a attendri, et ta physionomie me plaît!

THOMAS. — Vrai! Eh bien! achetez-y un amphibie à ma physionomie.

FRONTIN. — Ecoute-moi bien... Je quitte cette maison, et, si tu veux, je te donne ma place.

THOMAS. — Une place! à moi?

FRONTIN. — Je t'installe en qualité de valet de confiance auprès d'un jeune seigneur riche, généreux et amoureux, qui ne verra que par tes yeux et n'agira que par tes mains; tu mettras ses habits, tu boiras son vin, cet hôtel sera le tien; enfin, tu t'engraisseras à ne rien faire, au milieu d'un voluptueux pillage. Acceptes-tu?

THOMAS. — Si j'accepte!... Ah! homme généreux!... Est-on bien nourri?

FRONTIN. — Des repas succulents!

THOMAS. — Pas de canard, hein ?

FRONTIN. — Jamais!

THOMAS. — Et vous quittez cette place-là, vous ?

FRONTIN. — Oui, je... me retire dans mes terres... J'ai fait quelques économies...

THOMAS. — Monsieur, vous me comblez; si j'étais plus riche, je vous paierais votre fonds... Ne l'étant pas... *(il lui serre la main)* permettez-moi cette munificence.

FRONTIN. — Voyons comment tu portes la livrée... Tiens, entre là... *(Il lui montre le cabinet à gauche.)* Tu trouveras toute la défroque de Bourguignon... Il l'a laissée en partant, l'honnête homme!... Tu l'endosseras...

THOMAS. — Ça me va... Je vais m'embourguignonner.

FRONTIN. — Oui, va prendre le costume de l'emploi, parce qu'avant de te quitter, je veux te donner une petite leçon de belles manières.

THOMAS. — Oh! les belles manières, c'est mon fort!... Vous allez voir...

Il entre.

FRONTIN, *seul.* — Ah! monsieur le comte, vous voulez de la matière en livrée, eh bien! en voici!... et de la plus épaisse! *(A Thomas.)* Eh bien! trouves-tu ?

THOMAS, *de la coulisse.* — Voilà! voilà!... Oh! mais, c'est que ça me va!... *(Revenant.)* Qu'est-ce que vous dites de cette tenue-là, vous ?

FRONTIN. — Parfait!... Maintenant, le jarret tendu, les reins cambrés, et le chapeau sur l'oreille gauche.

THOMAS, *qui a exécuté gauchement les mouvements indiqués.* — Ça va-t-y un peu ?

FRONTIN. — Plus d'arrogance dans la tournure, le regard fier... *(Thomas exécute.)* Plus fier encore!

THOMAS. — Encore plus fier que ça ?... Attendez, je le tiens.

FRONTIN. — Eh! non! tu louches.

THOMAS. — Je louche... fièrement.

FRONTIN. — Ah!... En parlant, n'oublie pas de lancer de temps en temps un petit juron.

THOMAS. — Un juron ?... Vingt-cinq mille millions...

FRONTIN, *l'arrêtant.* — De seconde classe seulement... Comme : peste! malpeste! d'honneur!... C'est de qualité et puis ça relève la phrase.

THOMAS. — D'honneur!... Oui, ça la ravigote.

FRONTIN. — Ah çà! Sommes-nous un peu galant ?

THOMAS. — Plaît-il ?

FRONTIN. — Oui... Aimes-tu la bagatelle ?

THOMAS, *sans comprendre.* — La bagatelle... *(A part.)* Ça doit tenir au service. *(Haut.)* Je m'y mettrai à la bagatelle... Vous pouvez dire qu'on s'y mettra.

FRONTIN. — Voyons comment tu t'en tireras... Voici Marinette...

THOMAS. — Où ça ?

FRONTIN. — Eh! nulle part, butor! Mais elle viendra!... Et c'est toi qui lui dis : Peste! le joli minois!

THOMAS. — De votre part ?

FRONTIN. — Eh! non! de la tienne! *(Continuant.)* D'honneur! voilà un morceau de roi!... Et tu lui prendras le menton.

THOMAS. — Au roi ?

FRONTIN. — A Marinette, imbécile!

THOMAS. — Qui ça, Marinette ?

FRONTIN. — Une femme.

THOMAS. — Bien!... bien!... Comme qui dirait Pomone... Une grosse payse que j'ai; monsieur, votre commission sera faite, vous pouvez y compter. *(A part.)* C'est égal, c'est une drôle de place!

FRONTIN, *à part.* — Comme c'est compact! *(Haut.)* Mais, j'y pense, il te faut une entrée; tiens... *(Lui remettant un papier.)* Tu remettras ce papier à M. Arthur de Bethmont; c'est un ancien certificat à moi... Ton nom ?

THOMAS. — Thomas.

FRONTIN. — Pouah!... Tu en changes, tu te nommes maintenant Frontin... songes-y.

THOMAS. — Eh quoi! je quitterais le nom de mes ancêtres ?

FRONTIN. — Il le faut bien, puisque ce papier ne fait mention que de Frontin.

THOMAS. — Allons, Frontin, soit... *(A lui-même.)* Mais, mon père!... Oh! qu'il l'ignore toujours, le pauvre vieillard!... Il me ficherait une danse!

FRONTIN. — Encore un avis : M. le comte, quoique très riche, joue l'homme gêné, c'est sa manie.

THOMAS. — Oui, comme qui dirait son tic : faut pas le contrarier là-dessus.

FRONTIN. — Parfaitement! Maintenant tu es seigneur de ce logis; prends ton essor, jeune aiglon!

Il prend le panier de canards et fait mine de sortir.

THOMAS. — Dites donc, dites donc, jeune aiglon... et mes canards ?...

FRONTIN. — Quoi ? ça ?... Je purge la maison : si M. le comte trouvait cette volaille ici... *(Redescendant la scène.)* A propos, quel diable de cri poussais-tu donc tout à l'heure, pour débiter cette immonde marchandise ?

THOMAS. — Canes! canes! canes! canards! Voilà le métier.

FRONTIN. — Adieu!... *(Près de la porte du fond.)* Allons, Frontin, mon ami, le front haut et la pose opulente, cela donne bon air à la maison!

Il sort par le fond, et emporte le panier aux canards.

SCÈNE IV

THOMAS; *puis* ARTHUR

THOMAS. — En voilà une aventure!... Moi qui végétais dans la compagnie d'un volatile qui n'est guère estimé... qu'aux navets, je me vois transporté tout à coup dans une mine d'or massif, et dorloté comme un petit chérubin!

FRONTIN, *dans la rue.* — Canes! canes! canes! canards!

THOMAS. — Hein ?... *(Courant à la fenêtre de gauche.)* Eh bien! voilà l'autre qui fait mon commerce... Au vol... Qu'allais-je faire!... mon bienfaiteur!

ARTHUR, *entrant, et à lui-même.* — Allons, c'est une course vaine... Impossible de parvenir jusqu'à elle... Il faut que sa tante ait donné des ordres... Si, au moins, j'avais pu voir Marinette...

THOMAS, *à part.* — C'est sans doute le bourgeois.

ARTHUR, *l'apercevant.* — Quelqu'un dans ma livrée... Quel est ce drôle ? Qui es-tu ?

THOMAS. — C'est moi!... votre valet de confiance.

ARTHUR. — Mon valet de confiance que je ne connais pas.

THOMAS. — Oh! ça ne fait rien, voilà le papier.

ARTHUR, *prenant le papier.* — Voyons... Un certificat ?

Lisant pour lui-même.

AIR : finale de *Renaudin.*

« A tout lecteur noble et féal,
» Le sieur soussigné, certifie
» Qu'en matière de fourberie
» Frontin n'eut jamais son égal! »

(Parlé.) Ah! tu te nommes aussi Frontin!

THOMAS. — Moi ?... oui!... oui!... *(A part.)* Faut pas oublier ça.

ARTHUR, *continuant de lire, pendant que Thomas examine l'appartement.* —

« Sous une écorce débonnaire,
» Sous un masque des plus naïfs,
» Il sait cacher son savoir-faire,
» Son esprit des plus inventifs.
» Gardez-vous donc d'ajouter foi
» A sa simplicité factice,
» Il est tout pétri de malice.
» Je l'ai chassé, voici pourquoi :
» Il buvait mon vin sans mesure,
» Il était menteur à l'excès,
» Et, pour courir la créature,
» Pillait mon or... quand j'en avais.
» Mais, malgré tous ses mauvais tours,
» Ses défauts, ses travers, ses vices,
» En souvenir de ses services,
» Je le regretterai toujours.
» En foi de quoi, moi gentilhomme,
» Sain de corps... et fort peu d'esprit,
» A mon cher valet qui m'en somme,
» Ai voulu signer cet écrit.
» Selon qu'il est bien entendu,
» Je désire que les présentes
» Lui servent de lettres patentes,
» En attendant qu'il soit pendu! »

Le chevalier HUGUES DE MARSANS

(A lui-même.) Ce fou de chevalier... je le reconnais bien là!... *(Regardant Thomas.)* Un voleur... Qu'ai-je à craindre ?... les autres ne m'ont rien laissé... C'est un homme à expédients, je puis en avoir besoin, dans ce moment surtout. *(Haut.)* Allons, drôle! je te prends... tu es à mon service.

THOMAS, *s'approchant.* — Monsieur est content du certificat ?

ARTHUR. — Mais oui, assez.

THOMAS. — Oh! voyez-vous, monsieur, pour ce qui est de la probité...

ARTHUR. — Suffit; parbleu! je t'aurais pris pour un imbécile.

THOMAS. — Ça m'était bien égal, pourvu que vous me preniez... *(jetant son chapeau sous le bras)* malpeste... *(A part.)* Faut pas oublier ça!

ARTHUR. — J'aurai bientôt besoin de ton ministère; ainsi, prépare tes batteries.

THOMAS. — Mes batteries ?... *(A part.)* Il paraît que je ferai la cuisine. *(Haut.)* Elles sont toutes prêtes, mes batteries.

ARTHUR. — Mais il faut d'abord que je te mette au courant de ma position; car un valet est un ami qui doit tout savoir afin de tout prévoir : tu sauras donc... *(S'interrompant.)* Mon Dieu, que tu as l'air bête!

THOMAS. — Hein ?... *(A part.)* Il est malhonnête, mais la maison est bonne. *(Haut.)* Allez!

ARTHUR. — Tu sauras donc que je suis amoureux fou de Mlle Camille de Sérigny, jeune fille de naissance et de fortune.

THOMAS. — Elle a de quoi, je comprends, elle a de quoi.

ARTHUR. — Camille est confiée à la garde d'une de ses tantes, chez laquelle je suis admis deux fois par semaine en qualité de prétendu.

THOMAS. — Vous n'êtes pas malheureux, vous!... *(même jeu avec son chapeau)* palsambleu!

ARTHUR. — Ces visites courtes et rares ne pouvaient suffire à notre impatience. J'ai voulu les multiplier... *(Allant à la croisée de gauche.)* Au moyen de cette longue-vue, mon regard pénètre jusqu'à l'habitation de Camille... Dès que la tante est sortie, une soubrette dévouée me fait un signal, et j'accours.

THOMAS. — Comme ça, la vieille n'y voit que du feu. Bravo! j'aime ça, les vieilles qui n'y voient que du feu.

ARTHUR. — Tout allait bien jusque-là... mais, depuis trois jours, personne ne paraît au balcon... aucun signal, aucunes nouvelles! *(Redescendant.)* A quoi attribuer cette disgrâce ? A mon procès peut-être... Son issue seule suspendait notre mariage.

Il remet la longue-vue à Thomas qui la tient gauchement.

THOMAS. — Vous avez un procès ?

ARTHUR. — Oui; un fripon, ancien intendant de mon père, qui, épuisant tous les retours de la chicane, m'empêche depuis deux ans d'entrer en possession de mon patrimoine.

THOMAS. — Eh quoi! M. votre père...

ARTHUR. — Voici comme l'affaire se présente... Mais quelqu'un monte... Si c'était Marinette... Laisse-moi seul... Va déjeuner.

THOMAS. — Déjeuner!... Oh! je mange si peu; mais, pour vous obéir... quelque chose de léger... un fruit, ça me suffira... C'est pour vous obéir, vous entendez bien, c'est pour vous obéir!

Il sort à droite, emportant la longue-vue.

SCÈNE V

FAYENSAL, ARTHUR

FAYENSAL. — M. le comte Arthur de Bethmont.

ARTHUR. — Fayensal! *(A part.)* Ici, ce fripon d'intendant!

FAYENSAL. — Lui-même... Achille sous la tente d'Hector.

ARTHUR. — Que voulez-vous ?

FAYENSAL. — Monsieur, c'est demain que notre procès doit être appelé.

ARTHUR. — Oui, c'est demain que vous serez condamné à me restituer...

FAYENSAL. — Oh! oh! oh! comme vous y allez!... nous n'en sommes pas encore là, mon cher monsieur... Demain, nous ne plaidons encore qu'une question de forme.

ARTHUR. — La forme! toujours la fôrme[1] !

FAYENSAL. — Le fond viendra plus tard... en son lieu... quand j'aurai fait vider trois ou quatre fins de non-recevoir, cinq ou six petites nullités... sans compter quelques questions accessoires de résidence, de déchéance et de compétence... Alors, nous pourrons voir.

ARTHUR. — C'est trop fort! Le testament de mon père n'est-il pas formel ? Vous le savez mieux qu'un autre, vous, qu'il a eu l'imprudence de nommer son exécuteur testamentaire : n'avez-vous pas à me restituer une fortune de deux cent mille écus ?

FAYENSAL. — Certainement! je ne le nie pas! Deux

1. Voir Bridoison dans *Le Mariage de Figaro*, acte III, scène 14.

cent mille écus, six sous et six deniers... Mais, mettez-vous à ma place :

AIR : *Il ne saurait m'échapper, cette fois.*
(Grand Criminel).

Vous connaissant pour un dissipateur,
Souvenez-vous que M. votre père,
Tant qu'il vécut, se fit un point d'honneur
De vous laisser presque dans la misère.
Il est mort, mais, auprès de vous,
Il m'a placé, comme un autre lui-même;
Aussi, de tous ses droits jaloux,
J'accomplis un devoir bien doux,
En continuant son système,
Je continuerai son système!

ARTHUR, *sévèrement.* — Monsieur!...

FAYENSAL. — D'ailleurs, la loi est là... vous n'êtes pas seul héritier... il y a plusieurs legs à côté du vôtre... Savez-vous ce que la loi dit à ce sujet ?

ARTHUR. — Elle doit dire de partager à chacun selon ses droits.

FAYENSAL. — Oui... mais elle ajoute, cette bonne petite loi, que, pour que le partage ait lieu, il faut que tous les cohéritiers soient présents.

ARTHUR. — Eh bien ?

FAYENSAL. — Il en manque un... un filleul de M. votre père, couché sur son testament pour mille pistoles... et dont le domicile est inconnu.

ARTHUR. — Mais cherchez-le, ce filleul, c'est votre état.

FAYENSAL. — Parbleu!... je l'ai cherché aussi, mais je ne l'ai pas trouvé. *(A part.)* C'est mon état aussi!

ARTHUR. — Et vous croyez que le Parlement jugera...

FAYENSAL. — Il jugera... qu'il faut l'attendre pendant cinq ans.

ARTHUR. — Et pendant cinq ans...

FAYENSAL. — J'aurai l'embarras de tous les biens de la succession... Je les administrerai en bon père de famille.

ARTHUR. — Mais c'est intolérable!

FAYENSAL. — Je le sais bien!... Aussi, je veux vous proposer une petite transaction.

ARTHUR. — Expliquez-vous.

FAYENSAL. — Selon toutes les prévisions, vous allez être condamné, faute de filleul, à cinq ans de mon administration forcée... Cinq ans!... vous concevez... ces choses-là... ça n'a pas de prix... Eh bien!... abandonnez-moi... Qu'est-ce que vous pourriez bien m'abandonner ?... Vingt mille écus... c'est pour rien! et je me fais fort de retrouver le filleul demandé, je l'amène aux pieds du tribunal, et je verse entre vos mains le surplus de l'héritage... Hein ?

ARTHUR, *sévèrement.* — Sortez, monsieur!

FAYENSAL. — Ah bah! *(A part.)* Je le croyais plus délabré. *(Haut.)* Mais songez donc que j'ai le premier avocat du barreau... Lambert, le fameux Lambert... si célèbre pour avoir fait durer vingt-cinq ans une petite contestation sur un mur mitoyen... qui a eu le temps de tomber... et, pour conseil, pour ami, l'illustre Dumarsay, notre rapporteur.

ARTHUR. — Pour la dernière fois, monsieur, je ne compose pas avec la friponnerie... *(Lui montrant la porte.)* C'est par cette porte que vous êtes entré...

FAYENSAL. — Comme il vous plaira!... *(A part.)* Décidément, je le croyais plus délabré.

ENSEMBLE

AIR : *La colère m'exaspère*

Sortons, sortons vite,
Car ma conduite
L'irrite!
En ces lieux, j'ai l'espoir
De ne plus me voir!

Il sort au fond.

ARTHUR

Sortez, sortez vite!
Votre conduite
M'irrite!
En ces lieux, j'ai l'espoir
De ne plus vous voir!

SCÈNE VI

ARTHUR; *puis* THOMAS; *puis* MARINETTE

ARTHUR, *seul.* — L'effronté coquin!... oser me proposer... Après tout, cette démarche est d'un bon augure...

Fayensal n'est pas homme à transiger, s'il n'était sûr d'avance...

THOMAS, *rentrant par la droite, la longue-vue à l'œil, et cherchant.* — Où diable mettent-ils le garde-manger ?

ARTHUR. — Que fais-tu donc là ?

THOMAS, *s'avançant timidement.* — Pardon, monsieur; nous n'avons pas encore causé de nos petites conditions... Je suis nourri ?

ARTHUR. — Mais oui.

THOMAS. — Pardon, monsieur; vous m'avez dit tout à l'heure : Frontin, va déjeuner...

ARTHUR. — Eh bien! tu as fini... Pouah! tu sens le vin!

THOMAS. — Moi ? je n'ai encore trouvé qu'un macaron.

ARTHUR. — Mais tu es gris!

THOMAS, *regardant son habit.* — Je suis gris ?... *(A part.)* Je me serai frotté quelque part... *(Haut.)* Pardon, monsieur...

ARTHUR. — Eh! tu me fatigues! tu m'impatientes!... Va te promener!...

THOMAS. — Là, là, là!... ne vous fâchez pas!... Je suis nourri, n'est-ce pas ?... Du moment que je suis nourri, ça me suffit... *(A part.)* Il ne s'agit que de trouver le garde-manger.

MARINETTE, *arrivant par le fond.* — Ah! je vous rencontre...

ARTHUR. — Arrive donc!... je t'attendais avec une impatience... Et Camille, quelles nouvelles ?

MARINETTE. — Mauvaises, monsieur le comte... Depuis trois jours, je suis cloîtrée, gardée à vue, impossible de sortir! Ma maîtresse est dans les larmes... on ne veut plus que vous nous épousiez!

ARTHUR. — Comment! est-ce que la tante s'opposerait ?...

MARINETTE. — Elle et tout le monde.

THOMAS. — Ah! il y a du grabuge ?

ARTHUR. — Sans doute... mais que faire ?... Allons, Frontin, te voilà dans ton élément!... De l'intrigue, mon garçon, de l'intrigue!

THOMAS. — Volontiers, volontiers!

MARINETTE. — Un nouveau valet!

Faisant le tour de Thomas pour le regarder.

THOMAS, *à part.* — Qu'est-ce qu'elle a donc à valser autour de moi, la petite ?

MARINETTE, *lui prenant le menton.* — Vous avez fait

venir ça par le coche... M'est avis que le gibier ne paiera pas les frais du voyage.

Elle se retrouve au milieu.

THOMAS, *à Arthur.* — Vous avez fait venir du gibier par le coche ?

MARINETTE, *éclatant.* — Ah! ah! ah! la plaisante acquisition!... Au reste, je lui apporte de la besogne... *(A Thomas distrait.)* Voilà la chose : ma maîtresse a un frère, un frère aîné.

ARTHUR. — Ecoute donc, Frontin, cela te regarde.

THOMAS. — On y est, on y est!

MARINETTE. — C'est du consentement de ce frère que dépend le mariage de ton maître avec Mlle de Sérigny.

THOMAS, *à part.* — Il dit que ça me regarde, ça regarde le frère.

MARINETTE. — Eh bien! M. de Sérigny, que nous avions vu jusqu'alors favorable à cette union, lui est maintenant tout à fait hostile.

ARTHUR. — Mais pourquoi ?

MARINETTE. — Impossible de le faire expliquer; il est venu nous déclarer, il y a trois jours, que vous étiez le dernier homme auquel il voulût marier sa sœur.

ARTHUR. — Mais c'est impossible!... il ne me connaît pas; nous ne nous sommes jamais rencontrés... Comprends-tu cela, Frontin ?

THOMAS. — C'est un véritable écheveau... Et puis, la petite parle trop vite.

MARINETTE. — Comment! vous ne trouvez pas de motif...

ARTHUR. — Mais puisque je ne l'ai jamais vu!

THOMAS, *criant.* — Puisqu'il ne l'a jamais vu, qu'on vous dit!... *(A part.)* Elle est sourde, la petite!

MARINETTE. — Alors je ne sais plus que penser!

THOMAS. — Parbleu! c'est bien malin!... moi non plus... *(A part.)* Elle est bête, la petite! *(Haut.)* Si nous parlions d'autre chose!

ARTHUR, *à lui-même.* — Cette prévention subite... cette haine sans me connaître... il y a là-dessous un mystère...

THOMAS, *à Marinette.* — Y a du chiendent!... y a du chiendent!

ARTHUR. — Mais je l'éclaircirai... Et d'abord, je verrai M. de Sérigny... c'est décidé... Frontin, je vais sortir.

MARINETTE. — Soyez prudent!

ARTHUR. — Sois tranquille. *(A Thomas, lui montrant*

son habit.) Cet habit me déplaît; tu m'en trouveras un autre.

THOMAS. — Oui, monsieur... La clé ?...

ARTHUR. — Hein ?

THOMAS. — De votre garde-robe... pour l'habit...

ARTHUR. — Tu n'as pas saisi... Je n'ai pas d'autre habit... on m'a volé... Charge-toi d'y pourvoir.

THOMAS. — Bien, bien... le premier tailleur venu... La clé ?...

ARTHUR. — Mais quelle clé ?

THOMAS. — De votre coffre-fort... parce qu'avec de l'argent...

ARTHUR, *gaiement.* — De l'argent ? Est-ce que j'en ai!

THOMAS. — Comment ?

MARINETTE, *riant.* — Puisqu'il n'en a pas!

THOMAS. — J'entends bien, mais... *(Se rappelant, à part.)* Ah! bon! le tic! je suis prévenu.

ARTHUR. — Au fait, tu m'y fais songer... l'argent est le nerf de la guerre... Tu mettras vingt-cinq louis dans mes poches... De l'or, tu entends ? de l'or...

THOMAS. — De l'or!...

ARTHUR. — Oui, tu en feras.

THOMAS, *à part.* — Faire de l'or! il me prend pour un apothicaire!

ARTHUR, *regardant sa montre.* — Je te donne une heure... Pour toi, c'est une bagatelle.

THOMAS, *à part.* — Bagatelle!... lui aussi... bagatelle!

ARTHUR, *à Marinette.* — Dis à ta maîtresse de ne pas perdre courage; qu'elle se repose sur moi et sur Frontin... *(A Frontin.)* Je vais à ma toilette... Mon habit dans un quart d'heure... je compte sur toi. Adieu, Marinette.

Il sort à droite.

SCÈNE VII

THOMAS, MARINETTE

THOMAS. — Marinette!... la petite, c'est Marinette!... N'oublions pas la commission de l'autre. *(S'approchant.)* Peste! le joli minois!

MARINETTE, *étonnée.* — Hein ?

THOMAS, *lui prenant gauchement le menton.* — D'honneur! voilà un morceau de roi!

MARINETTE, *le laissant faire.* — Voyez-vous ce lourdaud!

THOMAS, *à part.* — Elle ne dit rien... continuons... C'est ennuyeux, mais j'ai promis.

Il lui prend la taille.

MARINETTE, *lui donnant un soufflet.* — Tout beau! manant!

THOMAS. — Aïe! Dites donc, vous, là-bas... c'était pas convenu.

MARINETTE, *avançant sur Thomas, qui recule.* — Téméraire! quels sont tes états de service, pour en conter à Marinette ?

THOMAS. — Je vous en conte, moi ?... C'est vous qui m'en comptez... des soufflets!

MARINETTE, *avançant toujours.* — Combien as-tu trompé de maris jaloux et dupé de pères nobles ? combien as-tu ruiné de coquettes ? combien as-tu desséché de financiers ? Réponds, jeune présomptueux, qui ose lever les yeux sur moi! As-tu jamais, pour faire réussir une intrigue, risqué les galères ou frisé glorieusement la potence ?

THOMAS, *à part.* — Friser des potences!... en voilà une profession!

MARINETTE, *avec pitié.* — Non! tu n'as pas d'exploits, pas de hauts faits; tu n'es qu'un valet obscur.

THOMAS, *gouaillant.* — T'obscur! Oh!

MARINETTE. — Et tu veux plaire à Marinette ? Allons donc!...

AIR : *Je vois sur sa figure (Judith).*

Voyez donc la figure
Du brillant séducteur!...
Avec cette tournure,
Faire le joli cœur!
Je puis bien être tendre,
Mais pas pour ton museau!
Qu'il est beau! qu'il est beau!
Au revoir, beau Léandre,
Attends-moi sous l'ormeau!
Qu'il est beau! qu'il est beau!
Au revoir, attends-moi sous l'ormeau!

Parlé près de la porte.

Je t'enverrai ma suivante!

Elle sort au fond.

SCÈNE VIII

THOMAS, *seul.*

Oh! c'te bégueule!... Je t'enverrai ma suivante!... Si je comprends quelque chose à tout ce qu'elle m'a dégoisé là... avec ses pères nobles, ses financiers... ses galères... Je soupçonne sa moralité... Mais, j'y pense... l'autre qui attend son habit... Où diable trouver un tailleur?... *(Regardant par la fenêtre de gauche.)* J'ai beau chercher dans le quartier... Voyons donc si, avec cette mécanique... *(Il prend la longue-vue et dépose son chapeau sur le guéridon. — Regardant avec sa longue-vue.)* Orientons-nous un peu!... Oh! je connais ça!... c'est le quai de la Ferraille... Qu'est-ce qui vend des habits par ici?... Une boutique bleue... tiens! c'est un perruquier... Ah! la belle enseigne! une Renommée!... Ah! mon Dieu!... au second étage... un mari qui embrasse sa femme!... Tiens! tiens! elle lui rend!... Eh bien, eh bien! ne vous gênez pas!... Oh! par exemple! on ferme les rideaux... Fermez vos rideaux!... *(Après avoir examiné encore.)* Avec tout ça, pas le moindre fripier!... Comment faire?

ARTHUR, *appelant de sa chambre.* — Frontin!... (*Thomas s'approche de la porte.)* Tiens!

THOMAS, *revenant avec l'habit que lui a jeté Arthur.* — Comme si cet habit n'était pas encore très propre... Dieu me pardonne! il est tout neuf!... Oh! il a peut-être quelques défauts... Voyons donc, voyons donc. *(Il ôte son habit.)* Non! je ne vois pas... *(Il enfile une manche.)* Après ça, le comte est peut-être mal fait!...

SCÈNE IX

THOMAS, SÉRIGNY

SÉRIGNY, *entrant vivement par la fenêtre de droite.* — Il était temps!

THOMAS, *se retournant.* — Hein!... Au voleur! au voleur!

Il enfile précipitamment l'autre manche.

SÉRIGNY. — Silence! Au nom du ciel, ne me perdez pas!

Il fait un pas.

THOMAS, *effrayé, se mettant en garde avec la longue-vue.* — Arrière, inconnu! Je suis armé!

SÉRIGNY. — Ne craignez rien! Gentilhomme comme vous, je suis poursuivi, traqué pour un motif... honorable.

THOMAS. — Connu! *(A part.)* C'est un filou!

SÉRIGNY. — J'ai pu parvenir jusqu'ici à l'aide de ce grand balcon... Ecoutez!... non! je n'entends plus rien!... je puis encore me sauver...

THOMAS. — Je ne vous retiens pas.

SÉRIGNY. — Mais cet habit qu'ils ont vu dans ma fuite pourrait me trahir... donnez-m'en un autre!... Un habit! au nom du ciel, un habit!

THOMAS, *à part.* — Encore un qui veut un habit!

SÉRIGNY. — Quoi! monsieur, vous hésitez?

THOMAS. — Eh! vous croyez que c'est facile. D'abord, monsieur, les habits sont très demandés par le temps qui court, et...

SÉRIGNY. — Eh! monsieur, je n'ai qu'une minute!

THOMAS. — Eh! monsieur, je n'ai qu'un habit!

SÉRIGNY, *le forçant presque à ôter l'habit.* — Donnez toujours, je m'en contenterai!

THOMAS, *se laissant faire.* — Il est charmant! Eh bien! et moi?... J'irai donc nu-bras, comme un boulanger?

SÉRIGNY, *ôtant son habit qu'il donne à Thomas, et endossant l'autre.* — Vous prendrez le mien.

THOMAS. — Un instant!... *(Il examine l'habit de Sérigny.)* Boutons d'or, doublure de soie... ça me va!... Ah çà! c'est bien cousu, au moins?

SÉRIGNY, *à la table de droite, écrivant.* — Encore un service, monsieur... Je quitte la France, je passe la frontière... C'est un dernier adieu que je veux adresser à une personne qui m'est bien chère!...

THOMAS. — Allez, allez, pendant que vous y êtes, bah!

SÉRIGNY. — Je puis partir maintenant, elle est en lieu sûr.

THOMAS. — Ah! tant mieux!

SÉRIGNY, *lui remettant la lettre qu'il a écrite.* — Tenez, soyez assez bon pour faire porter cette lettre à son adresse, tout près d'ici, à Bagatelle.

THOMAS. — Bagatelle! encore bagatelle! *(A part.)* Qu'est-ce qu'ils ont donc tous à me poursuivre de ce mot-là. *(Haut.)* Je vais appeler un Auvergnat.

SÉRIGNY. — Non pas, un de vos gens... un homme fidèle, discret...

THOMAS. — Soyez tranquille, elle sera portée... *(Il jette la lettre dans son chapeau qui est sur le guéridon à gauche.)* Elle est portée.

SÉRIGNY. — Maintenant, monsieur, votre main et votre nom ?

THOMAS. — Mon nom!... Thomas, de Poissy.

SÉRIGNY, *solennellement.* — Monsieur de Poissy, vous vous êtes acquis aujourd'hui des droits à la reconnaissance et à l'épée d'un homme de cœur... Nous nous reverrons.

Il sort par le fond.

SCÈNE X

THOMAS; *puis* ARTHUR

THOMAS, *seul, en manches de chemise et tenant l'habit.* — Bien des choses chez vous!... Il s'en va gai comme un pinson... Il croit qu'il a fait un bon marché... *(Examinant l'habit.)* Des vrais boutons d'or!... du vrai velours!

ARTHUR, *entrant par la droite et apercevant Thomas qui tient l'habit.* — Ah! bravo! Frontin! Je vois que tu as fait diligence.

THOMAS. — Quoi donc ?

ARTHUR, *considérant l'habit.* — Oh! oh! c'est du bon faiseur!... Tu as du goût!

THOMAS, *se rappelant et poussant un cri.* — Ah!

ARTHUR. — Qu'as-tu donc ?

THOMAS. — Rien... Votre habit...

ARTHUR. — Voilà une heure que je l'admire... Voyons s'il me va. *(Thomas l'aide à mettre l'habit, puis il prend la robe de chambre que vient de quitter Arthur et son habit de livrée, et entre dans le cabinet à gauche. — Devant la glace à droite.)* Mais c'est très bien, parfait... Je l'aurais commandé moi-même que...

THOMAS, *rentrant, la livrée sur le dos, et poussant un second cri.* — Oh!

ARTHUR. — Quoi ?

THOMAS. — Il vous colle!... C'est un gant!... Il vous poisse!

ARTHUR. — De la richesse! de l'élégance!

THOMAS. — Et puis c'est cousu... Malpeste!

ARTHUR. — C'est bien, c'est bien... Ma bourse, maintenant... Donne-moi ma bourse.

THOMAS. — Ah! oui... les vingt-cinq louis... Votre tic...

ARTHUR. — Comment!... mon tic?

THOMAS. — Oui... J'vas vous dire : l'argent est si rare, en ce moment, que je n'ai pas pu avoir d'or...

ARTHUR. — Comment! faquin! je t'avais donné une heure, pourtant!... Mais à quoi es-tu bon? Voyons, parle, que sais-tu faire? Imbécile! maladroit! butor! Je te ferai bien voir!... *(Tout en parlant, il a mis la main dans sa poche et en retire une bourse.)* Ah! ah! ah! Pardon, Frontin, réparation d'honneur... C'est moi qui ai tort...

THOMAS, *étonné, à lui-même.* — Une bourse!

ARTHUR. — Et moi qui le grondais, ce pauvre garçon!... Ah! dame! c'est que tu joues la comédie dans la perfection!... *(Ouvrant la bourse et comptant.)* De beau louis, ma foi!... Dix, vingt, vingt-six... Un de plus!... Ah! Frontin! tu fais trop bien les choses!

THOMAS. — Il y en a vingt-six?... *(Tendant la main.)* C'est un de trop, je me suis trompé.

ARTHUR, *faisant mine de le lui rendre.* — C'est juste! *(Se ravisant et mettant la bourse dans sa poche.)* Eh bien! tu me le retiendras la prochaine fois.

THOMAS, *à part.* — La prochaine fois!... Il mangerait le Pérou, avec son tic!

ARTHUR, *à part.* — Maintenant, allons trouver M. de Sérigny. *(Haut.)* Je suis content de toi, je te permets de te griser.

THOMAS. — Oh! si ça vous était égal, j'aimerais mieux casser une croûte... L'estomac commence à... Je mangerais volontiers quelque chose de succulent... du veau...

ARTHUR, *devant la glace.* — Eh bien! mange, mon garçon, mange du veau.

THOMAS. — C'est que... *(A part.)* Où diable mettent-ils le garde-manger?

ARTHUR. — N'es-tu pas embarrassé?... Vous verrez, tout à l'heure, que je serai obligé d'apprendre à M. Frontin à dépister un dîner! Ah! la bonne plaisanterie! Ah! ah! ah! il est très drôle!

Il remonte la scène.

THOMAS, *à part.* — Je suis drôle! je suis drôle!... Ah! si la maison n'était pas si bonne!...

SCÈNE XI

THOMAS, MARINETTE, ARTHUR

ARTHUR, *prêt à sortir.* — Marinette!

MARINETTE. — Tout est perdu!

ARTHUR. — Ah! mon Dieu!

MARINETTE. — Ma maîtresse a disparu!

ARTHUR. — Que dis-tu ?

THOMAS, *élevant la voix.* — Elle dit : Ma maîtresse a disparu!

MARINETTE. — Son frère est venu la chercher pendant que j'étais ici sans doute, pour la soustraire à vos poursuites.

ARTHUR. — Mais on connaît le lieu de sa retraite ?

MARINETTE. — Ah bien! oui! Sa tante même l'ignore.

ARTHUR. — Que faire ?... Où la retrouver ?... Ah! si je n'écoutais que mon désespoir!...

MARINETTE. — Que dites-vous ?

THOMAS, *élevant la voix.* — Il dit : Ah! si je n'écoutais que mon désespoir!

MARINETTE. — Eh! j'entends bien!

THOMAS. — Alors, c'est de la méchanceté... faire répéter, c'est de la méchanceté!

ARTHUR, *à lui-même.* — Ah!... une dernière espérance! *(Haut.)* Allons, Frontin, allons, en campagne!... l'oreille ouverte et le nez au vent.

THOMAS. — Le nez au vent!... *(A part.)* Quel est son projet ?

ARTHUR, *à Frontin.* — Va, questionne, interroge... et si tu parviens à découvrir sa demeure, cent louis pour toi!

THOMAS, *à part, prenant son chapeau sur le guéridon à gauche.* — Cent louis! quel bonheur!

La lettre de Sérigny, qui était dans le chapeau, vole aux pieds de Marinette; Thomas ne s'en aperçoit pas.

MARINETTE, *ramassant la lettre.* — Oh! un poulet!

THOMAS, *se retournant.* — Cuit ?... Où ça ?

MARINETTE, *poussant un cri, après avoir regardé l'adresse de la lettre.* — Ah! mon Dieu!

THOMAS. — Hein ?

ARTHUR. — Quoi ?

MARINETTE, *lisant.* — « A mademoiselle Camille de Sérigny, au couvent de la Visitation. »

ARTHUR. — L'adresse de Camille!...

MARINETTE. — Déjà!

ARTHUR. — Et c'est Frontin!...

THOMAS, *à lui-même.* — Qu'est-ce que j'ai encore fait ?...

ARTHUR. — Mais tu es mon sauveur... mon bienfaiteur, mon ange tutélaire!...

THOMAS. — Je suis tout ça... tout ça à la fois!

ARTHUR. — De qui peut être cette lettre ?... Ma foi! en guerre, tout est permis!

Il ouvre la lettre.

THOMAS, *regardant Arthur, à part.* — La lettre de l'autre!

ARTHUR, *lisant la lettre.* — Que vois-je ? la signature du frère...! *(Passant sur le devant, à droite.)* Une conspiration contre le régent!... il est compromis!...

MARINETTE, *à Thomas.* — Comment! te voilà le confident du frère ?...

THOMAS, *à part.* — Le frère! le frère!... le frère à qui ?

MARINETTE. — Bien joué, Frontin!... Ah çà! tu l'as donc vu ?

THOMAS. — L'autre ?... Oui. *(Passant au milieu.)* Nous avons jaboté un moment... Il n'est pas fort... je l'ai mis dedans.

ARTHUR. — Viens, Marinette... j'ai hâte d'arriver au couvent.

MARINETTE. — Mais, une fois là, comment entrer dans la place ?

THOMAS. — Parbleu! par la porte!

ARTHUR. — Il a raison! *(Montrant la lettre.)* Voici notre passeport.

MARINETTE. — Frontin n'a rien oublié!

THOMAS. — Oh! mon Dieu! c'est le tout de s'y mettre... une fois qu'on y est...

ARTHUR. — Partons!

MARINETTE

AIR : *Quel amour de corsaire (Le Vengeur).*

Poursuis tes avantages,
On a les yeux sur toi!

ARTHUR

Je veux doubler tes gages,
Pour t'attacher à moi!

THOMAS

Cett' mesur' vous honore;
Quoi! vous doublez mon gain!

A lui-même.

Quel dommag' que j'ignore
Ce que j' gagnais c'matin!

ENSEMBLE

J'obtiens des avantages
Dans mon nouvel emploi;
On veut doubler mes gages,
Je n' sais pas trop pourquoi.

MARINETTE

Poursuis tes avantages,
On a les yeux sur toi!
Puisqu'on double tes gages,
Remplis bien ton emploi.

ARTHUR

Poursuis tes avantages,
On a les yeux sur toi!
Je veux doubler tes gages
Pour t'attacher à moi.

Arthur et Marinette sortent par le fond.

SCÈNE XII

THOMAS; *puis* SÉRIGNY

THOMAS, *se promenant.* — Hum! hum! hum! tout ça pourrait encore être un peu plus clair... Cette Camille que je retrouve... à ce qu'il paraît... ce frère compromis... à ce qu'ils disent... et par-dessus tout, mon estomac qui crie... mais qui crie!... Ah! je mangerais bien quelque chose de solide!... car, enfin, ce n'est pas juste...

AIR de *Joseph.*

On restaur' les vieilles peintures,
On restaure les monuments,
On restaure aussi les figures,
Et même les gouvernements;
On restaure habit et doublure,
On restaur' tout c' qu'est délabré,
Moi seul, hélas! dans la nature,
Je n' puis pas être restauré!

SÉRIGNY, *entrant par le fond, et apercevant Thomas.* — J'arrive à temps!

THOMAS. — Qui vive?

SÉRIGNY. — C'est moi, monsieur de Poissy. Vous ne me remettez pas?

THOMAS. — Tiens!

SÉRIGNY, *regardant Thomas de plus près.* — Mais, comment!... cette livrée... un valet!... Mon habit, malheureux! où est mon habit?

THOMAS. — J'en étais sûr! vous vous repentez du troc?... J'en suis fâché!... mais quand on troque on troque!... Votre habit est en ce moment avec mon maître et la petite; ils se promènent tous les trois.

SÉRIGNY. — Ton maître le porte? Je l'attendrai! *(A part.)* Il me faut à tout prix ces papiers si compromettants.

THOMAS. — Eh bien! ne vous gênez pas! Qu'est-ce qu'il faut vous servir?

Trémolo à l'orchestre jusqu'à la fin de l'acte.

SÉRIGNY, *qui entend du bruit à la porte.* — Chut!... écoute!

LE SERGENT DU GUET, *du dehors.* — Gardez cette porte, messieurs, et que personne ne sorte!

SÉRIGNY. — Le guet!... que faire?... Oh! dans cette chambre!

Il entre à gauche, et se tient derrière la porte entrouverte.

SCÈNE XIII

SÉRIGNY, LE SERGENT, ARTHUR, THOMAS

ARTHUR, *entrant rapidement, suivi du sergent.* — Mais que signifie ?...

LE SERGENT. — Au nom du roi, je vous arrête!... Depuis deux heures nous vous cherchons. N'avez-vous pas fait partie d'une assemblée politique qui s'est tenue cette nuit chez le comte de Villaflor ? N'êtes-vous pas M. de Sérigny ?

THOMAS et ARTHUR, *à part.* — Sérigny!

SÉRIGNY, *à part.* — Ils le prennent pour moi... je suis perdu!

LE SERGENT. — Ne cherchez pas à nier : votre signalement est exact, et cet habit confirme tous nos soupçons.

THOMAS. — Ah! permettez! Pour ce qui est de l'habit...

ARTHUR, *arrêtant Thomas.* — Silence! *(Remettant son épée.)* Je suis M. de Sérigny!

SÉRIGNY, *à part.* — Il me sauve!... le brave jeune homme!

ARTHUR, *bas à Thomas.* — Frontin, je n'ai plus d'espoir qu'en toi... il faut que tu sois ma planche de salut.

THOMAS, *à part.* — Il veut que je fasse la planche!

ARTHUR, *au sergent.* — Où faut-il vous suivre, monsieur ?

LE SERGENT. — Au Châtelet.

ARTHUR. — Allons au Châtelet!

Ils sortent.

SCÈNE XIV

SÉRIGNY, THOMAS

THOMAS. — V'là que ça s'embrouille encore plus!... C'est-à-dire que je ne cherche plus à comprendre, et que...

SÉRIGNY, *qui est sorti du cabinet, après avoir été au fond s'assurer que personne ne peut les entendre, à Thomas.* — Deux mots!

THOMAS. — Comment! vous n'êtes pas parti ?... Eh ben! il est gai, votre habit!

SÉRIGNY. — Silence! Vingt-cinq louis pour toi, si tu exécutes bien mes ordres.

THOMAS. — Allez!

SÉRIGNY. — Dans la doublure de l'habit, au côté droit, sont des papiers de la plus haute importance. Il faut à tout prix que tu pénètres dans la prison de ton maître, et que tu brûles ces papiers... Tu m'as compris ?

THOMAS. — Parfaitement!

SÉRIGNY, *à part.* — Grâce au dévouement de ce gentilhomme, cette nuit est encore à moi, je pourrai prévenir mes amis, et après... je sais ce que l'honneur m'ordonne. *(Près de sortir.)* Toi, au Châtelet!

Il sort par le fond.

THOMAS. — Va pour le Châtelet!... C'est égal, avant de brûler les papiers, j'aurais bien voulu savoir où ils mettent le garde-manger!

La toile tombe.

ACTE II

Une salle voisine du cabinet du rapporteur Dumarsay. — A droite, deuxième plan, la porte par laquelle on pénètre dans l'intérieur de la prison. — Au fond, à droite, une porte à guichet, conduisant à l'extérieur. — Au milieu du fond, une cheminée. — A gauche de la cheminée une robe et une toque d'avocat accrochées au mur. — A gauche, troisième plan, la porte du cabinet de Dumarsay. — Au deuxième plan, un bureau garni de cartons. — Fauteuils, etc.

SCÈNE PREMIÈRE

DUMARSAY, *seul, assis devant le bureau.*

Mon rapport au sujet de cette conspiration est à peu près terminé... J'ai passé dessus une partie de la nuit, mais le régent sera content. Voyons si je n'aurais pas commis quelque faute contre l'étiquette... Première page...

AIR du *Charlatanisme.*

Quand on parle au gouvernement,
Il faut d'abord soigner la marge;
Pour exprimer mon dévouement
Jamais sera-t-elle assez large ?...
Par un blanc qui n'est pas suspect,
Traduisons ma reconnaissance,
Ajoutons encore, pour l'aspect,
Cinq ou six pouces de respect...
Le reste n'a pas d'importance.

Vérifions seulement les majuscules... *(Lisant.)* « Au » très haut, très grand, très puissant seigneur, Son » Altesse royale, le régent de France... Monseigneur... » *(Il lit un peu des yeux.)* Parfait... parfait!... Ce rapport est un chef-d'œuvre... de convenance... Mettons-le sous enveloppe. *(Ecrivant la suscription.)* « A monseigneur » le régent. » Là... j'apposerai le cachet plus tard... Il peut survenir d'autres renseignements qu'il sera bon d'y ajouter... *(Il se lève.)* Pourtant, j'aurais voulu parler un peu de cette conspiration... Ma foi!... J'ai dit tout ce que je savais... et comme je ne sais rien... que le prisonnier n'a pas voulu parler... On a bien trouvé sur lui un billet adressé à Mlle de Sérigny, sa sœur... une lettre qui parle vaguement d'un danger qui le menace... d'une conspiration... Mais aucun détail... Les fils du complot nous échappent... M. de Sérigny n'est ici que depuis hier soir; peut-être, avec le temps, se décidera-t-il à rompre le silence. D'ailleurs, je viens d'expédier au couvent de la Visitation un ordre de comparution pour sa sœur. On obtient souvent des aveux par des influences de famille.

SCÈNE II

FAYENSAL, DUMARSAY

FAYENSAL, *dans la coulisse.* — Mais c'est moi! je vous dis que c'est moi!... *(Entrant.)* J'ai mes entrées, que diable! Isidore, c'est connu ici, Isidore Fayensal!

DUMARSAY. — Ah! c'est vous!...

FAYENSAL. — Oui, mon cher Dumarsay... Vous ne m'attendiez pas si matin ?

DUMARSAY. — C'est vrai... Et Mme Fayensal, donnez-moi donc des nouvelles de sa chère santé.

FAYENSAL, *sans écouter.* — Comme vous voyez, ça ne va pas mal... j'ai déjà fait, ce matin, trois conseillers et un procureur.

DUMARSAY. — Très bien, très bien!... Oserai-je vous demander si Mme Fayensal...

FAYENSAL, *de même.* — J'espère que je suis un plaideur modèle ?... c'est-à-dire que je devrais gagner tous mes procès... à la course... Une fois une affaire entamée, plus de sommeil!... je passe mes nuits avec Barthole, je déjeune avec Cujas, et je soupe avec Papinien[2]!... Enfin, c'est étonnant, je retrouve en moi une énergie...

AIR : *Les Anguilles, Les Jeunes Filles.*

En vérité, je sens renaître
L'ardeur de mes jeunes printemps;
Je deviens un petit salpêtre,
Soir et matin, je cours les champs.
Dans une activité fringante
Je passe mes nuits et mes jours.

DUMARSAY

Et votre femme ?...

FAYENSAL, *riant.*

Ça l'enchante!...
Elle voudrait plaider toujours!
Ma chère femme, ça l'enchante.
Elle voudrait plaider toujours!

Tirant de sa poche un petit calepin.

Ah çà! voyons où nous en sommes... Vous permettez ?... C'est ma liste de courses pour la journée... Tous les matins, Mme Fayensal me dresse un petit guide-âne, de façon que je n'ai plus qu'à aller me promener.

2. Barthole ou Bartolo (1314-1357) était un jurisconsulte italien. Jacques Cujas (1522-1590) s'opposa aux disciples du précédent et commenta le suivant, Papinien, un des plus grands jurisconsultes romains (140-212).

DUMARSAY. — C'est très bien vu.

FAYENSAL, *regardant son agenda.* — Le procureur, biffé... les trois conseillers, biffés... Voyons ce qu'il me reste à faire... « Passer chez Edmond... » J'y suis... Edmond, c'est vous... De l'écriture de ma femme encore!

DUMARSAY, *à part.* — O imprudente Eulalie!

FAYENSAL. — Nous ne vous appelons pas autrement chez nous... C'est plus intime.

DUMARSAY. — Ah! ce cher Fayensal!

FAYENSAL. — Oh! ce n'est pas moi... c'est ma femme qui trouve ça... Une faiblesse... une manie... Elle s'engoue comme ça pour certains noms de baptême... Vous n'êtes pas le premier, allez.

DUMARSAY. — Comment! Mme Fayensal...

FAYENSAL. — Vous, passe encore : Edmond! ça n'écorche pas la bouche... Mais ne s'était-elle pas amourachée un jour d'un certain nom d'officier bavarois... Attendez donc!... voyons... Eh! parbleu! je suis bien bon!...

Il prend une prise de tabac.

DUMARSAY. — Eh bien! ce nom ?

FAYENSAL. — Je l'attends. *(Il éternue.)* Atchoumer!... Voilà!

DUMARSAY. — Comment prononcez-vous ça ?

FAYENSAL. — Prononcer! Allons donc!... Est-ce qu'on prononce le bavarois ?... On l'éternue. *(Eternuant.)* Atchoumer!

DUMARSAY. — Dieu vous bénisse!

FAYENSAL. — Merci... Eh bien! elle était folle de ce nom-là!

DUMARSAY, *à part.* — O Eulalie!

FAYENSAL. — Ah çà! mais, je bavarde et j'oublie que mon procès se plaide aujourd'hui. Avez-vous remis toutes les pièces à Lambert, mon avocat ?

DUMARSAY. — Soyez tranquille, elles sont chez lui.

FAYENSAL. — Et que pense-t-il de l'affaire ?

DUMARSAY. — Il la croit bonne.

FAYENSAL. — Parbleu!... Est-ce ma faute si tous les héritiers ne sont pas là ?... Que le filleul du défunt se présente, et je rends tout.

DUMARSAY. — Et vous n'avez aucune nouvelle de cet individu ?

FAYENSAL. — Pas la moindre; ça me désole.

DUMARSAY. — A quelle heure se plaide votre procès ?

FAYENSAL. — A deux heures... Et je compte bien...

DUMARSAY. — Soyez tranquille... à deux heures *(à part)* j'irai présenter mes hommages à Mme Fayensal.

FAYENSAL. — Moi, je me sauve!... Il me reste encore deux conseillers à parcourir... A tantôt!... Adieu, mon cher Edmond.

DUMARSAY, *lui donnant la main.* — Au revoir, mon cher... *(Fayensal éternue et sort au fond.)* Que le diable t'emporte!... C'est vrai, ce qu'il m'a dit... Je ne peux plus entendre éternuer!

SCÈNE III

DUMARSAY, UN HUISSIER, FRONTIN

L'HUISSIER, *entrant par la droite.* — Monsieur le rapporteur, c'est un prisonnier qu'on amène... Il a été arrêté par ordre de M. le duc de Villeroi, sur ce rapport du lieutenant de police.

Il le lui donne.

DUMARSAY, *à part.* — M. de Villeroi!... un personnage si puissant!... un seigneur que le régent ménage... qu'il craint même! *(A l'huissier.)* Faites entrer cet homme.

L'HUISSIER, *à Frontin.* — Par ici!

Frontin entre par la droite.

DUMARSAY. — C'est bon! *(L'huissier sort. — A Frontin.)* Attends... *(Lisant, pendant que Frontin se chauffe les pieds à la cheminée.)* « Rapport du 25 février. Cette » nuit, un joueur, qui passait pour M. le comte Arthur » de Bethmont, a triché au brelan des Petites-Ecuries. » On a reconnu plus tard que cet homme n'était autre » que le nommé Frontin, valet du comte, qui avait pris » son nom et ses habits. » Et au bas : « Je recommande » cet homme à toute la sévérité de M. Dumarsay. Signé, » de VILLEROI. » *(Jetant un coup d'œil sur Frontin.)* Ah! mon gaillard!... Ici!... *(Frontin reste dans le fond.)* Ici donc!

Il dépose le message de Villeroi sur le bureau.

FRONTIN, *s'approchant.* — Pardon... C'est à moi que Monsieur faisait la grâce ?...

DUMARSAY, *le regardant en face.* — Mais je te connais!..

Tu es une de nos pratiques... un coquin!... Eh bien! mais ton logement est vacant, mon garçon!

FRONTIN. — Comment! vous allez me mettre en prison!... moi qui appartiens à M. le duc de Villeroi ?

DUMARSAY. — C'est précisément sur sa recommandation...

FRONTIN. — Comment ? c'est ?...

DUMARSAY. — Ah! mon coquin!... il paraît que tu exerce tes petits talents la nuit ?...

FRONTIN. — Moi ?... Dame! les journées sont si courtes! *(A part.)* Que veut-il dire ?

L'HUISSIER, *rentrant par la gauche.* — Mlle de Sérigny attend dans le cabinet de M. le rapporteur.

DUMARSAY, *à part.* — La sœur du prisonnier... *(Haut.)* C'est bien... Annoncez-moi... *(A Frontin.)* On prépare ton logement, mon drôle... Attends ici.

Il sort à gauche.

SCÈNE IV

FRONTIN; *puis* THOMAS

FRONTIN. — Allons... je suis coffré!... Mais pourquoi?... Comment! je me présente hier chez M. de Villeroi, muni de certificats qui tous attestent ma probité, ma moralité et ma fidélité, on m'accueille, on me choie, on me fait dîner... et, ce matin, M. le duc me fait arrêter!... Que signifie ? *(Après réflexion.)* Quand je suis entré, cet homme de robe lisait un papier... qu'il a remis sur ce bureau... Si je pouvais... *(S'approchant du bureau et lisant.)* « A monseigneur le régent... » Ce n'est pas ça.

Il continue à chercher.

THOMAS, *entrant mystérieusement par la droite, et se rappelant.* — « Dans la doublure de l'habit, au côté » droit, sont des papiers de la plus haute importance. » Il faut, à tout prix, que tu pénètres dans la prison de » ton maître et que tu brûles ces papiers. » Je tiens les paperasses... Maintenant, il me faut du feu et du mystère.

FRONTIN, *trouvant la lettre de Villeroi.* — Ah! voici!

Il la lit bas.

THOMAS, *à part, grelottant.* — Je couve un refroidissement, c'est sûr!... Oh! une cheminée!

Il y va.

FRONTIN, *à part.* — Tout cela est exact... Et c'est ce vieux duc cacochyme qui me dénonce!... Oh! si je pouvais me venger!...

THOMAS, *à part, regardant ses papiers.* — Si on était curieux, tout de même!... *(Faisant mine de les lire.)* Voyons donc! voyons donc!

FRONTIN, *apercevant Thomas.* — Hein!... mais je ne me trompe pas!... le marchand de canards, mon remplaçant!... *(A Thomas.)* Et que fait là M. de Frontin?

THOMAS, *cachant ses papiers.* — Un étranger! *(Le reconnaissant.)* Tiens! c'est vous!... Ah! vous voilà, vous!... Et ça va bien, vous?

FRONTIN, *lui tapant sur la joue.* — Et toi?

THOMAS. — Oh! moi... j'ai été sur pied toute la nuit.

FRONTIN. — Je comprends... l'inquiétude... quand on a la conscience malade...

THOMAS. — Oh! ce n'est pas précisément la conscience... Les prisons sont si humides...

FRONTIN. — Mais, pourquoi as-tu été arrêté?... Tu as donc fait des tiennes?

THOMAS. — Non, là, franchement... je ne suis pas ici pour les miennes... et même je ne sais pas trop pour lesquelles de qui j'y suis... Cependant j'ai une idée... Profitant de mes fréquents rapports avec le guichetier... que j'ai beaucoup importuné cette nuit... je l'ai interrogé sur ma position... Savez-vous ce qu'il m'a répondu?... « Ah! jeune homme! tout n'est pas rose, quand on » conspire! »

FRONTIN. — Conspirer!... toi?

THOMAS. — C'est l'opinion du porte-clés... *(Solennellement.)* Tel que vous me voyez, je suis chargé d'une mission de la plus haute importance.

FRONTIN. — Toi?

THOMAS. — Oui. On me donne vingt-cinq louis pour brûler ces papiers.

FRONTIN, *avec intérêt.* — Vingt-cinq louis?... Et tu sais ce qu'ils contiennent?

THOMAS. — Je viens de les parcourir... Mais aujourd'hui les grands seigneurs écrivent si mal... et les marchands de canards lisent si peu...

FRONTIN. — Voyons!

THOMAS. — Au fait, je peux me confier à vous... vous

êtes mon bienfaiteur... et puis, ça me mettra au courant. *(Il lui remet les papiers.)* Allez... Moi, je vais tisonner... Faut que ça flambe.

Il va à la cheminée.

FRONTIN, *les parcourant, à part.* — Que vois-je! des papiers de cette importance entre les mains de ce...

THOMAS, *de la cheminée.* — Des pattes de mouche, hein ?

FRONTIN, *à part.* — Une conspiration!... tout le plan des conjurés!

THOMAS, *de même.* — Eh bien!... de quoi qu'y retourne ?

FRONTIN. — Rien!... une folie... une correspondance amoureuse... une femme compromise... *(A part.)* Une liste... des adhésions... des signatures...

THOMAS. — Y a-t-y un mari ?

FRONTIN. — Il y en a cinq!

THOMAS. — Cinq!... Eh bien! cette historiette m'amuse, palsambleu!

FRONTIN, *à part.* — Quelle découverte!... Ces papiers entre les mains du régent... et plus d'un noble seigneur se réveillerait à la Bastille!

THOMAS. — Il paraît que le frère est un gaillard!

FRONTIN, *à part.* — Les premiers noms de la noblesse de France! *(Tout à coup.)* Ah! quelle idée!... un de plus... celui de Villeroi!... Ah! monseigneur, vous allez me payer mes six mois de prison!

THOMAS. — V'là que ça flambe!... Allons, allons jetons tout ça au feu!

FRONTIN. — Au feu!... C'est juste... Tu as promis... c'est sacré.

THOMAS. — Et mes vingt-cinq louis... c'est sacré aussi!

FRONTIN, *à part, en se fouillant.* — Qu'est-ce que je pourrais bien lui donner en échange... Ah! mes certificats!... *(Thomas revient à Frontin.)* Je m'en accorderai d'autres. *(Haut, lui remettant ses certificats.)* Tiens, brûle.

THOMAS, *retournant à la cheminée.* — C'est ça, je vais faire ma petite cuisine... Dites donc, je vais fricasser cinq maris! *(Jetant un papier.)* Un!

FRONTIN, *qui s'est approché du bureau.* — Eh! vite! exerçons mes petits talents.

Thomas, *même jeu.* — Deux!

FRONTIN, *à part.* — Parbleu, monseigneur, votre signature se trouve là à propos... pour me servir de modèle.

THOMAS, *à part.* — Trois!

FRONTIN, *à part.* — Mais... comment faire parvenir... *(Il cherche sur le bureau.)* Ah! cette dépêche au régent.

THOMAS, *à part.* — Quatre!

FRONTIN, *à part.* — En glissant ce papier sous ce pli... ça va tout seul!... le tour est joué! et Villeroi couche à la Bastille!

L'HUISSIER, *en dehors.* — Sur-le-champ, monsieur le rapporteur.

Frontin passe rapidement à droite.

THOMAS, *jetant le dernier papier.* — Et cinq...! Eh bien! il ne veut pas brûler, le cinquième mari!... Il fume!

SCÈNE V

L'HUISSIER, FRONTIN, THOMAS

L'HUISSIER, *à Frontin.* — Suivez-moi, vous... Votre logement est prêt.

FRONTIN. — C'est trop de soin... Rien ne pressait.

L'HUISSIER, *au même.* — Attendez... *(Il s'approche du bureau et prend la dépêche pour le régent.)* « A monseigneur le régent. » C'est bien cela... M. le rapporteur m'a dit : cachetez et expédiez.

Il met le cachet.

FRONTIN, *à part.* — Bravo!

L'HUISSIER, *à Frontin.* — Allons, en route!

FRONTIN. — Où me loge-t-on ?

L'HUISSIER. — Au numéro vingt-huit.

FRONTIN. — Vingt-huit!... Attendez donc!... je connais ça!... Une ancienne habitation à moi. *(Il exprime par un geste son projet d'évasion. A part.)* Il y a de la ressource. *(A Thomas.)* Au revoir, l'ami.

THOMAS. — Au revoir, mon bienfaiteur!

L'HUISSIER

ENSEMBLE

AIR : *Avec ce coupable (Grand Criminel).*

Je vais t'introduire
Ici près, dans ton logement;
Il doit te suffire
En attendant ton jugement.

FRONTIN

Pourquoi m'introduire,
Aujourd'hui, dans ce logement ?
Il doit me suffire
Pour éviter un jugement.

THOMAS

On va l'introduire
Ici près, dans son logement,
Il doit lui suffire
En attendant son jugement.

FRONTIN, *à part.*

La potence me guette
Et cependant j'ai bon espoir;
Lisette, ma Lisette,
Me reverra ce soir.

ENSEMBLE

L'HUISSIER

Je vais t'introduire, etc.

FRONTIN

Pourquoi m'introduire, etc.

THOMAS

On va l'introduire, etc.

SCÈNE VI

THOMAS; *puis* DUMARSAY

THOMAS, *seul.* — Lisette, ma Lisette!... Sa bonne amie, sans doute!... *(Soupirant.)* Ah!... et dire que j'en ai une aussi de bonne amie, à Poissy... O Pomone!... Elle demeure sur le marché aux Veaux... Je sens bien que je l'aimerai toujours... le veau... *(Il soupire.)* Ah!... *(Dumarsay entre par la gauche.)* Oh! un juge!... Congédions les amours... Partez, partez, troupe folâtre!

DUMARSAY, *à part.* — Ah! ah! le valet du prisonnier...

Si je pouvais l'amener à des révélations... Prenons-le d'abord par la bienveillance. *(Haut.)* Asseyez-vous, mon cher!

THOMAS. — Son cher!... *(A part.)* Il est très poli, ce gros-là.

DUMARSAY. — Asseyez-vous donc, ne vous gênez pas... Nous allons causer un instant, là, comme une bonne paire d'amis.

Il s'assied.

THOMAS. — Décidément, il est très brave homme... Il est très... *(Il s'assied; le regardant.)* Tiens! il me semble que j'ai vu cette tête-là quelque part.

DUMARSAY. — Allons, parlez, ne me cachez rien.

THOMAS. — Puisque vous le voulez... je ne vous cacherai pas que je m'ennuie pas mal dans votre établissement.

DUMARSAY. — Eh bien! tant mieux, parce que, comme ça, vous parlerez, pour en sortir plus tôt... Allons, parlez.

THOMAS. — Je ne vous cacherai pas non plus que j'aime le grand air, le beau soleil, les petits bluets.

DUMARSAY. — Alors, parlez.

THOMAS. — Encore ?... Mais je ne fais que ça.

DUMARSAY. — Voyons... Qu'avez-vous fait dans la soirée du dix-huit ?

THOMAS. — Dans la soirée d'avant-z'hier ?... J'ai mangé un canard.

DUMARSAY. — Ecartons ce détail.

THOMAS. — Ce bétail, vous voulez dire... Ecartons-le.

DUMARSAY. — Assistiez-vous à la réunion politique qui a eu lieu chez le comte de Villaflor, et que la police a interrompue ?

THOMAS. — Le comte de Villaflor ?... Connais pas. *(A part.)* Bien sûr, j'ai vu ce bouffi-là quelque part.

DUMARSAY. — Vous le nieriez en vain... Hier, vous avez été dérangé.

THOMAS. — Hier ?... Non... ça ne m'a pris que dans la nuit... Même que ça m'a coupé l'appétit.

DUMARSAY, *se levant.* — Ne plaisantons pas, monsieur... Savez-vous bien que vous jouez avec la Bastille!...

THOMAS, *se levant.* — La Bastille... Comment... ce grand château tout noir... là-bas, là-bas!... Je badinerais avec ce monument ?...

DUMARSAY. — Peste soit de l'animal!... *(Haut.)* Décidément, tu ne veux pas avouer ?

THOMAS, *à part.* — Il me tutoie, à présent!

DUMARSAY. — Nous voulons faire le petit Brutus, le petit Catilina, trancher du conspirateur ?... Mais, songez-y, le cardinal de Retz n'est plus de saison et Cinq-Mars est passé.

THOMAS. — C'te malice! Nous voilà en décembre.

DUMARSAY. — Au lieu de mériter ta grâce par un aveu loyal...

THOMAS. — Mais, mon cher monsieur... *(à part)* que j'ai vu quelque part... *(haut)* voilà trois quarts d'heure que vous tournez dans le même cercle, comme un déplorable écureuil... C'est vicieux, ça, c'est très vicieux!

DUMARSAY. — Allons, puisque tu le veux... retourne en prison!

THOMAS. — Hein ?... *(A part.)* Il perd à être connu, ce gros-là. *(Haut.)* Comment!... vous auriez le cœur... *(Le regardant.)* Oh! mais j'y suis!... je vous reconnais!

DUMARSAY. — Moi ?

THOMAS. — Parbleu! je savais bien que je vous avais vu quelque part... *(A part.)* La lorgnette, la lorgnette!... Quai de la Ferraille... *(Haut.)* Vous êtes marié ?

DUMARSAY. — Moi ?... non!

THOMAS. — Faut pas le nier... Elle est gentille, Mme votre épouse... Hier, je vous ai aperçus... quai de la Ferraille... au second...

DUMARSAY, *à part.* — Ah! mon Dieu! *(Haut.)* Eh bien! quoi ? qu'as-tu vu ?

THOMAS. — Ce que j'ai vu ?... *(Très haut.)* Hum! hum! *(Familièrement.)* Eh bien! franchement, c'est une belle femme!... Moi, d'abord, j'aime les grasses.

DUMARSAY. — Chut!... et tu n'as dit à personne...

THOMAS. — Que vous embrassiez votre femme ?... C'est dans la législation... pourvu qu'on ferme ses rideaux... Ah! faudrait fermer ses rideaux!

SCÈNE VII

LES MÊMES, FAYENSAL

FAYENSAL, *entrant vivement.* — C'est encore moi!

DUMARSAY, *à part.* — Fayensal! il ne manquait plus que ça!

FAYANSAL, *à Dumarsay.* — Vous ne savez pas ce qui me ramène ?... En rentrant, je trouve une lettre de Lambert, mon avocat... Il est malade, très malade, Lambert... à la mort!

THOMAS. — Ah! le gaillard!

FAYENSAL, *à Dumarsay.* — Il avait le dossier...

THOMAS, *à part.* — Le dos scié! Ça ne m'étonne plus, alors... On atteint rarement un âge avancé avec cet inconvénient.

FAYENSAL, *à Dumarsay.* — J'ai repris les pièces... Mais la cause est pour aujourd'hui, dans une heure. Jugez de mon embarras, mon ami; il faut absolument que vous me trouviez un avocat.

DUMARSAY. — Eh bien! laissez-moi vos papiers... je connais un jeune praticien... homme de talent qui se chargera de l'affaire.

FAYENSAL. — Mais tout de suite ?

DUMARSAY. — Trouvez-vous à deux heures au bas du petit escalier, près de la salle d'audience, et la première robe noire qui descendra...

FAYANSAL. — Mon homme sera dedans ?... Ah! vous me rendez à la vie *(Il remonte.)* Dites donc... *(revenant)* est-ce heureux que je sois connu dans le quartier ?... Lambert qui m'écrit vingt-sept, quai de la Ferraille, quand c'est trente-sept.

THOMAS. — Tiens! vous demeurez aussi quai de la Ferraille, vous ?

DUMARSAY, *toussant de loin pour faire taire Thomas.* — Hum! hum!

FAYENSAL. — Certainement... Trente-sept... la maison du perruquier... à la Renommée.

THOMAS. — Hein ?... vous êtes marié ?

DUMARSAY, *même jeu.* — Silence!

THOMAS. — Tiens! tiens! tiens! *(Allant à Dumarsay.)* Permettez-moi, monsieur, de vous en féliciter... c'est un beau brin de femme!... mais, là, ce que les amateurs appellent un beau brin de femme!

FAYENSAL, *à Thomas.* — Mais vous vous trompez... c'est moi... c'est moi qui suis le mari.

THOMAS. — Ah! c'est vous qui l'êtes ?... Eh bien! ça me fait plaisir... C'est un beau brin de femme!

DUMARSAY, *à part.* — Le pendard!

FAYENSAL. — Vous connaissez ma femme ?

THOMAS. — Oui, je l'ai entrevue... Elle est assez volumineuse... elle me rappelle Pomone.

FAYENSAL. — La déesse ?
THOMAS. — Oui... une déesse... de Poissy.

Il remonte.

DUMARSAY. — Mais, mon cher Fayensal, partez donc!... vous n'avez pas un instant à perdre!

FAYENSAL. — Allons, adieu!... j'ai encore une heure de carrosse à dépenser... Je me sauve... Ainsi, à deux heures, au bas du petit escalier.

DUMARSAY. — Soyez tranquille.

TOUS TROIS

AIR : *Amour d'un jour (Arthur).*

Plaideur,
Rageur,
S / M } a vie
Est toujours bien remplie!
Bercé d'espoir,
Il / Je } cour { t / s du matin jusqu'au soir!

FAYENSAL

Moment
Charmant!
D'une sentence,
En espérance,
Au vieux lutteur
Vous rendez toute sa vigueur!

TOUS TROIS

Plaideur, etc.

Fayensal sort par le fond.

SCÈNE VIII

THOMAS, DUMARSAY

THOMAS, *passant à gauche.* — En voilà une fameuse! Ah! elle est bien bonne, celle-là!...

DUMARSAY, *qui a accompagné Fayensal, redescendant,*

et à part. — Ce misérable est maître de mon secret!

THOMAS. — Je vous approuve; ainsi ne vous gênez pas... je vous approuve, je vous dis!

DUMARSAY. — Voyons... que veux-tu ?

THOMAS. — Eh bien! je veux... Mais vous ne voudrez pas... Je veux m'en aller!

DUMARSAY. — Et si je t'en donne les moyens... tu me promets le silence ?

THOMAS. — Oh! un silence d'abricotier!

DUMARSAY. — Eh bien!... *(A part.)* C'est le seul parti... *(Il remonte au fond, et prend la robe et le bonnet d'avocat.)* Prends cette robe d'avocat... avec ça, on passe partout... *(Thomas la prend et la pose sur une chaise à droite, lorsque Dumarsay a passé à gauche.)* Ou plutôt, attends! *(Il va à son bureau, et écrit sur un papier.)* « Laissez passer... » *(Le lui remettant.)* Songes-y bien! ton intérêt me répond de ta discrétion!

THOMAS. — Dormez sur les deux oreilles... Ah! seulement, fermez les rideaux!

DUMARSAY, *en s'en allant.* — Et, maintenant, tu es libre; va te faire pendre ailleurs!

Il sort à gauche.

SCÈNE IX

THOMAS; *puis* ARTHUR

THOMAS, *seul.* — Me faire pendre! Si c'est pour ça qu'il me donne un laissez-passer!... Ah! c'est égal, me voilà libre!... Il y a pourtant une chose qui *m'ostine*... Depuis que j'ai abdiqué le canard, tout me réussit comme par enchantement... Mon maître me demande un habit... crac! la fenêtre s'ouvre... Entrez... c'est l'habit...! De l'or : première poche à gauche... en voilà!... Le pire, c'est qu'aujourd'hui ça continue de plus belle!... J'émets simplement le vœu de m'en aller... et on me dit : Va-t'en, mon garçon; du moment que tu te déplais ici, va-t'en! Pourtant, dans une prison, ça ne se fait pas, ça ne se fait pas toujours, toujours. Ah! mon Dieu!... si j'allais devenir sorcier sans m'en douter!... Eh mais! eh mais!... *(regardant au plafond avec inquiétude)* il y a comme ça, dans l'air, un tas d'esprits malins!...

ARTHUR, *entrant par la droite, et frappant sur l'épaule de Thomas.* — Ah! Frontin, te voilà!

THOMAS, *se retournant, avec frayeur.* — Hein ?

ARTHUR. — As-tu vu le rapporteur ?

THOMAS. — Il me quitte à l'instant.

ARTHUR. — Je meurs d'impatience!... Mon procès se plaide aujourd'hui.

THOMAS. — Votre procès... Ah bah!... A votre place, je n'y penserais pas... Faites comme moi... Je m'en bats l'œil, moi, de votre procès.

ARTHUR. — Oh! toi, tu es d'un sang-froid... Mais songe donc que mon adversaire a de l'influence!...

THOMAS. — Qu'est-ce que ça me fait ?

ARTHUR. — Que son avocat est éloquent!...

THOMAS, *avec impatience.* — Oh! éloquent!... Comment s'appelle-t-il cet avocat ?... Voyons, cet avocat...

ARTHUR. — C'est le fameux Lambert.

THOMAS. — Lambert!... Il ne plaidera pas, nous lui défendons de plaider.

ARTHUR. — Et pourquoi ?

THOMAS. — Il est malade... Il a mal au dos.

ARTHUR — Comment sais-tu ?...

THOMAS. — Ah! dame! on a sa petite police.

ARTHUR, *rêveur.* — Et Camille, où est-elle, maintenant ? Quand la verrai-je ?... Jamais, peut-être!

THOMAS. — Qui sait ? Eh! mon Dieu! il ne faut pas dire fontaine... Camille ne viendra pas.

ARTHUR. — Que le ciel t'entende!

UN HUISSIER, *en dehors.* — Laissez passer Mlle de Sérigny!

ARTHUR. — Mlle de Sérigny!...

Il remonte.

THOMAS. — Bravo!

SCÈNE X

THOMAS, CAMILLE, ARTHUR, MARINETTE

ARTHUR, *courant vers Camille qui entre par la gauche, suivie de Marinette.* — Camille!

CAMILLE. — Arthur!

ARTHUR. — Vous ici!... Par quel hasard ?...

CAMILLE. — Je croyais trouver mon frère... Comment se fait-il ?...

ARTHUR. — J'ai pris sa place... Mais vous ?...

CAMILLE. — Je l'ignore... Une citation, venue je ne sais d'où...

MARINETTE. — C'est Frontin qui aura réglé tout cela... Il aura trouvé moyen de nous faire citer.

ARTHUR, *à Thomas*. — Ah çà! tu es donc sorcier ?

THOMAS. — Un peu... un peu... *(A part.)* V'là que ça se voit! v'là que ça se voit!

ARTHUR, *à Camille*. — Les moments sont précieux... on va nous séparer... pas pour longtemps, j'espère... Votre frère est compromis... j'ai pris sa place pour lui donner le temps de quitter la France... Et, bientôt, vous serez seule, Camille. *(A ce moment, Sérigny entre par la gauche, et écoute au fond.)* Mais, rassurez-vous, il vous restera un protecteur, un amant... un mari, et nous serons réunis pour toujours.

SCÈNE XI

THOMAS, ARTHUR, SÉRIGNY, CAMILLE, MARINETTE

SÉRIGNY, *s'avançant*. — M. de Bethmont l'époux de ma sœur!... jamais!

CAMILLE. — Mon frère!

THOMAS, *à part*. — Celui-là, c'est pas de ma faute... je ne l'ai pas demandé.

ARTHUR, *à Sérigny*. — Daignez m'entendre!...

CAMILLE, *à son frère*. — Lui! qui vient de se dévouer pour vous!

SÉRIGNY, *à Arthur*. — Je reconnais, monsieur, que vous vous êtes conduit en gentilhomme... Je sais tout ce que je vous dois... je ne l'oublierai pas... Monsieur de Bethmont, je vous remercie!

ARTHUR. — Vous consentez ?...

SÉRIGNY, *froidement*. — Je le voudrais, monsieur, mais il y a entre nous un obstacle insurmontable!

ARTHUR. — Ma fortune ?... mais elle dépend d'un procès...

SÉRIGNY. — Fi! monsieur... Le comte de Sérigny ne vend pas sa sœur!

ARTHUR. — Mais alors, expliquez-vous.

SÉRIGNY. — Avec vous ?... impossible!... Après ce que je vous dois... Aller, en face... Jamais! jamais!

ARTHUR, *vivement.* — Monsieur, je suis en droit de vous demander...

SÉRIGNY, *embarrassé.* — Monsieur...

ARTHUR. — D'exiger même...

SÉRIGNY. — C'est vous qui le voulez ?... soit... Alors, faites choix d'un ami, d'un ami discret... et... à lui... je promets de tout révéler.

CAMILLE. — Quel est ce mystère ?

THOMAS, *à part.* — Je n'ai plus rien à faire ici... je m'en vas.

Fausse sortie.

ARTHUR, *l'arrêtant.* — Un instant!... *(A part.)* Au fait ici, je n'ai pas le choix... *(Haut.)* Frontin, reste avec M. le comte et retiens fidèlement toutes ses paroles.

SÉRIGNY. — Y pensez-vous!... un valet!

ARTHUR. — Un ami, monsieur, qui a toute ma confiance!

THOMAS, *affectueusement.* — Je reste, bon ami.

SÉRIGNY, *à Arthur.* — Encore une fois, monsieur ne me forcez pas à cette explication... inutile.

ARTHUR. — Frontin est à vos ordres, monsieur le comte.

ENSEMBLE

AIR : *O honte nouvelle (Rebecca).*

ARTHUR

Fortune ennemie!
Elle m'est ravie!
Pour moi, dans la vie,
Non! plus de bonheur!

CAMILLE

Fortune ennemie!
Quelle tyrannie!
Pour moi, dans la vie,
Non! plus de bonheur!

SÉRIGNY

Oh! ma sœur chérie,
Si je contrarie
L'espoir de ta vie
C'est pour ton bonheur

MARINETTE et THOMAS

Fortune ennemie!
Quelle tyrannie!
Pour elle, la vie
N'a plus de bonheur!

Camille et Marinette sortent par la gauche; Arthur, la droite.

SCÈNE XII

THOMAS, SÉRIGNY

SÉRIGNY. — D'abord... ces papiers... tu les a brûlés ?

THOMAS. — Oui... gaillard.

SÉRIGNY. — Quant aux vingt-cinq louis...

THOMAS, *tendant la main.* — Ah! à propos.

SÉRIGNY. — Tu les trouveras dans la poche de l'habit.

THOMAS, *désappointé.* — Ah! *(A part.)* Je suis refait!

SÉRIGNY. — Maintenant, parlons de ton maître... Il t'a choisi... et d'ailleurs, après le service que tu m'as rendu, je dois croire à ta fidélité, à ta discrétion.

THOMAS. — Eh ben, voyons, faisons ce mariage... hein ?

SÉRIGNY. — Jamais!

THOMAS. — Plaît-il ?

SÉRIGNY. — Jamais, te dis-je!

THOMAS, *à part.* — Il parle comme ça, parce qu'il ne sait pas... *(Haut, avec importance.)* Je désirerai que ce mariage se fît promptement.

SÉRIGNY. — Vraiment ?

THOMAS, *sur le même ton.* — Oui, je m'intéresse à ces petits... *(A part.)* Voilà une affaire entendue.

SÉRIGNY. — Je suis tout à fait désolé de refuser, monsieur Frontin, mais... je le refuse.

THOMAS. — Vous y viendrez, allez... vous y viendrez.

SÉRIGNY. — Est-ce possible ?... Ton maître est joueur, et joueur malheureux sans doute; mais cela n'est rien.

THOMAS. — Rien ? *(A part.)* Parbleu! voilà qui tourne, voilà qui tourne, mollasse!

SÉRIGNY. — Une nuit; c'était le vingt-cinq février... Cette date est là... Après plusieurs pertes importantes, irrité par le démon du jeu... un vertige... car je cherche à l'excuser... le malheureux a été surpris... On l'a vu ramenant à lui la fortune par des moyens...

THOMAS. — Grand Dieu!

SÉRIGNY. — Naturellement l'affaire a fait scandale; on en a parlé, et aujourd'hui... Oh! je donnerais tout au monde pour pouvoir douter; mais le fait est certain... je le tiens d'un de mes amis, témoin de la scène... Puis-je maintenant lui donner ma sœur ?

THOMAS. — Allons donc! ça ne se peut pas, ça ne se peut pas... *(Regardant en l'air.)* Ohé! tirez-vous de là, vous autres ?

SÉRIGNY. — Va donc le trouver, et dis-lui, avec ménagement toutefois, que je connais cette malheureuse affaire qu'il m'était impossible de lui dire en face...

THOMAS. — Merci!... Savez-vous ce qu'il me répondra ?... Des coups de canne... Non, voyez-vous, moi, j'aime la tranquillité et je vais m'absenter.

SÉRIGNY. — Tu es donc libre ?

THOMAS. — Oui... *(Se fouillant.)* J'ai désiré un laissez-passer *(Epelant le papier.)* « Cette nuit, un joueur, qui » passait pour M. le comte Arthur de Bethmont... »

SÉRIGNY. — Arthur de Bethmont! *(Lui arrachant le papier qu'il retourne. Lisant.)* « Laissez passer le nommé » Frontin... » Que signifie ?... *(Retournant le papier.)* Que vois-je sur le verso... « Un joueur, qui passait pour » M. le comte Arthur de Bethmont, a triché au brelan » des Petites-Ecuries... On a reconnu plus tard que cet » homme n'était autre que le nommé Frontin, valet du » comte, qui avait pris son nom et ses habits... » *(A lui-même.)* Comment! ce joueur... ce malheureux... C'était un valet!... Ah! Dieu soit loué! *(Haut, avec joie.)* Frontin! quel bonheur que tu sois un fripon!

THOMAS. — Hein ? Qu'est-ce qu'il dit donc ?

SÉRIGNY, *de même.* — Maraud! ton maître est un honnête homme qui épousera ma sœur!

Il sort à gauche.

THOMAS, *brusquement et effrayé.* — Bon! le v'là retourné!

SCÈNE XIII

THOMAS; *puis* MARINETTE

THOMAS, *regardant en l'air.* — Ah! bravo! bravo! bien joué, bien joué les autres! *(Avec colère.)* Ah çà! vous ne me lâcherez donc pas ? Comment! je n'ai pas le droit de vouloir quelque chose qui n'arrive pas! C'est un guignon! D'abord, je vous préviens d'une chose... je sais bien que vous êtes là, allez... Vous me guettez, vous me mouchardez... Je ne fais aucun pacte avec vous, je ne vous connais pas; tenez voilà comme je vous regarde! *(Il regarde avec mépris par-dessus son épaule.)* Et, maintenant, je m'en vais... Ah! mon Dieu! et mon laissez-passer!... Il l'a emporté... *(S'adressant aux prétendus esprits.)* Je ne veux rien de vous, au moins...! Cette robe... *(Il prend sous son bras la robe et le bonnet d'avocat.)* Avec ça on passe partout, à ce que dit le vieux... Quelques papiers sous le bras pour faire la frime... *(Il prend sur le bureau le dossier laissé par Fayensal.)* Et maintenant, au petit bonheur!

Il se dirige vers le fond.

MARINETTE, *entrant par la gauche.* — Eh bien! où vas-tu donc ?

THOMAS. — Dans la campagne.

MARINETTE. — Comment! tu abandonnes le champ de bataille au moment décisif... Frontin, monsieur Frontin, qui quitte la partie la perd.

THOMAS. — Mais elle est gagnée, la partie... Mon maître épouse ta maîtresse... Je viens de publier leurs bans.

MARINETTE. — Est-ce possible! Tu es donc le diable ?

THOMAS. — Chut!... Écoute, Marinette... je peux te dire ça à toi... Dans ce moment, tu causes avec un jeune homme qui sent le roussi... *(Flairant sa manche et la lui faisant sentir.)* J'infecte le roussi, en ce moment-ci. *(S'adressant brusquement au ciel.)* Adieu, vous!

Il sort au fond.

SCÈNE XIV

MARINETTE, CAMILLE, SÉRIGNY, ARTHUR

MARINETTE. — Qu'est-ce qu'il a donc ? Il est fou!

SÉRIGNY, *entrant par la gauche, donnant la main à sa sœur.* — Oui, ma bonne sœur, je suis tout à fait revenu de mes préventions. *(Allant à la porte de droite et appalant.)* Monsieur de Bethmont!... *(Arthur paraît.)* Recevez mes excuses, monsieur, et faites à Mlle de Sérigny l'honneur de demander sa main.

ARTHUR. — Mais... quel changement!...

SÉRIGNY. — Ne revenons pas là-dessus... C'est Frontin qui m'a éclairé...

TOUS. — Frontin!

SÉRIGNY. — Maintenant, Camille, tu n'es plus seule, tu as un protecteur, un ami... Je dois reprendre ici ma place et mon nom... et je vais de ce pas...

ARTHUR. — Y pensez-vous! Vous livrer! quand il vous est si facile de passer la frontière!

SÉRIGNY. — Rassurez-vous, mes amis, on a fait disparaître la seule pièce compromettante... celle qui nous perdait tous sans ressource!

ARTHUR. — Et quelle main amie...

SÉRIGNY. — Encore celle de Frontin!

TOUS. — Lui!

MARINETTE. — Vive Dieu! voilà un homme!

SCÈNE XV

MARINETTE, CAMILLE, DUMARSAY,
SÉRIGNY, ARTHUR

SÉRIGNY, *allant à Dumarsay qui entre par la gauche.* — Monsieur, veuillez faire rendre à la liberté M. le comte Arthur de Bethmont que voici : il a été arrêté par méprise; je suis M. de Sérigny.

DUMARSAY. — Vous, monsieur ?... Si c'est un dévouement, je dois vous prévenir que le péril augmente pour M. de Sérigny.

SÉRIGNY. — Quel qu'il soit, je l'accepte!

DUMARSAY. — Je ne puis, cependant, laisser sortir Monsieur avant de m'être assuré de votre identité; la nouvelle qui m'arrive est trop grave pour ne pas prendre toutes les précautions...

ARTHUR. — Quelle nouvelle, monsieur ?

DUMARSAY. — On vient de faire parvenir à monseigneur le régent des révélations de la plus haute importance.

SÉRIGNY. — Et peut-on savoir ?...

DUMARSAY. — On parle d'un complot... De papiers contenant un projet de nouvelle régence... Une liste de conspirateurs... Des signatures...

SÉRIGNY. — Ciel!...

ARTHUR, *bas.* — Qu'avez-vous ?

SÉRIGNY, *bas.* — Frontin m'a trahi!

ARTHUR, *bas.* — Lui! Oh! il est incapable... *(On entend du bruit à la porte du fond.)* Quel est ce bruit ?...

SCÈNE XVI

MARINETTE, CAMILLE, DUMARSAY, FAYENSAL,
THOMAS, SÉRIGNY, ARTHUR

FAYENSAL, *entrant en se disputant avec Thomas.* — Mes quinze louis, monsieur, rendez-moi mes quinze louis!

THOMAS, *la robe sur le dos, le bonnet sur la tête.* — De quoi ?... Vous me faites travailler, et vous voulez que je rende l'argent ?

ARTHUR et MARINETTE, *à part.* — Frontin!

DUMARSAY. — Qu'y a-t-il ?

FAYENSAL, *à Dumarsay.* — Eh bien! il est gentil votre avocat!

DUMARSAY. — Mon avocat!... *(A part.)* Ah! mon Dieu! moi qui ai oublié...

FAYENSAL. — Un âne, une bûche!... qui me fait perdre mon procès et veut garder mon argent!

ARTHUR. — Comment! j'ai gagné!

THOMAS, *plaidant.* — Rétablissons les faits : Je descendais le petit escalier, affublé de cette robe, qui me gênait beaucoup pour marcher... Tout au bas, je rencontre Monsieur...

FAYENSAL, *de même.* — Deux heures sonnaient; je lui crie : Est-ce vous ?

THOMAS. — Je lui réponds : C'est moi.

FAYENSAL. — Je lui demande s'il est prêt à plaider...

THOMAS. — Je lui réponds : A mort!... J'avais l'uniforme.

FAYENSAL. — Pour éviter les lenteurs, je lui mets quinze louis dans la main.

THOMAS. — Pour éviter les lenteurs, je les mets dans ma poche.

FAYENSAL. — Chemin faisant, je lui touche quelques mots de l'affaire.

THOMAS. — Chemin faisant, comme il m'ennuyait beaucoup, je lui dis : Ça me suffit.

FAYENSAL. — L'audience s'ouvre.

THOMAS. — Je vois une douzaine de messieurs très bien, derrière un grand comptoir, je salue tout ça.

FAYENSAL. — La partie adverse commence son plaidoyer.

THOMAS. — Mon confrère, quoi, mon confrère...

FAYENSAL. — Monsieur n'a pas l'air d'en saisir un mot.

THOMAS. — Je crois bien; elle bégayait, la partie adverse.

FAYENSAL. — Tout à coup, Monsieur lève l'oreille. L'adversaire concluait par ces mots : « Toute la question du procès repose sur l'absence d'un des héritiers, filleul du testateur, le nommé Thomas... Que Thomas se présente, et il n'y a plus de procès. »

THOMAS. — Thomas!... que je m'écrie!... Vous demandez Thomas de Poissy ? il n'y a plus de procès avec Thomas... Eh bien! quoi! le voilà Thomas... Je vous l'apporte, je vous le sers, faites vot'bonheur!

ARTHUR, *à part.* — Quelle audace!

MARINETTE, *à part.* — Il est capable de tout!

FAYENSAL. — Et voilà mon enragé de tribunal qui mord à l'incident et me condamne aux dépens! *(A Thomas.)* Fi! monsieur! fi!

THOMAS. — Tiens! Quand on m'a dit qu'il s'agissait d'un testament sur quoi j'étais couché, et pour mille pistoles encore... je n'ai fait ni une ni deux... je leur ai aboulé un tas de papiers que je n'y connaissais rien moi-même... Ils ont farfouillé... Ils ont trouvé mon passeport avec mon signalement... « Œil en amande, nez engageant... » *(Il remet les papiers à Arthur qui les parcourt.)* Et ils ont reconnu, en me reconnaissant, que vous me deviez mille pistoles depuis deux ans... Fi! monsieur, fi!

UN HUISSIER, *entrant par la droite, à Dumarsay.* — Un messager extraordinaire de la part de monseigneur le régent.

DUMARSAY, *vivement.* — Un messager du régent!... Je dois le recevoir au bas de l'escalier... Je reviens, messieurs, je reviens!

Il sort à droite.

SCÈNE XVII

MARINETTE, CAMILLE, SÉRIGNY, THOMAS, ARTHUR

SÉRIGNY, *à Thomas.* — A nous deux, maintenant!... Réponds! combien te paie-t-on pour livrer un gentilhomme ?

THOMAS. — Hein ?... *(A part.)* Qu'est-ce qu'il a encore, celui-là ?

SÉRIGNY. — Oui! combien nous as-tu vendus ?

THOMAS. — Permettez, j'ai pu vendre des canards, mais des gentilshommes... c'est pas ma partie.

SÉRIGNY. — Misérable!... mais, les papiers que je t'avais confiés... est-ce toi qui les as envoyés au régent ?

THOMAS. — Quels papiers ?

SÉRIGNY. — Ceux de l'habit!

THOMAS. — Encore!... mais ils sont brûlés, que je vous dis!... ils sont rissolés, vos papiers!

SÉRIGNY. — Tu mens! Mais, grâce au ciel, j'ai encore une épée!... et tu ne sortiras pas d'ici!...

Il tire son épée.

CAMILLE. — Mon frère!

ARTHUR. — Y pensez-vous ?

FAYENSAL. — Quelle drôle de conversation!

SCÈNE XVIII

LES MÊMES, DUMARSAY, L'HUISSIER, *au fond.*

ARTHUR, *à Sérigny.* — Monsieur Dumarsay!... du calme!

DUMARSAY. — Monsieur de Sérigny, votre épée...

SÉRIGNY, *hésitant.* — Comment!

DUMARSAY. — C'est la règle.

SÉRIGNY. — Allons!...

Il remet son épée à l'huissier qui s'est approché.

THOMAS. — C'est sa faute... il fait le méchant.

DUMARSAY, *après avoir descendu la scène, et parcourant la dépêche qu'il a à la main.* — Ah! par exemple!... *(Lisant.)* « Ne donnez pas de suite à l'affaire de cette nuit : mettez » en liberté M. de Sérigny. Parmi les noms des conspi- » rateurs, il s'en trouve un que notre justice veut épar- » gner; c'est-à-dire que nous pardonnons à tous, pour ne » pas avoir à punir M. le maréchal de Villeroi. »

SÉRIGNY, *à Arthur, bas.* — Villeroi!... Mais il n'était pas des nôtres!... comment se fait-il ?...

ARTHUR, *lui montrant Thomas.* — Frontin, peut-être...

SÉRIGNY, *s'approche de Thomas et lui serre la main, bas.* — J'ai compris... C'était bien audacieux!

THOMAS, *bas.* — Hein! Oui, c'était... c'était risqué... *(A part.)* Je n'y suis pas du tout!

SÉRIGNY, *avec effusion.* — Tant de dévouement!... Oh! merci!

DUMARSAY, *qui a remonté la scène.* — Monsieur de Sérigny, reprenez votre épée... *(Saluant.)* Je me félicite, pour vous, messieurs, de l'heureuse issue de cette affaire... *(A Fayensal.)* Suivez-moi, Fayensal.

Ils sortent tous deux par la gauche.

THOMAS, *à l'huissier.* — Eh! l'ami, rendez, rendez l'épée!

L'huissier remet l'épée à Sérigny, et sort à droite.

ARTHUR. — Et on osait le soupçonner, lui, le modèle des valets, le roi des Frontins!

SÉRIGNY. — Mais, comment diable es-tu parvenu à vaincre tant d'obstacles en si peu de temps!

THOMAS. — Oh! ça, c'est mon secret... et tout me porte à croire que je ne le trahirai pas.

ARTHUR. — C'est qu'en vérité, il n'a pas son pareil!... Faut-il rapprocher deux amants ?... Frontin s'en mêle... le mariage est conclu. Faut-il pénétrer jusqu'au régent pour forcer sa clémence; faut-il ouvrir une prison ou gagner un procès, Frontin, toujours Frontin. Sans bouger, il voyage en tous lieux; sans écouter, il entend tous les bruits; sans regarder, il voit à travers tous les murs...

THOMAS. — Moi! pas vrai!

ARTHUR. — Et tout cela avec tranquillité, avec bonhomie, comme un homme qui ne voit rien, qui ne comprend rien... Tenez, regardez-le avec son air bête... Tiens, embrasse-moi!

THOMAS, *s'essuyant avec le revers de sa manche.* — Comment! vous voulez ?... *(Ils s'embrassent. A part.)* Ah! j'ai là un bourgeois bien caressant!

ARTHUR. — J'espère, Frontin, que tu ne me quitteras jamais, que tu resteras toujours mon serviteur intime, mon valet de confiance.

THOMAS. — Oh! non, pas ça! j'ai maintenant d'autres idées... Mon héritage... la bourse de mon vieux client, ont révélé en moi une nouvelle vocation... je vais faire mon droit... *(Au public.)* Messieurs, si vous avez jamais besoin d'un avocat... Voilà!... Affaires de famille, affaires de cœur, affaires de... Je tripote un peu de tout ça... Thomas... maître Thomas, marché aux Veaux, à Poissy. Affranchir.

CHŒUR FINAL

AIR des *Trompes de Musard.*

Ah! pour nous, quel jour heureux,
Pour nos cœurs quelle ivresse!
Quand Frontin, par son adresse,
A comblé tous nos vœux!

FIN DU ROI DES FRONTINS

L'ÉCOLE BUISSONNIÈRE

COMÉDIE EN DEUX ACTES, MÊLÉS DE CHANT
PAR LEFRANC ET LABICHE

représentée pour la première fois sur le Théâtre du Palais-Royal, le 23 juillet 1845

ACTEURS qui ont créé les rôles.

LUCIEN JOUBERT, élève du lycée Napoléon	Mlle IRMA AUBRY
CLODION DE MARVILLE, capitaine des guides de l'Empereur. . . .	M. GERMAIN
LE BARON BRISARD, chef de division au ministère de la Guerre. . . .	M. KALEKAIRE
AJAX VERBOULOT, professeur de dessin	M. ALCIDE TOUSEZ
PROVINS, fournisseur	M. GRASSOT
DOMINIQUE, domestique de Clodion	M. BARTHÉLEMY
CAMILLE, sœur de Lucien.	Mme BERGER
MADAME BRISARD	Mme LEMÉNIL
CLOTILDE DE MARVILLE, sœur de Clodion	Mme DURAND
AGNÈS, nièce de Provins.	Mme JULIETTE
MADAME RIMBAUT, maîtresse de pension	Mme PHILIBERT
HENRIETTE, jeune pensionnaire. .	Mme AZIMON
PENSIONNAIRES	

La scène se passe sous l'Empire, en 1809.
Le premier acte à Passy, chez Clodion;
le second à Paris, dans la pension de Madame Rimbaut.

ACTE I

Le théâtre représente un salon de campagne. Porte au fond, donnant sur un jardin. Portes latérales aux angles ; à gauche, une fenêtre, à droite, un bureau.

SCÈNE PREMIÈRE

CLODION, *seul, entrant par le fond, et jetant son chapeau sur un meuble.* — Perdu!... tout perdu!... que le diable emporte la bouillotte, les cartes et les joueurs! Quelle nuit! Pour la première fois je me laisse entraîner à cette maudite réunion!... On jouait, je jette de l'or sur une table et je perds... je m'entête, le vertige me prend et... et alors... plus rien... rien que cette bourse et quelques napoléons... *(Il tire une bourse.)* Oh! quant à ceux-là, j'ai résisté, ils me viennent d'une source trop pure... J'ai joué sur parole, avec rage, avec fureur... et, au bout de quelques heures, je ne sais comment, je me suis trouvé devoir vingt mille francs au chef de division Brisard... Vingt mille francs!... Il s'agit de payer sur mes économies *(riant)*, les économies d'un capitaine de cavalerie en congé de semestre... Ah! succession de mon oncle Fabert! cette fois, voilà ton coup de grâce! Je viens de chez le notaire chargé de la liquidation, un ancien ami de ma famille qui m'a toujours témoigné le plus grand intérêt, il m'a promis de m'envoyer mon compte dans la journée et les vingt mille francs, s'il y a lieu; s'il y a lieu!... Ah! que l'ordre est donc difficile dans la cavalerie, mon Dieu!

SCÈNE II

DOMINIQUE, CLODION

DOMINIQUE, *entrant par la gauche.* — Tiens ! C'est Monsieur !

CLODION. — Bonjour, Dominique.

DOMINIQUE. — Vous voilà revenu... ne vous impatientez pas, monsieur... tout va bien, les fourneaux sont allumés, la broche tourne...

CLODION. — La broche ?

DOMINIQUE. — Comment, monsieur, vous ne vous rappelez pas ?... Vous m'avez dit, hier matin : Dominique, ma tante vient de partir pour un voyage de quelques mois ; ma sœur, qu'elle n'a pu emmener, entre en pension, je reste seul, maître et seigneur de ce logis.

CLODION. — Eh bien ?

DOMINIQUE. — Je reviendrai demain, avez-vous ajouté, déjeuner avec quatre de mes amis, et nous pendrons gaiement la crémaillère de ma nouvelle maison de campagne.

CLODION. — Comment ! J'ai dit ça ? *(A part.)* Ah ! bien ! très bien ! j'ai oublié d'inviter mes convives... Cette maudite bouillotte... l'Empereur devrait défendre ce jeu-là !

DOMINIQUE, *avec satisfaction.* — Je crois que Monsieur sera content du menu.

CLODION. — C'est bon !... Combien as-tu mis de couverts ?

DOMINIQUE. — Cinq... vous m'avez dit cinq.

CLODION. — Tu en retireras quatre.

DOMINIQUE. — Ah ! bah !

CLODION. — Dis-moi... il n'y a rien de nouveau ?

DOMINIQUE. — Ah ! si, monsieur... le chien est parti depuis ce matin.

CLODION. — Il n'est venu personne ?

DOMINIQUE. — Ah ! si, monsieur, une lettre. *(Il la lui donne et remonte.)*

CLODION, *ouvrant la lettre.* — D'Agathe !... la petite danseuse... *(Lisant.)* « On fera tout son possible pour » aller voir aujourd'hui le capitaine de Marville, dans » sa nouvelle capitainerie de Passy. On espère lui faire

» prendre patience en lui adressant un portrait dont il » a tant de fois loué l'original. » *(A Dominique.)* Un portrait... que signifie ?...

DOMINIQUE, *descendant.* — Ah! oui, monsieur, un tableau... une femme en vestale... je l'ai accroché là!

Il montre la chambre de droite et sort un instant, à gauche.

CLODION. — Pauvre enfant! je la reconnais bien là!... Dès qu'elle me sait à Paris, elle accourt. Décidément, je ne l'aime pas assez!... Cette liaison qui n'a jamais été pour moi qu'un passe-temps, qu'une diversion apportée à un sentiment plus sérieux, est devenue pour elle un attachement profond, unique même!

AIR : *Oui, votre mère était, dit-on (Rebecca).*

Exemple de fidélité,
Auquel il faut bien croire,
Je veux que son nom soit cité
Dans la postérité.
Pour elle, quelle gloire!
On dira dans l'histoire
Que, certain jour, à l'Opéra,
La vertu figura.

DOMINIQUE, *revenant.* — Pardon, monsieur, c'est bien quatre couverts que vous m'avez dit d'ôter ?

CLODION. — Oui.

DOMINIQUE. — C'est que, qui de cinq ôte quatre, reste... Monsieur, nous avons une cuisse de chevreuil, deux canards, une tête de veau...

CLODION. — Eh bien! tu me les serviras.

DOMINIQUE. — Oui, monsieur, oui, monsieur. *(A part.)* C'est égal, c'est une drôle d'idée de se pendre tout seul la crémaillère à soi-même. *(Il remonte.)*

CLODION, *le rappelant.* — Ah! Dominique!...

DOMINIQUE. — Monsieur ?

CLODION. — As-tu fait la commission à ma tante ?

DOMINIQUE. — Moi, monsieur ?

CLODION. — Oui, cette lettre qu'elle t'a remise en partant...

DOMINIQUE. — Une lettre ?

CLODION. — Adressée à la maîtresse de piano... pour l'avertir de son départ, et la prier de continuer ses leçons à ma sœur, non plus ici, mais dans le pensionnat où elle est maintenant installée.

DOMINIQUE, *se rappelant.* — Ah!...

CLODION. — Tu l'as oubliée ?

DOMINIQUE. — Par exemple! l'oublier!... *(A part.)* Je vais la fourrer à la poste... elle arrivera demain... *(Haut.)* Oublier!... Dominique oublier!... Ah! Monsieur!...

SCÈNE III

PROVINS, CLODION, DOMINIQUE

PROVINS, *entrant par le fond.* — Ce doit être ici. *(A Dominique.)* M. Clodion de Marville ?

DOMINIQUE. — Le voici.

Il sort.

CLODION, *allant à Provins.* — Monsieur Provins... le plus galant de nos fournisseurs... Qu'est-ce qui me procure l'avantage ?...

PROVINS. — Eh! bonjour, cher ami... Vous êtes seul ?

CLODION. — Vous voyez...

PROVINS. — Ah!... je viens vous faire une proposition...

CLODION. — Voyons.

PROVINS. — Connaissez-vous ma nièce ?

CLODION. — Non.

PROVINS. — Agnès... rappelez-vous... nez moyen, menton rond, visage ovale... vous avez dû danser avec ça!... chez Mme Brisard... chez la divine Mme Brisard! *(Il soupire.)* Ah!

CLODION, *cherchant à se rappeler.* — Attendez donc... Agnès... dix-huit ans, tournure de pensionnaire...

PROVINS. — Juste!

CLODION. — Ah! c'est votre... mais elle est très bien.

PROVINS. — Pas mal, pas mal... pour une collatérale. Eh bien! mon cher, je vais la marier; je lui donne vingt mille francs de dot... tout de suite.

CLODION. — C'est d'un excellent oncle. *(A part.)* Qu'est-ce que ça me fait, à moi ?

PROVINS. — Savez-vous que c'est très gentil, vingt mille francs... tout de suite.

CLODION. — Certainement... et quel est l'heureux mortel ?...

PROVINS. — Le mari ?... Comment ? vous ne devinez pas ?... c'est vous.

CLODION. — Moi!... Ah! ah! ah! la bonne plaisanterie!... Mais, je ne veux pas me marier!

PROVINS. — C'est une idée qui m'est venue cette nuit, pendant que vous jouiez à la bouillotte avec Brisard... l'époux de la divine Mme Brisard. *(Il soupire.)* Ah!... A propos, qu'est-ce qu'on m'a donc dit? Vous avez perdu cette nuit?

CLODION. — Oui.

PROVINS. — Beaucoup?

CLODION. — Vingt mille francs.

PROVINS. — Ah! pauvre garçon! Vingt mille francs, ça gêne un officier de cavalerie.

CLODION, *à part.* — Ah! je devine! *(Haut.)* Oui, c'est assez gênant, et je vous avouerai que, dans ce moment, surtout...

PROVINS. — Je comprends... vous n'avez pas la somme.. avec ça que ce Brisard est homme à vous la demander tout de suite... Il est brutal, bavard, fera du scandale, la chose se répandra, et... tenez, plus j'y pense, plus je trouve que c'est gentil, vingt mille francs tout de suite.

CLODION, *à part.* — Espiègle!

PROVINS. — Eh! bien?... nez moyen, menton rond, visage ovale...

CLODION. — A propos, qu'est-ce qu'on m'a donc dit?... vous avez eu des démêlés avec l'Empereur... On m'a parlé de comptes irréguliers...

PROVINS. — Ah!... vous savez...

CLODION. — Oh! vaguement.

PROVINS. — Un rien... une misère... Certainement l'Empereur est un grand génie... mais c'est un grand génie vétilleux... Ah! il est vétilleux!...

CLODION. — Vraiment?

PROVINS. — Un jour, ne s'est-il pas avisé, en épluchant mes comptes... un empereur qui épluche... de ces choses-là!... Ne s'est-il pas avisé de relever une ou deux petites irrégularités qui s'étaient glissées...

CLODION. — Par mégarde?...

PROVINS. — Oh! sans doute!... Il y avait un zéro de trop... Il s'était fourré là... et comme, après tout, un zéro ça n'a pas de valeur...

CLODION. — Permettez, ça dépend de la place qu'il occupe.

PROVINS. — J'avoue que celui-là n'occupait pas une bien mauvaise place... Par malheur ce diable de zéro était augmenté d'un accident... oui, d'une queue... comme un neuf...

CLODION. — Ah! vous m'en direz tant!

PROVINS. — Eh! bien, quoi!... Tous les jours ça arrive... Vous êtes en train de faire un zéro... on vous pousse le coude... crac!... c'est un neuf! Eh! bien, monsieur, l'Empereur a soupçonné ma bonne foi.

AIR : *Des anguilles.*

Oui, de la façon la plus noire,
Il interpréta mon erreur;
Sa manie est de ne pas croire
A la vertu d'un fournisseur.
Flairant un fripon d'une lieue,
Dans sa défiance il prétend
Qu'au zéro j'ai fait cette queue,
Pour la faire au gouvernement.

CLODION. — Et que vous a-t-il dit ?

PROVINS. — Oh! très peu de choses. « Ah! c'est vous, monsieur le fournisseur ? — Sire... — Vous avez une nièce ? Oui, Sire. — Je veux la marier. — Comment, Sire ? — Enrichir un de mes officiers pauvres... cinquante mille francs de dot. — Ah! Sire! — C'est vous qui les paierez... — Mais, Sire... — Vous avez trois mois pour lui trouver un mari... » *(Il prend une prise de tabac.)* Et là-dessus *(se tournant et mettant ses deux mains derrière son dos)* il m'a tourné le dos... Grand homme, va!

CLODION, *riant.* — Ah! ah! ah!... Et vous avez jeté les yeux sur moi ?

PROVINS. — Oui, j'ai pensé à vous tout de suite... ce cher Clodion, me suis-je dit... un excellent officier... *(à part)* ruiné!... *(haut)* qui doit vingt mille francs à M. Brisard : voilà mon homme! Je lui avance cette somme, il me signe un reçu de cinquante mille francs...

CLODION. — Comment ?

PROVINS. — Et de cette façon, ma nièce est mariée, l'Empereur apaisé... Brisard payé, et...

CLODION. — Certainement, mon cher Provins, je suis flatté... mais...

PROVINS. — Mais...

CLODION. — Je refuse.

PROVINS, *à part.* — Ce n'est pas son dernier mot... *(Haut.)* Allons, je chercherai un autre officier... *(à part)* encore plus ruiné... *(Haut.)* Voilà tout.

CLODION, *gaiement.* — Voilà tout... Ah! çà, sans rancune... Vous déjeunez avec moi.

PROVINS, *hésitant.* — Oh!...

CLODION. — Si! si! si! j'ai de la place.

PROVINS. — Allons... *(A part.)* Brisard ne peut tarder...

CLODION, *à la cantonade.* — Dominique ? un couvert de plus!

DOMINIQUE, *du dehors.* — Oui, capitaine.

On entend les aboiements d'un chien.

CLODION. — Quel est ce tapage ?

SCÈNE IV

CLODION, VERBOULOT, PROVINS

VERBOULOT, *au fond, un petit panier couvert d'un papier en forme de cône, à la main, et un album sous le bras.* — Mon jambonneau... où est mon jambonneau ? *(Le chien aboie.)* Veux-tu te taire!... Veux-tu me rendre mon jambonneau! animal!

CLODION. — Que voulez-vous, monsieur ? Qu'y a-t-il ?

VERBOULOT, *déposant sur une chaise du fond son panier, et avec colère.* — Il y a, monsieur, que votre chien... *(S'approchant, et avec douceur.)* Monsieur, je suis professeur de dessin, et peintre de portraits pour dames... Verboulot... Ajax Verboulot, carrefour des Amazones, 22... jouissant d'une certaine réputation... dans les pensionnats de demoiselles... grâce à une chaste idée... Monsieur, j'ai mis toutes les statues antiques, même les plus risquées, à la portée des demoiselles... c'est moi qui ai arrangé l'Apollon du Belvédère, avec draperies... Mercure, messager des dieux, avec draperies... le menton de Romulus...

PROVINS, *gouaillant.* — Avec draperies ?

VERBOULOT, *le saluant.* — Monsieur...

PROVINS, *lui rendant son salut.* — Monsieur.

VERBOULOT, *désignant Provins à Clodion.* — M. votre père, sans doute ?

CLODION. — Non, continuez. *(A part.)* Le drôle d'original!

VERBOULOT. — Monsieur, c'est aujourd'hui dimanche...

PROVINS. — Jusqu'à lundi, monsieur.

VERBOULOT, *le saluant.* — Monsieur...

PROVINS, *de même.* — Monsieur.

VERBOULOT, *à Clodion.* — Votre neveu, peut-être ?

CLODION. — Achevez.

VERBOULOT. — Monsieur, c'est aujourd'hui dimanche, et comme le temps était beau, je partis ce matin de Paris avec mon album, un jambonneau et mes rêveries... Oui, je désirais m'asseoir dans la campagne... au pied d'un hêtre.

PROVINS. — *Sub tegmine fagi.*

VERBOULOT. — Comme Tityre... de l'*Enéide* [1].

PROVINS. — Eh! bien, mais c'est très champêtre, ça.

VERBOULOT. — Je cheminais donc avec mon album, mon jambonneau et mes rêveries, quand, non loin de la Porte Maillot, j'avisai, chez une fruitière, un panier de ces petits fruits qu'on appelle fraises... sans trop savoir pourquoi.

PROVINS. — Dame! parce que c'est leur nom.

VERBOULOT. — Ah! mais, c'est vrai!... c'est parce que c'est... *(Continuant.)* J'étais déjà entré en pourparlers avec la fruitière qui négociait un lot de pommes avec un jeune lycéen... quand un énorme dogue, que je n'avais pas aperçu, se jette sur mon jambonneau et l'emporte à toutes jambes... Aussitôt, je m'élance à la poursuite du ravisseur... je l'appelle Turc! Médor! Milord!... Et, à ce propos, savez-vous qu'il y a un écho bien singulier dans le bois de Boulogne... quand on appelle Turc! l'écho répond Gustave!... Médor, Alfred!... Milord, Frédéric!... cela m'a paru bizarre, mais j'étais pressé... car je ne perdais pas de vue mon voleur... il prend l'allée des Princes, je prends l'allée des Princes; il tourne, je tourne; il saute un fossé, je le saute; il arrive, j'arrive; il entre, j'entre; le voici! me voilà!

PROVINS. — Jeune homme, vous narrez comme Cicéron.

VERBOULOT. — Cicéron ?... Ah! oui, toujours de l'*Enéide*.

CLODION. — En vérité, monsieur, je suis désolé du petit accident dont je suis la cause involontaire... veuillez recevoir mes excuses et mes regrets.

1. *Tityre... sub tegmine fagi*, est au début des *Bucoliques*.

VERBOULOT. — Volontiers... c'est dix-huit sous pour le jambonneau.

CLODION, *riant.* — Ah! ah! ah! *(Fouillant à sa poche.)* C'est juste. *(Il paie.)* C'est très juste! *(A part.)* Que je suis bon!... *(A Provins.)* Je vais l'inviter à déjeuner! *(A la cantonade.)* Dominique! un couvert de plus!

DOMINIQUE, *en dehors.* — Oui, capitaine!

VERBOULOT. — Comment?

CLODION. — Ne me privez pas du plaisir de vous offrir cette réparation.

VERBOULOT. — Vous m'invitez à déjeuner... comme ça... sans me connaître!

PROVINS. — Sans vous connaître! Allons donc, Verboulot!... Ajax Verboulot!

CLODION. — Professeur de dessin...

PROVINS. — Et peintre de portraits... pour dames... carrefour...

VERBOULOT. — Des Amazones.

PROVINS. — Avec draperies.

VERBOULOT. — N° 22... c'est bien ça. *(A part.)* Il n'y a pas de mal; ils peuvent avoir des filles qui apprennent le dessin... *(Haut.)* Monsieur, j'accepte votre invitation. *(Il remonte.)*

CLODION. — A la bonne heure! *(A part.)* Et de deux... Ah! bien, il se place, mon déjeuner, il se place.

VERBOULOT, *qui a pris son panier.* — Vous me faites une politesse, vous me permettrez bien d'apporter mon plat... et de vous offrir à mon tour ce panier de fraises. *(Provins enlève le papier.)* Ah! il est vide!

CLODION et PROVINS, *riant.* — Ah! ah! ah!

VERBOULOT. — Un trou!

CLODION. — Et dans votre course vous aurez semé...

PROVINS. — Comme le petit Poucet...

VERBOULOT. — Ventrebleu!... *(Confus.)* Oh! pardon!... ça ne m'arrive jamais devant mes élèves... *(A part.)* Ils peuvent avoir des filles qui apprennent...

SCÈNE V

CLODION, LUCIEN, VERBOULOT, PROVINS

LUCIEN, *au fond, une boîte sous le bras et ramassant quelque chose.* — Encore une!... mon homme doit être ici!

TOUS. — Hein ?

LUCIEN, *faisant vivement redescendre la scène à Verboulot.* — Ah! vous voilà, vous!... eh! bien! vous pouvez vous flatter de m'avoir fait courir!... premier prix de barre.

VERBOULOT. — Tiens! c'est le lycéen qui négociait...

LUCIEN. — Farceur!... vous achetez des fraises et vous filez sans payer!

VERBOULOT. — Comment ?

LUCIEN. — La fruitière m'a soutenu que je vous connaissais parce que j'étais entré avec vous dans sa boutique... j'ai soutenu que non... elle a ressoutenu que si... et ma foi! comme j'avais mon uniforme... pour ne pas faire d'esclandre, j'ai payé.

CLODION, *à part.* — Oh! ce pauvre garçon!

PROVINS. — Naïf comme on l'est au jeune âge.

LUCIEN. — Mais je me suis élancé sur vos traces... tout en courant, comme je ne savais pas votre nom... je criais pour vous arrêter... ohé! Gustave! Alfred! Frédéric!

VERBOULOT. — Hein ? Frédéric!... alors l'écho... l'écho du bois de Boulogne... c'est vous! *(Aux autres.)* C'est lui!

PROVINS. — Je disais aussi... cet écho... c'est bien invraisemblable.

LUCIEN. — Ah! c'est égal, j'ai joliment manqué de vous perdre, vous aviez de l'avance... et, ma foi, au détour d'une allée... plus personne! Deux chemins se présentaient... lequel ? Oh! une fraise par terre!... deux fraises... trois fraises... je tiens la piste!... Elle m'a même un peu retardé, la piste... enfin, de fraise en fraise, me voilà!... Elles sont excellentes!

PROVINS. — Ce bambin voyage avec fruit.

LUCIEN, *tendant la main.* — Mais c'est trois francs.

VERBOULOT. — Comment! trois francs... je ne les paie ordinairement que trente-cinq sous. Enfin, du moment que vous les avez trouvées bonnes... *(Payant.)* Voilà!

LUCIEN. — Messieurs, fâché de vous avoir dérangés : bien le bonjour.

CLODION. — Un moment! *(A part.)* Il est gentil, ce petit... vous restez à déjeuner avec nous... je vous garde.

LUCIEN. — A déjeuner!... et les autres qui m'attendent au bois de Boulogne... ah! tant pis! pour cette fois, je ferai l'école buissonnière... ça va!

CLODION, *à part.* — Et de trois : c'est-à-dire que j'aurais mis sur la porte : Clodion donne à boire et à manger... *(Haut et à la cantonade.)* Dominique! un couvert de plus! *(Il sort à gauche.)*

DOMINIQUE, *en dehors.* — Oui, capitaine!

LUCIEN. — Moi, je vais me débarrasser de ça. *(Il montre sa boîte.)*

VERBOULOT, *avec curiosité.* — Du pain d'épice, hein ?

LUCIEN, *à part.* — Il est pas mal curieux, celui-là. *(Haut.)* C'est une boîte de soldats, monsieur... *(Il ouvre la boîte et montre les soldats qu'elle renferme [1].)* Des grenadiers, des hussards, toute la vieille garde... c'est une commission du lycée, pour le petit Brisard qui est en retenue.

PROVINS. — En retenue! le petit Brisard ? le fils de la divine Mme Brisard! *(Il soupire.)* Ah!

LUCIEN. — Oui, c'est mon copain. *(Il soupire en l'imitant.)* Ah! *(A Verboulot.)* Il est asthmatique, le vieux. *(Il va poser sa boîte à gauche.)*

CLODION, *rentrant.* — Messieurs, dans une demi-heure, nous serons servis.

PROVINS, *à part.* — Dans une demi-heure, Brisard viendra chercher ses vingt mille francs, et il faudra bien...

CLODION. — D'ici là, vous avez le jardin, *(indiquant la droite)* et de ce côté, en traversant le salon, un billard.

VERBOULOT. — Il y a un billard... ah! ventrebleu! *(Se reprenant.)* Oh! pardon! ça ne m'arrive jamais... que le dimanche.

AIR : *Oui, je compte sur sa honte (L'Image).*

CLODION

Point de chaîne,
Nulle gêne,
Agissez sans façon :
Je suis maître,
Sachez l'être,
A vous cette maison!

1. Ces petites poupées représentant l'une un grenadier, l'autre un hussard, etc., doivent avoir de vingt-cinq à trente centimètres de hauteur (note de Labiche).

LES AUTRES

Point de chaîne,
Nulle gêne,
Agissons sans façon.
Il est maître,
Sachons l'être,
A nous cette maison!

Provins et Verboulot sortent à droite.

SCÈNE VI

LUCIEN, CLODION

LUCIEN, *assis à gauche.* — Moi, j'aime mieux rester avec vous, capitaine... parce que le billard... depuis que j'ai crevé un tapis...

CLODION, *assis à droite.* — A votre aise, mon ami; et d'abord, à qui ai-je le plaisir d'offrir à déjeuner? *(Il se lève.)*

LUCIEN, *se levant.* — Vous ne voyez donc pas mon uniforme?... élève du lycée Napoléon, deux habits par an, trois repas par jour, haricots blancs toute la semaine, haricots rouges le dimanche, pour changer... voilà le régime! et vive l'Empereur!

1er COUPLET

AIR : *Je reviens de la guerre.*

Nous somm's un' pépinière
D'soldats;
On prépar' pour la guerre
Nos bras!
Car, pour faire un conscrit gentil,
Il faut le prendr' tout p'tit, tout p'tit...
Il l'a dit.

2e COUPLET

Et bientôt, aux frontières,
Debout,
Nous cogn'rons comm' nos pères
Partout!

A Vienne, à Berlin, à Madrid,
Comme eux nous f'rons un jour not' nid...
Il l'a dit.

ENSEMBLE

A Vienne, etc.

CLODION

A Vienne, à Berlin, à Madrid,
Comm' nous ils f'ront un jour leur nid...

LUCIEN, *seul.*

Il l'a dit.

CLODION, *à part.* — Drôle de petit bonhomme! *(Haut.)* Vous l'aimez donc bien, votre Empereur ?

LUCIEN. — Dame oui... il donne des piles aux autres... ça nous fait plaisir.

CLODION. — Et puis, à chaque victoire, congé.

LUCIEN. — Oh! non!... à chaque... ça serait trop... pas de bêtises!

CLODION. — Diable! il paraît que tu es travailleur...

LUCIEN. — Piocheur!... nous disons : piocheur... dame! quand on n'est pas riche et qu'on a de l'ambition!

CLODION. — Ah! ah!... et qu'est-ce que tu veux être... voyons ?

LUCIEN. — Moi... je veux être général... plus tard... parce que, maintenant, je ne suis qu'en seconde... Oh! si je désire ça, ce n'est pas pour moi, c'est pour ma sœur, ma pauvre petite sœur.

CLODION. — Ah! tu as...

LUCIEN. — Oui, une brave fille, allez... nous ne sommes plus que nous deux...

CLODION. — Ah! pauvre enfant!

LUCIEN, *fièrement.* — Je vous ai dit que j'étais en seconde.

CLODION. — Oh! pardon!

LUCIEN. — Appelez-moi : mon vieux, comme au lycée.

CLODION. — Soit, et que fait ta sœur, mon vieux ?...

LUCIEN. — Elle donne des leçons... elle est artiste : c'est avec son travail, avec ses économies, qu'elle paie ma pension... Pauvre fille!... elle prend soin de moi... elle me dorlote... elle raccommode mes habits... quand je les déchire... aussi, maintenant, aux récréations *(fai-*

sant le geste d'ôter son habit), à bas!... ça m'enrhume... mais, pour elle, c'est toujours ça de moins.

CLODION, *à part*. — Bon petit cœur!

LUCIEN. — C'est que c'est la crème des sœurs, voyez-vous! quand j'ai du chagrin... elle me tend sa petite main, et elle me dit : Courage, Lucien!... mais, quand je suis mauvaise tête, v'lan, un sermon! oh! ça, pas de grâce!... Seulement, après... elle me donne un pot de confiture... Aussi, quand je serai riche... quand je serai général, je la marierai... je la marierai à un autre... un autre général... comme moi!

CLODION. — Ah! ah... Et quel âge a-t-elle ?

LUCIEN. — Dix-huit ans.

CLODION. — Et plus de père, plus de famille ?

LUCIEN. — Non. C'est la marraine de ma sœur qui nous a élevés... Nous étions riches de son vivant... mais après... comme notre père ne nous avait rien laissé... dame! un soldat...

CLODION. — Il était militaire ?

LUCIEN. — Parbleu!... dans les guides de l'Empereur.

CLODION. — Comme moi!

LUCIEN. — Ce n'était pas un savant; mais il avait de ça... et il en faut pour avoir été mis deux fois à l'ordre du jour de l'armée.

CLODION. — Son nom ?

LUCIEN. — Joubert.

CLODION. — Comment! tu es le fils du lieutenant Joubert, mort à Wagram ?

LUCIEN. — Vous l'avez connu ?

CLODION. — Oui, certes!... et, bien que son supérieur en grade, j'ai toujours recherché son amitié comme un bienfait... comme un honneur.

LUCIEN. — Oh! tenez, c'est bien, ce que vous venez de dire là... ça me fait plaisir, ça... ça me donne envie de vous embrasser. *(Il se jette dans les bras de Clodion.)*

DOMINIQUE, *entrant*. — Capitaine, ce sont des papiers de la part de M. Duhamel, votre notaire.

CLODION. — Donne. *(Dominique les lui remet et sort. A part.)* L'excellent homme que ce Duhamel... Oh mon père me l'avait bien dit... c'est un autre moi-même que je laisse auprès de toi, un ami dévoué, un protecteur de tous les instants. *(Déchirant l'enveloppe.)* Voyons... *(Parcourant les papiers.)* Ah! mon Dieu! ce n'est pas possible. *(Lisant.)* « Vos demandes d'argent réitérées » ont épuisé votre part de la succession. » Rien!... plus rien!... que faire ?... Comment m'acquitter avec Brisard... une dette de jeu... une dette d'honneur!...

LUCIEN. — Qu'avez-vous donc ?

CLODION, *s'asseyant à droite.* — Rien... une fâcheuse nouvelle... une somme sur laquelle je comptais pour payer...

LUCIEN, *à part.* — Pauvre capitaine!... le v'là tout désolé!... Si j'osais... *(Haut.)* Capitaine!...

CLODION. — Quoi ?

LUCIEN. — Si vous vouliez... j'ai encore mon mois... trois francs deux sous.

CLODION. — Merci, mon ami, merci... tu aurais mille fois cette somme...

LUCIEN. — Comment ?

CLODION. — C'est vingt mille francs que je dois payer.

LUCIEN. — Vingt mille!... Et combien vous manque-t-il ?

CLODION. — Mais... il me manque... il me manque tout... Je suis ruiné.

UNE VOIX, *sous la fenêtre.* — La charité, s'il vous plaît, mes bons messieurs, la charité!

CLODION. — Qu'est-ce que c'est que ça ?

LUCIEN, *près de la fenêtre à gauche.* — Un pauvre mendiant... oh! comme il a l'air malheureux! *(Fouillant à sa poche.)* Je vais lui donner deux sous... il me restera encore trois francs.

CLODION, *lui remettant une pièce d'or.* — Tiens, jette-lui ça.

LUCIEN. — Une pièce d'or!... oh! c'est trop... dans votre position...

CLODION. — Rassure-toi, c'est une autre personne qui donne... je ne suis que l'instrument de sa charité.

LUCIEN. — Ah! si c'est comme ça... *(Jetant les deux pièces par la fenêtre.)* Tenez, mon brave.

LA VOIX, *en dehors.* — Oh... merci, monsieur, merci!

LUCIEN, *revenant à Clodion.* — Savez-vous que c'est une belle mission qu'on vous a confiée là... trésorier des pauvres... Comment se fait-il ?...

CLODION. — Oh! cela tient à des circonstances...

LUCIEN. — Lesquelles ?

CLODION. — Au fait je n'ai pas de raison pour cacher... Il y a trois mois, je tenais garnison dans une petite ville de France... et j'assistais pour la première fois à une soirée d'apparat chez le préfet... Entre deux contre-danses, on trouve original de quêter pour les pauvres...

Comme tout le monde, je me disposais... quand je m'aperçus avec une sorte d'effroi que j'avais oublié ma bourse... *(Il se lève.)* Je cherchais autour de moi, si je ne trouverais pas quelque ami secourable... personne... des étrangers... et la quêteuse approchait... juge de mon embarras... moi qui me présentais pour la première fois... refuser était impossible... Je levai les yeux... la quêteuse était devant moi avec son abominable gracieux sourire... je perdais contenance... le rouge me montait au visage...

LUCIEN. — Oh! que ça m'embêterait!

CLODION. — Tout à coup, une jeune fille, assise derrière moi, me glisse vivement cette bourse dans la main et ces trois mots dans l'oreille : Pour les pauvres!...

LUCIEN. — Ah! c'est bien, ça!

CLODION. — J'en finis promptement, comme tu penses, avec la quêteuse et son sourire, et me retournai vers mon inconnue pour lui remettre sa bourse et lui témoigner... elle n'était plus là... je l'aperçus de loin, quittant le bal, au bras d'une dame âgée, et toute rouge encore de sa charitable action... je m'informai... je questionnai... personne ne put m'indiquer ni son nom, ni sa demeure.

LUCIEN. — Excellente demoiselle!... le bon Dieu lui portera ça sur son compte, allez.

CLODION. — Oh! je n'oublierai jamais cette douce figure, cet air de bonté, de candeur, ces yeux!... car, je ne t'ai pas dit... des yeux magnifiques!

LUCIEN. — Ça n'y fait rien, les yeux... elle n'en aurait qu'un... c'est le trait qui est beau... c'est la chose de... et vous ne l'avez plus revue ?

CLODION. — Jamais!

LUCIEN

AIR : *De votre bonté généreuse.*

Oui, c'est ainsi que, parfois dans la vie,
Nous apparaît un être surhumain;
Sous le malheur, quand notre tête plie,
Il nous relève en nous tendant la main;
Puis il s'enfuit, glorieux et modeste,
En nous laissant un grand deuil dans le cœur!
Heureusement que le bienfait nous reste
Pour nous parler toujours du bienfaiteur.

SCÈNE VII

LUCIEN, BRISARD, CLODION

BRISARD, *en dehors.* — Le capitaine Clodion ?... il y est... très bien.

CLODION. — Brisard !... mon créancier !

LUCIEN. — Comment ! l'homme aux vingt mille francs, c'est... fichtre ! *(Il remonte.)*

BRISARD, *entrant par le fond.* — Ah ! le voici !... Bonjour, capitaine... Eh ! bien ! vous attendiez ma visite ?

CLODION, *gêné.* — Sans doute... je pensais à vous... je disais que... *(Se ravisant pour sortir d'embarras.)* Dominique ! un couvert de plus !

DOMINIQUE, *en dehors.* — Oui, capitaine !

CLODION, *à Brisard.*— Vous déjeunez avec nous ?

BRISARD. — Volontiers... je n'ai pas besoin de vous dire que je ne suis pas venu exprès pour cette petite créance... mais, en me promenant au bois de Boulogne, je me suis dit : Parbleu ! Clodion, un ami à moi, demeure par ici... nous avons à régler ensemble une petite différence...

CLODION. — Oui, je me souviens...

LUCIEN, *à part.* — Aïe ! ça se gâte !

BRISARD. — D'un autre côté, je craignais... vous pouviez envoyer chez moi, et Mme Brisard qui croit que j'ai passé la nuit pour un travail pressé, au ministère... ça m'aurait vendu... alors...

LUCIEN, *s'approchant de Brisard.* — Monsieur, je suis enchanté de faire votre connaissance.

BRISARD. — Hein ?

LUCIEN. — C'est moi, le copain de votre fils... je l'ai quitté ce matin... il se porte à merveille !...

BRISARD. — Oui, mais le coquin est en retenue... *(Allant à Clodion.)* Voyons, il ne s'agit pas de ça... je suis venu...

LUCIEN, *à Brisard, pour détourner.* — Eh, bien ! monsieur, c'est une injustice !... pour une croûte de pain jetée par-dessus le mur... *(imitant le geste)* et houp là !... en Irlande !

BRISARD, *à part.* — Il est fatigant, ce petit !... *(Haut.)* Voyons, nous disons...

LUCIEN, *passant entre les deux.* — Pour en revenir à votre fils, mon copain...

BRISARD, *avec impatience.* — Ah! c'est insupportable!

CLODION, *à Lucien.* — Mon ami, nous sommes en affaires.

LUCIEN. — Ah! vous êtes... *(A part.)* Comment va-t-il se tirer de là, sans moi ?

BRISARD, *le renvoyant, en l'accompagnant.* — Mais, allez donc!... allez donc!...

Lucien, près de la porte, se retourne et sort à gauche.

SCÈNE VIII

BRISARD, CLODION

BRISARD, *revenant.* — Ah! nous en voilà débarrassés!... Vous ne savez pas!... hier, après votre départ, j'ai tout reperdu!

CLODION. — Comment ?

BRISARD. — Ah! mon Dieu! en deux heures! *(A part.)* C'est ce diable de Provins... il est peut-être déjà chez moi. *(Haut.)* Ainsi, vous m'excuserez si je vous presse un peu... c'est pour rétablir l'équilibre... Vous m'avez dit des billets de banque, je crois... volontiers, c'est plus portatif, et Mme Brisard ne s'apercevra pas...

CLODION, *à part.* — Allons, il n'y a pas à hésiter... *(Haut.)* En vérité, monsieur, vous me voyez désolé, désespéré... Mais une rentrée sur laquelle je comptais aujourd'hui même vient de me manquer tout à coup...

BRISARD. — Hein ?

CLODION. — Et si vous vouliez être assez bon pour attendre quelques jours...

BRISARD. — Quelques jours... *(A part.)* Est-ce que Provins m'aurait dit vrai... serait-il mal dans ses affaires ?... *(Haut.)* Au moins, monsieur, vous avez des garanties... des sûretés ?

CLODION. — J'ai ma parole, monsieur.

BRISARD. — Je le sais bien... c'est même là-dessus que vous avez perdu... Malheureusement.

CLODION. — Monsieur!

BRISARD. — Ecoutez donc... c'est fort désagréable!... on compte recevoir et... c'est une leçon!... Maintenant, je ne jouerai plus qu'argent sur table : autrement, c'est une partie de dupe.

CLODION, *hors de lui.* — Assez, monsieur, assez.

BRISARD, *élevant la voix.* — Mais, monsieur !...

SCÈNE IX

BRISARD, PROVINS, CLODION

Provins, *à la porte de droite et à la cantonade.* — Vous êtes bloqué, mon cher, vous êtes bloqué.

CLODION, *à part.* — Provins !... il n'y a que ce moyen !

BRISARD, *à part.* — Provins !... que le diable l'emporte !

PROVINS, *s'approchant.* — Ah ! pardon, je vous dérange... *(Saluant.)* Monsieur le baron Brisard...

BRISARD. — Serviteur.

PROVINS, *à Brisard.* — Je suis à vous dans la minute, pour cette petite créance... Vous savez...

BRISARD, *à part.* — Est-il pressé, le vautour !

PROVINS, *s'approchant de Clodion et bas.* — Eh ! bien ?... nez moyen, menton rond, visage ovale...

CLODION, *bas.* — Donnez, monsieur, je consens.

PROVINS. — Voici d'abord le petit reçu de cinquante mille francs. *(Il va le déposer sur la table à droite. Clodion s'en approche.)* Signez... *(Revenant en scène, à part.)* Il ne s'agit plus, maintenant, que de toucher la dot de ma nièce... Passons à la caisse... *(S'approchant de Brisard, et bas.)* Eh ! bien ! sommes-nous en mesure ?

BRISARD. — En mesure ?

PROVINS. — Oui, de... *(Il fait mine de compter de l'argent.)*

BRISARD, *à part.* — Ma foi, je vais le payer... comme on m'a payé. *(Haut.)* En vérité, je suis désolé, désespéré, mais une rentrée sur laquelle je comptais à l'instant même vient de me manquer tout à coup...

PROVINS. — Sacristi !... C'est bien désagréable !... moi qui ai justement un paiement à faire... *(regardant Clodion)* dans le voisinage... Que diable aussi, baron, quand on joue sur parole, on tient parole !

BRISARD. — Monsieur !...

PROVINS. — Eh ! Monsieur !... Allons ! *(A part.)* Il

faudra bien s'arranger autrement... C'est désagréable, pourtant! *(A Clodion.)* Est-ce fini ?

CLODION, *lui remettant la quittance.* — Voici.

PROVINS, *lui donnant un portefeuille.* — Et voilà!... Voilà les vingt mille francs.

CLODION. — Enfin! *(Allant à Brisard et lui remettant le portefeuille.)* Prenez ce portefeuille, monsieur, nous sommes quittes.

BRISARD. — Ah bah!

CLODION. — Et souvenez-vous qu'une partie engagée avec le capitaine Clodion de Marville ne peut jamais être une partie de dupe!

BRISARD. — Je suis prêt à le reconnaître, capitaine. *(Allant à Provins.)* Prenez ce portefeuille, monsieur, nous sommes quittes.

PROVINS, *jouant l'étonnement.* — Ah bah!

BRISARD, *avec emphase.* — Et souvenez-vous que la parole du baron Brisard sera toujours... la parole du baron Brisard!

PROVINS. — Je suis prêt à le reconnaître, baron Brisard. *(Remettant le portefeuille dans sa poche. A part.)* Et voilà comme on marie sa nièce! *(Haut.)* Monsieur le baron, j'ai l'honneur de vous faire part du mariage de ma nièce avec le capitaine Clodion de Marville.

BRISARD. — Vraiment!... Je vous en félicite tous les trois.

SCÈNE X

BRISARD, CLODION, VERBOULOT, PROVINS

VERBOULOT, *entrant par la droite.* — Ah! il fait très bien, très bien!... Il est parfaitement dans son jour... *(A Clodion.)* Je vous en fais mon compliment... Il est parfaitement dans son jour.

CLODION. — Quoi donc ?

VERBOULOT. — Ce portrait... là... dans votre salon... cette vestale...

CLODION, *à part.* — Le portrait d'Agathe.

VERBOULOT, *à Brisard.* — Il est de moi, Ajax Verboulot, carrefour des Amazones, 22... Ah! je l'ai faite bien souvent, cette vestale-là.

BRISARD. — Quelle est donc cette...

VERBOULOT. — Mlle Agathe, de l'Opéra.

BRISARD, *riant.* — Mlle Agathe, de l'Opéra!... Ah! ah! ah!... Quelle vestale!

PROVINS, *à Clodion.* — Ah! çà, capitaine, maintenant que vous épousez mon Agnès, j'espère que le règne des danseuses est fini!

BRISARD. — Ah bah!... L'ami Clodion?

PROVINS. — Mon Dieu! je comprends les faiblesses du cœur comme un autre... peut-être plus qu'un autre! *(Il soupire.)* Ah!... Mais quand la municipalité vous appelle...

BRISARD. — Et puis, là, franchement, cette Agathe... ce n'est pas le Pérou.

PROVINS. — Ah! pour ça, non!

CLODION, *à Brisard.* — Que voulez-vous dire?

VERBOULOT, *à part.* — Voilà bien le serpent de la calomnie!

BRISARD. — Oh! rien!... Vous avez peut-être des illusions... et...

CLODION. — Achevez, monsieur, je vous en prie!

BRISARD. — Au fait, je ne vois pas pourquoi je ne vous dirais pas ce que tout le monde vous cornera ce soir ou demain... d'ailleurs, c'est un service à vous rendre... Si vous êtes dupe d'une coquette, vos amis ne doivent pas souffrir...

PROVINS, *élevant la voix.* — Non, non, nous ne souffrirons pas!

BRISARD. — Voici, messieurs, l'anecdote qui court.

VERBOULOT, *à part.* — Quelque affreux cancan!

BRISARD. — Avant-hier, trois officiers de différentes armes causaient sur la place du Carrousel, en attendant l'heure de la parade... Ils parlaient de leurs maîtresses.

PROVINS. — Ah! les gueux!

BRISARD. — Le hussard exaltait les principes de son Ernestine... Le dragon, la sévérité de sa Julie; et le grenadier, la rigidité de sa Clémentine : tout à coup, passe au bras d'un gentil cavalier une petite dame d'une mise... un peu voyante... Mes trois officiers lèvent le nez, poussent un cri : Ah!... Ernestine, Julie, Clémentine; c'était elle! c'était la même!... C'était Agathe de l'Opéra, qui, sous trois noms différents, avait consommé la conquête des trois uniformes!

CLODION. — Est-il possible!... et vous êtes bien sûr?...

BRISARD. — Oh! je tiens l'anecdote d'une des victimes. *(Il remonte.)*

CLODION. — Oh! c'est indigne! tant de perfidie!... Moi qui croyais à son amour, à sa fidélité!... Oui messieurs, oui, j'avais ce ridicule!... Oh! mais, je me vengerai!

BRISARD. — Et vous aurez raison!

PROVINS. — Mort aux infidèles!

VERBOULOT. — Mais ce n'est qu'une faible femme!

CLODION. — Eh! j'y pense!... Elle doit venir aujourd'hui même, ici; je l'attends!

BRISARD. — J'aurais, parbleu, du plaisir à faire sa connaissance.

PROVINS. — Et moi, donc!

CLODION. — Voyons, messieurs, aidez-moi... Je veux l'humilier, la mortifier, la...

PROVINS. — La cribler!... Nous la criblerons!... Du sarcasme, Provins, du sarcasme!

CLODION. — Il nous faudrait quelque bonne rouerie!...

BRISARD. — Quelque chose d'un peu spirituel, pour qu'on en parlât!

PROVINS. — Spirituel ?... Voyons donc, voyons donc!... Ah!... si je m'habillais en Turc ?

BRISARD. — Eh bien ?

PROVINS. — Eh bien!... elle me verrait en Turc, et... on en parlerait.

DOMINIQUE, *entrant par la gauche.* — Messieurs, le déjeuner est servi!

CLODION, *à Dominique.* — N'oublie pas de m'avertir aussitôt que Mlle Agathe sera arrivée. *(Aux autres.)* A table donc!... et sous l'inspiration du champagne... *(A part.)* Ah! vestale, ma mie, nous allons voir!

CHŒUR

AIR : Finale des *Deux Papas.*

Coquette infâme!
Un châtiment
Ici l'attend!
Beauté sans âme!
Nous punirons
Tes trahisons!

CLODION

Pour toi, plus d'indulgence,
Tu lassas ma clémence,
Subis notre vengeance,

Puisque à tous tes serments
Tu mens!

CHŒUR

Coquette infâme!
etc.

Clodion et ses convives sortent à gauche.

SCÈNE XI

DOMINIQUE; *puis* CAMILLE

DOMINIQUE, *seul.* — Allons, allons, je suis enchanté d'être entré dans cette condition-là... Ils sont très folichons, les amis du capitaine, et j'aime ça, moi... ce bruit, cette gaieté... Il y a deux jours encore, cette maison, habitée par la tante et la sœur du capitaine, était, dit-on, sérieuse comme un couvent... aujourd'hui... *(Il aperçoit Camille qui entre par le fond.)* Une dame! *(A Camille.)* C'est vous sans doute, mademoiselle, qui êtes attendue?

CAMILLE, *elle tient à la main un papier roulé.* — Ah! mon Dieu! est-ce que je suis en retard?

DOMINIQUE. — Oh! il n'y a pas de mal.

CAMILLE. — Eh bien! veuillez prévenir ces dames de mon arrivée.

DOMINIQUE, *à part, en riant.* — Oh! ces dames!... *(Haut.)* On va les prévenir, ces dames, madame... *(Il sort à gauche, en fredonnant.)*

Coquette infâme!
Un châtiment...

CAMILLE, *seule, ôtant son chapeau et son châle.* — Il a un air singulier, ce garçon!... voici la romance que m'a demandée Mlle de Marville... nous l'étudierons pendant la leçon... Ah! je suis lasse... *(Elle s'assied à droite.)* C'est qu'il y a loin d'ici Paris... je suis venue à pied... dans cette maison la campagne est si belle, si fleurie... j'ai fait une promenade charmante : j'ai bu du lait à la Porte Maillot, toute seule, comme une gourmande... Dame! une pauvre maîtresse de piano qui court le cachet n'a pour voiture que ses bottines et pour compagnon que son petit rouleau... tout ça n'est pas fait pour attirer les maris...

c'est pourtant bien cruel de rester fille... vieille fille! rien que d'y penser... oh!...

DOMINIQUE, *en dehors.* — J'y vais, messieurs; j'y vais... *(Rentrant en riant.)* Ah! ah! ah! c'est-il drôle, c'est-il drôle!

CAMILLE. — Eh! bien! ces dames?

DOMINIQUE. — Tout à l'heure, mademoiselle, tout à l'heure... *(Il cherche autour de lui, puis, prenant la boîte que Lucien a posée à gauche.)* C'est bien ça... *(A part.)* Ah! ah! ah! c'est-il une bonne farce!... *(Il sort en fredonnant de nouveau.)*

Coquette infâme!
Un châtiment...

CAMILLE. — Ah! çà, mais qu'est-ce que ça signifie? Il est donc fou, ce domestique. *(Trémolo à l'orchestre. Bruyants éclats de rire en dehors. — Effrayée.)* Ah! mon Dieu! ces rires, ces voix d'hommes... je suis pourtant bien ici chez Mlle de Marville. *(Elle remet vivement son châle et son chapeau, dont elle baisse le voile.)* Mais, j'ai peur! *(Elle va pour sortir par le fond. — Forte à l'orchestre.)*

SCÈNE XII

VERBOULOT, BRISARD, LUCIEN, PROVINS, CLODION, CAMILLE

Brisard, Provins, Clodion et Lucien sont munis chacun d'un petit soldat d'uniforme différent.

CAMILLE, *se trouvant en face de Brisard et de Provins, entrés les premiers, pousse un cri.* — Ah!... *(Elle redescend vivement la scène et reste immobile au milieu du théâtre. — Les autres personnages restent au fond.)*

LUCIEN, *bas.* — Canonniers, à vos pièces! (*Brisard s'avance lentement à la droite de Camille, il a un petit grenadier à la main, l'orchestre joue un fragment de l'air :* Grenadier, que tu m'affliges!)

BRISARD. — Vous aimez les revues, belle dame, nous vous en avons ménagé une d'une nouvelle sorte. (*Il présente son petit grenadier. Camille lui tourne le dos et se trouve face à face avec Provins qui tient un petit hussard. L'orchestre joue :* Connaissez-vous les hussards de la garde?)

PROVINS, *lui présentant son hussard.* — Mademoiselle... vous qui connaissez les hussards de la garde... *(Rire général. Camille recule épouvantée. Brisard et Provins remontent. Le trémolo reprend à l'orchestre. Lucien et Clodion retiennent Camille par la main, et la ramènent au premier plan.)*

CLODION. — Belle voilée, nous cacherez-vous plus longtemps ces traits charmants ?... *(Il soulève le voile de Camille d'un côté, tandis que Lucien le soulève de l'autre. Reconnaissant Camille.)* Ah! mon Dieu!

LUCIEN, *reconnaissant sa sœur.* — Camille! ma sœur!

CAMILLE, *se réfugiant près de Lucien.* — Lucien! *(Apercevant Clodion.)* Ah!...

CLODION, *à part.* — C'est elle!... *(Se rappelant.)* « Pour les pauvres!... »

Provins et Brisard rient aux éclats. Verboulot s'apitoie. Tableau. La toile tombe.

ACTE II

Le théâtre représente une pension de demoiselles. Mur au fond. A gauche, un pavillon, avec balcon; à droite, une charmille à hauteur d'homme, formant un bosquet, dont l'entrée principale est en face du public, et qui a une issue par le fond.

SCÈNE PREMIÈRE

HENRIETTE, CAMILLE, CLOTILDE, AGNÈS, PENSIONNAIRES

Au lever du rideau, les pensionnaires sont en récréation. Henriette, près du pavillon, écrit sur une table de jardin. Agnès, près de l'entrée du bosquet, dessine sur un album. Près d'elle, un peu plus loin, une pensionnaire assise tient un livre et lit. Au fond, une autre saute à la corde, deux autres jouent au volant, quelques-unes se promènent. Clotilde et Camille sortent du pavillon au moment où le chœur commence.

CHŒUR

AIR : *Vive la musique* (Barcarole).

Folles et rieuses,
Livrons-nous au plaisir !
Les heures joyeuses
Sont celles du loisir.

CLOTILDE, *à Camille.* — Ah! c'est bien aimable à vous de m'avoir apporté cette romance que je désirais tant!... Mais pourquoi n'êtes-vous pas venue plus tôt ?

CAMILLE. — Je n'ai reçu qu'hier au soir la lettre de Mme votre tante, qui me prie de vous continuer mes leçons dans ce pensionnat, et, comme la classe de piano que j'y fais d'ordinaire n'a lieu que deux fois par semaine...

CLOTILDE. — Savez-vous que je commençais à craindre que vous ne m'eussiez oubliée, moi, votre élève soumise et votre meilleure amie.

CAMILLE, *lui serrant la main.* — Bonne Clotilde! *(A part.)* Si elle savait... Oh! je n'oserai jamais lui dire...

CLOTILDE, *qui a parcouru la romance.* — Mais, maintenant, il faut me l'apprendre... je ne pourrai jamais déchiffrer seule.

CAMILLE. — Voulez-vous que nous la répétions ensemble ?

CLOTILDE. — Très volontiers.

CAMILLE

AIR de la *Barcarole* (Auber).

Petite Marguerite,
Dont l'oracle discret,

CLOTILDE

Petite Marguerite,
Dont l'oracle discret,

CAMILLE

A mon cœur, qu'il agite,
Vient dire un doux secret.

CLOTILDE

A mon cœur, qu'il agite,
Vient dire un doux secret.

CAMILLE

Des fleurs de mon parterre,
Oui, pour toujours, crois-moi,
Celle que je préfère,
C'est toi, c'est toi, c'est toi!

CLOTILDE

Des fleurs de mon parterre, etc.

CHŒUR

Bravo! bravo! l'air est charmant!
Et chanté, vraiment,
Gentiment!

HENRIETTE, *quittant sa table.* — Moi, j'ai fini mon pensum; je puis jouer maintenant. *(S'approchant d'Agnès.)* Voyons, Agnès, une partie de volant.

AGNÈS, *dessinant.* — Je suis occupée; merci, petite.

HENRIETTE, *aux autres.* — Oh! petite! fait-elle son embarras, cette Agnès, depuis qu'elle est à la veille de se marier. *(A Clotilde.)* Est-ce vrai, mademoiselle... on dit que c'est M. votre frère qu'elle épouse, le capitaine Clodion de Marville.

CLOTILDE. — C'est la première nouvelle; mais Clodion doit venir me voir aujourd'hui, et, s'il me le dit, vous le saurez.

Henriette remonte vers ses autres compagnes.

CAMILLE. — Monsieur votre frère a donc quitté son régiment?

CLOTILDE. — Mais oui, il est à Paris depuis quelques jours... vous pourrez le voir, enfin... car vous ne le connaissez que par ce que je vous en ai dit.

HENRIETTE, *près d'Agnès.* — Oh! mon Dieu! venez donc voir, mesdemoiselles, comme ce Spartacus ressemble à M. Verboulot, notre maître de dessin.

AGNÈS, *fermant vivement son album, et se levant.* — C'est bien sans intention, je vous assure.

HENRIETTE, *aux pensionnaires.* — Elle en est folle!... C'est drôle tout de même, d'en aimer un et d'en épouser un autre!

CLOTILDE. — N'est-ce pas aujourd'hui, mesdemoiselles, que nous devons recevoir la visite d'une dame du palais de l'Impératrice?

AGNÈS. — Ah! oui, la baronne Brisard... qui vient

nous inspecter de la part de Sa Majesté Joséphine, patronne de cet établissement.

HENRIETTE, *confidentiellement.* — Vous ne savez pas, mesdemoiselles... on dit que cette baronne, de nouvelle fabrique, a été autrefois... vivandière.

CLOTILDE. — Une parvenue... ah! tant mieux, ce sera plus gai.

CAMILLE, *à part.* — Et mes cahiers qui ne sont pas en ordre!... Je cours tout préparer pour cette inspection.

Elle sort à gauche.

HENRIETTE, *au fond.* — Silence, mesdemoiselles... la voici justement, avec Madame.

Toutes les pensionnaires se rangent à gauche.

SCÈNE II

CLOTILDE, AGNÈS, HENRIETTE, PENSIONNAIRES, MADAME BRISARD, MADAME RIMBAUT, PROVINS, VERBOULOT

Les nouveaux personnages entrent par la droite. — Musique à l'orchestre jusqu'à ce qu'ils soient en scène.

MADAME RIMBAUT. — Mesdemoiselles, j'ai l'honneur de vous présenter Mme la baronne Brisard, que l'Impératrice, dans sa sollicitude...

MADAME BRISARD, *l'interrompant.* — Assez. *(Aux pensionnaires.)* Oui, mes petites... baronne, pour vous servir... Ne vous gênez pas... Je suis très bien avec Sa Majesté... Nous sommes à tu et à toi... Quand elle s'ennuie, qu'elle a du brouillard... je n'ai qu'à me montrer... la voilà qui s'éclaircit; je n'ai qu'à parler, la voilà qui se pâme.

TOUTES, *riant.* — Ah! ah! ah! *(Elles s'arrêtent tout à coup.)*

MADAME BRISARD. — Juste! voilà l'effet. *(Reprenant.)* Ce matin, nous causions de vous en prenant le thé... Une drogue anglaise, qui est très comme il faut... L'Impératrice avait projeté de venir vous voir... mais, tout à coup, une migraine... le spleen... encore une drogue anglaise, qui est très comme il faut... alors, je lui dis : De quoi s'agit-il ?... D'une inspection ? des petites filles à toiser, à lorgner au point de vue de la décence et de l'ordre public ?... Mais, ce n'est pas malin; j'en fais mon affaire... A ces mots, l'Impératrice est partie d'un grand éclat de rire... elle se tordait... Je me suis dit : Bon! ça paraît lui faire plaisir... j'irai, et je suis venue... voilà!

MADAME RIMBAUT, *à part.* — Elle est originale, l'Impératrice.

MADAME BRISARD. — Voyons, mes petits anges, nous allons former les rangs... sur deux lignes.

Elle s'occupe elle-même de placer les pensionnaires.

PROVINS, *à part.* — Elle ne m'a pas encore aperçu... *(Il pousse un soupir.)* Ah!

MADAME BRISARD, *sans le regarder.* — Tiens! Provins est là!... Bonjour, Provins.

PROVINS, *saluant.* — Baronne... *(A part.)* Si j'osais lui remettre ce billet... *(Il montre un billet qu'il tient à la main.)*

MADAME BRISARD, *aux pensionnaires.* — Très bien comme ça... Maintenant, front! *(Les élèves présentent le front).*

VERBOULOT, *à part.* — C'est de l'école de peloton, ça.

MADAME BRISARD, *à Provins.* — Bonjour, fournisseur... *(A Mme Rimbaut).* Un ami de mon mari. *(A Provins.)* Par quel hasard ?

PROVINS. — Un devoir de famille... je marie ma nièce. *(Montrant Agnès.)* Tenez, ceci.

MADAME BRISARD. — Le numéro 2... Belle tenue. *(Elle s'approche d'Agnès.)*

VERBOULOT, *à part.* — Je crois bien... Elle est gentille à croquer!... *(S'avançant timidement.)* Ma meilleure élève... un crayon qui promet.

MADAME BRISARD, *à Mme Rimbaut, sans se retourner.* — Et ça qui parle... qu'est-ce que c'est ?

VERBOULOT, *répondant.* — Verboulot!... Ajax Verboulot. *(Mme Brisard se retourne et le toise.)* Carrefour des Amazones...

MADAME BRISARD. — Allons, mes petites, la tête haute... la bouche en cœur... les yeux à quinze pas et les bras sur la couture... Non, les bras à volonté.

VERBOULOT, *qui a obéi à tous les mouvements.* — A volonté... comme ça.

MADAME BRISARD, *aux élèves.* — Fixe! *(Elle inspecte militairement les élèves, et passe dans les rangs, les mains derrière le dos.)*

PROVINS, *sur le devant, à part.* — Cette femme me rappelle Kléber... un général... seulement il était plus grand et grêlé... Oh! il faut absolument que je me déclare.

MADAME BRISARD, *qui a terminé l'inspection.* — Là! voilà ce que c'est.

AIR du *Sénateur.*

Ajoutez à vot' corsage
Seul'ment trois pouc's de hauteur;
Je sais bien que c'est dommage,
Mais ça flatte l'Empereur.
Tâchez aussi qu'vos jupons
Vous tombent sur les talons.
L'écourté,
L'décoll'té,
Offusquent l'autorité,
Ça déplaît à l'autorité!

CLOTILDE, *aux pensionnaires.* — Quel langage! *(Murmures entre elles.)*

MADAME RIMBAUT. — Silence, mesdemoiselles!... *(A Mme Brisard.)* Je puis donc espérer que votre rapport...

MADAME BRISARD. — Mon rapport... il rapportera que de tous les établissements consacrés à la culture des jeunes filles, le vôtre en est le coq... ça vous va-t-il?

MADAME RIMBAUT. — Ah! Madame, tant de bonté...

MADAME BRISARD. — C'est bien... c'est bien...

MADAME RIMBAUT. — Désirez-vous passer à l'inspection des études?

MADAME BRISARD. — Oh! les études... c'est tellement minutieux, et accessoire...

VERBOULOT, *lui présentant un album.* — Un coup d'œil seulement sur ces dessins.

MADAME BRISARD, *prenant l'album.* — Voyons... *(L'ouvrant.)* Ah! voilà une belle image!

PROVINS, *à part.* — Quelle idée!... l'album de ma nièce... *(Il prend l'album d'Agnès, et met son billet dedans.)* Comme ça, elle trouvera...

MADAME BRISARD, *à Verboulot.* — Petit, comment nommez-vous ceci?

VERBOULOT. — Ça!... c'est un Spartacus... avec draperies.

MADAME BRISARD. — Ah! bon!... Il sort du bain.

VERBOULOT. — Comment?

MADAME BRISARD. — Dame! il a un peignoir. *(Elle lui rend l'album.)*

VERBOULOT. — Non, permettez... c'est une idée chaste.

MADAME BRISARD. — Ah! c'est une idée... *(A part, en passant devant Verboulot qui remonte.)* Je le crois cornichon, le maître de dessin.

PROVINS, *remettant à Mme Brisard l'album d'Agnès.* — Baronne, je recommande l'album de ma nièce à toute votre bienveillance.

MADAME RIMBAUT. — Si madame voulait passer dans la salle d'étude, elle serait plus commodément pour visiter... et pour prendre sa part d'une petite collation.

MADAME BRISARD. — Volontiers... les biscuits, les crèmes, les chatteries, c'est mon fort.

MADAME RIMBAUT. — Mesdemoiselles, veuillez prendre la peine de rentrer.

MADAME BRISARD. — Oh! veuillez prendre la peine... Est-ce que c'est comme ça qu'on fait rentrer les demoiselles ? *(Aux élèves.)* Attention! Par le flanc droit... droite!... en avant!... arche!...

Musique à l'orchestre. Les pensionnaires, ayant Verboulot à leur suite, défilent devant Mme Brisard qui marque la mesure des pieds et des mains : ran, ran, ran.

MADAME BRISARD, *à Mme Rimbaud.* — Voilà comme on fait rentrer les demoiselles!

Mme Brisard et Mme Rimbaut sortent à la suite des pensionnaires qui ont pris la gauche.

PROVINS, *avant de sortir.* — Qu'elle est majestueuse! *(Il soupire.)* Ah!... *(Il sort à gauche. — Trémolo à l'orchestre jusqu'à ce que Lucien soit en scène.)*

SCÈNE III

LUCIEN; *puis* CAMILLE

LUCIEN, *paraissant au fond sur le mur qu'il franchit. Il tient deux fleurets à la main.* — Enlevé!... ça y est!... C'est le troisième mur que je parcours ainsi depuis cinq minutes... Bonne chose que la gymnastique, quand on veut filer. Cet imbécile de concierge, le cerbère du lycée, j'ai eu beau lui dire : c'est pour affaire, pour affaire importante; cordon, s'il vous plaît! *(Changeant de ton.)* On ne sort pas!... Connu, très bien!... Alors, j'ai attendu l'heure de la récréation, j'ai pris mes fleurets, et pendant que le pion tournait le dos... une, deux... première escalade!... je tombe dans une basse-cour... les canards effrayés allaient me trahir... trois, quatre... seconde escalade!... je descends dans un potager... juste sur le dos d'un jardinier!... Ma foi, pendant que j'y étais... cinq, six... troisième escalade, et me voilà! où ? je n'en sais rien, mais ça m'a l'air moins habité ici... Tâchons de trouver la porte. *(Il remonte et regarde à droite.)* Qu'est-ce que je vois!... je ne me trompe pas!... Camille! ma sœur... *(redescendant)* par quel hasard...

CAMILLE, *entrant par la droite.* — Maintenant que l'inspectrice voudra... je suis prête. *(Apercevant Lucien.)* Lucien!

LUCIEN, *cachant vivement ses fleurets derrière son dos.* — Oui... c'est... c'est moi... Bonjour, Camille... ça va bien ?

CAMILLE. — Qu'est-ce que tu fais ici ?

LUCIEN, *embarrassé.* — Moi... tu vois... je... je me promène... je flâne... mais toi ?

CAMILLE. — Ne suis-je pas maîtresse de piano chez Mme Rimbaut ?

LUCIEN. — Mme Rimbaut! Comment, je suis dans une pension de demoiselles. *(A part.)* Sapristi! encore des portes fermées... *(Il laisse voir ses fleurets.)*

CAMILLE, *apercevant les fleurets.* — Qu'est-ce que c'est ça ?... des armes!

LUCIEN, *à part.* — Je suis gobé!

CAMILLE. — Lucien... tu me caches quelque chose!

LUCIEN. — Eh! bien, quoi... des fleurets... une précaution... quand on se promène, on peut faire de mauvaises rencontres...

CAMILLE. — Un mensonge, à moi!... Ah! Lucien... c'est mal!

LUCIEN. — Eh bien! non... Eh bien! non, petite sœur... je vais te dire la vérité. Au fait, j'aime mieux ça. *(Résolument.)* Ceci, c'est pour tuer l'homme chez qui tu as été insultée, il y a trois jours, à Passy.

CAMILLE, *à part.* — Ah! mon Dieu! *(Haut.)* Mais il n'est pas coupable... un hasard, une méprise...

LUCIEN. — Qui le croira ?... Le capitaine lui-même les a-t-il convaincus, ses amis, ses complices!... Lorsque, après cette scène affreuse, il maudissait son erreur... ils t'ont fait des excuses, mais c'était avec l'ironie sur les lèvres!

CAMILLE. — Est-il possible!

LUCIEN. — Et la preuve... c'est que, grâce à eux, l'anecdote s'est répandue avec des interprétations, des commentaires.

CAMILLE. — Ah! mais, c'est une indigne calomnie!

LUCIEN. — Certainement... et, c'est pour ça qu'elle fera son chemin... alors, on te fermera toutes les portes, tu perdras ton état, c'est peu de chose... mais, la réputation!... quand on n'a que ça!... c'est beaucoup... et je vais...

CAMILLE, *l'arrêtant.* — Mais le capitaine ne peut se battre avec toi... un enfant!

LUCIEN, *avec amertume.* — Ah! oui, c'est juste!... voilà ce qu'ils disent tous... un enfant!... Eh! bien! on verra ce que peut un enfant, en face d'un homme qui a compromis sa sœur et ne veut pas l'épouser!

CAMILLE. — Que dis-tu ?

LUCIEN, *à part.* — Allons, bon! moi qui voulais lui cacher... *(Haut.)* Eh bien! oui, là!... je lui ai écrit... deux lettres... je lui demandais sa main pour toi... c'était juste, c'était convenable... ça arrangeait tout...

CAMILLE. — Et...

LUCIEN. — Pas de réponse... tu vois bien qu'il faut que je le tue!

CAMILLE. — Mais enfin... cet homme contre lequel tu veux te battre... si je le connaissais depuis longtemps.

LUCIEN. — Comment ?

CAMILLE. — Si... oh! tu ne comprendras pas... Lucien, si... je croyais l'aimer!

LUCIEN, *vivement.* — Oh! tais-toi!

CAMILLE. — Pardon, je ne te l'avais jamais dit... C'était au temps de notre heureuse fortune, j'étais encore chez ma marraine, à Boulogne.

LUCIEN. — Eh bien ?

CAMILLE. — Un soir... à un bal... une quête... Il avait oublié sa bourse, et...

LUCIEN. — « Pour les pauvres!... » c'était toi!

CAMILLE. — Comment! tu sais ?

LUCIEN. — Tout!... ah! c'est bien! c'est beau!... Mais, de sa part, c'est encore bien plus mal... parce qu'en te revoyant, te reconnaissant, il aurait dû... et tu l'aimes toujours ?

CAMILLE. — Oh! non! C'est fini!

LUCIEN. — Alors...

CAMILLE. — Pourtant, s'il lui arrivait malheur...

LUCIEN. — Connu!... Que le diable emporte le sentiment!... Je ne peux plus me battre avec lui!... Oh! mais, il t'épousera! Je saurai bien forcer le capitaine Clodion de Marville.

CAMILLE, *à part.* — Clodion de Marville! *(Haut.)* Il s'appelle Clodion de Marville?

LUCIEN. — Oui.

CAMILLE. — Comment! cet officier que j'ai reconnu l'autre jour à Passy... c'est le frère de mon élève, de ma meilleure amie!

LUCIEN. — Hein? quoi? que dis-tu?... Il a une sœur?... où ça?

CAMILLE. — Ici... depuis trois jours.

LUCIEN, *à part.* — Ah! il a une sœur!

CAMILLE. — Qu'as-tu donc?

LUCIEN. — Rien! *(A part.)* Ah! il a une sœur!

CAMILLE. — Voyons... l'inspection de musique ne peut tarder... Lucien, sois raisonnable... rentre à ton collège... tout de suite.

LUCIEN. — Sois tranquille.

CAMILLE. — Tu me le promets?

LUCIEN, *l'accompagnant.* — Mais sois donc tranquille... puisque je te dis... tu seras en retard... Va, ma petite sœur, va, va!...

Camille sort à droite. Lucien revient sur le devant de la scène.

SCÈNE IV

LUCIEN, *seul.*

Ah! tu as une sœur, et tu compromets celle des autres... Eh bien! capitaine!... à mon tour... et après... je réparerai, si tu répares; sinon, non!... ah! voyons... comment s'y prend-on pour compromettre?... J'y suis. Programme des exercices : Art. 1er. J'embrasse... c'est bon, ça... Art. 2. Je me jette à ses genoux... c'est encore bon, ça... Art. 3 : Ah! diable! c'est plus difficile, l'article 3... Art. 3 : Je lui fais une déclaration... une déclaration brûlante! incendiaire!... ça ne doit pas être mauvais non plus... Ah bien, oui! voilà le *hic*... je ne suis pas très fort sur les déclarations...

AIR : *J'avais juré d'aimer Rosine* (Amat).

J'ai beau fouiller dans ma cervelle,
Elle est rebelle!
Comment peindre le sentiment
D'un tendre amant ?
Exprimer un amour fidèle *(bis)*.
Bien chaudement,
Bien tendrement ?
Lorsque mon cœur n'a pas un battement.
Assurément,
Pauvre écolier, j'y perds mon rudiment!

Bah! je ferai du bruit, du scandale, du... hein! on vient... la maîtresse de pension, sans doute... et si on me trouvait ici. *(Il exprime par un geste qu'on le chasserait.)* Ah! mais non!... quand j'aurai accompli mes noirs desseins, à la bonne heure. *(Il se cache dans le bosquet, et disparaît un instant.)*

SCÈNE V

MADAME BRISARD, *entrant furieuse, une lettre à la main.* — Oser m'écrire!... quelle impudence!... voyons ce qu'il chante, ce vieux champignon! *(Flairant la lettre.)* Tiens! elle embaume!... Il a parfumé son attentat, le sacripant! *(Lisant.)* « Ange adoré!... Il veut sortir, » cet aveu qui me brûle!... je ne le retiens pas! Je t'aime, » ô Léopoldine!... » *(Parlé.)* Il me tutoie!... *(Lisant.)* « Me repousseras-tu!... Oh! que non! j'ai lu dans tes » regards! Post-scritum. Réponse, s'il vous plaît. » Oh! mais, ça n'a pas de nom! et si je le tenais, cet affreux cri-cri!... Avise-toi encore de traîner tes guêtres sur mes talons et de pousser dans mes alentours tes... *(Soupirant comme Provins.)* Ah!... vieux soufflet de forge, va! C'est-à-dire que si mon mari lisait ce fragment, lui qui est un vrai tigre pour les soupçons, il pourrait croire que... un être aussi déjeté!... Allons donc!

BRISARD, *en dehors.* — Merci bien! merci!

MADAME BRISARD. — Le baron! *(Elle cherche à cacher la lettre.)* Ah! que c'est bête, les robes qui n'ont pas de poches!... *(Elle froisse le billet et le jette par-dessus la charmille, aux pieds de Lucien, qui reparaît au même moment.)*

SCÈNE VI

BRISARD, MADAME BRISARD, LUCIEN, *derrière la charmille.*

LUCIEN, *voyant le billet.* — Hein!... *(Il le ramasse.)*

BRISARD, *qui a vu le mouvement de sa femme, à part.* — Oh!

MADAME BRISARD. — Ah! c'est vous, baron... je suis enchantée.

BRISARD. — Oui, je viens vous prendre, comme nous en sommes convenus. *(A part, indiquant le bosquet.)* Elle l'a jeté là!

MADAME BRISARD. — Et, que dit-on de nouveau à l'état-major ?

BRISARD. — Rien! *(Il regarde le bosquet d'un air soupçonneux.)*

LUCIEN, *après avoir lu le billet.* — Et moi qui cherchais une déclaration!... voilà!...

BRISARD, *à sa femme.* — Vous lisiez, quand je suis entré ?

MADAME BRISARD. — Moi ?... non.

LUCIEN, *prêtant l'oreille.* — On parle à côté.

BRISARD. — Il m'avait semblé voir un papier... Quel était ce chiffon ?

MADAME BRISARD, *à part.* — Il m'a vue! *(Haut.)* Rien... une feuille sans importance... Et, que dit-on de nouveau à l'état-major ?

BRISARD. — Il ne s'agit pas de l'état-major... Ce papier...

MADAME BRISARD. — Une composition de géographie...

LUCIEN, *à part.* — Elle appelle ça de la géographie!... je vais toujours l'apprendre par cœur.

BRISARD. — Une composition de géographie!

MADAME BRISARD. — Ah! çà, vous serez donc toujours jaloux comme un sanglier... je vous préviens qu'il n'y a rien de plus sciant pour une femme qu'un baron jaloux!

BRISARD. — Eh! madame, quand le baron est jaloux, c'est que la baronne est... légère!

MADAME BRISARD. — Légère, baron!

BRISARD. — Légère, baronne!

MADAME BRISARD, *furieuse.* — Mille carabines!

LUCIEN, *à part.* — Mille carabines! c'est un grenadier!

BRISARD. — Je maintiens le mot!... et, certainement, si j'avais su... moi, qui vous ai épousée par amour!

MADAME BRISARD. — Mais qu'est-ce que vous avez?... voyons!

BRISARD. — Ce que j'ai!... encore samedi dernier, cet homme que j'ai trouvé à vos pieds!...

MADAME BRISARD, *cherchant à se rappeler.* — Samedi?

BRISARD. — Oui... une figure commune... de grosses mains, ah! baronne!

MADAME BRISARD, *à part.* — J'y suis!... *(Haut.)* Ah! baron!

BRISARD. — Devant nos gens, je me suis contenu... j'ai su renfermer en moi-même... mais j'ai guetté le quidam, et je n'ai pas été long à l'expédier...

MADAME BRISARD. — Ah! mon Dieu!

BRISARD. — Pour les départements... à Cambrai... il y avait une place vacante dans les cuirs.

MADAME BRISARD, *avec éclat.* — C'était mon cordonnier!

BRISARD. — Comment?

MADAME BRISARD. — Il me prenait mesure... là... je n'aurai pas mes brodequins!

BRISARD, *riant.* — J'en suis fâché... mais... quand je ramasse un homme à vos genoux... je le case... je pourrais le tuer... je le déplace, ça revient au même.

LUCIEN, *à part.* — Voilà un mari commode pour les gens sans emploi.

BRISARD. — Voyons, la paix... Avez-vous terminé votre inspection?

MADAME BRISARD. — A peu près.

BRISARD. — Eh! bien! je vous laisse le carrosse.

MADAME BRISARD, *à part.* — Je reviendrai... ce billet...

BRISARD, *remontant avec elle.* — Je suis attendu au ministère... j'ai plus de cent brevets à signer... tout le personnel forestier que je réogarnise. *(Lui tendant la main.)* Au revoir.

MADAME BRISARD. — Je devrais vous garder rancune, gros jaloux.

BRISARD. — A tantôt, baronne. *(Il lui baise la main.)*

MADAME BRISARD. — A tantôt, baron, *(Elle sort à gauche.)*

BRISARD. — Ce papier me chiffonne... je veux en avoir le cœur net! *(Il entre dans le bosquet par le fond, au moment où Lucien en sort par le devant après y avoir oublié son chapeau.)*

LUCIEN, *en scène.* — Je n'entends plus personne... je puis me risquer. *(Il remonte pour s'assurer qu'on ne peut le surprendre.)*

BRISARD, *dans le bosquet.* — Je ne vois rien... *(Apercevant le chapeau de Lucien.)* Oh! un chapeau!... et à trois cornes encore!...

LUCIEN, *au fond.* — Etourdi!... et mon chapeau!... *(Il se dirige vers le bosquet, par le fond, et y entre au moment où Brisard en sort par le devant.)*

BRISARD, *en scène.* — Personne!... disparu!... oh! mais, avec cette pièce de conviction... *(En sortant.)* Ah! Mme Brisard! Mme Brisard!... *(Il sort à gauche.)*

SCÈNE VII

LUCIEN; *puis* CLOTILDE

LUCIEN, *revenant en scène par le devant du bosquet.* — Ah! çà, on chipe donc les chapeaux ici ?... Ah! bah! je ferai mon expédition nu-tête. *(Tenant la lettre.)* Est-ce heureux ?... j'ai besoin d'une déclaration... crac!... voilà!... je la lis deux fois, je la sais par cœur, et maintenant je suis en mesure. *(Apercevant Clotilde qui entre par la gauche.)* Une pensionnaire! *(Il se retire dans le bosquet.)*

CLOTILDE, *sans voir Lucien.* — Oh! la drôle de femme que cette baronne!... avec elle, les crèmes, les biscuits, les babas, ça ne fait que paraître et disparaître!... heureusement qu'on est venu me chercher, je n'y tenais plus!

LUCIEN, *qui est sorti du bosquet par le fond.* — Informons-nous toujours. *(Il vient doucement derrière Clotilde et l'embrasse sur le cou.)*

CLOTILDE. — Ah!

LUCIEN. — Mlle de Marville, s'il vous plaît ?

CLOTILDE, *effrayée.* — C'est moi, monsieur.

LUCIEN. — Vous!... enchanté de... *(Tout à coup et se jetant à ses genoux.)* Ange adoré!... *(Clotilde se recule,*

Lucien la retient.) Mibute!... ce n'est pas fini! *(Récitant avec chaleur.)* Il veut sortir, cet aveu qui me brûle!... je ne le retiens pas!

CLOTILDE. — Ah! monsieur! ne me faites pas de mal! je vous en prie! *(Lucien se relève.)*

LUCIEN, *à part.* — Tiens! elle est gentille. *(Haut et naturellement.)* Vous faire du mal, moi!... Oh! non, vous êtes bien trop mignonne pour ça!

CLOTILDE, *à part.* — A la bonne heure, donc!

LUCIEN, *la regardant.* — Oh! les jolis petits yeux!... oh! les amours de petites mains!... comme celles de ma sœur... *(A part.)* Ah! mon Dieu! et moi qui oublie... *(Très haut.)* Je t'aime, ô Léopold... non!... votre nom?

CLOTILDE, *timidement.* — Clotilde, monsieur.

LUCIEN, *naturellement.* — Tiens! c'est un nom que j'aime bien ça, Clotilde... avec ce nom-là on doit être bien douce, bien bonne, bien... *(Se ravisant, à part.)* Ah! mais non! *(Très haut et se jetant à genoux.)* Je t'aime, ô Clotilde! me repousseras-tu?... *(Il lui prend la main.)*

CLOTILDE. — Laissez-moi, monsieur!

LUCIEN. — Impossible!

CLOTILDE. — On vient de me dire que mon frère m'attend au parloir.

LUCIEN. — Votre frère!... *(Se relevant.)* Ah! il est ici... eh bien! tant mieux! raison de plus pour... car c'est lui qui l'a voulu... car, sans lui, croyez bien que jamais... *(Il l'embrasse.)* Au grand jamais... *(Il l'embrasse.)*

CLOTILDE, *cherchant à se dégager.* — Au secours! au secours!

LUCIEN, *la retenant toujours, à part.* — Tiens! c'est une bonne idée! *(Haut.)* Au secours! au secours! *(A part.)* Comme ça, on nous surprendra ensemble, et... *(Haut et remontant au fond.)* Au secours! au secours! *(Clotilde, libre, se réfugie vivement dans le pavillon à gauche.)* Ah! çà, il n'y a donc personne dans cette maison... *(Il se retourne.)* Partie!... un instant!... est-elle assez compromise?... je ne crois pas... ah! tu n'es pas assez compromise! *(Il entre à son tour dans le pavillon et, avant de fermer la porte sur lui, crie :)* Au secours! au secours!

SCÈNE VIII

LUCIEN *dans le pavillon.* CLODION, MADAME BRISARD, MADAME RIMBAUT, PENSIONNAIRES *au deuxième plan.*

CHŒUR

Quel bruit lamentable,
Rumeur effroyable,
Plainte épouvantable,
Vient de retentir ?

MADAME BRISARD. — Eh! quoi! personne ici!... *(Rires dans le pavillon.)* Mais dans ce pavillon!

CLODION. — C'est celui de ma sœur! *(Il court à la porte, qui résiste à ses coups.)* Que faire ? *(Appelant.)* Clotilde! réponds-moi!... Clotilde! c'est ton frère!

LUCIEN, *paraissant au balcon, avec une tartine de confiture.* — On appelle Clotilde ? Eh bien! que lui veut-on ?

CLODION, *parlant.* — Lucien! dans la chambre de ma sœur!

CHŒUR

Scandale effroyable!
C'est abominable!
Vraiment, c'est un diable,
Sous les traits d'enfant!

Lucien sort du pavillon.

MADAME BRISARD, *à Lucien.* — Qu'est-ce que vous faites ici, monsieur le drôle, dans l'asile de l'innocence ?

LUCIEN. — Moi! rien! *(Montrant Clodion.)* C'est une affaire entre nous deux... les femmes n'en sont pas!... ainsi permettez... *(Il veut aller à Clodion qui lui tourne le dos, dit quelques mots à Mme Rimbaut et entre dans le pavillon.)*

MADAME BRISARD, *l'arrêtant.* — Mais morveux! tu ne sais donc pas qui je suis!... je te ferai arrêter, moi! je te ferai emprisonner, mille carabines! *(Elle va à Mme Rimbaut.)*

LUCIEN, *à part.* — Mille carabines!... c'est le grenadier du bosquet!... et la déclaration, c'était... ah! minute!

(Allant à Mme Brisard qui a causé un instant avec Mme Rimbaut. Bas.) Ange adoré!... me repousseras-tu, ô Léopoldine!

MADAME BRISARD, *à part.* — C'est le billet du fournisseur! *(Bas.)* Tu as trouvé un papier... tu l'as lu!...

LUCIEN, *bas.* — Et retenu.

MADAME BRISARD, *bas.* — Rends-le moi!

LUCIEN, *bas.* — Plus tard, quand vous reviendrez... car, je vous l'ai dit, j'ai besoin d'être seul avec M. Clodion.

On entend sonner la cloche.

MADAME RIMBAUT. — Voici l'heure de l'inspection de musique.

MADAME BRISARD, *à part.* — Allons, bon! à l'autre! *(Bas à Lucien.)* Dans un quart d'heure ici... Tu seras sage!

LUCIEN, *bas.* — Comme une image, mille carabines!

MADAME BRISARD. — Gamin.

MADAME RIMBAUT. — Si Madame veut bien prendre la peine...

MADAME BRISARD. — Venez, mesdemoiselles, venez.

CHŒUR

AIR

Sachons flatter
De l'inspectrice
Le caprice.
Allons chanter
Pour la contenter.

Toutes les dames sortent. Clodion paraît à la porte du pavillon, après le chœur.

SCÈNE IX

LUCIEN, CLODION

LUCIEN, *apercevant Clodion.* — Ah! à nous deux maintenant!

CLODION, *le prenant par l'oreille, et l'amenant sur le devant de la scène.* — Comment! petit malheureux! tu n'es pas honteux du scandale que tu viens de causer ?... Décidément, que faisais-tu chez ma sœur ?

LUCIEN, *avec aplomb.* — Moi !... je la compromettais !...

CLODION. — Comment !

LUCIEN. — Dites donc !... je l'ai embrassée... je lui ai fait une déclaration, et je lui ai entamé un pot de confiture ; ça vous paraît-il suffisant comme ça ?

CLODION, *à part, riant.* — Un enfant ! ah ! ah ! ah !...

LUCIEN, *avec importance.* — Maintenant, capitaine, réparons-nous, ou ne réparons-nous pas ?

CLODION. — Que veux-tu dire ?

LUCIEN. — Epousez ma sœur... j'épouse la vôtre.

CLODION, *riant.* — Toi ?

LUCIEN. — Moi !... et pourquoi donc pas ?

AIR : *Je sais attacher des rubans.*

Je sais le latin et le grec,
L'algèbre et la géométrie ;
Au plus malin je pourrais clouer l'bec,
Même en histoir', même en géographie.
J'possèd' la grammair' de Restaut,
J'fais l'exercic' comme un vieux militaire !
Vous le voyez, j'ai vraiment tout c'qu'il faut
Pour êtr' bon époux et bon père.

CLODION. — Mais, mon pauvre ami...

LUCIEN. — Je ne suis pas votre pauvre ami...

CLODION, *souriant.* — Eh bien ! Lucien...

LUCIEN. — M. Lucien...

CLODION, *sérieusement.* — Votre sœur est une noble fille... mon désir le plus vif, mon vœu le plus ardent serait de pouvoir lui donner mon nom... mais...

LUCIEN. — Mais ?...

CLODION. — Mais un autre a ma parole.

LUCIEN. — Comment ?

CLODION. — Il faut que j'épouse la nièce de M. Provins.

LUCIEN. — Un vieux sécot ?... Connu !... ça ne se peut pas.

CLODION. — Je suis engagé.

LUCIEN. — Vous vous dégagerez.

CLODION. — Oh, non ! l'honneur me fait un devoir d'épouser Mlle Agnès... et, à moins qu'elle ne me refuse...

LUCIEN. — Tiens ! au fait...

CLODION. — A moins qu'elle n'en aime un autre...

LUCIEN. — C'est pourtant vrai, ça... Pour se marier, faut dire oui, et si elle dit non... Où est-elle, cette Agnès ?

CLODION. — Elle est élevée dans cette pension.

LUCIEN. — Ah bah!

CLODION. — Pourquoi ?

LUCIEN. — Pour rien... Laissez-moi faire... Allez, allez, voyez ma sœur.

CLODION. — Comment ?

LUCIEN. — Elle est ici.

CLODION. — Ici!... Oh! je suis impatient de me justifier à ses yeux, car elle doit m'accuser, me haïr!

LUCIEN. — Eh bien! c'est ça... allez... courez la consoler, vous excuser, je vous y autorise!

CLODION. — Adieu! adieu!

LUCIEN. — Moi, de mon côté, je vais m'occuper de votre bonheur! *(Clodion sort à gauche.)*

SCÈNE X

LUCIEN, *réfléchissant.*

Ah! Mlle Provins est ici!... et si elle refusait... si elle en aimait un autre... eh bien! mais cet autre... voilà... pourquoi donc pas, je suis jeune, gentil et vacant... *(Très haut en remontant un peu.)* Mlle Agnès Provins, s'il vous plaît.

SCÈNE XI

LUCIEN, AGNÈS

AGNÈS, *entrant par la charmille, avec un livre à la main.* — Mon nom!

LUCIEN, *se retournant.* — Hein ?... c'est ?... *(La ramenant par la main avec politesse.)* Mademoiselle, oserai-je vous prier de m'accorder un moment d'entretien ?

AGNÈS. — Moi, monsieur ?

LUCIEN, *avec explosion, se jetant à genoux.* — Ange adoré!...

AGNÈS, *reculant.* — Ah! mon Dieu!

LUCIEN, *chaudement.* — Il veut sortir cet aveu, qui me brûle!... je ne le retiens pas!

AGNÈS. — Pardon, monsieur, je ne vous comprends pas!

LUCIEN. — Vous ne me comprenez pas ?... je recommence : il veut sortir, cet aveu qui me brûle!...

VERBOULOT, *entrant par la gauche, et poussant un cri.* — Ah! *(Il descend vivement la scène.)*

AGNÈS. — Monsieur Verboulot!... *(A Lucien.)* Levez-vous, monsieur!

LUCIEN, *toujours à genoux.* — Ça m'est égal!... *(Continuant.)* Je ne le retiens pas!

AGNÈS, *à Verboulot.* — Ah! monsieur, n'allez pas croire...

VERBOULOT. — Ah! mademoiselle... c'est mal... c'est bien mal!... donner ainsi la préférence...

LUCIEN, *à part.* — Qu'est-ce qu'il dit donc ?

VERBOULOT. — Est-ce ma faute à moi, si je n'ai jamais osé vous dire que je vous aimais, que je vous adorais, que...

LUCIEN, *à part, se relevant.* — Ah bah! *(Haut.)* Comment, il se pourrait!

AGNÈS, *baissant les yeux.* — Monsieur...

LUCIEN, *à lui-même.* — Ah! mais j'aime bien mieux ça!... je vais le mettre à ma place. *(Bas et rapidement à Verboulot.)* A genoux!

VERBOULOT. — Plaît-il ?

LUCIEN, *de même.* — Elle vous aime, vous chérit, vous idolâtre!... demandez-lui sa main... à genoux!

AGNÈS. — Mais...

LUCIEN, *à Agnès.* — Ce jeune homme vous aime, vous chérit, vous idolâtre..., il demande votre main... accordé... merci! *(A Verboulot.)* A genoux donc!

VERBOULOT, *hésitant.* — Pourtant, cependant... *(Lucien le force à se mettre à genoux.)* Ah! mais! ah! mais! ah! mais!

LUCIEN, *à Agnès, déclamant par-dessus la tête de Verboulot.* — Et voilà l'homme que vous consentiez à perdre, en contractant un odieux mariage!

AGNÈS. — Dame! ce n'est pas ma faute... et si mon oncle...

LUCIEN. — Belle raison!... mais, lui aussi, il a un oncle!

VERBOULOT. — Non, permettez... non!

LUCIEN. — Si fait, si fait, vous en avez un... cherchez!

VERBOULOT, *se rappelant.* — Ah! oui... un petit... en Picardie...

LUCIEN. — Je le savais bien!... Eh! bien! cet oncle de Picardie... un barbare... comme le vôtre... voulait l'unir à une riche héritière... Savez-vous ce qu'il a fait?... le noble jeune homme, il a envoyé promener son oncle, comme vous enverrez promener le vôtre... allons, du courage, morbleu!

AGNÈS. — Je tâcherai. *(Apercevant Provins qui entre par la gauche.)* Ah!... le voici! *(Elle se sauve par le bosquet.)*

SCÈNE XII

VERBOULOT, PROVINS, LUCIEN

PROVINS. — Qu'ai-je vu?... ma nièce!

LUCIEN. — Poule mouillée, va!

VERBOULOT, *toujours à genoux.* — Je suis compromis!

PROVINS, *à Verboulot.* — Comment, monsieur... vous osez... Qu'est-ce que vous faisiez là?

VERBOULOT. — Moi... rien... je passais, et c'est Monsieur... *(Il se lève.)*

PROVINS, *apercevant Lucien.* — Le lycéen, ici!

LUCIEN, *déclamant.* — Ah! monsieur... pourquoi n'êtes-vous pas venu plus tôt!...

PROVINS. — Mais, il me semble...

LUCIEN. — Vous eussiez été, comme moi, attendri, touché, transpercé!... Ah! monsieur, quels élans! quels transports!... Et l'on voudrait les séparer!...

PROVINS, *à part.* — Ah! çà, de quoi se mêle-t-il?

LUCIEN, *passant au milieu.* — Deux cœurs si bien faits l'un pour l'autre!... deux cœurs... *(Bas à Verboulot.)* Allons! chaud! chaud! faites votre demande.

VERBOULOT, *bas.* — Vous croyez que c'est le moment de... *(A Provins.)* Verboulot, Ajax Verboulot, carrefour des Amazones, 22... a l'honneur de...

LUCIEN. — Ça suffit... *(A Provins.)* Il aime, il est aimé! il vous demande la main d'Agnès.

PROVINS. — Mais voulez-vous me laisser tranquille, vous! *(A Verboulot.)* Jeune artiste, votre recherche m'honore, certainement... mais ma nièce est mariée.

VERBOULOT et LUCIEN. — Mariée!

PROVINS. — C'est tout comme... Le mariage est arrêté, publié.

LUCIEN. — Il ne se fera pas!... D'abord, le capitaine Clodion est mon ami... On a trouvé aux pieds de sa prétendue un jeune homme...

VERBOULOT, *appuyant.* — Un jeune homme...

LUCIEN. — Un beau jeune homme!...

VERBOULOT. — Un très joli jeune homme.

LUCIEN. — Et je ne souffrirai pas...

VERBOULOT. — Il ne souffrira pas...

PROVINS, *à Lucien.* — Mais qu'est-ce que ça vous fait?

LUCIEN. — Ce que ça... D'abord Verboulot est mon ami.

VERBOULOT. — Je suis son ami, moi.

LUCIEN. — Il aime... Il serait malheureux... il épousera.

VERBOULOT. — J'épouserai...

PROVINS. — Monsieur, je suis bien fâché de ne pouvoir continuer avec vous une conversation aussi agréable; mais je n'ai que deux mots à vous dire; la première condition, pour obtenir la main de ma nièce, la condition *sine qua non*, c'est d'être officier... et je ne crois pas que Monsieur, votre ami...

VERBOULOT. — Non. Oh pour ça, non!

LUCIEN, *à Verboulot.* — De quoi vous mêlez-vous?... Allez donc vous promener!... *(A Provins.)* Officier!... et pourquoi ça?

PROVINS. — Pourquoi, pourquoi... j'ai mes raisons... des raisons supérieures... Je n'ai pas besoin de vous conter mes affaires. *(Fausse sortie.)*

LUCIEN et VERBOULOT. — Mais, monsieur...

PROVINS, *revenant.* — Il faut que ma nièce épouse un officier dans les quinze jours, c'est de rigueur... et vous comprenez que s'il me fallait maintenant quêter un mari, de caserne en caserne, ça me retarderait; et comme je suis pressé, bonjour, monsieur, bonjour! petit, bonjour! *(Il sort à gauche.)*

LUCIEN, *atterré.* — Patatra!

VERBOULOT. — Patatra! Eh bien!... qu'est-ce que ça va devenir?

LUCIEN. — Ça va devenir... que le mariage de ma sœur, le vôtre, tout est rompu!

VERBOULOT. — Ah! mon Dieu!

LUCIEN, *avec humeur, marchant sur Verboulot.* — Et c'est votre faute, aussi!... Pourquoi êtes-vous maître de dessin?... Faire des nez, des oreilles... Fi! monsieur... tandis qu'officier... oh! officier! ah bien! oui; mais vous n'êtes pas de l'acajou dont on les fait!... C'est pourquoi on va vous jeter à la porte; vous n'épouserez pas Agnès, elle sera malheureuse, vous serez malheureux, et c'est bien fait! ça vous apprendra à choisir une profession aussi... grotesque!

VERBOULOT. — Mais qu'est-ce qu'il a?... Qu'est-ce qu'il a?

SCÈNE XIII

LUCIEN, VERBOULOT, MADAME BRISARD

MADAME BRISARD, *en dehors.* — Vous direz à mon mari que je vais le rejoindre.

VERBOULOT, *à part.* — L'inspectrice!... est-ce qu'elle viendrait déjà pour m'extirper?... Evitons-la! *(Il entre dans le bosquet.)*

MADAME BRISARD, *entrant par la gauche, à Lucien.* — Ah! je te cherchais, marmot... Mais, qu'as-tu donc?

LUCIEN. — J'ai, j'ai... que je bisque!

MADAME BRISARD. — Voyons, dépêchons-nous; rends-moi le billet de Provins.

LUCIEN. — Provins! Comment! c'était lui!...

MADAME BRISARD, *à part.* — Aïe, aïe. *(Prenant son parti.)* Ah bah!

LUCIEN. — Il n'y a plus d'enfants!

MADAME BRISARD. — Comprends-tu ça?... Moi, la baronne Brisard, compromise par un pareil museau!

LUCIEN. — Tiens! mais, vous, qui êtes une grande dame, vous pourriez me donner un renseignement... Qu'est-ce qui fait les officiers dans ce pays-ci?

MADAME BRISARD. — Les officiers... ah! ah! ah! la drôle de question!... Il y a d'abord l'Empereur.

LUCIEN. — Il est en Autriche... Après?

MADAME BRISARD. — Les ministres... les chefs de division...

LUCIEN. — Hein? Vous dites... les chefs de... mais, votre mari... Il en est!...

MADAME BRISARD. — Eh bien?

LUCIEN. — Madame, j'ai besoin d'un brevet d'officier pour un ami, qui en est très pressé... Je vous en prie, je vous en supplie!

MADAME BRISARD. — Mais tu perds la tête!... Est-ce que je donne de ça, moi, des brevets... ça regarde le baron... je n'ai jamais placé personne... Ah! si, pourtant, une fois... Il me prenait mesure...

LUCIEN, *se rappelant.* — Ah! le cordonnier... je sais... oui, le cordonnier...

MADAME BRISARD, *riant.* — Comment, tu sais...

LUCIEN, *de même.* — Oui, j'étais là... et votre mari, un jaloux... oh! quelle idée! *(Appelant.)* Verboulot! Verboulot!

VERBOULOT, *sortant du bosquet.* — Présent! *(A part.)* Il aura arrangé mon affaire.

MADAME BRISARD. — Qu'est-ce qu'il lui prend ?

LUCIEN. — Verboulot!... ici... Regardez bien Madame... vous l'aimez, vous l'adorez, vous en êtes fou!

MADAME BRISARD. — Comment ?

LUCIEN, *bas à madame Brisard.* — Le billet à ce prix ?

VERBOULOT. — Pardon... vous vous trompez... ce n'est pas celle-là.

LUCIEN. — Je vous dis que si! *(Il remonte.)*

MADAME BRISARD. — Que signifie ?

VERBOULOT. — Je ne comprends pas.

BRISARD, *en dehors.* — C'est bien! c'est bien!

LUCIEN, *apercevant le baron du fond.* — Le baron!... ah! bravo! *(Redescendant vivement, à Verboulot.)* A genoux.

VERBOULOT. — Hein! comment ?... Je croyais... mais c'était l'autre... Vous m'aviez dit...

LUCIEN. — A genoux donc! *(Il le fait mettre à genoux.)*

VERBOULOT, *à genoux.* — Ah! mais!... ah! mais!... ah! mais!...

SCÈNE XIV

MADAME BRISARD, VERBOULOT, BRISARD, LUCIEN

BRISARD, *le chapeau de Lucien à la main.* — Un homme aux pieds de ma femme!... *(Il court à Verboulot et lui plante le chapeau de Lucien sur la tête.)* Il lui va!

VERBOULOT, *effrayé.* — Ah!

BRISARD. — C'est lui!... Il a changé d'uniforme!... *(A sa femme.)* Ah! on vous y prend, baronne!

MADAME BRISARD. — Eh bien ? quoi ? qu'est-ce qu'il

y a encore ?... je parie que c'est Monsieur qui vous offusque... Mon Dieu ! que vous êtes donc chose !... c'est un jeune homme très bien, qui voudrait se placer... comme officier.

VERBOULOT, *à part.* — Moi...

MADAME BRISARD. — Il vous sait de l'influence au ministère, il me croit de l'influence sur vous, alors il est venu me prier, me conjurer... et dans la chaleur de sa supplique, v'lan !... pour le bouquet ! *(Verboulot se relève.)*

LUCIEN, *bas à Brisard.* — C'est une frime, prenez-la au mot.

BRISARD, *bas à Lucien.* — Parbleu ! j'ai envie d'en faire la farce. *(A Verboulot.)* Votre âge ?

VERBOULOT. — Dans sa fleur.

BRISARD. — Votre état ?

VERBOULOT. — Je fais l'œil.

BRISARD. — Aimez-vous à vous promener dans les bois ?

VERBOULOT. — Mais oui... pendant que le loup n'y est pas.

BRISARD. — Vous êtes chasseur ?

VERBOULOT. — Et pêcheur.

BRISARD. — Consentiriez-vous à lever...

VERBOULOT. — Des plans ?

BRISARD. — Non... le pied.

VERBOULOT. — Pour où ?

BRISARD. — Pour très loin.

VERBOULOT. — Ah !

BRISARD. — Ça vous contrarie.

VERBOULOT. — Oh !... on est payé ?

BRISARD. — Très bien !

VERBOULOT. — Ça ne me contrarie pas.

BRISARD. — Je vous nomme...

VERBOULOT. — Quoi ?

BRISARD. — Officier des chasses. *(Il prend dans sa poche un brevet qu'il va signer à la petite table de gauche.)*

VERBOULOT. — Ah bah !

BRISARD. — Lieutenant de louveterie...

VERBOULOT. — Mais, permettez...

LUCIEN, *bas à Verboulot.* — Laissez-vous faire... Agnès est à vous.

VERBOULOT. — Ah !...

BRISARD, *revenant à Verboulot et lui remettant le brevet.* — Vous partez dans quinze jours pour les Ardennes, vous chasserez la petite bête.

VERBOULOT. — La petite bébête... soit.
BRISARD, *à sa femme.* — Et moi, j'ai chassé la grosse.
MADAME BRISARD, *à part.* — Jobard, va!

SCÈNE XV

AGNÈS, PROVINS, MADAME BRISARD, LUCIEN, BRISARD, VERBOULOT, CLOTILDE, CAMILLE ET LES AUTRES PENSIONNAIRES *au deuxième plan.*

PROVINS, *entrant, à Mme Rimbaut, qui reste au deuxième plan.* — Oui, madame, je retire ma nièce..., je la marie...

LUCIEN. — A mon ami Verboulot.

PROVINS. — Encore ce petit!

LUCIEN. — Vous l'avez voulu, il est officier. *(Montrant Brisard.)* Monsieur vient de signer son brevet.

PROVINS. — Est-il possible!

BRISARD. — Oui, je l'ai casé.

LUCIEN. — Maintenant, ça va tout seul... vous connaissez leur amour...

MADAME BRISARD. — Allons, Provins, mariez donc ces petits... *(Bas.)* C'est le seul moyen de vous faire pardonner...

PROVINS, *à part.* — Elle aussi!

AGNÈS, *le cajolant.* — Mon oncle!...

VERBOULOT, *à Provins.* — Mon bon petit oncle!...

PROVINS. — Après tout, je ne tiens pas à ce Clodion plus qu'à un autre, moi.

TOUS. — Eh bien ?

PROVINS. — Eh bien! puisque vous semblez le désirer tous...

Clodion entre.

TOUS. — Ah!...

PROVINS. — Et pourvu qu'il me rende l'argent qu'il me doit...

LUCIEN, *à part.* — Comment! où le prendra-t-il, le malheureux!

SCÈNE XVI

LES MÊMES, CLODION

CLODION, *à Provins, se plaçant à sa gauche.* — Prenez ce portefeuille, monsieur... *(Provins le prend.)* Il renferme les vingt mille francs que vous m'avez prêtés.

LUCIEN, *prenant place à côté de Clodion, et bas.* — Vous pouvez payer ?

CLODION. — Mais oui... grâce à mon notaire, qui, pour me sauver de moi-même, m'avait fait croire un instant à ma ruine.

PROVINS, *qui a regardé dans le portefeuille.* — Pardon!... Mais c'est cinquante mille francs qu'il me faut!... Vous avez signé pour cinquante mille francs!

CLODION. — Comment! vous oseriez...

PROVINS. — Très bien.

AGNÈS. — Mon oncle!...

PROVINS. — Tais-toi! tu n'entends rien aux affaires.

CLODION. — Mais, monsieur...

LUCIEN, *venant entre Provins et Clodion qui remonte près de sa sœur.* — Permettez, j'ai là un petit projet de transaction... *(Présentant le billet à Provins.)* Voyez donc : « Ange adoré. »

PROVINS et MADAME BRISARD. — Mon billet!

LUCIEN. — Les conditions me paraissent équitables... voulez-vous que nous les soumettions à M. Brisard ?

PROVINS. — Veux-tu bien te taire, petit serpent!

BRISARD. — Vous parlez de moi ?

LUCIEN. — Non, non... Monsieur accepte.

PROVINS. — Mais...

LUCIEN. — Il rend sa parole au capitaine, déchire son reçu...

PROVINS, *faisant mine de se fouiller.* — Son reçu! son reçu! est-ce que je sais seulement...

LUCIEN. — Tenez, vous l'avez là... *(Il indique la poche du gilet.)* Allons, allons, déchirez.

PROVINS. — Cependant...

LUCIEN, *bas.* — Vous savez que M. Brisard ne badine pas et je vais...

BRISARD, *qui parle avec Clodion.* — Qu'y a-t-il ?

PROVINS. — Rien, rien... Allons!... ce bambin fait de moi tout ce qu'il veut! *(Il déchire le reçu.)*

LUCIEN. — Ah! enfin! ce n'est pas sans peine! *(Remontant.)* Et maintenant, capitaine, vous êtes libre, et ma sœur est à vous.

CLODION. — Quel bonheur! *(Il cause bas avec Camille.)*

MADAME BRISARD, *à part.* — Quel amour de garnement. *(Bas à Lucien.)* Dis donc, et mon billet ?

LUCIEN, *bas.* — Impossible! le baron nous regarde!... *(Malicieusement.)* J'irai vous le porter dimanche, à domicile... si je ne suis pas en retenue.

MADAME BRISARD, *à part.* — Voyez-vous ça! *(Bas, rapidement.)* Viens, nous ferons des beignets.

CHŒUR FINAL

AIR

Tout vient en aide aux enfants,
Seuls, ils nous gouvernent,
Ils nous bernent!
Et, c'est ainsi qu'en tout temps,
Les petits font tourner les grands!

LUCIEN, *au parterre.*

AIR

On m'a dit : Viens... C'est à Paris, toujours,
Que du talent on dispense les titres...
Pauvre écolier, moi, j'arrive au concours,
Sans droit, hélas! aux faveurs des arbitres;
Oui, je devrais redouter leur mépris,
Et, cependant, messieurs, j'espère encore
De vos bontés... qui sait... quelques débris;
A mes anciens donnez les premiers prix,
C'est un accessit que j'implore [1].

CHŒUR

Tout vient en aide aux enfants, etc.

FIN DE L'ÉCOLE BUISSONNIÈRE

1. On comprend que ce couplet, tout de circonstance et de localité, devra être supprimé ou modifié pour la province (note de Labiche).

MADEMOISELLE MA FEMME

COMÉDIE MÊLÉE DE COUPLETS

DE LEFRANC ET LABICHE

représentée pour la première fois à Paris, sur le Théâtre du Palais-Royal, le 8 avril 1846

ACTEURS qui ont créé les rôles.

DE SALLANCHES	M. LUGUET
NAQUET.	M. GRASSOT
DE NOIRMONT.	M. MEYNADIER
HENRIETTE DE SALLANCHES	Mlle NATHALIE
MATHILDE DE NOIRMONT.	Mme GRASSOT
FÉLIX, domestique de Sallanches. .	M. FERDINAND
PIERRE, domestique de l'hôtel . . .	M. REMI

La scène se passe à Aix, à l'hôtel des bains en 1811.

Le théâtre représente une salle de l'hôtel. — Portes au fond. — Portes latérales, une au troisième plan de gauche; une autre au troisième plan de droite et une autre au deuxième plan, même côté. — A gauche, premier plan, un balcon, entre le balcon et la porte une cheminée; un guéridon à gauche; sur ce guéridon un journal et ce qu'il faut pour écrire; une causeuse à droite, premier plan — chaises, fauteuils, etc.

SCÈNE PREMIÈRE

MADAME DE NOIRMONT, *assise à gauche près du guéridon une broderie à la main; puis* NAQUET

MADAME DE NOIRMONT. — Trois heures! et ils ne sont pas encore arrivés!... je suis d'une impatience!

NAQUET, *entrant par le fond.* — Bonjour, cousine.

MADAME DE NOIRMONT. — Ah! ah! c'est vous, monsieur Naquet?

NAQUET, *à part, après avoir regardé.* — Personne!... *(Haut.)* Vous êtes seule?

MADAME DE NOIRMONT. — Toute seule... vous voyez.

NAQUET, *regardant.* — Où peut-elle être? *(S'asseyant à droite sur la causeuse.)* Attendons!...

MADAME DE NOIRMONT, *à part.* — Le fâcheux personnage!

NAQUET, *bâillant.* — Savez-vous, cousine, que votre ville d'Aix est bien ennuyeuse!...

MADAME DE NOIRMONT, *avec intention.* — J'avoue que je ne l'ai jamais trouvée si maussade qu'aujourd'hui.

NAQUET. — Savez-vous, cousine, qu'il faut toute l'amitié que je porte à votre mari, M. de Noirmont, pour avoir consenti à vous y accompagner à titre de porte-respect.

MADAME DE NOIRMONT. — Ce que vous dites là est bien aimable... pour mon mari.

NAQUET. — C'est vrai cela. M. de Noirmont était parti depuis cinq ans, à la suite de l'ambassade de Palerme, en qualité de naturaliste, lorsque vous recevez, il y a huit jours, à Paris, une lettre de lui qui vous annonce enfin son retour : il vous engage même à venir au-devant de lui jusqu'à Aix... Déjà vous aviez choisi une compagne de voyage, lorsque moi, en galant chevalier, je me propose pour vous servir d'escorte à toutes deux... vous acceptez... et nous voici installés depuis trois mortels jours dans l'hôtel des bains de cette ville : vous, impatiente... votre amie, curieuse... et moi... bâillant... *(Il bâille.)*

MADAME DE NOIRMONT. — Heureusement pour vous et pour moi que mon mari arrive aujourd'hui.

NAQUET, *se levant.* — Vrai ?... Ah! ce cher cousin!... c'est que je suis maintenant son seul parent du côté de Noirmont... Mon père était le neveu du frère, du père... non : mon père était le frère du neveu du père de l'oncle... Diable de parenté!... je m'embrouille toujours... Ce qu'il y a de sûr, c'est que je suis le cousin de votre mari par les mâles.

MADAME DE NOIRMONT. — Cela me fait bien plaisir!

NAQUET, *à part, regardant.* — Elle ne vient pas! *(Il retourne s'asseoir. Haut, bâillant.)* Savez-vous, cousine, que votre ville d'Aix est bien ennuyeuse!

MADAME DE NOIRMONT. — Savez-vous, cousin, que c'est la seconde fois que vous me le dites ?

NAQUET. — Vous croyez ?... Eh bien! ce n'est pas trop; car enfin, que peut-on faire ici ?... Il n'y a rien, pas de cafés, pas d'Opéra, pas de bals...

MADAME DE NOIRMONT. — Comment, pas de bals ?... nous en avons encore un ce soir, ici... dans l'établissement des bains.

NAQUET. — Si vous appelez ça un bal, je le veux bien; mais il me semble qu'un bal sans musique, un bal sans femmes...

MADAME DE NOIRMONT. — Sans femmes!

NAQUET. — Si vous appelez ça des femmes, je le veux bien; mais elles ne vous regardent seulement pas... *(se levant brusquement)* et moi qui croyais trouver dans le

Midi des aventures romanesques, des natures passionnées... Non, voyez-vous, ces femmes-là ne sentent rien... c'est-à-dire, si!... elle sentent l'ail.

MADAME DE NOIRMONT. — Allons, cousin, si elles avaient remarqué davantage vos manières parisiennes... votre costume de merveilleux...

NAQUET. — Qui ?... vos Marseillaises ? je m'en soucie... comme de ça!... D'ailleurs, je veux me ranger... quand on a passé la première jeunesse...

MADAME DE NOIRMONT. — Et une grande partie de la seconde... car vous avez quarante ans...

NAQUET. — Oh! cousine!... trente-neuf... Eh bien! c'est le bel âge pour se marier, et j'y songe... et même, s'il faut vous le dire, cela dépend un peu de vous.

MADAME DE NOIRMONT. — De moi!

NAQUET. — Parbleu!... *(Confidentiellement.)* Mlle de Rochat...

MADAME DE NOIRMONT. — Hein ?

NAQUET. — Cette jeune personne qui vous accompagne...

MADAME DE NOIRMONT, *se levant.* — Ah! Henriette!... *(A part.)* J'oublie toujours son nom d'emprunt!

NAQUET. — Eh bien! j'en suis fou... parole d'honneur!... et si vous vouliez parler pour moi...

MADAME DE NOIRMONT. — Comment donc! ce cher cousin!... *(A part.)* S'il savait qu'elle est mariée!... mais j'ai promis le secret...

NAQUET. — Ainsi, c'est convenu!... vous tâcherez de me mettre dans ses papiers... vous vanterez mon esprit... vous savez que j'ai une ferme assez rondelette dans le Calvados... ma tournure... vous savez que j'ai des actions dans les abattoirs... bonne affaire... Enfin, vous parlerez de ma complaisance... Ah! oui, de ma complaisance, surtout!... Voyons, cousine, puis-je vous être utile à quelque chose ?... Allez, ne vous gênez pas... Tenez, je vais vous lire le journal...

MADAME DE NOIRMONT. — Non, non, c'est inutile!...

NAQUET. — Si, si! *(A part.)* Il faut qu'elle parle de ma complaisance... *(Haut, lisant.)* « *Le Sémaphore.* » Ça veut dire en grec : *Journal de Marseille. (Lisant.)* « Marseille, 29 juillet 1811. *Le Philoctète* est arrivé hier; » il ramène notre ambassade de Palerme... »

MADAME DE NOIRMONT, *s'asseyant sur la causeuse et continuant sa broderie.* — Mon mari doit être du nombre des passagers.

NAQUET. — Justement! *(Lisant.)* « Notre ambassade » de Palerme qui rentre en France, par suite des diffi- » cultés survenues entre le gouvernement de l'empereur » Napoléon premier et le roi de Naples... Au nombre » des illustres passagers se trouve M. de S... » *(Parlé.)* Ces maudits journaux sont insupportables avec leurs initiales : M. de S...! Nous voilà bien avancés!... *(Lisant.)* « M. de S..., aide de camp de Sa Majesté Impériale, » dont le mariage s'est fait à Paris, il y a cinq ans, d'une » manière aussi originale qu'imprévue... » *(Parlé.)* Ah! voyons!... *(Lisant.)* « Le jour même de son départ pour » Palerme, où il allait remplir une mission diplomatique, » M. de S... reçut de l'Empereur, à titre de récompense, » l'ordre d'épouser sur-le-champ une jeune fille qu'il » n'avait jamais vue, mais d'ancienne noblesse et fort » riche... »

MADAME DE NOIRMONT, *à part.* — Mais c'est toute l'histoire d'Henriette!

NAQUET, *continuant.* — « Les résistances de la famille » furent vaincues; les délais de la loi éludés; et le soir, » quand M. de S... prit la poste pour aller rejoindre son » état-major... il était marié! » *(Parlé.)* Une savonnette impériale, je sais ce que c'est. *(Lisant.)* « La femme de » M. de S..., qui était âgée de quinze ans seulement, fut » reconduite à sa pension après le repas de noces... Depuis » ce jour, les époux ne se sont pas revus! » *(Parlé.)* Voilà une aventure!... Le mari qui prend la poste au moment où... et la mariée qui se trouve veuve avant...

AIR

Pauvre femme, le mariage
Pour elle ne fut qu'un festin,
Dont l'amphitryon, quel outrage!
S'esquiva bien avant la fin!
Elle voudrait rester à table,
Mais on enlève son couvert...
Et de ce repas lamentable
Elle attend toujours le dessert.

(Remontant.) Ah! ah! ah! c'est fort drôle!

MADAME DE NOIRMONT. — Oui, c'est tout à fait bizarre!... *(A part, se levant et allant déposer sa broderie sur le guéridon.)* S'il connaissait les masques...

NAQUET, *laissant le journal.* — Mais pourquoi ne voit-on pas aujourd'hui Mlle de Rochat ?

MADAME DE NOIRMONT. — Elle n'a pas passé la nuit à l'hôtel.

NAQUET. — Ah bah!

MADAME DE NOIRMONT. — Elle est partie hier, au soir, pour Marseille... une affaire indispensable...

NAQUET. — Et quand revient-elle ?

MADAME DE NOIRMONT. — Je l'attends d'un moment à l'autre... elle devrait être ici.

NAQUET. — Oh! une idée!... si j'allais au-devant d'elle!... Adieu, cousine... *(Fausse sortie. Revenant.)* Ah!... où prenez-vous la route de Marseille ?

MADAME DE NOIRMONT. — Au bout du cours... il y a deux chemins... vous demanderez celui de la malle.

NAQUET. — La grande route, alors!... c'est dit ?... vous m'excuserez ?... parce que vous comprenez, dans ma position, l'impatience... l'empressement... ça ne peut pas nuire. Adieu, adieu, cousine! *(Il sort par le fond.)*

SCÈNE II

MADAME DE NOIRMONT, *seule.*

Allez, cousin! allez, courez après la prétendue Mlle de Rochat... cette bonne Henriette!... c'est bien l'étourdie la plus aimable!... En apprenant que mon mari rentrait en France en compagnie du sien, n'a-t-elle pas voulu à toute force venir avec moi jusqu'à Aix pour le voir, lui parler, sans se faire connaître ?

AIR des *Cinq Codes.*

Nous arrivons, mais non contente
D'attendre en ces lieux son mari,
Dans son humeur impatiente
Elle court au-devant de lui
Pour le ramener aujourd'hui.
Déjà, dans la même voiture,
Sans doute ils reviennent tous deux
Sans que notre époux se figure
Que l'amour voyage avec eux.

SCÈNE III

MADAME DE NOIRMONT, HENRIETTE

HENRIETTE, *entrant vivement par le fond.* — Ah! enfin!

MADAME DE NOIRMONT. — Henriette!... Eh bien!... Seule ?

HENRIETTE. — Oui, j'ai profité du moment où ces messieurs s'occupaient de leurs bagages pour prendre les devants... je suis venue vite... je craignais d'être mouillée... il va faire un temps épouvantable!

MADAME DE NOIRMONT. — C'est singulier!... plus je te regarde... tu as l'air tout bouleversé!

HENRIETTE. — Ah! mon amie!... je puis me confier à toi!... je viens de faire une découverte horrible!

MADAME DE NOIRMONT. — Ah! mon Dieu!

HENRIETTE. — Mon mari...

MADAME DE NOIRMONT. — Tu me fais trembler!

HENRIETTE. — Mon mari est un mauvais sujet.

MADAME DE NOIRMONT. — Achève!...

HENRIETTE. — Dans la diligence...

MADAME DE NOIRMONT. — Eh bien ?...

HENRIETTE. — Dans la diligence... il a osé me faire la cour!...

MADAME DE NOIRMONT. — Voilà tout ?

HENRIETTE. — Mais une cour!... Ah! si ce n'avait pas été mon mari!...

MADAME DE NOIRMONT. — Voyez-vous le grand malheur!... un mari qui fait la cour à sa femme!...

HENRIETTE. — Mais il ne sait pas que je suis sa femme!

MADAME DE NOIRMONT. — Eh bien! après tout, son crime est-il si grand ?... un homme, en voiture, qui se trouve à côté d'une jolie voyageuse, se croit obligé de faire des frais, de parler!...

HENRIETTE. — Mais non... il n'a pas dit quatre mots...

MADAME DE NOIRMONT. — Alors, ce sont les yeux ?...

HENRIETTE. — Mais non... il les tenait toujours fermés!...

MADAME DE NOIRMONT. — Comment! il dormait ?

HENRIETTE. — Mais non... il me pressait la main d'une force!... Ah! si ce n'avait pas été mon mari!...

MADAME DE NOIRMONT. — Et M. de Noirmont ?

HENRIETTE. — M. de Noirmont ?... Oh! il dormait bien réellement, lui!

MADAME DE NOIRMONT. — Comment! Si près de me revoir!...

HENRIETTE. — Plains-toi donc! voilà un mari rangé!... un mari modèle!

MADAME DE NOIRMONT. — Mais vas-tu enfin te faire connaître à M. de Sallanches ?

HENRIETTE. — Je m'en garderai bien : s'il sait que je suis sa femme, il se contraindra, dissimulera ses défauts, et je veux le voir tel qu'il est.

MADAME DE NOIRMONT. — Il faudra pourtant que cette comédie ait un dénouement.

HENRIETTE. — Oh! oui! et un terrible encore : au moment où il sera complètement démasqué, où je serai bien sûre qu'il m'est infidèle, c'est-à-dire... Eh bien! oui, car enfin, c'est une infidélité!... eh bien! quand sa trahison me sera bien prouvée... alors, je lui dirai mon nom, et...

MADAME DE NOIRMONT. — Sois prudente, Henriette; avec un mari, il ne faut jamais mener les épreuves trop loin.

HENRIETTE. — Chut!... je crois entendre... je t'en prie, présente-moi sous le nom de Mlle de Rochat... c'est une fantaisie, un caprice, si tu veux, mais plus tard seulement...

MADAME DE NOIRMONT. — Allons, puisque tu le veux... mais souviens-toi que c'est contre mon gré... les voici.

SCÈNE IV

SALLANCHES, MADAME DE NOIRMONT, NOIRMONT, HENRIETTE, FÉLIX *et* PIERRE, *chargés de malles et de valises.*

CHŒUR

AIR : *Ah! qu'il est doux de se trouver ensemble (Emma).*

Ah! quel bonheur, après de longs voyages,
De se trouver de nouveau réunis;
Car de la vie on brave les orages,
En revenant près des anciens amis.

NOIRMONT, *aux domestiques.* — Prenez bien garde!

MADAME DE NOIRMONT. — Mon ami!... *(Ils s'embrassent.)* Enfin te voilà!

SALLANCHES, *apercevant Henriette, à part.* — Notre jolie voyageuse!

HENRIETTE, *à part.* — C'est lui!

NOIRMONT. — Oui, ma femme, ma bonne petite femme! *(Il lui prend la tête.)* Voyons que je te regarde... *(Aux domestiques.)* Faites attention surtout à cette caisse! *(A sa femme.)* Ce sont mes collections d'insectes... que je t'embrasse!... des coléoptères de prix!... Ah!... *(indiquant Sallanches à sa femme)* permets que je te présente M. Edouard de Sallanches, officier distingué et diplomate profond, dont j'ai fait la connaissance pendant la traversée...

Mme de Noirmont et Sallanches se saluent. Les domestiques entrent avec les bagages dans la chambre au troisième plan à droite. Un moment après, Félix sort de cette chambre avec une valise et entre au premier plan à droite.

MADAME DE NOIRMONT. — Soyez le bienvenu, monsieur... *(A son mari.)* J'ai aussi une présentation à te faire... Mlle Henriette de Rochat : je n'ai pas eu d'amie plus assidue pendant ton absence.

NOIRMONT, *saluant.* — Mademoiselle, je suis excessivement flatté... *(Levant les yeux.)* Mais... je ne me trompe pas... il me semble que nous avons fait route avec Mademoiselle...

HENRIETTE. — En effet, je crois me rappeler...

SALLANCHES, *vivement.* — Oui, dans la diligence... *(Henriette lui jette un regard sévère. A part.)* Quel regard!... dame!... moi, j'ignorais...

NOIRMONT. — Oh! que je suis confus, mademoiselle!... je crois que j'ai un peu sommeillé...

HENRIETTE. — Oh! monsieur, il n'y a pas de mal... *(avec intention)* au contraire...

NOIRMONT. — C'est que je comptais sur M. de Sallanches, qui a sans doute suppléé... vous devez être enchantée de sa conversation ?... *(Henriette baisse les yeux. A Sallanches.)* Comment!... est-ce que vous auriez fait comme moi ?

SALLANCHES. — Moi ? oh! fi donc!

NOIRMONT. — A la bonne heure!... c'eût été impardonnable pour un garçon. *(Il remonte.)*

HENRIETTE. — Ah! Monsieur est...

SALLANCHES. — Tout ce qu'il y a de plus célibataire... oui, mademoiselle, car... c'est mademoiselle qu'il faut dire, je crois ?...

HENRIETTE. — Oui, monsieur. *(Ils se saluent.)*

MADAME DE NOIRMONT, *à part.* — Ça devient tout à fait original !

NOIRMONT, *redescendant.* — Maintenant que nous voici tous les meilleurs amis du monde... mettons les façons de côté... et pour vous donner l'exemple, je vous demande la permission de me retirer...

MADAME DE NOIRMONT. — Comment, à peine arrivé !...

NOIRMONT. — Oui... je suis fatigué, mouillé... et il y a si longtemps que je ne me suis reposé dans un bon lit...

MADAME DE NOIRMONT. — Eh bien ! tu dormiras cette nuit.

NOIRMONT. — C'est bien aussi mon intention. Où est ma chambre ?

MADAME DE NOIRMONT, *montrant la porte du troisième plan à droite.* — Tiens, ici... le numéro 9. *(Noirmont remonte.)*

HENRIETTE, *à part.* — Est-ce que tous les maris sont comme ça ?

MADAME DE NOIRMONT, *à Sallanches.* — Monsieur, vous permettez que j'installe mon mari... ah ! Henriette... *(Bas.)* Oblige-moi donc de me remplacer un moment pour les premiers ordres à donner.

HENRIETTE. — Compte sur moi, je te retrouverai ici.

CHŒUR

AIR : *C'est lui sans aucun doute (Loi salique).*

Entre amis point de chaîne
Qu'on traîne *(bis).*
Oui, chacun peut sans gêne
Et selon son désir
Agir.

M. et Mme de Noirmont entrent à droite, par la porte du troisième plan. Henriette sort par le fond.

SCÈNE V

SALLANCHES, *seul.*

C'est qu'elle est vraiment gentille, cette jeune personne... Moi, je l'avais prise pour une modiste, et dame!... en voiture, les modistes... je leur serre la main... machinalement... une habitude... Eh! bien... je ne sais si c'est de la fatuité, mais il me semble qu'elle s'occupe de moi... ah çà! voyons, est-ce que je deviendrais amoureux?... au fait, voilà cinq ans que cela ne m'est arrivé... en France... *(Il grelotte.)* Brrr!... il ne fait pas chaud ici... Quand je lui ai fait part de ma qualité de garçon... elle a timidement baissé les yeux en rougissant... Beau titre! que celui de garçon, auprès d'une jeune fille... ça vous range tout de suite parmi les possibles.

AIR des *Frères de lait.*

L'hymen a-t-il de son cachet funeste,
A tout jamais, marqué votre avenir;
Vous n'êtes plus, pour la beauté modeste,
Qu'un sol ingrat, où l'amoureux désir
N'a rien, hélas! à semer, ni bâtir.
Sur un mari, vaines sont les atteintes;
Mais un garçon... il faut y regarder :
C'est... un canevas sans empreintes
Et sur lequel on peut toujours broder.

Il faut absolument que je parle à cette jeune personne... que je me fasse pardonner... mais je suis gelé, moi... cet habit mouillé... Elle a quelque chose de vif... de... ah! décidément, je ne peux pas tenir dans cet habit là!... *(Appelant.)* Félix! Félix!... *(Il sonne.)* Holà! Félix!

FÉLIX, *paraissant sur le seuil de la porte de droite, premier plan.* — Monsieur.

SALLANCHES. — Ma chambre est-elle prête?

FÉLIX. — Non, monsieur, pas encore.

SALLANCHES, *à lui-même.* — Je voudrais pourtant bien changer... où me mettre?... Bah! il n'y a personne ici... et puis, dans un hôtel... *(Otant son habit.)* Va me chercher un habit tout de suite...

FÉLIX, *allant pour sortir.* — Oui, monsieur.

SALLANCHES. — Attends donc!... Tiens, prends celui-ci... fais-le sécher...

FÉLIX, *prenant l'habit.* — Oui, monsieur. *(Il sort à droite, premier plan.)*

SALLANCHES, *près de la cheminée.* — Ma foi, je n'y tenais plus... et, comme dit ce brave Noirmont, il faut se mettre à son aise.

SCÈNE VI

SALLANCHES, HENRIETTE

HENRIETTE, *entrant par le fond sans voir d'abord Sallanches. — L'apercevant.* — Ah!...

SALLANCHES, *se retournant.* — Hein ?... ah! pardon!... mille pardons!... Mademoiselle... je suis confus... ce costume...

HENRIETTE. — Je me retire, monsieur...

SALLANCHES. — Ah! restez... c'est à moi de vous céder la place.

HENRIETTE. — Je serais désolée, monsieur, de vous déranger... *(A part.)* Au fait, puisque c'est mon mari... *(Haut.)* D'ailleurs, dans le Midi, ce costume est presque toléré... il fait si chaud!...

SALLANCHES, *prenant vivement ses gants qu'il avait déposés sur la cheminée et les mettant pour se donner une contenance.* — Oh! ce n'est pas précisément la chaleur... *(Il grelotte.)* Brrr!... mais, puisque vous le permettez...

AIR : *Amis, voici la riante semaine.*

Je dois saisir la moindre circonstance
Qui peut ici me rapprocher de vous;
Je reste donc... mais de votre indulgence
C'est pour garder un souvenir bien doux.

A part.

Cette tenue est vraiment détestable
Pour exprimer son ardeur... mais, ma foi,
L'amour ainsi que le dépeint la fable
Etait encor moins habillé que moi.

Allons, allons, de l'aplomb et de l'éloquence! *(Haut, se rapprochant.)* Hum!... hum!... comptez-vous, mademoiselle, faire un long séjour dans ce pays ?

HENRIETTE. — Je ne sais pas encore... peut-être resterons-nous ici quelques jours...

SALLANCHES. — Ah!... comme moi.

HENRIETTE. — Ah!...

SALLANCHES. — Je serais heureux, mademoiselle, si, dans vos promenades...

HENRIETTE. — Peut-être partirons-nous demain.

SALLANCHES. — Ah!... comme moi.

HENRIETTE. — Ah!...

SALLANCHES. — Je serais heureux, mademoiselle, si, faisant même route...

HENRIETTE. — Mais... de quel côté allez-vous ?

SALLANCHES, *étourdiment.* — Du vôtre, mademoiselle.

HENRIETTE. — Comment ?

SALLANCHES. — Pardon... quelle voiture prenez-vous ?

HENRIETTE. — Moi ?... je m'embarque...

SALLANCHES. — Ah!... moi aussi!

HENRIETTE. — Ah!...

SALLANCHES. — Pour ?...

HENRIETTE. — Pour... le Canada...

SALLANCHES. — Juste!... trop heureux, mademoiselle... si, dans la traversée...

HENRIETTE, *riant.* — Ah! ah! ah!

SALLANCHES. — Oh! ne riez pas... ce serait bien mal de vous moquer, car vous n'avez que trop bien deviné le motif qui m'attache à vos pas.

HENRIETTE. — Moi ?

SALLANCHES. — Ne cherchez pas à le nier : oui, vous avez surpris dans mon cœur le secret d'un amour...

HENRIETTE. — Monsieur!...

SALLANCHES. — Le mot est lancé... *(Haut.)* Vous l'avez surpris, j'en suis sûr... et dans ce moment encore, si mon visage s'anime... si ma voix est émue, si... ah! mademoiselle, croyez-vous donc que tout cela ne veuille rien dire ?

HENRIETTE, *à part.* — Mais c'est qu'il est très bien comme cela, mon mari!

SALLANCHES. — Mademoiselle, je voudrais trouver des paroles de feu pour vous convaincre... tenez, voyez couler mes larmes... *(Il fait le simulacre de tâter ses poches.)* Ces larmes... qu'on invente pas... ces larmes... *(A part.)* Bon! je n'ai pas de mouchoir! *(Reprenant avec plus de force.)* Eh bien! non, je ne pleure pas, oh! non, je ne pleure pas... mais l'amour qui me consume n'en est que plus ardent!... ah! mademoiselle, dès que mon regard eut rencontré le vôtre, je sentis là que j'étais blessé pour toujours, qu'il n'y aurait plus pour moi, ni repos, ni bonheur, si je ne pouvais prétendre à vous consacrer ma vie; et alors, vous le dirai-je ?... j'ai eu l'audace... d'espérer...

HENRIETTE. — Monsieur!... *(A part.)* S'il savait qu'il parle à sa femme...

SALLANCHES. — Accusez-moi de témérité, repoussez-moi, condamnez-moi!... vous le pouvez... mais alors, songez que je suis capable de tout! que je ne réponds plus de rien! et que ma mort peut-être...

HENRIETTE. — Ah! mon Dieu!

SALLANCHES, *à part.* — Allons, ce n'est pas trop mal pour une déclaration en manches de chemise... *(Haut.)* Vous ne dites rien ?

HENRIETTE. — Mais que voulez-vous donc que je vous dise ?... quand vous serez plus calme...

SALLANCHES, *avec explosion.* — Que je sois calme!... mais vous ne voyez donc pas que mon sang bout, que ma tête brûle, que... *(A part.)* Je grelotte, ma parole d'honneur!... *(Haut.)* Oh! demandez-moi la vie, mais n'exigez pas qu'à côté de vous, je reste froid...

HENRIETTE, *à part.* — C'est très amusant, un amoureux!

SALLANCHES. — Ainsi, je n'aurai pu vous attendrir... mes paroles enflammées... c'est bien! je vois ce que c'est... et sans doute qu'un heureux rival...

HENRIETTE, *à part.* — Un rival!... quelle idée!... je vais donc me venger!... *(Timidement.)* Eh bien! oui, monsieur, je n'osais vous l'avouer, mais...

AIR

Un autre, avant vous, m'engagea
A lui vouer ma destinée...

SALLANCHES

Un autre!... et votre âme, déjà,
Vers lui s'est sentie entraînée.

HENRIETTE

Dame!... un futur appelle à lui,
Met notre cœur sur le qui-vive...
C'est... l'espérance d'un mari,
On doit l'aimer... en perspective.

SALLANCHES, *à part.* — Elle est charmante!

HENRIETTE. — Et, puisque ma famille le veut...

SALLANCHES. — Et moi, je ne le veux pas!... souffrir qu'on vous sacrifie!... Le nom, le nom du téméraire?...

HENRIETTE. — Son nom?... *(A part.)* Oh! mon Dieu! je n'y pensais plus!... *(Cherchant.)* Son nom?

SALLANCHES. — Oh! parlez, de grâce!... *(On entend dans la coulisse la voix de Naquet.)*

HENRIETTE. — Chut! M. Naquet!

SALLANCHES. — Qu'est-ce que ce monsieur?... Oh! mon Dieu! c'est lui, peut-être!...

HENRIETTE. — Eh bien! oui, monsieur.

SALLANCHES. — Enfin, je vais le connaître!... il faudra bien qu'il renonce, ou sinon...

HENRIETTE, *à part.* — Ah! mon Dieu, il est capable de lui faire une scène!... me voilà bien!... *(Haut.)* Monsieur, je vous en supplie, cachez-vous!

SALLANCHES. — Lui céder la place!...

HENRIETTE. — Mais vous me perdez!... Songez donc... tous deux... seuls... vous, dans ce costume... S'il est vrai que vous m'aimiez...

SALLANCHES. — Vous en doutez?

HENRIETTE. — Alors, obéissez-moi!

SALLANCHES. — Mais, comment?... Ah! cette porte... *(Il indique la porte de gauche.)*

HENRIETTE. — C'est ma chambre... impossible... ce balcon, plutôt...

SALLANCHES, *ouvrant la porte du balcon.* — Mais... il pleut!...

HENRIETTE. — Oh! si peu!... *(A part.)* Ça le calmera!... *(Haut.)* Allez, monsieur, allez!...

SALLANCHES, *à part.* — Elle est à moi!

Il sort par le balcon.

SCÈNE VII

HENRIETTE, NAQUET

NAQUET, *sans voir Henriette, secouant son chapeau.* — On n'a jamais vu un temps pareil!... des gouttes larges comme... et sans parapluie!...

HENRIETTE, *à part.* — Ah! mon Dieu! et mon mari!...

NAQUET, *apercevant Henriette.* — Mlle de Rochat ici!

HENRIETTE. — Pardon, monsieur, mais... est-ce qu'il pleut toujours bien fort ?...

NAQUET. — Non, ça vient de cesser comme je rentrais... mais j'ai reçu tout le nuage...

HENRIETTE, *regardant la fenêtre.* — Ah! tant mieux!

NAQUET. — Comment, tant mieux!... dites donc, je vous attendais là-bas...

HENRIETTE. — Où donc ?

NAQUET. — Mais j'ai été au-devant de vous... sans parapluie... Vous n'êtes donc pas venue par le chemin de la malle ?

HENRIETTE. — Mon Dieu, non... je n'ai trouvé de place que dans la diligence.

NAQUET. — Ça s'explique... *(Il s'essuie.)*

HENRIETTE, *à part.* — Il s'agit, maintenant, d'utiliser M. Naquet... *(Avec une feinte compassion.)* Oh! dans quel état vous êtes... Je suis vraiment désolée...

NAQUET, *à part.* — Est-elle aimable! ma cousine a parlé.

HENRIETTE. — Il faudrait peut-être changer... vous êtes trempé...

NAQUET. — Jusqu'aux os... *(Avec sentiment.)* Mais, laissez-moi vous regarder... parce que, quand je vous regarde... ça me sèche.

HENRIETTE, *à part.* — Très bien! Si mon mari pouvait entendre!... *(Haut.)* En vérité, monsieur Naquet, vous êtes d'une galanterie... à l'épreuve des éléments.

NAQUET. — Oui : ce n'est pas comme mon chapeau; de la pâte, mademoiselle, de la vraie pâte!

HENRIETTE, *avec compassion.* — Ah! pauvre chapeau!

NAQUET, *à part.* — Elle a dit : pauvre chapeau! *(Avec expansion.)* Mademoiselle, le moment est enfin venu de parler!...

HENRIETTE, *à part.* — Nous y voici... *(Regardant le balcon.)* Je ne sais pas si la voix porte... je vais le faire crier... *(Haut.)* Pardon, je n'ai pas entendu...

NAQUET. — Je recommence... *(D'un ton plus élevé.)* Mademoiselle, le moment est enfin venu...

HENRIETTE. — Est-ce que vous êtes enroué ?

NAQUET. — Moi ? non, pourquoi ?

HENRIETTE. — C'est qu'il me semble que votre voix reste en chemin, et pourtant...

NAQUET. — Je recommence... *(Criant.)* Le moment est enfin venu...

HENRIETTE. — Très bien... vous voilà dans le ton.

NAQUET, *à part*. — Comment, dans le ton ?... *(Haut.)* Vous connaissez mon amour, mes projets...

HENRIETTE, *très haut*. — Oui, monsieur.

NAQUET, *à part*. — Pourquoi donc crie-t-elle comme ça ? *(Haut.)* Quant à ma fortune... elle est liquide... je possède une ferme assez rondelette en Calvados... j'ai de plus un intérêt assez... potelé dans une entreprise industrielle... des abattoirs...

HENRIETTE, *riant*. — Ah! ah! ah! j'en suis charmée!...

NAQUET. — Ajoutez à cela un caractère égal, une complaisance à toute épreuve et un cœur...

AIR : *Restez, restez, troupe jolie.*

Enfin, jugez quel avantage,
Lorsque la guerre, tour à tour,
Appelle en des champs de carnage
La fleur de nos hommes du jour,
Moi, je puis braver le tambour;
Par protection efficace,
On m'a casé dans les rebuts;
Je suis de la dernière classe,
Je ne pars qu'avec les bossus! *(bis)*

(Le bis *des deux derniers vers doit être crié.)*

HENRIETTE, *regardant la fenêtre du balcon*. — C'est étonnant comme vous avez la voix sourde, aujourd'hui!

NAQUET, *à part*. — Elle croit que c'est ma voix qui est sourde!... Bah! je la ferai traiter... il y a des établissements pour ça... *(Haut.)* Maintenant que vous connaissez le secret de mon cœur... puis-je espérer qu'une réponse favorable...

HENRIETTE. — Mais, monsieur... *(A part.)* Comment m'en débarrasser à présent ?

NAQUET. — Allez, allez, dites votre pensée.

HENRIETTE. — Moi, je pense... je pense qu'en vérité, vous n'êtes guère aimable avec M. de Noirmont... vous ne l'avez pas encore salué depuis son retour.

NAQUET. — C'est ma foi vrai... ce pauvre cousin!... tant il est vrai que la beauté...

HENRIETTE. — C'est bien... allez!...

NAQUET. — Dois-je lui parler... *(Henriette tend l'oreille, il parle plus haut.)* Dois-je lui parler de ce que vous savez ?...

HENRIETTE. — De tout ce que vous voudrez.

NAQUET. — Oh! bonheur!... *(A part, en remontant.)* Voilà un mariage parfaitement emmanché!... *(Saluant.)* Mademoiselle, j'ai bien l'honneur.

HENRIETTE, *l'accompagnant.* — Allez, monsieur, allez.

Naquet sort à droite, troisième plan.

SCÈNE VIII

HENRIETTE, *au fond*, SALLANCHES, *sortant du balcon.*

HENRIETTE. — Enfin le voilà parti!

Au moment où Sallanches sort du balcon, Félix paraît à la porte de droite, premier plan, tenant un habit.

SALLANCHES, *se dirigeant à droite.* — Dix minutes sur un balcon et près d'une gouttière!... Brrr!... *(Apercevant Félix.)* Ah! mon habit!... *(Il repousse Félix, et entre dans la chambre de droite avec lui.)*

HENRIETTE. — Il est furieux!... *(Sallanches reparaît ayant endossé l'habit.)* Ah! Monsieur, à quoi m'avez-vous exposé!

SALLANCHES. — Oh! ne cherchez pas à me donner le change; j'ai tout entendu!...

HENRIETTE. — Comment, monsieur... c'est d'une indiscrétion...

SALLANCHES. — Oui, et malgré le soin que vous mettiez à assoupir vos paroles...

HENRIETTE. — Comment ?

SALLANCHES. — Ce que l'oreille ne peut saisir, le cœur le devine.

HENRIETTE, *à part.* — Ah çà! est-ce que c'est lui qui est sourd ?

SALLANCHES. — Vous aimez ce jeune homme ?

HENRIETTE. — Je n'ai pas dit cela.

SALLANCHES. — Mais vous l'épousez ?... Oh!... j'ai bien entendu...

HENRIETTE, *à part.* — A la bonne heure donc!... *(Haut.)* Que voulez-vous... jusqu'à présent, aucun autre ne m'a fait l'honneur de demander ma main.

SALLANCHES. — Aucun autre!... mais, moi aussi, je

vous la demande, votre main!... Depuis ce matin, je ne fais que ça!

HENRIETTE. — Vous ?... *(A part.)* Ah! c'est trop fort!

SALLANCHES. — Mais oui, vous dis-je... ma seule ambition, mon seul bonheur...

HENRIETTE. — Comment, vous voulez m'épousez ?...

SALLANCHES. — Certainement!

HENRIETTE. — Eh bien! monsieur...

SALLANCHES. — C'est-à-dire... je ne demanderais pas mieux... mais c'est... c'est l'Empereur qui ne veut pas... le tyran!

HENRIETTE, *à part.* — Je ne m'attendais pas à celui-là!

SALLANCHES. — Oui, mademoiselle, l'Empereur : il déteste le mariage; il prétend qu'un bon officier ne doit avoir pour famille qu'un père et une mère... le strict nécessaire.

HENRIETTE. — Mais alors, monsieur...

SALLANCHES. — Oh! soyez tranquille... je le fléchirai... je l'attendrirai... et, avec le temps, des protections... car, vous ne pouvez aimer ce M. Naquet... et Dieu vous préserve mademoiselle, d'une union mal assortie... si vous saviez...

HENRIETTE. — Est-ce que vous seriez veuf ?

SALLANCHES. — Je le voudrais...

HENRIETTE, *à part.* — Merci, mon mari!...

SALLANCHES. — Oui, je voudrais avoir contracté un de ces mariages de convenance où la sympathie des cœurs n'est comptée pour rien, parce qu'alors je pourrais puiser dans mes souvenirs de tels arguments... Au reste, j'ai vu tant de ménages... tenez, celui de Noirmont...

HENRIETTE. — Eh bien!...

SALLANCHES. — Certes, il peut encore être cité parmi les meilleurs; c'est égal, voyez-le, ce mari, après une absence si longue, il ne trouve rien de plus pressé à dire à sa femme que : Bonsoir, je vais me coucher!...

HENRIETTE, *à part.* — C'est pourtant vrai!...

SALLANCHES. — Autre exemple... un de mes amis, un diplomate que je voyais souvent à Palerme, avait laissé sa femme à Paris : un enfant que l'Empereur lui avait fait épouser par ordre...

HENRIETTE, *à part.* — Notre histoire!

SALLANCHES. — Si vous aviez été témoin de son ennui, quand, chaque mois, il lui fallait répondre aux lettres de sa chère moitié. Sa plume dessinait lourdement des mots sans idées, des phrases banales sur la nature, la verdure, la température... souvent même, je l'ai surpris empruntant la main de son secrétaire...

HENRIETTE, *à part.* — Oh! c'est affreux!... *(Haut.)* Mon Dieu! monsieur, ce que vous me dites est si étrange, qu'en vérité je ne sais plus que répondre : et, ce mariage... en y réfléchissant...

SALLANCHES. — Oh! vous ne le conclurez pas, mademoiselle, vous ne signerez pas le malheur de toute votre vie!...

HENRIETTE. — Mais mon prétendu...

SALLANCHES. — Oh! que celui-là ne vous inquiète pas! Voulez-vous que je le tue!... je vais le tuer! *(Fausse sortie.)*

HENRIETTE. — Mais pas du tout, monsieur! Il ne faut tuer personne!... *(A part.)* Comme il y va!...

SALLANCHES. — Alors, faites naître des obstacles, tâchez de gagner du temps...

HENRIETTE. — Mon Dieu! s'il ne dépendait que de moi...

SALLANCHES, *avec chaleur.* — Mademoiselle... au nom du ciel!...

HENRIETTE. — Eh bien! je verrai... j'essaierai... mais il faut éviter qu'on nous voie ensemble...

SALLANCHES. — Ah! Mademoiselle, que je suis heureux!... Pour vous, maintenant, je braverai tout!... je lutterais contre le monde entier!... toute ma vie pour votre amour! *(Il sort vivement par le fond.)*

SCÈNE IX

HENRIETTE; *puis* MADAME DE NOIRMONT

HENRIETTE, *l'imitant en riant.* — Ah! ah! ah!... je lutterais contre le monde entier! Toute ma vie pour votre amour!... et si je disais un mot, tout serait fini... Ma foi non, je ne le dirai pas!... c'est trop amusant... et puis, ce qu'il m'a conté des maris en général et d'un certain mari en particulier...

AIR : *La Fauvette* (P. Henrion).

Oui, je veux faire la coquette,
Je veux le voir à mes genoux;
Ma vengeance sera complète
Si je peux le rendre jaloux *(bis).*

D'une âme en délire
Il me dépeindra
Le cruel martyre!
Mon cœur en rira!
Ah! ah! ah! ah!
Ah! quel plaisir que cela!
Ah! ah! ah!
Oui, je veux voir mon mari là!

MADAME DE NOIRMONT, *entrant par la droite, troisième plan.* — Tu es seule?... Eh bien! la reconnaissance a-t-elle été pathétique?

HENRIETTE. — Quelle reconnaissance?

MADAME DE NOIRMONT. — Avec ton mari; je viens de le rencontrer dans le jardin, il ne m'a pas vue : il fait de grands pas et parle tout haut... il paraît que ça lui a fait un effet...

HENRIETTE. — Il ne sait rien!

MADAME DE NOIRMONT. — Quelle plaisanterie!

HENRIETTE. — C'est très sérieux!... Ma chère amie, regarde-moi bien!... Tu vois la femme la plus aimée, la plus idolâtrée qui soit sous le soleil de Provence... et cela par son mari!

MADAME DE NOIRMONT. — Alors, pourquoi ne pas lui avouer?...

HENRIETTE. — Je m'en garderais bien! n'est-ce pas que ce ne serait plus la même chose?

MADAME DE NOIRMONT. — Coquette!

HENRIETTE. — A la bonne heure! Il n'y a que les femmes pour se comprendre tout de suite!... hein? dis donc, quel plaisir d'avoir là, à ses pieds, un homme grand et fort, auquel on peut commander toutes les extravagances possibles... connais-tu quelque chose au-dessus de cela?

MADAME DE NOIRMONT. — Tu perds la tête!

HENRIETTE. — Allons, c'est de la jalousie!...

MADAME DE NOIRMONT. — De la jalousie?... mais il me semble que M. de Noirmont...

HENRIETTE. — Ne parlons donc pas de M. de Noirmont, il dort.

MADAME DE NOIRMONT. — Qu'est-ce que cela prouve?

HENRIETTE. — Qu'il a sommeil d'abord et ensuite, qu'il ne montre pas tout l'empressement...

MADAME DE NOIRMONT. — Ah! et que dirais-tu si je te démontrais que M. de Noirmont, au milieu de ses fatigues de voyages et de ses travaux scientifiques, n'a pas cessé un seul instant de penser à moi ?

HENRIETTE. — Oh! ça!...

MADAME DE NOIRMONT. — Je pourrais te donner des preuves. *(Elle se dirige vers la cheminée.)* Je parie qu'il m'a rapporté un souvenir de chaque ville où il a passé... *(Tirant d'une cassette qui est sur la cheminée un petit coffret, et revenant à Henriette.)* Tiens, ce coffret... tu vas voir... *(Elle l'ouvre.)* Ah! ce sont mes lettres!... Il les a conservées... une, deux, trois... Je suis sûre qu'il les a relues vingt fois!...

HENRIETTE, *vivement.* — Oh!... une qui n'est pas décachetée!...

MADAME DE NOIRMONT. — Comment!

HENRIETTE. — Eh bien! quand je te disais...

MADAME DE NOIRMONT. — Oh! c'est affreux!

HENRIETTE. — Non, c'est marital!... Et quand je pense qu'un mot signé : Henriette de Rochat donnerait à M. de Sallanches le transport pour toute la journée... et tu voudrais me faire quitter cette position... tu voudrais que j'allasse lui dire : « En vérité, monsieur, vous avez » bien tort de vous exalter ainsi la tête et le cœur : pour- » quoi tout ce mal ?... pour me plaire ?... mais je suis » votre femme!... Allons, monsieur, mettez vos pan- » toufles, passez votre robe de chambre et parlons » ménage... » Pas de ça, monsieur mon mari!... Ah! vous vous jetez dans l'emploi des séducteurs! Eh bien! vous en supporterez tous les désagréments... vous ne m'avez pas fait la cour avant mon mariage, c'est bien le moins que vous me la fassiez après!

MADAME DE NOIRMONT. — Prends garde!... c'est un roman que tu fais là...

HENRIETTE. — Et je m'en trouve très bien, car s'il faut te l'avouer... croirais-tu que malgré tous ses mensonges, toute sa perfidie, j'aime M. de Sallanches!

MADAME DE NOIRMONT. — J'espère que de son côté...

HENRIETTE. — Lui!... mais il m'appartient corps et âme!... voyons, qu'est-ce que tu veux que je lui fasse faire ?... une sottise, une folie... la première chose venue ?... Tu n'as qu'à parler.

MADAME DE NOIRMONT. — Quel enfantillage!

SCÈNE X

MADAME DE NOIRMONT, PIERRE, HENRIETTE

Pierre entre par le fond à gauche, il apporte deux flambeaux qu'il pose sur la cheminée.

MADAME DE NOIRMONT. — Qui vient là ?... que voulez-vous ?

PIERRE, *apportant une lettre.* — Une lettre pour Mademoiselle.

HENRIETTE, *souriant.* — Ah! bon, je sais... *(A Pierre.)* C'est bien! *(Il sort.)*

MADAME DE NOIRMONT, *à Henriette qui ouvre le billet.* — Comment, tu vas lire ?

HENRIETTE. — Moi ? je dévore les déclarations qu'on m'adresse.

MADAME DE NOIRMONT. — C'est M. de Sallanches...

HENRIETTE. — Et qui donc ? *(A elle-même.)* La voilà, cette même main qui dessinait si lourdement, à Palerme, des mots sans idées, sur la verdure, la nature et la température... Aujourd'hui tout est bien changé!... des phrases brûlantes, de l'amour échevelé... *(Souriant.)* Oh! mais, voilà qui est d'une impertinence...

MADAME DE NOIRMONT. — Quoi donc ?

HENRIETTE. — M. mon mari me traite un peu cavalièrement, écoute : *(lisant)* « A huit heures, la nuit sera » noire... la fenêtre de votre chambre donne sur le jardin; » on peut l'escalader sans bruit... au nom du ciel, » consentez à m'entendre, ne fût-ce qu'une minute... » j'ai tant de choses à vous dire!... » *(Parlé.)* J'espère qu'il ne dort pas, celui-là! *(Lisant.)* « Votre mouchoir » tombé comme par mégarde du balcon m'avertira que » je suis le plus heureux des hommes... j'attends!... » Il attend!

MADAME DE NOIRMONT. — Eh bien! que vas-tu faire ?

HENRIETTE. — Ce que je vais faire ?... comment, tu ne comprends pas le charme qu'on peut trouver à voir son mari grimper le long d'un treillage, au risque de se casser le cou, tout cela pour venir causer, ne fût-ce qu'une minute, avec sa femme!... ah! par exemple! je ne veux pas me priver de ce petit plaisir-là!

MADAME DE NOIRMONT. — Folle!

HENRIETTE, *s'est approchée de la fenêtre du balcon et dit à mi-voix :* — Viens donc! viens donc voir!... Il est là, il s'impatiente... c'est charmant! *(Elle jette son mouchoir.)* Juste!... le mouchoir est tombé sur son épaule... Silence!... il s'approche du treillage... un, deux, trois échelons... Ah!... le quatrième casse! il est tombé!... pourvu qu'il ne se soit pas fait de mal!... oh! non... le voilà qui recommence... allons, allons, il gagne du terrain... il sera un peu froissé, il aura quelques égratignures, deux ou trois contusions... mais, avec le temps il arrivera... je te laisse, mon amie...

MADAME DE NOIRMONT. — Tu vas le recevoir ?

HENRIETTE. — Je ne puis pas raisonnablement le laisser là, suspendu... C'est mon mari après tout... adieu, amie, adieu! *(Elle sort à gauche, troisième plan.)*

MADAME DE NOIRMONT, *seule.* — Pauvre Henriette! elle se figure que cela peut durer longtemps comme cela!...

SCÈNE XI

MADAME DE NOIRMONT, NOIRMONT

NOIRMONT, *entrant par la droite, troisième plan, et parlant à la cantonade.* — Faites ce que vous voudrez; je ne m'en mêle plus.

MADAME DE NOIRMONT. — A qui donc parles-tu ?

NOIRMONT. — Au cousin Naquet... Est-ce que pendant mon absence... la tête... tu n'as pas remarqué ?...

MADAME DE NOIRMONT. — Non... pourquoi ?

NOIRMONT. — Ne veut-il pas se marier avec Mlle de Rochat!

MADAME DE NOIRMONT. — Ah! je sais...

NOIRMONT. — Mais, tout de suite, sans renseignements... j'ai eu beau lui dire : le mariage est un acte sérieux... un acte par lequel... ah bien! oui!... Sais-tu ce qu'il m'a répondu ?... « Je l'aime, je vais lui écrire... » quant à son infirmité, je la ferai traiter. »

MADAME DE NOIRMONT. — Quelle infirmité ?

NOIRMONT. — Est-ce que je sais ?... Il déraisonne...

MADAME DE NOIRMONT. — C'est l'amour.

NOIRMONT. — L'amour! j'en ai quelquefois ressenti les piqûres, mais jamais...

MADAME DE NOIRMONT. — Oh! je vous conseille de parler... vous qui ne décachetez même pas mes lettres...

NOIRMONT. — Par exemple!

MADAME DE NOIRMONT. — Vous ne le nierez pas... j'en ai trouvé une, adressée à Messine...

NOIRMONT. — A Messine!... attends donc... oui, c'est ma foi vrai, je m'en souviens maintenant.

MADAME DE NOIRMONT. — C'est fort aimable!

NOIRMONT. — Voilà ce que c'est : dans le paquet qui me fut remis, je trouvai deux lettres de toi... je m'empressai d'ouvrir la dernière... elle m'a fait grand plaisir... quant à l'autre, j'étais un peu pressé... je me suis dit : Elle se porte bien, c'est le principal... je lirai celle-là plus tard... et ma foi, les affaires, l'histoire naturelle, les insectes... ça m'est tout à fait sorti de l'idée.

AIR de *La Robe et les Bottes.*

Sur un fait d'ornithologie
J'avais à faire un grand travail,
Qui, de la docte académie,
Doit, enfin, m'ouvrir le portail.
Or, l'Institut bien souvent nous échappe,
On n'y pénètre, hélas! qu'à certains jours;
Tandis qu'à ton cœur si je frappe,
Je sais qu'on m'ouvrira toujours.

MADAME DE NOIRMONT. — C'est égal, vous avez une manière d'aimer... bien tranquille.

NOIRMONT. — C'est la bonne, va... ça dure plus longtemps. *(Il l'embrasse.)*

SCÈNE XII

MADAME DE NOIRMONT, NAQUET, NOIRMONT

NAQUET, *entrant par le fond.* — Voilà une histoire piquante, par exemple!... Qu'est-ce qui aurait jamais pu deviner ça!...

MADAME DE NOIRMONT. — Qu'avez-vous donc, cousin ?

NAQUET. — J'ai... j'ai que je suis ahuri, anéanti, abruti

de ce que je viens de voir... une jeune fille si candide, si naïve!

MADAME DE NOIRMONT. — Vous voilà tout bouleversé...

NOIRMONT, *à part, regardant Naquet.* — Est-ce que... la tête...

NAQUET. — Et moi qui voulais l'épouser!... quelle école!... devinez un peu ce que je viens de voir descendre de sa fenêtre ?

MADAME DE NOIRMONT. — De quelle fenêtre ?

NAQUET. — Eh bien! la fenêtre de la sourde.

NOIRMONT. — Quelle sourde ?

NAQUET. — Un habit..., un habit bleu... ou vert... parce que au clair de la lune...

NOIRMONT, *à part.* — La lune à présent!

NAQUET. — Mais il n'était pas tout seul... l'habit... il était habité... il y avait un homme dedans.

MADAME DE NOIRMONT, *à part.* — Je comprends.

NOIRMONT. — Quel homme ?

NAQUET. — Un grand brun... ou blond, parce que au clair de la lune...

NOIRMONT. — Oui, mon ami Pierrot... je la connais... *(A part.)* Il est très fêlé!

MADAME DE NOIRMONT. — Mais vous n'êtes pas sûr...

NAQUET. — Tellement sûr, que j'ai voulu le saisir... l'habitant... et que je n'ai saisi qu'un de ses boutons !...

NOIRMONT, *à part.* — La sourde... la lune... ses boutons... *(Haut.)* Qu'est-ce que tout cela signifie ?

NAQUET, *après avoir fouillé dans sa poche.* — Le voici!

NOIRMONT, *avec impatience.* — Quoi ?

NAQUET. — Le bouton!

MADAME DE NOIRMONT. — Vous vous trompez... je ne puis croire...

NOIRMONT, *criant.* — Quoi ?

NAQUET, *montrant le bouton et criant aussi.* — Mais ce bouton ?... Il n'y a rien à répondre à ce bouton-là!... il est concluant!...

NOIRMONT. — Eh bien! oui, il est concluant, là!... il est concluant... mais calmez-vous... voyons, n'y pensez plus... *(A part.)* C'est singulier comme ce bouton lui porte à la tête!

NAQUET. — Dans une heure, ce sera la fable de toute la ville!

MADAME DE NOIRMONT, *à part.* — Pauvre Henriette!...

comment la sauver ?... *(Frappée d'une idée.)* Ah!... *(Elle écrit à la table de gauche un billet qu'elle montre au public.)*

NOIRMONT, *à Naquet.* — Allons, allons, ne parlons plus de tout ça... *(A sa femme.)* Et songeons à notre bal ce soir... A quelle heure se réunit-on ?

MADAME DE NOIRMONT. — A dix heures.

NOIRMONT. — Eh vite! eh vite! à notre toilette!

ENSEMBLE

AIR : *Va-t'en, va m'attendre (Loi salique).*

Ici, pour la fête,
Je viens sans retard,
Va vite, sois prête
A briller sans art.

MADAME DE NOIRMONT

Ici, pour la fête,
Venez sans retard;
Va, je serais prête
A briller sans art.

NAQUET

Déjà je m'apprête
A faire, avec art,
Sur cette coquette,
Pleuvoir maint brocard.

Noirmont et sa femme sortent par la droite, troisième plan.

SCÈNE XIII

NAQUET, *seul.*

Et moi qui croyais connaître les femmes... et qui me suis laissé prendre comme un sot... Mais aussi, comment supposer qu'une jeune personne si bien élevée... Que diable! quand on appartient à un certain monde... ça ne se fait pas!... Vous me direz, quoique légère, elle peut appartenir à une très bonne famille... ça se voit.

AIR : *Patrie, Honneur.*

Sans doute, après une première erreur,
Des mœurs du temps elle a suivi l'ornière;
C'en était fait!... car on sait que l'honneur,
Comme l'a dit... Mme Deshoulière :
Oui, c'est une île escarpée et sans bords,
On n'en sort plus... dès qu'on en est dehors...

(Parlé.) Qu'est-ce que je dis donc là ?... eh bien! oui, c'est juste :

Oui, c'est une île escarpée et sans bords,
On n'en sort plus... dès qu'on en est dehors.

Et la petite en est sortie... Sans cela, comment expliquer la présence de ce voyageur... Ah! si c'était un gnome ou un farfadet... Mais je l'ai touché, le gnome, je l'ai palpé, le farfadet!... Allons, allons, décidément, la petite est une gaillarde... gentille... mais gaillarde!... Attention! la voici!

SCÈNE XIV

HENRIETTE, NAQUET

HENRIETTE, *entrant par la gauche, en toilette de bal.* — Me voilà prête pour le bal... et si Mme de Noirmont... *(Elle se dirige vers la glace de la cheminée et achève sa toilette.)*

NAQUET, *à droite, au fond, à part.* — Tiens! si je la soufflais à... à l'autre, au maltotier... ce doit être un maltotier!... A présent que je sais à quoi m'en tenir sur le compte de la particulière, pourquoi me gêner... Je vais lui appliquer le système de séduction à l'usage des danseuses.

PIERRE, *entrant par le fond à gauche, et portant un écrin. Avec mystère.* — Pour Mlle de Rochat, de la part de M. de Sallanches. *(Il sort.)*

HENRIETTE, *ouvrant l'écrin.* — Des camées... une parure!...

NAQUET, *regardant de loin, à part.* — Système de l'Opéra; je ne m'étais pas trompé.

HENRIETTE, *à part.* — Est-ce bien à moi ?... Oh!...

NAQUET, *à part.* — Sa contenance respire un doux émoi... approchons... *(Saluant.)* Mademoiselle...

HENRIETTE, *vivement.* — M. Naquet!... cachons vite cette parure.

NAQUET, *légèrement.* — Pourquoi cacher... je suis amateur, moi... Sont-ce des antiques ?

HENRIETTE. — Je ne sais... je... je cherche Mme de Noirmont.

NAQUET. — Moi, quand je fais des envois, je vais jusqu'aux diamants... avons-nous du goût pour les petits diamants ?

HENRIETTE, *naturellement.* — Mais... je préfère les gros.

NAQUET. — Ah! joli! très joli!... *(A part.)* Tiens! elle n'est plus sourde... *(Montrant son épingle.)* Comment trouvons-nous celui-ci ?

HENRIETTE. — Pardon, monsieur... je suis attendue... et... *(Fausse sortie.)*

NAQUET, *la retenant.* — Un moment, de grâce!... *(Lui montrant sa bague.)* Et cet autre ?

HENRIETTE, *à part.* — Est-ce qu'il va me faire estimer toute sa bijouterie ?

NAQUET. — J'en ai donné un tout pareil à la petite Mariette.

HENRIETTE. — Mariette!... Eh! Monsieur, à qui croyez-vous donc parler ?

NAQUET. — A qui ? mais à la plus aimable, à la plus gracieuse des femmes!

HENRIETTE. — Encore!

NAQUET. — Ah çà! mais, c'est singulier! plus je vous regarde, plus il me semble... Bien sûr... je vous ai vue quelque part.

HENRIETTE, *tremblante.* — Moi!

NAQUET. — Oui... quelque part où l'on danse... quelque part... que sais-je ?...

HENRIETTE, *irritée.* — Assez! Monsieur... vous êtes fou!

NAQUET, *baissant la voix.* — Oh! oui, d'amour!... *(Bas et rapidement.)* Ainsi, c'est convenu, ce soir, à dix heures, une chaise de poste... nous retournons à Paris.

HENRIETTE. — Comment!...

NAQUET, *l'interrompant vivement.* — Chut!... vous avez l'écrin; ainsi... *(bas et rapidement)* à dix heures, l'ombre, le mystère... et fouette cocher!

SCÈNE XV

MADAME DE NOIRMONT, *entrant par la droite, troisième plan*, NAQUET, HENRIETTE

NAQUET, *s'approchant vivement de Mme de Noirmont.* — Ah! cousine... je vous fais mes adieux!

MADAME DE NOIRMONT. — Comment! vous partez ?...

NAQUET. — Oui, un petit voyage à Paphos... une île où on m'attend. *(Retournant à Henriette, et la saluant.)* Mademoiselle... *(Bas.)* Vite, vos malles, espiègle!...

HENRIETTE, *vivement et avec dignité.* — Mais, encore une fois, monsieur!...

NAQUET, *qui ne l'a pas entendue, à Mme de Noirmont.* — Adieu, cousine, adieu! *(Il sort vivement par le fond.)*

MADAME DE NOIRMONT, *avec étonnement, à Henriette.* — Henriette!...

HENRIETTE, *comme sortant d'un rêve.* — Ah! Mathilde!... si tu savais...

MADAME DE NOIRMONT. — Qu'y a-t-il ?

HENRIETTE, *indignée.* — Un impertinent! un misérable!... vient de me tenir un langage!...

MADAME DE NOIRMONT. — Comment! M. Naquet ?...

HENRIETTE. — Oui, ce M. Naquet, qui, ce matin, voulait m'épouser!... N'a-t-il pas osé me proposer un enlèvement... à moi!... et dans des termes...

MADAME DE NOIRMONT. — Ecoute donc! une demoiselle qui laisse tomber de sa fenêtre... des amoureux...

HENRIETTE, *inquiète.* — Que veux-tu dire ?

MADAME DE NOIRMONT. — Naquet a tout vu!... et, dans ce moment, sans doute, il répète à qui veut l'entendre..

HENRIETTE, *anéantie.* — Ah! malheureuse!... *(Avec énergie.)* Allons trouver M. de Sallanches!... *(Avec orgueil.)* Mon mari!...

SCÈNE XVI

MADAME DE NOIRMONT, NOIRMONT, HENRIETTE

NOIRMONT, *entrant en riant par le fond.* — C'est très drôle!... très ingénieux!... ces diplomates ne doutent de rien!

MADAME DE NOIRMONT. — Qu'y a-t-il?

NOIRMONT. — Vous savez bien, M. de Sallanches?...

HENRIETTE, *inquiète.* — Eh bien?

NOIRMONT. — Eh bien!... ce n'est pas M. de Sallanches.

HENRIETTE et MADAME DE NOIRMONT. — Hein?...

NOIRMONT. — Je ne le croirais pas, si lui-même ne venait de me l'apprendre, en me disant son nom... son vrai nom... M. de... de...

HENRIETTE, *à part.* — Ah! mon Dieu! *(Haut.)* Achevez, monsieur.

MADAME DE NOIRMONT. — Comment se peut-il?...

NOIRMONT, *avec calme.* — Voilà... il paraît que c'est une idée de l'Empereur... une manœuvre diplomatique... C'est fort adroit, du reste.

MADAME DE NOIRMONT. — Mais allez donc!

NOIRMONT, *de même.* — L'Empereur, voulant feindre aux yeux des autres puissances une rupture avec le roi de Naples, donna ordre à toute l'ambassade de rentrer en France... mais des instructions particulières prescrivaient à M. de Sallanches de rester secrètement à Palerme. Or, pour mieux faire croire au départ de ce diplomate, une personne de l'ambassade fut affublée de son titre et de son nom, et pendant qu'on l'embarquait à grand bruit à bord du *Philoctète*, le véritable Sallanches regagnait incognito son logis.

HENRIETTE, *à part, et dans la plus grande agitation.* — Oh! mon Dieu! ce tête-à-tête, à une pareille heure!... Que va-t-on croire?... *(Se laissant tomber sur la causeuse.)* Perdue!...

NOIRMONT, *à sa femme.* — C'est très original, comme vous voyez.

MADAME DE NOIRMONT. — C'est infâme!... prendre le nom... *(Apercevant Henriette évanouie.)* Ah! mon Dieu!... Henriette! Henriette!

NOIRMONT. — Elle se trouve mal.

MADAME DE NOIRMONT. — Il n'y a pas de quoi, peut-être!... mais, courez donc!... là... dans ma chambre... un flacon!... allez donc!... allez donc!...

NOIRMONT, *entrant dans la chambre à droite, troisième plan.* — Si je comprends un seul mot...

SCÈNE XVII

MADAME DE NOIRMONT, HENRIETTE

MADAME DE NOIRMONT, *assistant Henriette.* — Ah! elle revient.

HENRIETTE, *revenant à elle.* — Où suis-je ?... je ne sais ce que j'éprouve... un rêve affreux!... *(Se levant.)* Mais non... j'ai bien entendu... cet homme, qui, tout à l'heure, à mes genoux... c'était un autre!...

MADAME DE NOIRMONT. — Henriette!...

HENRIETTE. — Oh! je ne veux plus le revoir, cet homme!... je veux partir tout de suite!...

MADAME DE NOIRMONT. — C'est le meilleur parti... car, grâce à M. Naquet, l'aventure va se répandre...

HENRIETTE. — Oh! dans quel abîme!...

MADAME DE NOIRMONT. — Du courage!... mon mari est là... je l'envoie chercher des chevaux de poste... et, dans dix minutes... secrètement... sans bruit... tout le monde ignorera... Adieu! adieu! *(Elle sort vivement par la droite, troisième plan.)*

SCÈNE XVIII

HENRIETTE; *puis* SALLANCHES

HENRIETTE, *avec désespoir.* — Perdue!... mon Dieu!... oh! cet homme m'est odieux!... *(Sallanches paraît à la porte du fond, une lettre à la main. Henriette recule en l'apercevant.)* Encore lui!...

SALLANCHES, *entrant.* — Vous aurais-je fait attendre ?...

mille pardons!... mais une nouvelle importante... j'entends l'orchestre... où est donc Noirmont ?

HENRIETTE. — Je ne vais plus à ce bal, monsieur.

SALLANCHES. — Ah bah!... et pourquoi ?

HENRIETTE, *sévèrement.* — On vient de m'apprendre, monsieur, que vous vous étiez présenté ici avec un nom et une qualité qui ne vous appartenaient pas...

SALLANCHES, *à part.* — Nous y voilà!... Ah! mademoiselle ma femme, à mon tour...! *(Haut.)* Comment!... vous savez...

HENRIETTE. — Oui... M. de Noirmont m'a dit...

SALLANCHES. — Le bavard! *(A part.)* J'y comptais bien... *(Haut.)* Au reste, je puis l'avouer, maintenant que ma mission est remplie... c'est vrai... je ne suis pas M. de Sallanches. *(Il fait un pas vers elle.)*

HENRIETTE. — Ne m'approchez pas, monsieur!

SALLANCHES. — Oh! pardonnez-moi ce mensonge... mon devoir l'exigeait... mais en reprenant mon vrai nom, je n'ai pas abandonné mes sentiments... et mon vœu le plus cher, mon espoir le plus doux...

HENRIETTE. — Taisez-vous, monsieur, vous parlez à la femme de M. de Sallanches!

SALLANCHES, *avec un chagrin simulé.* — Comment!... oh! ce n'est pas possible!... vous... la femme de mon ami!... de mon bienfaiteur... ah! mademoiselle... non, madame... qu'avez-vous fait!...

HENRIETTE. — Aussi, pourquoi portiez-vous son nom ?

SALLANCHES. — Au moins, moi, madame, j'avais une raison... une raison diplomatique... tandis que vous.. comment penser qu'une femme, une femme de votre monde, madame, peut être assez imprudente, pour échanger le nom de son mari... d'un honnête homme, contre un pseudonyme de fantaisie!

HENRIETTE, *confuse.* — Des reproches! oh! monsieur!...

SALLANCHES. — Pardonnez-moi... mais Sallanches fut mon protecteur, madame... et penser... oh! c'est affreux!... certainement, il ne m'appartient pas de juger votre conduite... mais, peut-être auriez-vous pu mettre plus de circonspection.

HENRIETTE. — Eh! monsieur, tout venait me confirmer dans mon erreur... tout!... jusqu'à votre langage!

SALLANCHES. — Ah! madame, nous sommes bien coupables tous les deux... un mari si confiant... un ami si dévoué... du moins ma conscience me rendra toujours ce témoignage, que si je n'avais trouvé en vous une sorte de... je ne sais comment dire... de... bienveillance...

HENRIETTE, *se redressant.* — Ce n'est pas vrai, monsieur! jamais...

SALLANCHES, *avec ironie.* — Remarquez bien que je n'accuse pas... je me justifie... d'abord, vous avez pris la peine de venir au-devant de moi jusqu'à Marseille.

HENRIETTE. — Du tout, monsieur!... j'y allais pour affaires...

SALLANCHES, *toujours avec un peu d'ironie.* — Ah!... au fait, c'est possible... Marseille est un port si commerçant... cela n'a pas d'importance... mais, ce qui en a beaucoup, c'est d'écouter les galanteries d'un amoureux... en manches de chemise...

HENRIETTE. — Monsieur!...

SALLANCHES. — C'est de faire cacher sur un balcon... je me justifie toujours..., et sous une gouttière, un monsieur que nous ne connaissons pas, pour faire place à un monsieur que nous ne connaissons guère...

HENRIETTE, *tremblante.* — Plus bas, monsieur!

SALLANCHES. — C'est de laisser échapper, d'une main complaisante, le signal d'un rendez-vous... un mouchoir, par exemple... *(appuyant)* je sais bien que c'est oriental...

HENRIETTE, *avec amertume.* — Ah! je vous croyais du moins généreux!...

SALLANCHES, *avec une douleur étudiée.* — Pardonnez à ma douleur... mais quand on souffre... *(Après un petit temps, prenant un ton plus calme.)* Maintenant, madame, que nous ne devons plus nous revoir...

HENRIETTE, *vivement.* — Je l'espère bien, monsieur!

SALLANCHES. — Permettez-moi de m'acquitter d'une commission — d'une commission pénible... un portrait à vous remettre...

HENRIETTE. — Un portrait ?

SALLANCHES. — Celui de Sallanches, du noble Sallanches... qui, en partant, m'avait recommandé... vous y verrez son regard fier et doux, vous y verrez...

Henriette exprime par sa pantomime un commencement de doute et d'espoir qui doivent être accentués de plus en plus dans la scène qui suit.

SCÈNE XIX

HENRIETTE, NAQUET *avec une casquette de voyage,* SALLANCHES

NAQUET, *au fond, à la cantonade.* — Faites toujours charger ma malle... *(Se retournant et apercevant Sallanches.)* Oh! du monde!... *(Bas à Henriette.)* Ne perdons pas de temps... la chaise est là!... ne me démentez pas!

SALLANCHES. — Que demande Monsieur ?

NAQUET, *saluant.* — Monsieur... *(A part.)* Tiens, j'ai déjà vu cette figure-là! *(Haut.)* Monsieur, si ça ne vous contrarie pas trop, je demande à emmener Mademoiselle... ma nièce.

SALLANCHES et HENRIETTE. — Sa nièce!

NAQUET, *bas à Henriette.* — Je le berne!

SALLANCHES, *sérieusement.* — C'est votre droit, monsieur; mais, avant votre départ, oserais-je vous prier de remettre à... Mademoiselle ce médaillon ? *(Il le lui donne.)*

HENRIETTE, *à part et se rapprochant de Naquet.* — Ah! mon Dieu!... quel soupçon!...

NAQUET. — Comment!... il faut que... à ma nièce... est-ce bien convenable...

HENRIETTE, *qui, pendant que Naquet a parlé, lui a arraché des mains le portrait, le regardant.* — Lui!... *(Se jetant dans les bras de Sallanches.)* Edouard!... pardonne-moi!

SALLANCHES, *l'embrassant.* — Chère Henriette!

NAQUET, *stupéfait.* — Hein ?... que signifie ?

SALLANCHES. — Cela signifie, cher oncle, que nous nous aimons, que nous nous adorons, et que je vous demande la main... *(M. et Mme de Noirmont paraissent au fond.)*

NAQUET. — Monsieur!...

SALLANCHES. — Permettez... la main de ma femme.

SCÈNE XX

NAQUET, MADAME DE NOIRMONT, NOIRMONT, SALLANCHES, HENRIETTE

NAQUET, M. et MADAME DE NOIRMONT. — Sa femme!

HENRIETTE, *à Noirmont et à sa femme.* — Oui, mes amis, je vous présente M. Edouard de Sallanches, mon mari.

NAQUET, *confus.* — Ah! pardon, madame, croyez que... si j'avais su... je me serais bien gardé... au contraire...

SALLANCHES. — C'est bien, c'est bien.

MADAME DE NOIRMONT, *à Henriette.* — Dis donc, nous pouvons renvoyer la chaise de poste?

Henriette répond par un oui de tête.

NAQUET, *à Mme de Noirmont.* — Comment, cousine, vous saviez qu'elle était mariée, et vous me laissiez m'enferrer!

MADAME DE NOIRMONT. — J'avais promis le secret, et je ne pouvais le trahir... *(bas à Sallanches)* que pour vous.

SALLANCHES, *bas à Mme de Noirmont.* — Comment!... ce billet anonyme... Silence!

MADAME DE NOIRMONT. — Pauvre Henriette!... la leçon a été un peu forte... mais, tu dois le comprendre... un mari vaut encore mieux qu'un...

HENRIETTE. — Oh! tais-toi! tais-toi!... *(S'appuyant coquettement sur l'épaule de Sallanches.)* Me voilà guérie des romans, pour toujours!

NOIRMONT. — C'est le vrai moment d'entrer en ménage.

HENRIETTE, *à Sallanches.* — Maintenant, monsieur, répondez-moi franchement... vous m'avez donc reconnue?

SALLANCHES. — Oh! tout de suite!

HENRIETTE. — Ainsi, cette escalade... ce rendez-vous...

SALLANCHES. — Donné à ma femme... sans cela...

HENRIETTE, *baissant les yeux.* — Et, ce matin... dans la voiture?...

SALLANCHES, *plus bas.* — C'était ma femme... Oh! sans cela... *(A part.)* Je me blanchis complètement.

MADAME DE NOIRMONT, *à part.* — Oh! les maris! *(Haut à Naquet.)* Ah çà! cousin, vous n'êtes donc pas parti pour... Paphos ?

NAQUET. — Non... les routes sont si mauvaises... j'ai changé d'itinéraire.

CHŒUR FINAL

AIR nouveau de M. Hormille *(Sept Merveilles).*

C'est toujours près de son mari,
Dans sa faiblesse,
Dans sa détresse,
C'est toujours près de son mari
Qu'une femme trouve un abri.

HENRIETTE, *au public.*

Quand mon bonheur est à ce prix,
Je ne veux plus être coquette...
Aux auteurs, pourtant, j'ai promis
De faire encore... une conquête...

SALLANCHES, *parlé.* — Ah! mais, je ne sais pas si je dois...

HENRIETTE, *continuant.*

N'écoutez pas ce qu'il dira!
Soyez affables,
Soyez... aimables :
Toujours mon mari permettra
Les succès... qu'il partagera.

REPRISE DU CHŒUR

C'est toujours près de son mari... etc.

FIN DE MADEMOISELLE MA FEMME

FRISETTE

VAUDEVILLE EN ACTE

PAR LABICHE ET LEFRANC

représenté pour la première fois à Paris, sur le Théâtre du Palais-Royal, le 28 avril 1846

René Luguet qui créa le rôle de Gaudrion était né en 1813. Il était le fils d'un couple de comédiens, les Bénéfand (dits Luguet). Sa mère était la fille d'une danseuse de corde célèbre, la Malaga. René Luguet fut marin puis reprit la tradition familiale et joua en tournées, en France et en Belgique. En 1841, il fut engagé au Gymnase, d'où il passa au Palais-Royal. Il fit toute la suite de sa carrière dans ce théâtre, à part une interruption de quatre ans passés au Vaudeville (1849-1853). Il avait épousé une fille de Marie Dorval, Caroline, après avoir été l'amant de la célèbre comédienne.

Luguet joua plus de quarante ans au Palais-Royal et son nom revient fréquemment dans les distributions des pièces de Labiche : il sera notamment le Cocarel de *La Cagnotte*. Après avoir cessé de jouer, il fut régisseur au Palais-Royal. Il prit sa retraite en 1898 et mourut en 1904 à 91 ans.

Le comédien André Luguet est son petit-neveu.

ACTEURS qui ont créé les rôles

GAUDRION, garçon boulanger	M. LUGUET
FRISETTE, ouvrière en dentelles . . .	Mme FRENEIX
MADAME MÉNACHET, portière. . . .	Mme MOUTIN
LA VOIX DE BARBAROUX	M. MEUNIER

A Paris, dans un hôtel garni.

Le théâtre représente une chambre d'hôtel garni. — Au fond, à gauche, un lit avec rideaux; à droite du lit, une fontaine, puis une porte conduisant à l'extérieur. — A gauche, au premier plan, une croisée; au deuxième plan, une cheminée; au troisième plan, une porte conduisant à un cabinet. — A droite, premier plan, une porte conduisant à un cabinet; deuxième plan, une cheminée; troisième plan, une croisée. — Une moitié de la chambre est tapissée d'un papier rouge, l'autre d'un papier jaune. — A gauche, une table. — Chaises, un vase sur chaque cheminée; pelle, pincettes, un gril, un réchaud.

SCÈNE PREMIÈRE

FRISETTE, UNE VOIX *en dehors.*

Frisette achève sa toilette en face d'un miroir accroché à la cheminée de gauche.

LA VOIX. — Mam'zelle Frisette, mam'zelle Frisette ?
FRISETTE. — Hein! quoi ?
LA VOIX. — Pardon de vous déranger. C'est moi, Barbaroux, le brasseur.
FRISETTE. — Qu'est-ce que vous voulez encore ?
LA VOIX. — Toujours la même chose, vous savez bien.
FRISETTE. — Ça ne se peut pas.
LA VOIX. — Pourtant, vot' tante m'a dit que si...
FRISETTE. — Et moi, je vous dis que non. Bonjour, monsieur.
LA VOIX. — Au revoir, mam'zelle, je reviendrai.

FRISETTE. — Encore!

LA VOIX. — Ce n'est pas vot'dernier mot; je reviendrai.

Il descend lourdement.

FRISETTE. — Ah! par exemple, en voilà un qui est têtu!... j'ai eu beau lui dire vingt fois : « Jeune homme, vous m'ennuyez,... jeune homme, je veux rester fille..., jeune homme, je sais que vous avez des intentions pures; mais j'ai juré une haine mortelle au sexe dont vous faites l'ornement... » C'est égal, il s'obstine... il a trouvé le moyen de s'introduire chez ma tante la lingère, où je travaille... et, là, tous les jours le même refrain : « Ce n'est pas vot' dernier mot, mam'zelle... je reviendrai... » Et il revient... voilà trois mois que ça dure... mais c'est comme s'il chantait. Plus souvent que je renoncerai à ma chère indépendance!

AIR : *Bonjour, bonsoir* (Couder).

Vivre en liberté,
De sa jeunesse
Etre maîtresse;
Hiver comme été
Suivre toujours sa volonté,
Conserver son cœur,
Et, d'un œil moqueur,
Voir tout séducteur;
Prendre pour tuteur
Sa joyeuse humeur,
Voilà le vrai bonheur.
Sans soucis, sans amour,
De peu je me contente;
Le travail, chaque jour,
Vient me payer ma rente.
Mon avoir est léger;
Mais faut-il obliger,
Que l' malheureux s' présente,
J'ai de quoi partager.
Vivre en liberté,
Etc.

SCÈNE II

FRISETTE, MADAME MÉNACHET

MADAME MÉNACHET. — Déjà levée, mam'zelle Frisette ?

FRISETTE. — Oui... j'ai mal dormi... j'ai rêvé mariage.

MADAME MÉNACHET. — Un joli rêve!

Elle aide Frisette à s'habiller.

FRISETTE. — Dites plutôt un cauchemar... Quelle nuit!

MADAME MÉNACHET. — J'avais pourtant changé le traversin de côté, comme vous me l'aviez recommandé!

FRISETTE. — Enfin!

MADAME MÉNACHET, *rangeant à droite et à gauche.* — Ah! c'est que je ne suis pas encore au courant de vos petites habitudes... depuis trois jours seulement que vous êtes ici... Mais vous verrez, avec le temps, je m'y mettrai.. je viendrai vous faire votre feu le matin, à sept heures... vous ne sortirez qu'à huit..., et, pour se lever, on est bien aise... et puis, le soir aussi... avant votre retour... parce que, quand on se couche... on n'est pas fâché...

FRISETTE. — Du tout, du tout!... faut être économe... je vous recommande même, à l'avenir, de ménager mon bois... il va trop vite... ce n'est pas une raison, parce que j'ai deux cheminées.

MADAME MÉNACHET. — Soyez tranquille...

FRISETTE. — C'est comme la chandelle... le sucre...

MADAME MÉNACHET. — On y aura l'œil.

FRISETTE. — Je suis très mécontente... Hier au soir, en rentrant, j'ai trouvé ma chambre empestée de fumée de tabac!

MADAME MÉNACHET. — Par exemple!

FRISETTE. — On dirait que, lorsque je n'y suis pas...

MADAME MÉNACHET, *s'oubliant.* — Ah! je sais ce que c'est!...

FRISETTE. — Quoi donc ?

MADAME MÉNACHET, *embarrassée.* — C'est... voilà ce que c'est... un voisin... au-dessus... et comme la fumée monte...

FRISETTE. — Elle sera descendue tout exprès pour moi.

MADAME MÉNACHET. — Dame! les maisons sont si mal jointes!... et puis, voyez-vous, dans un hôtel garni... on n'est jamais si bien... Pourquoi donc que vous ne vous mettez pas dans vos meubles, mam'zelle ?

FRISETTE. — Pourquoi ? pourquoi ?... voilà une question!... Quand on gagne trente sous par jour et qu'on a des mois de nourrice à payer... vous croyez qu'il est facile... ?

MADAME MÉNACHET. — Ah! oui, je sais... ce pauvre enfant... C'est égal, ça vous fait honneur, ça, mam'zelle... c'est un beau trait!

FRISETTE, *arrangeant ses boucles de cheveux.* — Allons, bon! j'ai perdu mes épingles... Tenez, sur la pelote... une noire...

MADAME MÉNACHET, *allant chercher l'épingle sur la cheminée de droite et la lui donnant.* — Voilà!...

FRISETTE. — Merci... Ah! dites-moi... quel est donc ce monsieur que je rencontre tous les matins dans l'escalier ? il monte toujours quand je descends...

MADAME MÉNACHET. — Un voisin.

FRISETTE. — Ah bien, il peut se flatter de me déplaire, celui-là... D'abord il est malhonnête, il chante toujours sous mon nez : « Malheur aux *fâmes !...* détestons les *fâmes !...* »

MADAME MÉNACHET. — Et ça vous contrarie ?

FRISETTE. — Moi ? ça m'est bien égal!... il n'y aurait pas un seul homme sur terre...

MADAME MÉNACHET. — Vous leur en voulez donc bien ?

Jusqu'ici, Frisette s'est occupée de sa toilette et madame Ménachet des détails du ménage. Elles descendent la scène.

FRISETTE. — Si je leur en veux!... Mère Ménachet, méfiez-vous-en, je ne vous dis que ça... méfiez-vous-en!

MADAME MÉNACHET. — Ah! mon Dieu! est-ce que mon mari... ?

FRISETTE. — Votre mari... votre mari est un homme, c'est tout dire!

MADAME MÉNACHET. — Comment, si c'est un homme ?... je l'espère bien!

FRISETTE

AIR des *Sept Merveilles* (Hermille).

Tôt ou tard, il vous trahira!
L'imposture
Est dans sa nature;
Tôt ou tard il vous trahira,
Et de vos douleurs se rira!

MADAME MÉNACHET

Mais d'un avenir aussi noir
Comment donc éviter l'épreuve ?

FRISETTE

Hélas! votre seul espoir
Est celui de devenir veuve!

ENSEMBLE

Tôt ou tard, il vous trahira,
Etc.

MADAME MÉNACHET

Quoi! vraiment il me trahira!
L'imposture
Est dans sa nature;
Quoi! vraiment il me trahira,
Et de mes douleurs se rira ?

Frisette sort par le fond, emportant son cabas.

SCÈNE III

MADAME MÉNACHET, *seule*, *s'occupant.*

A-t-on jamais vu! prétendre que M. Ménachet... Allons donc!... c'te petite-là, avec sa rage de calomnier l'humanité, elle vous rendrait *misantrophe !* Ah! maintenant qu'elle est partie, cachons vite ses effets... car l'autre ne peut tarder à venir... C'est drôle, tout de même... deux locataires pour une seule chambre... c'est la faute des circonstances... *(En scène)*. Il y a trois jours, Mlle Frisette, une ancienne connaissance à moi, vient à ma loge : « Avez-vous quelque chose à louer ? — Toujours! » que je lui réponds... je n'avais rien, mais faut jamais renvoyer la pratique... Alors, je me dis : « Si je la mettai au n° 7 ?... il est occupé par un garçon boulanger qui est à son travail toute la nuit et n'habite que le jour... Elle, elle est occupée toute la journée et n'habite que la nuit... ça pourra s'arranger, en attendant que le n° 10 *soye* vacant... » Et, en effet, ça s'arrange à merveille!... » *(Elle retourne à son travail.)* Seulement, faut que j'engage Gaudrion, le boulanger, à ne pas fumer tant que ça... Voyons, ne nous embrouillons pas!... nous disons : le tablier, les bonnets, dans ce cabinet... *(elle indique le cabinet de gauche)*, celui de mam'zelle Frisette... de l'autre côté *(elle indique le cabinet de droite)*, celui de Gaudrion. *(Elle met le tablier et les bonnets dans le cabinet de gauche, sans sortir de scène.)* Là!... *(Elle ferme la porte et met la clef sous un vase placé sur la cheminée de gauche.)* Grâce à ce petit déménagement quotidien, aucun d'eux ne se doute... Dieu!... seraient-ils furieux s'ils savaient... ils jetteraient des cris de feu!... Ah çà! refaisons le lit, et n'oublions pas de changer le traversin de côté... Gaudrion veut avoir la tête par là... et Mlle Frisette par ici... S'ils étaient mariés, ça serait gênant tout de même!

Elle fait le lit.

SCÈNE IV

MADAME MÉNACHET, GAUDRION

Pendant cette scène, Mme Ménachet s'occupe des détails du ménage, Gaudrion va et vient, s'assied à droite, à gauche, sur le coin de la table, etc.

GAUDRION, *entrant par la porte du fond.*

AIR d'*Alzaa* (Paul Henrion).

En tous temps, en tous lieux,
Faisant notre martyre,
La femme est un vampire
Avec de jolis yeux.

Cachant sous sa faiblesse
Un vrai cœur de tigresse,
Sa joie et son plaisir
Sont de faire souffrir.
Mari que l'on victime,
Amant, souffre-douleur
Réunis dans l'abîme,
Répétez tous en chœur :
Détestons,
Maudissons
Les femmes
Et leurs trames.
Oui, malheur
Et douleur
ce sexe enchanteur!

MADAME MÉNACHET. — Vous voilà encore avec vos romances contre la plus belle moitié du genre humain!

GAUDRION. — Oh! les femmes!... je voudrais les cribler, les torturer, les manger!... Les manger!... voilà mon ambition, mère Ménachet!

MADAME MÉNACHET. — Oui, vous parlez comme ça... en attendant que vous *resoyez* amoureux!

GAUDRION. — Amoureux ? moi... Gabriel Gaudrion amoureux ?... pas de ça!... ça brûle l'œil!

MADAME MÉNACHET. — Bah! bah!

GAUDRION, *allant à elle.* — Comment, bah ?... mais, si je me fais beau, mère Ménachet, si j'ai de la tenue, des manières... c'est pas pour leur agrément... Ah bien, oui!... c'est pour les faire languir, les faire souffrir, les faire jaunir!... A propos, quelle est donc cette petite pimbêche qui descend toujours quand je monte ?

MADAME MÉNACHET. — Une voisine.

GAUDRION. — Ça ?... il n'est pas permis d'être laid comme cette fille-là!

MADAME MÉNACHET. — Par exemple! vous ne l'avez pas regardée...

GAUDRION. — La regarder ?... allons donc!

MADAME MÉNACHET. — Eh bien, alors ?...

GAUDRION. — Je vous dis qu'elle est laide!

MADAME MÉNACHET. — Mais...

GAUDRION. — Silence!... ou je donne congé!

MADAME MÉNACHET. — Elle est affreuse... là!... D'abord, vous, toutes les femmes vous déplaisent... vous les détestez!...

GAUDRION. — Avec amour!

MADAME MÉNACHET. — Et ça, parce que, dans les temps, vous avez eu des désagréments avec une péronnelle.

GAUDRION. — Ne parlons pas de ça!... ou plutôt, si, parlons-en!... ça me fait plaisir... ça m'agace... ça me remonte!... je l'aimais, celle-là!... J'allais l'épouser... imbécile! quand, un jour, j'ai la preuve qu'un autre... un nommé Adrien...

MADAME MÉNACHET. — Connu... Vous m'avez déjà conté!...

GAUDRION. — Oui... je l'ai plantée là... net, sans explications... et je ne l'ai pas revue... je ne sais pas ce qu'elle est devenue... on m'a dit qu'elle était défunte... c'est bon, on ne lui en veut plus... mais à celles qui vivent!... à celles-là!... je leur ai juré une haine... d'Abd-el-Kader [1]!... voilà!

MADAME MÉNACHET. — Mais, monsieur!...

GAUDRION. — Silence! ou je donne congé!

MADAME MÉNACHET. — Ah! par exemple!

ENSEMBLE

AIR : *J'aime le tapage* (Loïsa Puget).

C'est de l'injustice, abîmer ainsi notre sexe!
Est-c' permis ?
Moi, j'en suis,
Et cela me vexe!
A vingt ans, dit-on,
J' n'avais pas l' menton
Circonflexe,
Et d' la femm', croyez-moi,
J' tiens encor l'emploi!

GAUDRION

Je me crois en droit d'abîmer ainsi votre sexe!
C'est permis,
Et tant pis
Si cela vous vexe.

1. L'émir Abd-el-Kader (1807-1883) lutta pendant quinze ans (1832-1847) contre la France en Algérie.

Vous femme ? allons donc!
Avec ce menton
Circonflexe,
Hâtez-vous, croyez-moi,
D'adbiquer l'emploi!

Mme Ménachet sort par le fond.

SCÈNE V

GAUDRION, *seul.*

Vieille sorcière!... je parie qu'elle a fait ses farces autrefois... sous le Consulat... Voyons, préparons mon déjeuner... deux pieds à la Sainte-Menehould... et une flûte... *(Il tire les pieds de sa poche et les montre au public.)* Voici les pistolets de poche!... Article premier : faut allumer le feu. *(Il prend une boîte d'allumettes sur la cheminée de gauche.)* Il en reste une ?... Voilà qui est particulier!... j'ai acheté la boîte il y a trois jours... *(Il allume le feu.)* C'est étonnant comme tout file dans mon ménage!... les allumettes, le bois, et la chandelle donc!... Remarquez que je n'y suis que le jour... j'avais acheté une chandelle le jour de l'an... je me disais : « Ça me fera l'année... » *(Il montre le chandelier avec un petit bout de chandelle.)* Voilà!... Paris, 5 janvier... Je m'en expliquerai avec la mère Ménachet... Ah! maintenant, mon gril... mettons les objets sur le feu... là!... *(Il bâille et étend les bras.)* Tiens! si je faisais un petit somme ?... quand on a passé la nuit... Ça va... Ah! oui, mais, et les autres qui sont sur le feu... Bah! la Providence les retournera! *(Il s'assoit sur le lit et se relève brusquement en poussant un cri.)* Aïe!... qu'est-ce que c'est que ça ?... une épingle noire!... une épingle de femme!... ah! pour le coup! je m'en expliquerai avec la mère Ménachet!... *(Il se couche et ferme les rideaux de l'alcôve. Il bâille, marmotte quelques mots et fredonne.)* Sur l'air du tra la la la...

Il s'endort.

SCÈNE VI

FRISETTE, GAUDRION

FRISETTE, *entrant par le fond, avec une lettre à la main, un cabas et un métier à dentelles qu'elle dépose sur la chaise à droite.* — Par exemple! si je m'attendais... Le père nourricier de mon petit Gabriel, qui m'annonce que, sa femme étant malade, il a fallu sevrer l'enfant... et il me le ramène aujourd'hui... Pauvre chérubin! je vais donc t'avoir là, près de moi! J'allais bien le voir toutes les semaines!... le dimanche... mais ce n'était pas assez... j'ai été vite avertir ma tante qu'elle ne compte pas sur moi aujourd'hui... que je travaillerais chez moi... j'ai pris mon métier, et, maintenant, le pauvre chéri peut arriver quand il voudra... Ah! en attendant, je vais toujours faire mon déjeuner... j'ai acheté ce qu'il faut... *(Elle tire de son cabas une flûte et un boudin.)* D'abord du feu!... *(Prenant la boîte d'allumettes.)* Ça ne sera pas long. *(Elle l'ouvre.)* Tiens! il y en avait encore une!... *(Regardant la cheminée.)* Il est allumé!... *(Voyant les pieds.)* Qu'est-ce que c'est que ça ?... des pieds ?... Cette mère Ménachet est d'un sans-gêne!... Elle vient maintenant faire sa cuisine chez moi... et avec mon bois encore!... Attends, attends, je vais le faire chauffer ton déjeuner!... *(Elle jette les pieds sur une assiette qui est sur la fontaine.)* Tiens, le v'là ton vieux déjeuner! *(Elle met son boudin sur le gril.)* A présent, mon couvert!... mes assiettes ?... ah! dans le cabinet!

Elle entre dans le cabinet à gauche, après avoir pris la clef sous le vase et fermé la porte avec bruit.

GAUDRION, *se réveillant.* — Entrez! *(Criant.)* Entrez! *(Ouvrant ses rideaux.)* Est-ce qu'on n'a pas frappé ? Ah! mon Dieu! et mes pieds! ils doivent être grillés, rissolés!... *(Il s'approche vivement de la cheminée.)* Un boudin!... *(Montrant le gril.)* Est-ce que j'ai mis un boudin ? Sapristi! c'est encore un tour de la Ménachet... Allons, allons, voilà un boudin qui demande à prendre l'air!... *(Il le jette par la fenêtre de gauche.)* V'lan!... Ah çà! où a-t-elle fourré mes pieds ?... Ah bien!... sur la fontaine!

au frais!... Vieille Ménachet! elle a mis mes pieds à l'eau! *(Il les remet sur le feu.)* Vite! mon couvert! *(Il place la table dans un autre sens que celui où elle était, et un peu plus près du milieu du théâtre.)* Je vais lâcher la nappe; ce n'est pas tous les jours Sainte-Menehould. *(Il étend une serviette dessus.)* Et ma fourchette, mon gobelet... ah! dans le cabinet!...

Il entre dans le cabinet de droite, après avoir pris la clef qui est sous le vase, du même côté.

FRISETTE, *entrant avec des assiettes.* — Tiens! est-ce que la table était là ?... c'est drôle! je ne croyais pas avoir mis la nappe... *(Elle arrange son couvert, et se dirige vers la cheminée.)* Mon boudin doit être cuit... Encore les pieds ?... ah! pour le coup!...

Elle prend le gril et jette les pieds par la fenêtre à gauche.

GAUDRION, *entrant et voyant le mouvement de Frisette.* — Arrêtez!

FRISETTE, *se retournant.* — Un homme!

GAUDRION. — Une femme!

FRISETTE, *à part.* — Mon antipathie!

GAUDRION, *à part.* — Ma bête noire! *(Haut.)* Qu'est-ce que vous demandez ?... c'est pas ici...

FRISETTE. — Et vous ?

GAUDRION. — Tiens! je suis chez moi!

FRISETTE. — Moi aussi!

GAUDRION, *allant chercher sa quittance sur la cheminée de droite.* — Mon terme est payé!

FRISETTE. — Comme le mien!

GAUDRION. — Voilà ma quittance!

FRISETTE. — Voici la mienne!

GAUDRION. — C'est un peu fort!

FRISETTE. — Nous allons bien voir!

TOUS DEUX, *appelant.* — Mère Ménachet! mère Ménachet! *(L'un à l'autre.)* — Sortez, monsieur! — Sortez, mam'zelle!

ENSEMBLE

AIR : *Oh! moment d'espérance (Loi salique).*

Moi! vous céder la place!...
C'est à vous de sortir!
Vraiment de tant d'audace
Je ne puis revenir!

Quelle rare insolence!
Me faire ici la loi!
M'imposer sa présence
Et s'installer chez moi!

SCÈNE VII

FRISETTE, MADAME MÉNACHET, GAUDRION

MADAME MÉNACHET. — Mais d'où vient ce bruit? *(Les apercevant ensemble.)* Ah! mon Dieu!

Frisette et Gaudrion la prennent chacun par un bras, et la ramènent vivement sur le devant de la scène.

GAUDRION, *montrant Frisette.* — Qu'est-ce que c'est que ça?

FRISETTE, *montrant Gaudrion.* — Comment nommez-vous ceci?

GAUDRION. — A qui? cette chambre?

FRISETTE. — Oui! à qui?... répondez!

MADAME MÉNACHET. — Ne vous fâchez pas!... elle est...

GAUDRION. — A moi!

FRISETTE. — A moi!

MADAME MÉNACHET. — A tous deux!

ENSEMBLE

FRISETTE ET GAUDRION

Même air que le précédent.

« A tous deux! » quelle audace!
Expliquez-vous, de grâce!
J'entends, quoi que l'on fasse,
Habiter { seul' / seul } chez moi!
Cette chambre, je l'aime!
Ma surprise est extrême
Qu'on prétende, quand même,
Me faire ici la loi!

MADAME MÉNACHET

Pardonnez mon audace;
Ici, de bonne grâce,
Chacun peut trouver place
Et se croire chez soi.
En suivant ce système,
D'un embarras extrême
Vous me sortez moi-même,
Et nul ne fait la loi!

Pendant cet ensemble, Frisette a replacé la table au fond devant le lit.

MADAME MÉNACHET. — Voilà ce que c'est : autrefois il y avait une cloison...

FRISETTE. — Mais elle n'y est plus!

GAUDRION. — Remettez-la, votre vieille cloison!

MADAME MÉNACHET. — On peut la supposer.

FRISETTE. — Je vais me plaindre au propriétaire!

GAUDRION. — Je donne congé!

MADAME MÉNACHET. — Mais vous allez me faire renvoyer!... Si vous vouliez seulement attendre jusqu'à midi... il y a au-dessus le nº 10 qui sera vacant...

FRISETTE. — Je le prends!

GAUDRION. — Moi aussi!

MADAME MÉNACHET. — Tous les deux?... alors, autant garder...

FRISETTE. — Du tout! je prends le nº 10!

GAUDRION. — Accordé!

MADAME MÉNACHET. — Allons, mam'zelle Frisette, un peu de patience... allons, monsieur Gaudrion... je viendrai vous avertir quand l'autre chambre sera prête.

Gaudrion et Frisette poussent Mme Ménachet dehors.

SCÈNE VIII

FRISETTE, GAUDRION

GAUDRION, *arpentant la scène avec humeur.* — Une femme!... chez moi!... comme c'est agréable!

FRISETTE. — Un homme dans ma chambre!... comme c'est gracieux!

GAUDRION. — J'en ferai une jaunisse, c'est sûr!

FRISETTE, *à part.* — Ah çà! est-ce qu'il va se promener longtemps comme ça ?... *(Haut.)* Au moins, monsieur, j'espère que vous n'avez pas l'intention de m'imposer votre société... vous paraissez plein de dispositions pour la promenade, et...

GAUDRION. — Il pleut.

FRISETTE. — Voulez-vous un parapluie ?

GAUDRION. — Merci, je ne sors pas... mais, si vous avez affaire... pas de façon...

FRISETTE, *à part.* — S'il croit que je vais le laisser... *(Haut et s'asseyant à gauche.)* Je reste.

GAUDRION, *s'asseyant à droite.* — Moi aussi!... *(Il s'assoit sur le métier à dentelles et se relève vivement.)* Les aiguilles à présent! *(Il jette le métier de côté.)* Allons, ça devient gai! *(Haut.)* Je vais déjeuner, je vais manger ma flûte et... et ma flûte!... *(Il croque sa flûte avec rage.)* Puisque vous avez jugé à propos de me priver de mon déjeuner...

FRISETTE, *croquant aussi sa flûte.* — Je ne vous demande pas ce que vous avez fait du mien!

GAUDRION. — Je l'ai secoué... par la fenêtre... Vous aimez le boudin... Madame aime le boudin ?

FRISETTE, *à part.* — Ah çà! mais, je crois qu'il me parle!... *(Haut.)* Monsieur, je désire ne pas lier conversation avec vous.

GAUDRION. — Rassurez-vous, jeune bergerette... on s'empressera d'y correspondre... Tiens!... je vais fumer une pipe!

FRISETTE. — Comment!

GAUDRION, *allumant un morceau d'amadou chimique.* — Ça charme l'ennui... je vais fumer jusqu'à midi... Vous permettez ?...

FRISETTE. — Mais non, monsieur!

GAUDRION, *allumant sa pipe.* — Merci!

Il fume.

FRISETTE, *toussant.* — Hum! hum!... pouah!

Elle ouvre la fenêtre de gauche avec colère.

GAUDRION. — Ah! mais non!... permettez... on gèle ici!... Fenêtre, s'il vous plaît!

FRISETTE. — Eteignez votre pipe!

GAUDRION. — Non!

FRISETTE. — Je laisse la fenêtre ouverte!

GAUDRION. — Allons, c'est bon!... on s'éteint!... *(Il*

pose sa pipe. A part.) Chipie!... et dire qu'il y a des gens qui confectionnent des romances en faveur de ce sexe! *(Il fredonne son couplet.)*

Détestons,
Maudissons
Les femmes
Et leurs trames!

(Frisette retourne sa chaise de façon à lui tourner le dos. — A part.) Elle est vexée...

Il continue à fredonner.

FRISETTE, *fredonne de son côté.* —

Malbrouck s'en va-t-en guerre...

A un certain moment Gaudrion se laisse entraîner à fredonner aussi Malbrouck, *et se reprend vivement.*

GAUDRION. — C'est égal! elle chante... jaune... *(Haut.)* Brrr! il ne fait pas chaud ici!... une idée!... si je me recouchais!... Bah!... je me recouche!...

Il se lève.

FRISETTE, *se levant.* — Sur mon lit!

GAUDRION. — Vous pourriez dire le nôtre, charmante Elvire!...

Il fait mine d'ôter sa veste.

FRISETTE. — Mais, monsieur!...

GAUDRION. — Ah! c'est juste... j'oubliais... Vous attendez peut-être quelqu'un... un amoureux...

FRISETTE. — Un amoureux ?... Apprenez, monsieur, que je suis une fille sage...

GAUDRION. — Une rosière... en dentelles... c'est convenu.

FRISETTE. — Oui, monsieur, une fille honnête, rangée, vertueuse...

SCÈNE IX

FRISETTE, MADAME MÉNACHET, GAUDRION

MADAME MÉNACHET. — Mademoiselle, c'est un enfant et un berceau qu'on apporte pour vous.

FRISETTE, *se dirigeant vers le fond.* — Ah! je sais ce que c'est...

Elle disparaît un moment avec Mme Ménachet.

GAUDRION. — Un enfant!... Ah! très bien, soignée la rosière!

FRISETTE, *apportant le berceau.* — Viens, mon petit ange, mon enfant chéri!...

Elle dépose le berceau au milieu du théâtre. L'enfant crie.

GAUDRION. — Ah! bon, voilà le bouquet!... *(Avec colère à Frisette.)* Mademoiselle! je n'ai pas loué une chambre au quatrième, au-dessus de l'entresol, pour qu'on vienne l'encombrer de meubles aussi désagréables!... un enfant, maintenant!... Mais, c'est laid! mais, c'est malpropre!... ça m'incommode!... *(Au berceau, voulant le bousculer, mais arrêté par Frisette.)* Veux-tu bien te taire!... Enlevez le marmot! enlevez le marmot!

ENSEMBLE

GAUDRION

AIR de *Wallace.*

D'ici je veux qu'il sorte!
J' n'en veux pas pour voisin;
S'il ne prend pas la porte,
J' lui fraye un autr' chemin!

FRISETTE ET MADAME MÉNACHET

Se fâcher de la sorte!
Ah! quel méchant voisin!
C'est lui qui, de la porte,
Devrait prendre l' chemin.

FRISETTE

Dans ce cabinet, pour vous plaire,
J' vais, monsieur, déposer l'enfant.

GAUDRION

Tâchez d'y mettre aussi la mère,
Ça m' procur'ra double agrément.

ENSEMBLE

D'ici je veux qu'il sorte,
Etc.

FRISETTE ET MADAME MÉNACHET

Se fâcher de la sorte,
Etc.

Frisette, aidée de Mme Ménachet, emporte le berceau dans le cabinet de gauche.

SCÈNE X

GAUDRION, MADAME MÉNACHET

GAUDRION. — Oh! les femmes!... tenez, les voilà, les femmes! toutes menteuses!... toutes perfides, jusqu'à celle-là, qui voulait se faire passer pour une vertu... et qui est à la tête d'un mioche!...

MADAME MÉNACHET, *qui a entendu les derniers mots.* — Eh bien, qu'est-ce que ça fait ?

GAUDRION. — Comment, ce que ça fait ?

MADAME MÉNACHET. — Si ce mioche n'est pas à elle...

GAUDRION. — Vous dites ?

MADAME MÉNACHET. — Je dis... je dis la vérité...

GAUDRION, *incrédule.* — Prrrout!

MADAME MÉNACHET. — Elle m'a conté la chose... cet enfant, c'est un orphelin qu'elle a adopté...

GAUDRION, *de même.* — Prrrout!

MADAME MÉNACHET. — A la mort d'une cousine à elle, d'une nommée Louise Aubry.

GAUDRION. — Louise Aubry ?

MADAME MÉNACHET. — Vous voyez donc bien qu'il ne faut pas la mépriser, c'te fille... et que, pour passer quelques heures avec elle sous le même toit, n'y a pas d'affront.

Elle sort par le fond.

SCÈNE XI

GAUDRION, FRISETTE, *dans le cabinet.*

GAUDRION. — Comment, cet enfant ?... l'enfant de Louise... mais alors... Que je suis bête!... puisqu'elle m'a trompé... puisqu'elle en a aimé un autre... c'est l'enfant de l'autre, quoi!... de c't Adrien!

FRISETTE, *dans le cabinet.* — Dors, Gabriel, dors, mon enfant!

GAUDRION. — Gabriel! on lui a donné mon nom!... ah! par exemple!... *(Il remonte.)* Tiens, mais... tiens, mais... au fait!... *(descendant)* pourquoi pas ?... qui sait ?... voyons donc!... en rapprochant les dates... ça se pourrait... Oh! il faut absolument que je sache!...

SCÈNE XII

FRISETTE, GAUDRION

Frisette rentre avec un poêlon qu'elle met sur un réchaud.

GAUDRION, *à part.* — La voici... oui... mais comment lui demander ça ?... *(Il tousse.)* Hum! hum!

FRISETTE, *accroupie près de la cheminée, à part.* — Tousse, va!... si tu crois que je vais te répondre...

GAUDRION, *d'un air aimable.* — Voisine... *(Frisette ne répond pas.)* Voisine, c'est que... Tiens... c'est de la bouillie que vous faites là ?... pour le petit ?... ou pour... la petite ? hein... *(Frisette ne répond pas. A part.)* Ne pas même savoir le sexe!... *(Haut.)* Il paraît qu'il commence à manger ?... Quel âge a-t-elle ?

FRISETTE. — Il a son âge!

GAUDRION, *à part.* — Il!... c'est un garçon!... bravo!... *(Haut.)* Dites donc, mam'zelle ?... et le papa ?... qu'est-ce que vous en avez donc fait du papa ?

FRISETTE. — Ah çà! mais, de quoi vous mêlez-vous ?... a-t-on jamais vu!...

GAUDRION. — Ah! c'est que je vais vous dire... en le regardant, tout à l'heure... Gabriel... il m'a semblé reconnaître... oui... il a quelque chose d'ouvert entre le nez et le menton... je l'ai peut-être connu, moi, son papa...

FRISETTE, *remuant sa bouillie.* — Eh bien, vous avez connu quelque chose de gentil!... un mauvais sujet, un vaurien, un homme affreux!...

GAUDRION, *à part.* — Parbleu!... l'Adrien en question!...

FRISETTE, *se relevant.* — Ah! si je le tenais, voyez-vous, ce Gaudrion!

GAUDRION. — Hein ?... vous dites ?...

FRISETTE. — Rien.

GAUDRION. — Pardon... vous avez dit... précisément, c'est bien ça... oui, un de mes camarades... un boulanger...

FRISETTE. — Un monstre, monsieur, qui a abandonné son enfant... qui...

GAUDRION. — Permettez... il avait peut-être à se plaindre de la mère... ça s'est vu, ça... il avait peut-être été trahi, trompé par elle...

FRISETTE. — Trompé par Louise ?... pas vrai!

GAUDRION. — Hein ?

FRISETTE. — Louise était une brave fille, incapable... *(Se reprenant.)* Ah çà! mais je ne sais pas pourquoi j'irais vous dire...

GAUDRION. — Continuez...

FRISETTE. — Et si je ne veux pas, moi!... Est-ce que je vous connais ?... *(Lui tournant le dos.)* Je ne vous connais pas.

GAUDRION. — Puisque Gaudrion m'a tout conté.

FRISETTE. — A sa manière, sans doute... *(Revenant à Gaudrion.)* Mais voilà la vérité... au moment de l'épouser, cet affreux garnement prétexte un voyage... des affaires, disait-il... Elle, de son côté, pleine d'amour, de confiance, écrit à sa famille... l'engage à venir à Paris pour la noce... son frère arrive...

GAUDRION. — Son frère ?...

FRISETTE. — Oui, son frère, Adrien...

GAUDRION, *à part.* — Adrien!

FRISETTE. — Elle lui cède une de ses deux chambres... dame! les pauvres gens, ça se gêne...

GAUDRION, *à part.* — Ah! gredin que je suis!

FRISETTE. — Eh bien, monsieur, l'autre n'a plus reparu jamais! c'est donc joli, ça ?... Oh! les hommes!...

Elle retourne à la cheminée.

GAUDRION, *à part.* — Allons, il n'y a plus à en douter... puisque l'autre est le frère, moi, je suis... *(Avec un attendrissement comique.)* J'ai un petit... Ah! ça me fait un drôle d'effet, là! J'ai envie de rire et je pleure!... j'ai envie de pleurer et... je ris...

FRISETTE, *se dirigeant vers la porte du cabinet avec sa bouillie.* — Voilà qui est fait!

GAUDRION. — Vous allez lui porter... ah! mam'zelle, laissez-moi le voir, hein ?

FRISETTE. — Qui ça ?

GAUDRION. — Eh bien, le petit.

FRISETTE. — C'est ça... pour lui faire peur, avec vos gros yeux...

GAUDRION. — Oh! laissez-moi le voir, hein ?

FRISETTE. — Mais qu'est-ce qui vous prend donc ?... Je croyais que vous n'aimiez pas les enfants ?

GAUDRION. — Moi ? je les adore!

FRISETTE. — Vraiment ?... En ce cas... *(Ouvrant la porte du cabinet de gauche.)* Chut!

GAUDRION. — Quoi ?

FRISETTE. — Il dort.

GAUDRION. — Qu'est-ce que ça fait ? pour l'embrasser!

FRISETTE. — Par exemple!... ça le réveillerait!

Elle ferme la porte.

GAUDRION, *frappant sur la table alors placée devant le lit au fond.* — Cristi!

FRISETTE. — Chut donc!

GAUDRION. — On se tait, mon Dieu! on se tait!... *(Redescendant.)* On dirait que vous en êtes jalouse, de cet enfant...

FRISETTE. — Eh bien, oui, j'en suis jalouse... je veux qu'il n'aime que moi... que moi seule.

GAUDRION. — Ah!... pourtant... il y a bien une autre personne...

FRISETTE. — Qui ça ?

GAUDRION. — Son père, par exemple!

FRISETTE. — Son père ?

GAUDRION. — Dame! si un jour il venait le réclamer ?

FRISETTE. — Lui ?... Ah! il serait bien reçu!

GAUDRION. — Pourtant, il a des droits... mon ami Gaudrion a des droits...

FRISETTE. — Aucun!

GAUDRION. — Je vous dis que si!

FRISETTE. — Je vous dis que non!

GAUDRION. — Ah! mais...

FRISETTE. — Y a pas d'*ah! mais...* c'est comme ça! Et, puisqu'il faut tout vous dire.. car vous êtes d'une curiosité!... eh bien, lorsque je me suis trouvée seule à côté de cette pauvre créature abandonnée qui tendait vers moi ses petites mains suppliantes, comme pour invoquer mon cœur... je me suis dit :

AIR du vaudeville de *L'Anonyme.*

Allons, Frisette, allons, ma pauvre fille,
Du ciel il faut accomplir les arrêts;
De cet enfant, sans appui, sans famille,
Tu ne peux plus t'éloigner désormais!
La Providenc' qui veut que tout' misère,
Rencontre un jour la pitié sur son ch'min,
T'a confié les devoirs d'une mère
En te plaçant auprès d'un orphelin.

GAUDRION, *attendri.* — Ah! mais c'est bien ça!

FRISETTE. — Et je l'ai adopté, c't enfant, et je l'ai reconnu, et, pour qu'on ne puisse jamais me le reprendre, je l'ai fait inscrire sous mon nom.

GAUDRION. — Comment?

FRISETTE. — Et, aujourd'hui, sa seule famille devant les hommes et devant la loi... c'est moi...

GAUDRION. — Il serait possible!

FRISETTE, *faisant quelques pas et se retournant.* — Vous pourrez dire ça de ma part à votre ami Gaudrion, quand vous le verrez! ah!

Elle entre vivement dans le cabinet de gauche.

SCÈNE XIII

GAUDRION, *seul.*

Sapristi!... sapristi!... sapristi!... Eh bien, me voilà bien!... j'ai un fils et je n'en ai pas! je le retrouve et le reperds presque en même temps!... C'est que je n'ai aucun moyen d'établir ma paternité... c'est elle qui est la mère, la vraie mère!... la loi est pour elle, et elle la connaît, la loi!... Elle est à cheval dessus, comme un vieux procureur! Je ne peux pourtant pas laisser mon enfant, mon petit Gabriel, entre les mains d'une étrangère!... quand je suis là... si disposé à... Encore, si elle ne fermait pas la porte... Mégère, va!... Cerbère!... Mais, j'y pense!... il y aurait bien un moyen de me rapprocher de lui... ce serait de me rapprocher d'elle... de lui plaire, à elle... de lui faire la cour, à elle... La cour!... comme c'est agréable, quand on n'en a pas l'habitude!... Oh! c'est égal! pour mon fils... Allons, Gaudrion, mon ami, sois aimable, sois joli cœur... et marche, à travers les bosquets de Cythère, à la conquête de ta progéniture!

AIR final de *Renaudin.*

A c'te p'tit', qui me tient rigueur,
Comment donc parvenir à plaire ?
Voyons, que pourrais-je bien faire
Pour arriver jusqu'à son cœur ?
Des vers... Oui, ça fait des victimes...
Mais je suis né ru' Grenata,
Et ce n' sont qu' les boulangers d' Nîmes,
Qui pétriss'ent de ces choses-là!
Si je m'improvisais ténor,
Si je lui chantais un' romance ?
Près de la beauté, ça vous lance...
Mais je chante comme un castor!
A ses yeux, pour avoir des titres,
J' voudrais quéqu'chos' de vif, de frais,
De très frais... Tiens! un' douzain' d'huîtres ?
Eh bien, non!... c'est encor mauvais!
Mais, parbleu! voilà mon affaire!
Des fleurs... c'est très fade et ça plaît;
Il s'agit d' trouver un' bouqu'tière
Qui m' cède à bas prix un bouquet.
J' dois en trouver un', j'imagine,
Dans c' quartier-ci...

Il remonte.

Mais, que j' suis sot!
J'aperçois là, chez la voisine,
Un bouquet qui flân' dans un pot;
Si je l'empruntais ?... Pourquoi pas ?

Il prend les pincettes, se penche par la fenêtre de droite, ramène un bouquet et passe à gauche.

V'là comme on cueill' la marjolaine!
J' le lui rendrai la s'main' prochaine...
Il faut s'entr'aider ici-bas!

Pendant la ritournelle de l'air, Frisette entre et traverse le théâtre en se dirigeant vers la cheminée de droite.

SCÈNE XIV

GAUDRION, FRISETTE

FRISETTE, *à elle-même.* — Il s'est rendormi!...

GAUDRION, *à part.* — C'est elle... attention!... *(Il s'avance vers elle son bouquet à la main, le lui présentant gauchement.)* Mademoiselle... si vous voulez permettre... Il est l'emblème de vos vertus.

FRISETTE. — Qu'est-ce que c'est que ça ?

GAUDRION. — Ça ?... c'est un bouquet. *(De même.)* Mademoiselle, si vous voulez permettre... Il est l'emblème...

FRISETTE, *riant.* — Ah! ah! ah!...

GAUDRION, *riant par imitation.* — Eh! eh! eh!...

FRISETTE. — Que vous êtes drôle comme ça!

GAUDRION. — Hein ?... je suis ?... *(A part.)* Elle se moque de moi... c'est égal, du courage!... *(Haut.)* Dites donc, je vais le mettre sur votre cheminée... hein ?... voulez-vous ?

FRISETTE. — Des fleurs! pour moi ?

GAUDRION. — Oui... j'ai pensé que ça vous serait agréable de vous trouver en famille.

FRISETTE, *étonnée.* — Hein ?

GAUDRION, *à part.* — Que c'est embêtant à dire, ces machines-là!... enfin!...

FRISETTE, *à part.* — Il devient galant, à présent!

GAUDRION, *donnant de l'eau aux fleurs qu'il place brusquement dans le vase qui est sur la cheminée de gauche.* — Là... avec un peu d'eau...

Il repose la carafe avec bruit.

FRISETTE. — Prenez donc garde!... vous allez réveiller...

GAUDRION, *très bas.* — Ah! il redort!... il dort trop!... Ah! voilà un enfant qui dort trop! C'est égal, il doit être bien gentil comme ça, hein ?

FRISETTE, *s'asseyant à droite après avoir pris son métier et travaillant.* — Je crois bien!... Il est rose comme un petit chérubin!...

GAUDRION, *à part.* — Ah! mon Dieu! dire que j'ai là, sous clef, un fils... rose... et que... *(Prenant une chaise qu'il traîne négligemment jusqu'à une légère distance de Frisette.)* Vous travaillez ?...

FRISETTE. — Faut bien faire son état... si je laissais chômer la dentelle... avec quoi le nourrirais-je, c't amour ?

GAUDRION. — C'est juste... v'là un nouveau pensionnaire... faut un couvert de plus!

FRISETTE. — Ah! ce n'est pas ça qui m'inquiète... parce que, si mes jours ne suffisent pas, je prendrai sur mes nuits donc!

GAUDRION. — Sur vos nuits ?... ah! pauvre petite femme! *(Il la regarde.)* Tiens! tiens! tiens!... *(Haut.)* Eh bien, voulez-vous que je vous dise... c'est très bien, ce que vous avez fait... adopter comme ça une pauvre petite créature... se dévouer pour elle... je n'y avais pas pensé d'abord... mais c'est très bien... c'est... *(La regardant encore.)* Tiens! tiens! tiens!

FRISETTE. — C'est tout naturel.

GAUDRION. — Eh bien, non!... ce n'est pas naturel... *(S'asseyant.)* Il y en a d'autres, à votre place et dans votre profession, qui auraient préféré courir les bals, les spectacles, les amoureux... tandis que vous! vous travaillez jour et nuit, sans penser que ça peut vous rendre malade, vous rougir les yeux... avec ça qu'ils sont très jolis, vos yeux!

FRISETTE. — Vous trouvez ?

GAUDRION. — Oh! oui!... *(Rapprochant sa chaise.)* Dites donc!... c'est drôle, tout de même... ce matin, je ne pouvais pas vous regarder en face...

FRISETTE. — C'est comme moi.

GAUDRION. — Et, maintenant, je le peux... mais je le peux joliment!

FRISETTE. — Eh bien, c'est encore comme moi.

GAUDRION. — Vrai ? *(A part.)* C'est qu'elle est gentille à croquer!... Ah! ça, j'étais donc un myope, moi, ce matin ?

FRISETTE, *à part.* — Comme il me regarde!

GAUDRION, *tout à coup.* — Mam'zelle... Je fais une réflexion... Avez-vous quelquefois songé au mariage ?

FRISETTE. — Moi ? jamais!

GAUDRION. — Eh bien, c'est une bêtise!... *(Frisette le regarde.)* Pardon! une faute... parce que, quand on a de la jeunesse, de la sagesse et de la gentillesse, faut pas garder tout ça pour le roi de... Danemark!... Pour lors faut vous marier!

FRISETTE. — Y pensez-vous ?... d'abord, il y a un obstacle...

GAUDRION. — Où ça ?

FRISETTE. — Mais... là... dans ce cabinet...

GAUDRION, *se levant.* — Le bambin ?... et vous appelez ça... ? mais, au contraire, au contraire...

FRISETTE, *se levant aussi.* — Comment ?

GAUDRION. — Certainement!... parce que les cancans, les ragots... Il y a des gens qui marchent là-dessus, et qui s'en flattent...

FRISETTE. — Oui... pour plus tard vous reprocher...

GAUDRION. — Ah! fi donc!... Et puis, vrai, là... si vous aimez le petit!...

FRISETTE. — Si je l'aime!

GAUDRION. — Eh bien, dans son intérêt même... Primo, ça lui donne un père... au premier abord, ça ne semble rien... mais c'est très utile dans la société... quand il sera grand, pour faire son chemin, faut un nom... sans ça, on végète, on vous regarde comme ça!...

FRISETTE, *réfléchissant.* — C'est pourtant vrai!

GAUDRION. — Et puis vous ne pouvez l'élever toute seule... ce n'est pas pour vous humilier, mais... une ouvrière... ça ne gagne pas... épais...

FRISETTE, *fièrement.* — J'ai des journées de deux francs, monsieur!

GAUDRION. — Là! vous voyez bien!... deux francs!... une heure de fiacre!... v'là-t-y pas le Pérou!... Je vous défie bien avec ça de produire, dans le monde, autre chose qu'un raccommodeur de faïence!...

FRISETTE. — Ah! pauvre enfant!

GAUDRION. — Tandis qu'en unissant son petit magot à celui d'un autre, d'un bon ouvrier... p't-être ben qu'un jour on pourrait donner au mioche un métier choisi... conseiller d'Etat ou dentiste.

FRISETTE. — Vous avez peut-être raison.

GAUDRION. — Je crois ben!... du reste, je vous dis ça, moi... c'est pas un motif pour vous jeter à la tête du premier venu... Mais, si vous trouviez par hasard, sur vot' chemin, un de ces bons garçons, tout francs, tout ronds, avec un bon état... eh ben, faudrait le prendre... Mam'zelle... c'est une occasion... faudrait le prendre.

FRISETTE. — Dame! je verrai... je réfléchirai...

GAUDRION: — C'est ça!... voyez, réfléchissez... Moi, je cours chez le bourgeois chercher ma semaine... je suis à sec!... Et puis, en même temps, j'ai une idée... une bonne idée... Adieu, mam'zelle Frisette, nous recauserons de ça.

FRISETTE. — Adieu, monsieur... monsieur ?...

GAUDRION. — Ah! mon nom ?... plus tard, je vous le dirai plus tard... oui, j'ai des raisons... des raisons... politiques... A bientôt, mam'zelle, à bientôt! *(A part.)* Ah! je suis pincé!

Il sort par le fond.

SCÈNE XV

FRISETTE, *seule.*

Ce pauvre garçon!... ce qu'il m'a dit... je n'y avais pas pensé... mais il a raison... l'avenir de mon Gabriel en dépend!... que de bonté, que de bienveillance dans toutes ses paroles!...

AIR : *Ce que j'éprouve en vous voyant.*

C'est bien drôle, cet effet-là!
A l'hymen je fus convertie;
Il eut toute ma sympathie
Dès que mon voisin m'en parla.
Je n'aurais jamais cru cela!
Car toutes les fois, au contraire,
Que Barbaroux me l' conseilla
Mon cœur s'émut, se révolta;
Je me mettais presque en colère.
C'est bien drôle, cet effet-là *(bis)*!

SCÈNE XVI

FRISETTE, MADAME MÉNACHET

MADAME MÉNACHET. — Mam'zelle, votre chambre est prête... le n° 10... et quand vous voudrez...

FRISETTE. — C'est bien... merci... Dites-moi... vous connaissez ce jeune homme qui habite ici ?

MADAME MÉNACHET. — Parbleu!...

FRISETTE. — Ah!... et il est bien ?

MADAME MÉNACHET. — Comment, s'il est bien!... c'est une perle! une fleur des pois... sage, rangé... je ne lui connais qu'un défaut...

FRISETTE. — Hein ?... il a un... lequel ?

MADAME MÉNACHET, *mystérieusement.* — Il ne peut pas souffrir les femmes!

FRISETTE. — Ah! ce n'est que ça!... *(A part.)* Elle m'a fait une peur!... *(Haut.)* Je l'ai pourtant trouvé avec moi d'une complaisance, d'une amabilité...

MADAME MÉNACHET. — Ah! oui, une frime...

FRISETTE. — Hein ?

MADAME MÉNACHET. — Faut pas s'y fier, allez, mam'zelle; pour les femmes c'est un vrai serpent!

FRISETTE. — Comment ?

MADAME MÉNACHET. — Oui, quelquefois il fait le gentil avec elles... le coquet... mais c'est pour mieux les abuser, le basilic!

FRISETTE. — Comment savez-vous ?...

MADAME MÉNACHET. — Par lui-même... ce matin encore, il me disait : « Les femmes, oh! les femmes! je voudrais les cribler... les torturer... les manger!... »

FRISETTE. — Il a dit ça ? Ah! mon Dieu!

MADAME MÉNACHET. — Voilà son caractère, à ce pauvre Gaudrion.

FRISETTE, *allant vivement à Mme Ménachet.* — Gaudrion ?... il s'appelle ?...

MADAME MÉNACHET. — Eh bien, oui, Gabriel Gaudrion...

FRISETTE, *à part.* — Oh! je comprends tout!... *(Haut.)* Madame Ménachet, réunissez à l'instant tout ce qui peut m'appartenir ici... mes robes, mes cartons... je ne veux pas rester une minute de plus!... *(La poussant.)* Tenez... là... dans ce cabinet... Allez, dépêchez-vous!

MADAME MÉNACHET. — On y va... on y va... *(Sur le pas de la porte de gauche.)* Qu'est-ce qu'elle a donc ?

SCÈNE XVII

FRISETTE, *seule.*

Oui, je m'explique maintenant ce changement subit... ces soins, ces prévenances : c'était pour se rapprocher de son fils... Et moi... je n'étais qu'un prétexte, un moyen... de rapprochement entre le père et l'enfant... Allons, il n'y faut plus penser... c'est dommage pourtant... Ce qu'il m'a dit m'avait presque décidée... oui, mais, si je reste fille, mon Gabriel... malheureux par ma faute! Eh bien, mais... qui m'empêche de me marier à un autre ? il me semble que, si je voulais..., je n'aurais qu'un mot à dire... à Barbaroux, par exemple... Oui, c'est cela... c'est un honnête garçon, qui m'aime... je vais lui écrire... et, s'il consent à considérer mon fils comme le sien... à lui donner son nom... *(Elle écrit.)* Ce monsieur qui croit qu'il n'y a que lui!

On frappe à la porte du fond.

SCÈNE XVIII

FRISETTE, *la voix de* BARBAROUX, *au-dehors.*

FRISETTE. — Tiens, je parie que c'est Barbaroux!

LA VOIX. — Mademoiselle Frisette!... mademoiselle Frisette!...

FRISETTE. — Juste!

LA VOIX. — Y êtes-vous ?

FRISETTE. — Oui, mais je n'ouvre pas... je m'habille.

LA VOIX. — Très bien! avez-vous réfléchi ?

FRISETTE. — Je suis en train.

LA VOIX. — Et vous consentez ?

FRISETTE. — Peut-être.

LA VOIX. — Vrai ?

FRISETTE. — A une condition.

LA VOIX. — Je l'accepte.

FRISETTE. — Mais vous ne savez pas encore...

LA VOIX. — Ça ne fait rien!

FRISETTE, *lui passant la lettre par-dessous la porte.* — Tenez... lisez ça... ce sont les articles du contrat.

LA VOIX, *avec joie.* — Ah! mam'zelle Frisette, mam'zelle Frisette!... je me jette à vos genoux... en dehors!

FRISETTE. — Ça vous va ?

LA VOIX. — Je crois bien!... je cours à la mairie... je vais reconnaître le marmot, sur papier timbré... Ah! mam'zelle Frisette! mam'zelle Frisette!

Il s'éloigne.

SCÈNE XIX

FRISETTE, *seule; puis* GAUDRION

FRISETTE, *seule.* — Il m'aime, celui-là!... Allons, je serai Mme Barbaroux et mon fils s'appellera M. Barbaroux... Tiens! l'herboriste d'en face a un chien qui se nomme comme ça!... une bien bonne bête...

GAUDRION, *entrant très gaiement et chargé de jouets d'enfant.* — Ne vous dérangez pas... c'est moi... chargé comme un bazar... Tout ça, c'est pour le marmot!... Un biberon pour aujourd'hui, un hochet pour demain... un polichinelle, un tambour... et un *Télémaque*... pour plus tard... *(Posant une chaise d'enfant, percée.)* Ceci pour tout de suite!... jeune homme, vous êtes servi!

FRISETTE, *à part.* — Tout pour lui!... *(Haut.)* Mais, monsieur...

GAUDRION. — Puisque c'est pour le petit... Et puis, là, voyons... à la rigueur, je comprends que du premier venu on peut refuser... mais d'un futur...

FRISETTE. — Un futur ?

GAUDRION. — Tiens!... Bah! oui, le mot est lâché!... Mam'zelle Frisette, je vous demande votre main...

FRISETTE. — Inutile, monsieur... un tel sacrifice... maintenant que je sais qui vous êtes...

GAUDRION, *ébahi.* — Comment, vous savez ?...

FRISETTE. — Tout, monsieur Gaudrion!...

GAUDRION. — Ah! j'y suis! vous me détestez! Vous

me flanquez à la porte... Eh bien, c'est mal, mam'zelle Frisette, parce que, voyez-vous, moi, je vous aimais de cœur, ce n'était pas venu tout de suite, mais enfin c'était venu... et j'aurais fait vot' bonheur, allez... j'en ai l'étoffe!

AIR : *Soldat français.*

J'avais déjà fait mon petit château...
Je me disais : « La nuit, l' pétrin m' réclame,
Je n' pourrai pas veiller près du berceau,
Mais, en partant, j'y laiss'rai ma p'tit' femme;
Puis, accourant avec le jour,
J' viendrai r'lever ses factions maternelles;
Nous échang'rons l' mêm' mot d'ordr' tour à tour;
Si bien qu' l'enfant, dans son amour,
Confondra les deux sentinelles. »

FRISETTE, *à part.* — Serait-il possible!

GAUDRION. — Mais n'en parlons plus!... Et, tenez, cet enfant, je l'aime!... c'est mon fils... mais je sens qu'il sera mieux avec vous qu'avec moi... Eh bien, gardez-le... gardez-le... Adieu!...

Fausse sortie.

FRISETTE, *à part.* — Comment! il me laisse ?...

GAUDRION, *revenant.* — Seulement, je vous demanderai quelquefois la permission d'aller le voir, de vous porter mes économies... ça fait que je vous verrai en même temps, et... ça me consolera.

FRISETTE, *à part, avec joie.* — Mais alors, il m'aime! *(Haut.)* Monsieur ?...

GAUDRION, *revenant.* — Plaît-il ?

FRISETTE, *attendrie.* — Tenez, monsieur Gaudrion, vous êtes un bon garçon, et maintenant...

GAUDRION. — Achevez!...

FRISETTE, *le quittant brusquement, à elle-même.* — Ah! mon Dieu! c'est impossible! M. Barbaroux qui est à la mairie... et qui, dans ce moment, donne son nom... je ne puis pas le laisser là... avec un enfant sans femme. *(Haut, à Gaudrion.)* Monsieur Gaudrion... certainement je le regrette bien, mais... je ne puis vous épouser.

GAUDRION. — Pourquoi ça ?...

On frappe au fond.

FRISETTE. — Chut!

SCÈNE XX

FRISETTE, GAUDRION, LA VOIX

LA VOIX. — Mam'zelle Frisette! mam'zelle Frisette!

FRISETTE. — C'est lui!

GAUDRION, *bas.* — Qui ça ?

LA VOIX. — Je viens de la mairie...

FRISETTE. — Ah! mon Dieu!

LA VOIX. — Ils m'ont répondu que ça ne se pouvait pas.

FRISETTE. — Hein ?

LA VOIX. — Parce qu'il y en a déjà un autre... qui est inscrit avant... il en sortait.

FRISETTE. — Un autre, mais qui donc a osé ?...

GAUDRION. — Vous ne devinez pas ?

FRISETTE, *avec joie.* — Vous ?

GAUDRION. — Et il paraît que j'ai bien fait de me presser... Les enfants sont très demandés dans cet arrondissement.

LA VOIX. — Mam'zelle... est-ce que vous avez du monde ?

FRISETTE, *embarrassée.* — Oui... je...

GAUDRION, *grosse voix.* — Mademoiselle est avec sa couturière!

LA VOIX. — Très bien!... je reviendrai, mam'zelle, je reviendrai...

GAUDRION, *de même.* — Bien des choses chez vous.

FRISETTE. — Pauvre garçon!

GAUDRION. — Est-ce que vous m'en voulez d'être arrivé avant lui... là-bas ?

FRISETTE, *vivement.* — Bien au contraire car... *(baissant les yeux)* maintenant je suis libre.

GAUDRION. — Et moi donc!... et certainement, la liberté, c'est très gentil... mais l'esclavage!... l'esclavage à deux... dans une petite chambre... à deux lits... en comptant le berceau... c'est infiniment plus *(bas)* récréatif!

Ils sont très près l'un de l'autre. Mme Ménachet entre, ils se séparent vivement.

SCÈNE XXI

FRISETTE, MADAME MÉNACHET, GAUDRION

MADAME MÉNACHET, *qui a surpris le mouvement.* — Ah! *(Avec malice.)* Mademoiselle prend-elle toujours la chambre ?

FRISETTE. — Certainement!

MADAME MÉNACHET. — C'est que... d'après ce que... c'est-y pour le mois ou pour la quinzaine ?

FRISETTE, *à Mme Ménachet.* — Attendez... *(Elle passe devant Mme Ménachet et s'approche de Gaudrion.)* Monsieur Gaudrion... en quinze jours, peut-on se marier ?

GAUDRION, *gaiement.* — Je crois bien!

FRISETTE, *à Mme Ménachet, en tendant la main à Gaudrion.* — Je la prends pour quinze jours.

Mme Ménachet passe à droite lentement, en les examinant tous deux; elle se trouve d'un plan plus élevé qu'eux.

GAUDRION, *avec joie.* — Vraiment ?... ah! mam'zelle! *(La prenant à part, — trémolo à l'orchestre jusqu'à la fin.)* Mais, dites donc... quinze jours... c'est bien long!... d'ici là, s'il n'y a pas d'indiscrétion... je monterai quelquefois allumer ma veilleuse, hein ?

FRISETTE. — Monsieur...

GAUDRION. — Dame!... vous ne m'avez pas laissé d'allumettes!

FRISETTE. — Allons!... vous viendrez de temps en temps... tous les jours... voir votre fils... *(Lui remettant la clef du cabinet de droite.)* Tenez, allez l'embrasser !...

GAUDRION, *se dirigeant vivement vers le cabinet.* — Pauvre chéri!... *(S'arrêtant près de la porte, et se retournant.)* Ah! pardon... avant, je vous demanderai une permission.

Frisette a pris des mains de Mme Ménachet un bougeoir allumé que celle-ci avait apporté et posé sur la cheminée de droite et s'est dirigée vers la porte du fond, qu'elle entrouvre pendant que Mme Ménachet descend un peu la scène.

FRISETTE. — Laquelle ?

GAUDRION. — Ce serait de commencer par ma femme!...

MADAME MÉNACHET. — Sa femme!

GAUDRION, *s'avançant*. — Hein?

FRISETTE, *faisant un geste qui l'arrête et avec coquetterie*. — Bonsoir, voisin!

GAUDRION, *piteusement*. — Bonsoir, voisine!

Le rideau tombe.

FIN DE FRISETTE

L'AVOCAT PÉDICURE

COMÉDIE-VAUDEVILLE EN UN ACTE

PAR ALBITTE, LEFRANC ET LABICHE

représentée pour la première fois, à Paris, sur le Théâtre du Palais-Royal, le 24 avril 1848

ACTEURS qui ont créé les rôles.

PHILOCTÈTE, pédicure.	M. LUGUET
BARBENCHON, avocat	M. GERMAIN
CHAFFAROUX, ancien juge de paix . .	M. LHÉRITIER
RAMBOUR	M. KALEKAIRE
ALFRED, son neveu	M. BERGER
MARIETTE, domestique de Barbenchon	Mlle JULIETTE

La scène est à Paris, chez Barbenchon.

Un salon. Porte au fond; à droite, premier plan, une porte dérobée; une croisée au troisième plan. A gauche, premier plan, un cabinet; une salle à manger, troisième plan. Une table recouverte d'un tapis vert, à gauche; chaises, fauteuils, etc.

SCÈNE PREMIÈRE

MARIETTE, *seule, à la cantonade, à gauche, premier plan.* — Veuillez, monsieur, prendre la peine d'attendre... M. Barbenchon ne tardera pas à rentrer... il est au bain... *(En scène.)* Je leur dis à tous la même chose... il est au bain... ça m'évite des frais d'imagination, et ça s'applique à toutes les absences... Avec ça qu'il est sujet à s'absenter, maître Barbenchon... il est toujours sur la route d'Asnières... une localité bien agréable, à ce qu'il paraît. Dame!... il est jeune, il se donne du bon temps... en voilà un qui comprend les faiblesses du cœur... dernièrement, il a trouvé une lettre de Philoctète... un pédicure qui me fréquente pour le bon motif... un autre m'aurait mis à la porte, lui, pas du tout... « Mariette, qu'il m'a dit, » je vous défends de recevoir, chez moi, cet artiste... » Ailleurs, ça vous regarde... mais si jamais je le rencontre » sous ma clé... vous ferez vos paquets. » Aussi, il n'y a pas de danger que je permette... oh! excepté pourtant quand Monsieur est absent... Mais conçoit-on ce Philoctète... trois jours sans me donner de ses nouvelles, sans venir frapper à cette petite porte... *(Elle montre la porte de droite.)* Son entrée particulière... je parie qu'il y a encore à la correctionnelle quelque procès intéressant... il n'en manque pas un.

SCÈNE II

MARIETTE, CHAFFAROUX

CHAFFAROUX, *entrant.* — Le cabinet de maître Barbenchon, avocat, s'il vous plaît ?

MARIETTE. — C'est ici, monsieur.

CHAFFAROUX. — A vous rendre mes devoirs, mademoiselle... Permettez-moi d'abord de déposer mon parapluie... *(Descendant.)* Je suis Chaffaroux, d'Asnières... *(Regardant son parapluie.)* Vous me ferez penser à le reprendre, car je suis un peu distrait... *(Reprenant.)* Chaffaroux, ancien juge de paix, retiré et marié... Je viens pour la contestation Rambour... En ma qualité d'ancien magistrat, j'ai quelque teinture des affaires... Alors, Rambour aîné, qui a un différend avec son puîné, m'a confié la défense de ses intérêts... De son côté, Rambour cadet a confié les mêmes pouvoirs à maître Barbenchon... Et je viens m'entendre avec ce jurisconsulte à l'effet d'amener un rapprochement entre ces deux frères, qui sont sur la lisière d'un procès...

MARIETTE. — Mon maître m'a en effet parlé d'un rendez-vous qu'il avait pour aujourd'hui, mais...

CHAFFAROUX. — Il est absent... oui, je sais, le concierge m'a dit... j'attendrai... je ne suis pas fâché de prendre langue avec maître Barbenchon, vous permettez que je prenne un siège...

MARIETTE. — Comment donc, monsieur.

CHAFFAROUX. — Je suis venu à pied de la place Royale, et vous comprenez... Je viens de déjeuner chez Garenflot, un ancien ami à moi, avec lequel j'ai fait ma première communion...

MARIETTE. — Ah!... *(A part.)* Mais qu'est-ce que ça me fait à moi ? *(En sortant à gauche, à part.)* En voilà un original!

CHAFFAROUX. — Oui, tous les lundis matin, et cela depuis nombre d'années, je quitte les bords fleuris d'Asnières, pour venir à Paris casser une croûte avec ce cher Garenflot... Il me fait faire du vermicelle au lait...

de la morue aux pommes de terre, et des soupirs de nonne pour le dessert... j'aime ça... Mme Chaffaroux, mon épouse, se gendarma longtemps contre cette petite débauche hebdomadaire... elle est très jalouse de moi, ma femme... mais, peu à peu, je l'ai amenée à mes fins...

AIR : finale des *Gants jaunes.*

Depuis trois mois, surtout j'admire,
Comme elle a bien pris son parti;
Elle est la première à me dire :
Mon cher, c'est aujourd'hui lundi
Et tu n'es pas encore parti.
L'absence, pour moi, n'est pas triste;
Sans remords, amuse-toi bien;
Va, je ne suis pas égoïste;
Et ton bonheur fera le mien.

Mariette rentre.

Elle est si bonne, cette chère Aricie; presque aussi bonne que jolie... A quelle heure M. Barbenchon doit-il rentrer ?...

MARIETTE. — Oh! il ne peut tarder... il est au bain.

CHAFFAROUX. — Au bain!... Ah! grands dieux!...

MARIETTE. — Qu'avez-vous ?...

CHAFFAROUX. — Ah! grands dieux!... mais vous m'y faites penser, je devrais y être...

MARIETTE. — Où ça ?

CHAFFAROUX. — Au bain, comme lui... ce matin, à Asnières, je m'en étais préparé un... à domicile... j'ai une baignoire... J'avais moi-même ouvert les robinets... et cette maudite question Rambour qui me trottait... Je suis parti sans les refermer... et ils coulent toujours.

MARIETTE. — Rassurez-vous, on s'en sera aperçu, et...

CHAFFAROUX. — Mais non; j'ai fermé le cabinet à clé. Et quand on pense que depuis ce matin, sept heures, les grandes eaux jouent au-dessus de ma bibliothèque... c'est-à-dire que mes pauvres classiques ne sont pas à Asnières... ils sont à Versailles!

MARIETTE. — Mais alors, courez...

CHAFFAROUX. — Au fait, le rendez-vous n'est que pour sept heures... Adieu, mademoiselle, adieu... Pourvu que ça n'ait pas traversé... mon Dieu, pourvu que ça n'ait pas traversé!...

SCÈNE III

MARIETTE, RAMBOUR, CHAFFAROUX

RAMBOUR, *entrant.* — Eh! mais, je ne me trompe pas... M. Chaffaroux!

CHAFFAROUX. — Lui-même... Mais, pardon... je suis un peu pressé...

RAMBOUR. — Permettez... vous êtes chargé des intérêts de mon adversaire... et je ne serais pas fâché...

CHAFFAROUX. — Plus tard... plus tard... je reviendrai... Bonjour! bonjour! *(A part.)* Pourvu que ça n'ait pas traversé, mon Dieu! pourvu que ça n'ait pas traversé!

Il sort en courant.

RAMBOUR. — Mais qu'est-ce qu'il a donc, ce brave homme ? est-ce que la tête... Mon frère me fait l'effet d'avoir choisi là un drôle de conseiller!

MARIETTE, *emportant le parapluie de Chaffaroux.* — Eh! monsieur, monsieur! votre parapluie!

Elle sort au fond.

SCÈNE IV

RAMBOUR, ALFRED

ALFRED, *sortant du cabinet gauche.* — Cet avocat se fait bien attendre!

RAMBOUR. — Tiens! c'est toi, Alfred!...

ALFRED. — Mon oncle...

RAMBOUR. — Ah! au fait, je devais m'attendre... Tu viens pour ton père... Tu viens m'accabler, me cribler!... tu es un ennemi.

ALFRED. — Ah! pouvez-vous croire... quand tous mes efforts ont tendu au contraire à amener une réconciliation...

RAMBOUR. — Une réconciliation, moi, avec un têtu, un enragé... qui a osé m'envoyer du papier timbré, à moi, son frère... Ah! parce qu'il est l'aîné, il veut me traiter en petit garçon, en Télémaque![1]... eh bien! non... Télémaque se rebiffe... cette somme qu'il me dispute, je veux l'avoir seul, tout seul... Le cousin Sirop est mort... j'hérite du cousin Sirop... je ne sors pas de là!

ALFRED. — Maudit cousin!... il avait bien besoin de mourir, celui-là!... qu'est-ce qui l'en priait?... Nous étions si tranquilles, si unis... Et c'est juste au moment où j'allais épouser votre fille Eugénie, où tout était arrangé, convenu, qu'il s'avise...

RAMBOUR. — Sirop a des torts, j'en conviens... il aurait pu attendre une meilleure occasion... car tu m'allais, toi, pour gendre... Oui, tu es un bon garçon, plein de cœur, de générosité... et ton seul défaut est d'avoir pour père ton père... Mais tu comprends que là où en sont les choses, Etéocle ne peut pas donner sa fille au fils de Polynice[2] ... ainsi...

ALFRED. — Mais, mon oncle, vous voulez donc me réduire au désespoir...

RAMBOUR. — Bah! à ton âge, il est si facile de se distraire, de se consoler... d'ailleurs, tu aurais tort de t'entêter dans cette idée-là... car, s'il faut te le dire... eh bien! ma fille... ma fille est déjà promise à un autre!

ALFRED. — Un autre!...

RAMBOUR. — Oui... mon ami Bourdillat m'a parlé d'un jeune homme... je ne le connais pas... mais... au fait je ne vois pas pourquoi je te cacherais... eh parbleu! tiens, nous sommes chez lui.

ALFRED. — Comment! M. Barbenchon!

RAMBOUR. — Précisément... un avocat dans une famille, ça fait bien... quand on a des procès avec ses parents... qu'on veut faire condamner un ami...

ALFRED. — Et vous croyez qu'Eugénie consentira...

RAMBOUR. — Mais certainement... je l'y amènerai...

ALFRED, *à part.* — Oh! il faut absolument que je la voie...

RAMBOUR. — Ah çà! j'ai encore quelques notes à rédiger... *(A Mariette qui rentre par la gauche avec une robe d'avocat sur le bras.)* Où pourrais-je, mademoiselle, trouver ce qu'il me faut pour écrire?

MARIETTE, *indiquant le cabinet à gauche.* — Là, monsieur, dans ce cabinet.

1. Télémaque, le héros légendaire, fils d'Ulysse et de Pénélope.
2. Les deux frères de la légende grecque, fils d'Œdipe et de Jocaste. Ils trouvèrent la mort en s'affrontant dans un combat singulier.

RAMBOUR. — Merci... au revoir, Alfred, sans rancune...

ALFEED. — Parbleu!... *(A part.)* Oh! je reviendrai, j'aurai une explication avec cet avocat!

AIR : *Ronde des Lavandières (Peau-d'Ane).*

ENSEMBLE

ALFRED, *à part.*

D'elle seule, je veux savoir
Si mon infortune est certaine;
Veut-elle en brisant notre chaîne
Mettre mon cœur au désespoir ?

RAMBOUR, *à Alfred.*

J'espère bientôt te revoir;
Car entre nous jamais de haine,
Tu formeras une autre chaîne
En perdant ainsi tout espoir.

MARIETTE, *à part.*

Mon maître a tracé mon devoir,
Pour le client toujours humaine,
Fût-il sans façon et sans gêne,
Je dois très bien le recevoir.

Rambour sort à gauche, premier plan, et Alfred par le fond.

SCÈNE V

MARIETTE; *puis* PHILOCTÈTE

MARIETTE, *seule, déposant la robe d'avocat sur une chaise à droite.* — Là!... maître Barbenchon sera content! je lui ai raccommodé sa robe... il y avait fait un accroc... dernièrement... en plaidant pour un orphelin... l'orphelin déchire beaucoup... mais comme il tarde à rentrer aujourd'hui... *(On frappe à la petite porte de droite.)* Ah! mon Dieu!... on frappe à la petite porte... serait-ce Philoctète... à cette heure... *(Elle ouvre.)* Juste!...

PHILOCTÈTE, *entrant effaré.* — Ah! enfin!... Mariette, cache-moi... fourre-moi quelque part... il n'est que temps... je suis poursuivi, traqué, pourchassé... rends-moi invisible... procure-moi un anneau enchanté ou un placard. *(Il s'assied à gauche.)*

MARIETTE. — Mais que t'est-il donc arrivé ?...

PHILOCTÈTE. — Ce qui m'est arrivé... un steeple-chasse! Mariette, une course au clocher... une croix de Berny! chut!... je crois entendre les accents d'une botte... non... c'est le vent... je respire!...

MARIETTE. — Mais qu'as-tu donc fait depuis trois jours que je ne t'ai vu ?

PHILOCTÈTE. — Ce que j'ai fait... j'ai fait des dettes, Mariette, et je ne les ai pas payées...

MARIETTE. — Comment, tu as des dettes ?

PHILOCTÈTE. — Voilà où conduit l'ambition... *(Il se lève)*. Après avoir pendant trois ans étudié les racines et les plantes...

MARIETTE. — Chez un herboriste ?

PHILOCTÈTE. — Non, chez un pédicure, j'ai voulu me lancer à mon tour... j'ai voulu acheter la clientèle de mon patron... cet homme avide a exigé de l'argent comptant... Un nommé Salomon m'a prêté mille cinq cents francs sur mon billet : il paraît que c'était ces jours-ci l'échéance... je n'y pensais plus... on est venu m'en parler... Salomon s'est présenté à ma caisse samedi dernier... il l'a trouvée fermée pour cause... de sabbat... il en a même fait pas mal à cette occasion, et aujourd'hui ce personnage historique me fait poursuivre à la requête d'un tiers porteur... un nommé Rambour, que je n'ai jamais vu... un autre juif, sans doute, qui me fait une guerre religieuse... et a juré d'appréhender ton pauvre pédicure... au corps...

MARIETTE. — Il veut te faire arrêter ?

PHILOCTÈTE. — Oui, Mariette... heureusement j'ai pensé à toi... j'ai gagné ta rue, franchi ton numéro... et je suis venu m'abriter sous le toit de l'innocence contre la rage des méchants... Donne-moi un verre d'eau...

MARIETTE. — Mais tu es donc sans ressources, sans amis...

PHILOCTÈTE. — Les amis!... que tu es naïve, Mariette.

AIR d'*Arwed*.

As-tu queq'fois par un grand jour d'averse
Cherché l'abri de quelque vieux sapin,
Te souviens-tu de l'espoir qui vous berce,
Quand d'place en place on court... comme un carlin,

Rêve trompeur! les publiques berlines
Ont déserté tous les endroits connus.
Or, les amis c'est comm' les citadines,
S'il fait mauvais, ma chère, on n'en trouve plus.

MARIETTE. — Mais tes parents, ta famille ?

PHILOCTÈTE. — Mes parents, j'en manque... quant à ma famille, elle se compose d'un oncle que je dois avoir quelque part... je n'aurais jamais eu le temps d'aller jusque-là...

MARIETTE. — Et moi qui comptais sur votre main... me voilà à présent obligé d'en épouser un autre...

PHILOCTÈTE. — Un autre... qui ça ?

MARIETTE. — Un jeune homme très bien... qui m'aime et qui est très jaloux... un clerc d'avoué.

PHILOCTÈTE. — Un clerc d'avoué... une tête d'étude...

MARIETTE, *à part.* — Il n'y a pas de mal de l'inquiéter un peu. *(Haut.)* Dame, depuis trois mois que vous attendez vos papiers... on se lasse.

PHILOCTÈTE. — Mais les voilà, tiens, mes papiers... *(Il lui remet un portefeuille.)* Acte de naissance... certificat de vaccine... je ne les ai reçus que ce matin... *(Prêtant l'oreille.)* Ah! mon Dieu!... ce bruit... *(Il va à la fenêtre.)* Je ne me trompe pas... Ils sont dans la rue...

MARIETTE. — Qui ça ?

PHILOCTÈTE. — Mes cannibales, mes vampires... ils m'auront vu entrer et me guettent à ma sortie... Ah! mais, je ne sors plus...

MARIETTE. — Y penses-tu ?... et mon maître qui va rentrer... s'il te voyait, je serais perdue, chassée...

PHILOCTÈTE. — Je te donnerai un asile.

MARIETTE. — Tu n'en as pas.

PHILOCTÈTE. — Nous partagerons. *(Apercevant la robe.)* Oh!... qu'est-ce que c'est que ça...

MARIETTE. — C'est à mon maître...

PHILOCTÈTE. — Tiens, mais... tiens, mais...

MARIETTE. — Que fais-tu ?

PHILOCTÈTE, *endossant la robe.* — Ne fais pas attention...

MARIETTE. — Comment... la robe d'un avocat!

PHILOCTÈTE. — Elle va sauver un malheureux... c'est son état... où est la toque ? Cette maison est à deux pas du Palais de Justice... cinquante robes de ce genre vont et viennent dans le quartier sans exciter l'attention... je passe, sans être reconnu, je traverse le temple de

Thémis... alors je suis sauvé!... tu es sauvée, nous sommes sauvés!... Je vends mon fonds, je donne cinq pour cent à mes créanciers, et dans la quinzaine, nous nous épousons chez le père Lathuile, à la barbe de la rue de Clichy[3]... ah! voilà la toque! *(Il la trouve à droite, au pied de la chaise et se coiffe. Pendant ce temps, Rambour sort du cabinet de gauche, il aperçoit Philoctète et se glisse vivement vers la porte du fond.)*

MARIETTE. — Mais non, je ne souffrirai pas...

PHILOCTÈTE. — Adieu, adieu! à la grâce de Dieu! *(Il va pour sortir.)*

SCÈNE VI

LES MÊMES, RAMBOUR

RAMBOUR, *à Philoctète, en lui frappant sur l'épaule.* — Ah! je vous arrête!

PHILOCTÈTE. — Hein ?... *(Haut.)* Monsieur...

RAMBOUR. — Oh! vous ne m'échapperez pas... j'étais là en embuscade... je vous guettais...

MARIETTE, *à part.* — Comment, c'en était un!

PHILOCTÈTE. — Vous vous trompez, monsieur, vous me prenez pour un autre...

RAMBOUR. — Pour un autre... je n'ai pas l'honneur de vous connaître, c'est vrai... mais ce costume me dit assez...

PHILOCTÈTE. — Qu'est-ce qu'il vous dit ?... que je suis chez moi, monsieur... que je suis avocat, monsieur... que je suis...

RAMBOUR. — M. Barbenchon, parbleu... je savais bien!

MARIETTE, *à Philoctète.* — C'est un client de mon maître!...

PHILOCTÈTE. — J'aime mieux ça!... *(Haut.)* Pardon, monsieur, mais une affaire indispensable m'oblige...

RAMBOUR. — Oh! mais non, je ne vous laisse pas partir... nous avons à causer...

PHILOCTÈTE. — Monsieur, quand vous me connaîtrez

3. Le père Lathuile tenait un cabaret à la barrière de Clichy. Quant à la rue de Clichy elle rappelle ici la prison pour dettes qui s'y trouvait à l'emplacement des numéros 54 à 68 actuels.

mieux... et que je serai moins pressé... si un quart d'heure de ma conversation peut vous être agréable... disposez de moi, nous nous retrouverons... mais pour le moment...

RAMBOUR. — Permettez... je ne suis pas un importun, je suis l'ami de Bourdillat... Rambour... Oscar Rambour.

PHILOCTÈTE, *à part.* — Rambour! mon créancier!

MARIETTE, *à Rambour.* — Il y a malentendu... Monsieur n'est pas...

PHILOCTÈTE, *bas.* — Tais-toi donc!... ou je suis coffré... *(Haut.)* Monsieur, du moment que vous êtes Rambour... Oscar Rambour... je ne m'étonne plus que vous m'ayez reconnu sur-le-champ...

RAMBOUR. — Parbleu! *(Ils se serrent la main.)* Maintenant, renvoyez cette fille... nous avons besoin d'être seuls.

PHILOCTÈTE. — C'est juste! *(A part.)* Est-ce qu'il va me retenir longtemps ? *(A Mariette.)* Laissez-nous.

MARIETTE, *hésitant.* — Il me renvoie!...

PHILOCTÈTE, *avec importance.* — Laissez-nous, ma bonne!

MARIETTE. — C'est bien, monsieur, on s'en va!... *(A part.)* Comment tout cela finira-t-il ? *(Elle sort par la gauche, troisième plan, en emportant le chapeau de Philoctète.)*

SCÈNE VII

PHILOCTÈTE, RAMBOUR

RAMBOUR. — Mon cher monsieur Barbenchon, Bourdillat m'a fait de vous le plus brillant éloge... vous connaissez les tendres projets que nous nourrissons; vous avez prêté l'oreille à ses ouvertures.

PHILOCTÈTE. — Ah! Bourdillat a fait des ouvertures... *(A part.)* C'est un musicien!

RAMBOUR. — Il m'a vanté votre esprit... vos mœurs.

PHILOCTÈTE. — Ah! ce cher Bourdillat...

RAMBOUR. — Il m'a même dit :

AIR : *Charlatanisme.*

Veut-on l'avoir pour défenseur,
Chez lui d'avance il faut s'inscrire
Car aux demandes du plaideur,
C'est à peine s'il peut suffire.

Roi du Palais par son talent :
Sa clientèle le harcèle,
Elle est à ses pieds...

PHILOCTÈTE

Oh! pourtant,
Il m'arrive encor plus souvent
D'être aux pieds de ma clientèle.

RAMBOUR. — Aussi n'ai-je pas hésité à vous confier mon affaire... je ne vous demande pas si vous l'avez étudiée...

PHILOCTÈTE. — Non...

RAMBOUR. — D'ailleurs, votre adversaire Chaffaroux est une brute... quant à Bourdillat...

PHILOCTÈTE. — Permettez, monsieur, voilà un quart d'heure que vous êtes là à me parler de Bourdillat, de Chaffaroux... vous me confisquez... vous m'accaparez... j'ai d'autres clients qui m'attendent au Palais... des gens très bien... et qui... payent très bien!

RAMBOUR. — Ah! je comprends, monsieur. Mais, moi aussi, je sais, quand il le faut, rémunérer le talent. *(Tirant son portefeuille; et lui remettant un billet.)* Voici, monsieur, voici...

PHILOCTÈTE, *prenant le billet.* — Cinq cents francs!

RAMBOUR. — Tenez, prenez aussi ces papiers... quelques notes relatives à l'affaire, parcourez-les... Et maintenant je vous laisse... je ne veux pas abuser plus longtemps... je reviendrai seulement pour la conférence.

PHILOCTÈTE. — Au revoir, mon cher Rambour, comptez sur moi...

CHŒUR

AIR : *Poursuis tes avantages, Roi des Frontins.*

ENSEMBLE

RAMBOUR, *à part.*

Quelle bizarrerie,
Je n'aurais jamais cru
Qu'un homme de génie
Fût aussi malotru.

PHILOCTÈTE

Quelle bizarrerie,
Je n'aurais jamais cru
Fair' dans ma pénurie
Un client si cossu.

RAMBOUR, *à Philoctète*

A vos soins je me fie,
Adieu, cher avocat.

PHILOCTÈTE, *lui serrant la main.*

Bien des chos', je vous prie,
A l'ami Bourdillat.

REPRISE DE L'ENSEMBLE

RAMBOUR. — A sept heures, n'oubliez pas... à sept heures.

Rambour sort par le fond.

SCÈNE VIII

PHILOCTÈTE, *seul.*

Eh bien! mais il est charmant ce tiers porteur, il est tout miel... il doit être de Narbonne... Cinq cents francs... Il paraît que c'est bien payé, les avocats... et si j'avais le temps d'expédier encore quelques pratiques... Maintenant que je connais la besogne... Oui, mais l'autre... le vrai patron... qui peut revenir d'un instant à l'autre... non, non, le plus prudent maintenant, c'est de filer... et... *(Il fait quelques pas et s'embarrasse dans sa robe.)* Mais comment diable font-ils pour marcher avec ça!

SCÈNE IX

PHILOCTÈTE, MARIETTE, *rentrant par la gauche.*

MARIETTE. — Philoctère! Philoctète!
PHILOCTÈTE. — Hein!... quoi?... tu m'as fait peur!

MARIETTE. — Rassurez-vous... tout va pour le mieux! je viens de recevoir une lettre d'Asnières... de M. Barbenchon, une affaire grave le retient... il ne rentrera que ce soir.

PHILOCTÈTE. — Bravo!... ah! ça va mieux... ça me met du baume, ça me... je mangerais bien quelque chose... depuis ce matin que je n'ai rien pris... et ces émotions coup sur coup... ça creuse... tu n'aurais pas un morceau de n'importe quoi...

MARIETTE. — Y pensez-vous, ici!

PHILOCTÈTE. — Pourquoi pas... maintenant que nous voilà, jusqu'à ce soir, chef de l'établissement... j'aime bien mieux attendre ici le coucher du soleil... que d'aller m'exposer... et puis ça sera si gentil... un petit tête-à-tête... à trois... en comptant Cupidon... *(Câlinant.)* Mariette, ma bonne petite Mariette!...

MARIETTE. — D'abord, je vous préviens que je n'ai rien de prêt... je n'ai que des œufs frais...

PHILOCTÈTE. — Eh bien! ce n'est donc pas tonique, ça, des œufs frais ?... je me charge de les faire cuire... nous disons deux minutes et demie... pendant ce temps-là, je vais tailler les mouillettes, et des longues...

Il sort, troisième plan, à gauche.

SCÈNE X

MARIETTE; *puis* BARBENCHON

MARIETTE. — C'est ça... taille les mouillettes... Ah! ce Philoctète... il mangerait l'obélisque... en mouillette...

BARBENCHON, *entrant par le fond sans voir Mariette.* — Maudit contre-temps! *(Il pose brusquement son chapeau sur un meuble.)*

MARIETTE, *se retournant.* — Ah! mon Dieu!... Monsieur!!!

BARBENCHON, *se retournant.* — Ah! c'est toi, Mariette.

MARIETTE, *embarrassée.* — Oui, monsieur, c'est... Ah! vous voilà, monsieur! *(A part.)* Et Philoctète... comment faire ?...

BARBENCHON. — Tu es surprise de me voir.

MARIETTE. — Moi, monsieur... c'est-à-dire... d'après votre lettre, je ne vous attendais que ce soir...

BARBENCHON. — Oui... j'ai été dérangé... je comptais passer la journée à Asnières... pour affaires... chez une dame... dont je suis le conseil... et qui n'est pas d'accord avec son mari. *(A Mariette qui veut s'en aller.)* Où vas-tu donc, Mariette ?

MARIETTE, *revenant.* — Nulle part, monsieur!

BARBENCHON. — Tout à coup la partie adverse... le mari... est arrivé, et tu comprends... les convenances... j'ai été obligé de me retirer *(à part)* par une petite porte du jardin; heureusement qu'il ne m'a pas vu! *(Haut à Mariette qui est remontée.)* Où vas-tu donc, Mariette ?

MARIETTE, *revenant.* — Nulle part, monsieur *(à part)* et l'autre qui n'est pas prévenu... ah! mon Dieu! il ne faut que deux minutes pour faire cuire...

BARBENCHON. — Mariette!

MARIETTE, *vivement.* — Monsieur sort ?... votre chapeau ?... oui, monsieur!

BARBENCHON. — Qu'est-ce qui te parle de ça ? en vérité, je crois que tu perds la tête... depuis cinq minutes que je te parle.

MARIETTE. — Cinq minutes!... oh! il n'y en a pas deux, monsieur, sans ça ils seraient durs.

BARBENCHON, *l'examinant.* — Ils seraient durs... c'est singulier... mais on dirait que mon retour dérange tes projets... est-ce que par hasard tu attendrais ?...

MARIETTE. — Qui donc ?

BARBENCHON. — Eh! bien... ce mauvais garnement... ce pédicure.

MARIETTE. — Philoctète!

SCÈNE XI

LES MÊMES, PHILOCTÈTE, *entrant avec des œufs sur un plat, il a entendu prononcer son nom.*

PHILOCTÈTE. — Voilà!

MARIETTE, *à part.* — Patatra!

BARBENCHON, *se levant, à part.* — Ah bah!...

PHILOCTÈTE, *apercevant Barbenchon.* — Tiens! un client. *(Il va poser son plat.)*

MARIETTE, *bas à Barbenchon, suppliant.* — Oh! monsieur, pardonnez-lui... il était poursuivi pour dettes et...

BARBENCHON, *sévèrement.* — Sortez.
MARIETTE. — Mais, cependant...
BARBENCHON. — Sortez, vous dis-je.
MARIETTE, *à part.* — Je n'ai plus qu'à faire mes paquets...

Elle sort, à gauche, troisième plan.

SCÈNE XII

PHILOCTÈTE, BARBENCHON

BARBENCHON, *examinant Philoctète.* — Et dans ma robe encore...
PHILOCTÈTE, *à part.* — C'est un client!... *(Haut.)* Monsieur vient sans doute pour une consultation?...
BARBENCHON, *saluant très poliment.* — C'est donc à M. Barbenchon, avocat, que j'ai l'honneur...
PHILOCTÈTE. — Moi-même, monsieur. *(A part.)* Il va pleuvoir des billets de cinq. *(Haut.)* Je défends la veuve et j'entreprends l'orphelin...
BARBENCHON, *à part.* — Parbleu! voilà un drôle qui a de l'aplomb.
PHILOCTÈTE. — Mais j'allais me mettre à table... et si vous le permettez... vous savez, nos instants sont comptés.
BARBENCHON. — Comment donc, monsieur!...
PHILOCTÈTE, *cassant son œuf.* — Asseyez-vous donc, monsieur, je vous en prie.
BARBENCHON, *prend une chaise et se place vis-à-vis de Philoctète, à part.* — Comment! il va me donner une consultation... parbleu, j'ai un quart d'heure à moi... je suis curieux de voir ça.
PHILOCTÈTE, *mangeant.* — Nous disons donc que vous avez un procès... je le gagnerai... je les gagne tous... je vous demanderai le sel.
BARBENCHON, *lui passant le sel.* — Avec plaisir.
PHILOCTÈTE, *à part, examinant Barbenchon.* — Gants jaunes... bottes vernies... habit de chez Dusautoy. C'est un fils de famille... soyons gymnase. *(Haut.)* Jeune homme, il serait opportun, je crois, que vous me touchassiez quelques mots de votre affaire. *(A part.)* Touchassiez!... me semble un peu gymnase...
BARBENCHON. — Monsieur, votre immense réputation

est arrivée jusqu'à moi... je sais avec quel art vous parvenez à faire acquitter les plus grands criminels... Dernièrement encore...

PHILOCTÈTE. — Oui, je n'ai pas à me plaindre, le gredin me réussit cette année... passez-moi donc le beurre, je vous prie.

BARBENCHON, *passant le beurre.* — Aussi, n'ai-je pas hésité à venir à vous, pour m'assurer d'avance l'appui d'un aussi beau talent.

PHILOCTÈTE. — Vous êtes bien bon!

BARBENCHON. — Je suis Corse, monsieur, et tourmenté depuis longtemps par le désir immodéré... mais immodéré! de supprimer un pédicure.

PHILOCTÈTE, *à part.* — Tiens! *(Haut.)* Pourquoi un pédicure ?

BARBENCHON. — Il m'a blessé, monsieur.

PHILOCTÈTE. — Profondément ?

BARBENCHON. — Au cœur!

PHILOCTÈTE. — Ce n'est pas sa partie...

BARBENCHON. — Il m'a enlevé l'amour d'une personne... J'aimais Mariette, monsieur.

PHILOCTÈTE, *à part.* — Mariette!

BARBENCHON. — J'allais...

PHILOCTÈTE. — Quoi donc ?

BARBENCHON, *froidement.* — La meubler... J'ai donc formé l'ingénieux projet d'attendre un soir cet artiste avec une petite lame... Désirez-vous en voir le travail ?

PHILOCTÈTE, *inquiet.* — Merci... et vous nommez cet artiste ?

BARBENCHON. — Oh! vous ne connaissez pas... un croquant... Philoctète.

PHILOCTÈTE, *à part, se levant.* — C'est mon rival! *(Il cesse de manger.)*

BARBENCHON, *le faisant asseoir.* — Mais continuez donc votre collation... je serais désolé d'interrompre...

PHILOCTÈTE. — Merci... merci... j'ai fini.

BARBENCHON, *prenant un œuf qu'il casse tranquillement.* — Allons, puisque vous insistez... j'accepterai un œuf.

PHILOCTÈTE, *à part.* — Est-ce que j'ai insisté ?

BARBENCHON. — Mais c'est uniquement pour ne pas vous désobliger.

PHILOCTÈTE, *à part.* — Comment, il déjeune!... Je déjeune avec mon assassin.

BARBENCHON, *mangeant.* — Je vous demanderai le sel!

PHILOCTÈTE. — Voici le sel, jeune homme. Mais, au nom de vos montagnes bleues! au nom...

BARBENCHON. — Ainsi, voilà qui est convenu : si, par hasard, on m'arrêtait...

PHILOCTÈTE. — Comment! si, par hasard... mais on vous arrêtera...

BARBENCHON, *gaiement.* — Eh bien! alors, j'aurai recours à vous.

PHILOCTÈTE. — Permettez...

BARBENCHON. — Et quand on a le bonheur de posséder un avocat comme vous, on est tranquille, monsieur Barbenchon, on peut tuer père et mère!

PHILOCTÈTE. — Père et mère!

BARBENCHON. — Passez-moi donc le beurre, je vous prie.

PHILOCTÈTE, *à part.* — Oh! quelle idée! *(Haut.)* Monsieur, votre confiance m'honore... et ce serait avec le plus grand plaisir... Mais, ce Philoctète... vient de quitter la France!

BARBENCHON. — Ah bah!

PHILOCTÈTE. — Il s'est embarqué avant-hier pour Saint-Pétersbourg.

BARBENCHON. — Mais non, mais non; je sais où il est... ce qu'il fait... tenez, dans ce moment il est déguisé.

PHILOCTÈTE. — Déguisé!... en quoi ?

BARBENCHON, *se levant.* — En Barbenchon!

PHILOCTÈTE, *se mettant en défense.* — Ne m'approchez pas! ne m'approchez pas!

BARBENCHON, *partant d'un éclat de rire.* — Ah! ah! ah! Prends donc garde!... tu vas déchirer ma robe.

PHILOCTÈTE. — Sa robe!... Comment!... vous êtes ?

BARBENCHON. — Eh oui!

PHILOCTÈTE, *à part.* — Le bourgeois! je suis pincé. *(Il se jette à genoux. Haut.)* Croyez, monsieur...

BARBENCHON. — En voilà assez... Tu vois cette porte... si jamais tu la franchis, toi qui as osé prendre mon nom, mon titre... gare à la prison.

PHILOCTÈTE. — Ce n'est pas ma faute... les circonstances...

BARBENCHON. — Maintenant, ôte cette robe et va-t'en.

PHILOCTÈTE. — Comment, vous me renvoyez... sans la robe. *(A part.)* Et les gardes du commerce qui sont en bas.

SCÈNE XIII

PHILOCTÈTE, *dans le fond, ôtant lentement sa robe,* BARBENCHON, MARIETTE

MARIETTE, *entrant.* — Monsieur! *(Apercevant Philoctète.)* Encore là!

BARBENCHON. — Qu'est-ce que c'est ?

MARIETTE. — Une lettre qu'un exprès vient d'apporter d'Asnières.

BARBENCHON, *prenant vivement la lettre.* — Une lettre d'Asnières! *(A part.)* De Mme Chaffaroux. *(A Philoctète, qui a ôté la robe.)* Tu es encore là ?

PHILOCTÈTE. — Je cherche mon chapeau. J'avais un chapeau!

MARIETTE. — Par ici.

Il entre avec Mariette, troisième plan, à gauche.

SCÈNE XIV

BARBENCHON, *seul, après avoir parcouru la lettre.*

Ah! mon Dieu! voilà bien autre chose. *(Il lit.)* « Mon » mari vous a vu fuir ce matin... Il a des soupçons... Ne » sachant que répondre à ses questions, je me suis » enfermée... Mais jugez de ma terreur en apprenant que » M. Chaffaroux allait se rendre chez vous pour une » affaire Rambour. » *(Parlé.)* Comment, il en est... *(Lisant.)* « Il va vous voir, vous reconnaître... » *(Parlé.)* Diable ? ça se complique. *(Lisant.)* « Au nom du ciel, » trouvez un moyen de donner le change à sa jalousie, un » prétexte plausible pour justifier votre présence chez » moi ce matin, sinon je suis perdue.» *(Parlé.)* Pauvre femme! que faire ? que dire ? Justifier ma présence... ce n'est pas facile...

AIR de *L'Etude.*

Si j'exerçais quelque art utile
Qui près des belles donne accès;
Mais l'avocat le plus habile
Ne peut parler que de procès.

Près d'une femme s'il s'expose,
On entend dire aux gens méchants
Qu'il était là pour une cause...
Gagnée, hélas, depuis longtemps.

Dans un quart d'heure ce Chaffaroux sera ici... et s'il reconnaît l'homme du jardin... Il me faudrait avoir là, sous la main, un confrère... je lui ferais prendre ma place. Et comme Chaffaroux n'a jamais vu l'avocat Barbenchon... Oui, mais où trouver un confrère ?

SCÈNE XV

BARBENCHON, PHILOCTÈTE

PHILOCTÈTE, *rentrant avec la robe sous le bras.* — Voilà la robe. *(Il la pose sur une chaise à gauche.)*

BARBENCHON, *apercevant Philoctète.* — Eh! mais j'y pense! *(A Philoctète, qui va pour sortir.)* Où vas-tu ?

PHILOCTÈTE. — Voyager.

BARBENCHON. — Reste.

PHILOCTÈTE. — Moi!

BARBENCHON. — Remets cette robe.

PHILOCTÈTE. — Moi ?

BARBENCHON, *à part.* — Oh! je la sauverai. *(Haut.)* Tu t'appelles Barbenchon.

PHILOCTÈTE. — Encore! merci, j'ai assez de Barbenchon comme ça... le soleil est couché... les chemins sont ouverts, et... j'ai bien l'honneur...

Fausse sortie.

BARBENCHON. — Tu refuses ?... C'est bien! dans une heure une plainte au procureur du roi, en usurpation de nom, de qualité, tu en as pour trois mois de prison...

PHILOCTÈTE. — Trois mois!

BARBENCHON. — Choisis : le cachot ou la robe.

PHILOCTÈTE. — Je choisis la robe.

BARBENCHON. — Dépêche-toi.

Il l'aide à passer la robe.

PHILOCTÈTE. — Là... Maintenant, qu'est-ce qu'il faut faire ?

BARBENCHON. — L'avocat... Sais-tu ce que c'est qu'un avocat ?

PHILOCTÈTE. — Tiens! c'est un homme qui parle... c'est comme qui dirait un puits artésien... quelquefois ça vient clair... quelquefois ça vient trouble... mais ça vient toujours.

BARBENCHON. — Eh! mais pas si mal... d'ailleurs il ne s'agit pas d'une affaire bien importante, un nommé Rambour...

PHILOCTÈTE. — Rambour! ma vieille pratique... il m'a déjà consulté.

BARBENCHON. — Toi ?

PHILOCTÈTE. — J'avais l'uniforme.

BARBENCHON. — A merveille.

PHILOCTÈTE. — Nous avons parlé de Chaffaroux, de Bourdillat... de ses tendres projets...

BARBENCHON, *à part*. — Ah! oui, ce mariage...

PHILOCTÈTE. — De son procès...

BARBENCHON. — De son procès, alors, tu es au fait de la contestation. C'est simple comme bonjour, tu parleras vingt-cinq minutes... et tu plaideras pour faire partager le différend par la moitié.

PHILOCTÈTE. — Ah çà! permettez...

BARBENCHON. — On vient... à ton rôle... je serai là, pour t'appuyer. Et si je suis content de toi, je paie tes dettes et je te fais épouser Mariette, adieu... *(Il entre à gauche, troisième plan.)*

PHILOCTÈTE, *le suivant*. — Comment! vous payez... et j'épouserai Mariette... brave homme... et il ne me demande que vingt-cinq minutes...

SCÈNE XVI

PHILOCTÈTE, ALFRED, CHAFFAROUX, RAMBOUR

Rambour et Chaffaroux entrent en se disputant. Mariette entre avec eux et place la table et les chaises au milieu, puis elle sort.

ENSEMBLE

AIR : *En vérité, ma voisine* (L. Pujet).

Que pensez-vous de l'affaire ?
Dites votre sentiment,
Vraiment, vraiment,
Cet homme est étonnant;

Il excite ma colère,
Je ne comprends pas comment
Il se peut qu'ici mon frère
Ait compté sur son talent.

CHAFFAROUX, *à Rambour.*

Mais, monsieur, sur votre affaire
Attendez mon jugement,
Vraiment, vraiment,
Cet homme est étonnant;
Il excite ma colère,
Et surtout en ce moment,
Lorsque j'ai peine à distraire
Mon cœur d'un affreux tourment.

PHILOCTÈTE, ALFRED

On peut bien sur une affaire
Différer de sentiment,
Vraiment, vraiment,
Mais sans emportement
Calmez donc votre colère,
Attendez le jugement;
Car nous serons, je l'espère,
Tous d'accord dans un moment.

CHAFFAROUX. — Eh! monsieur, votre affaire! je m'en occupe de votre affaire!

RAMBOUR. — Je ne reculerai pas d'un cheveu! pas d'un cheveu!

CHAFFAROUX. — Ni moi!

PHILOCTÈTE, *s'interposant.* — Allons, messieurs!

ALFRED, *calmant Rambour.* — Mon oncle!

CHAFFAROUX, *à Philoctète.* — Ah! maître Barbenchon!... je vous demande pardon... je suis tout bouleversé.. j'arrive d'Asnières, j'avais donc oublié de fermer les robinets.

PHILOCTÈTE. — Quels robinets ?

CHAFFAROUX. — Je cours, j'arrive... six pouces d'eau, monsieur! six pouces!

PHILOCTÈTE. — Continuez.

CHAFFAROUX. — Je prends une éponge... et j'aperçois ma femme dans le feuillage je l'appelle, Aricie! Aricie! point de réponse... mais un homme, dont la figure m'est restée là, se lève vivement et disparaît par la petite porte du potager.

PHILOCTÈTE. — Tiens, tiens!... continuez.

CHAFFAROUX. — Comme Othello!... je quitte mon éponge, et je m'élance dans le jardin, quel est cet étranger, madame? Aricie, dont le devoir était de chasser mes papillons... me répond : Tiburce, vous êtes fou.

RAMBOUR, *à part.* — Qu'est-ce que cela nous fait?

CHAFFAROUX. — J'insiste... elle me fait une scène et s'enferme chez elle. C'est son habitude quand elle a tort.

PHILOCTÈTE, *lui prenant les mains.* — Pauvre Tiburce!

CHAFFAROUX. — Il est vrai que c'est aussi son habitude quand elle a raison, mais cet homme! que venait-il faire dans mon potager entre dix et onze! quel est son état? sa profession! oh! je le reconnaîtrai, je le retrouverai...

RAMBOUR. — Ah! çà! monsieur, avez-vous bientôt fini le récit de vos malheurs domestiques?

CHAFFAROUX. — Ah! monsieur, vous êtes bien amer!... je suis aux ordres de maître Barbenchon.

PHILOCTÈTE. — Eh bien! commençons... Ah çà! ne nous embrouillons pas. *(A Rambour.)* Vous, ma vieille pratique... asseyez-vous là... *(A Chaffaroux.)* Vous?

CHAFFAROUX. — Fondé de pouvoir de Rambour aîné.

PHILOCTÈTE. — Ah! ah! mon adversaire, alors? ici. *(On s'assied.)*

RAMBOUR. — Si maître Barbenchon voulait d'abord nous exposer les faits.

PHILOCTÈTE. — Volontiers... *(A Chaffaroux.)* Je dois vous prévenir que je suis un peu mordant.

CHAFFAROUX. — Moi, à Asnières, dans le conseil municipal, je passe pour caustique.

RAMBOUR. — La parole est à maître Barbenchon.

CHAFFAROUX. — Je vais donc, enfin, entendre un grand orateur... mordant.

PHILOCTÈTE, *se levant.* — Messieurs... Ah! un moment! quelle heure est-il?

CHAFFAROUX. — Sept heures.

PHILOCTÈTE. — Vous allez bien?

CHAFFAROUX, *se méprenant.* — Merci, ça ne va pas mal.

PHILOCTÈTE, *à part.* — A sept heures vingt-cinq j'arrête les frais.

RAMBOUR. — Ecoutons.

ALFRED et CHAFFAROUX. — Ecoutons!

PHILOCTÈTE, *se lève avec solennité, se découvre, tousse, crache et se mouche.* — Messieurs, la cause que je suis appelé à défendre est la seule juste, la seule bonne la seule raisonnable...

RAMBOUR. — Très bien! très bien!

CHAFFAROUX. — Chut!... n'interrompez pas.

PHILOCTÈTE. — Car... quoi de plus juste, messieurs, qu'entre deux frères, l'avantage reste à l'aîné.

RAMBOUR, *tirant Philoctète par sa robe.* — Mais non... mais non... qu'est-ce qu'il dit donc?

PHILOCTÈTE, *déclamant.* — Le titre de frère aîné n'est-il pas le plus saint, le plus sacré, le plus respectable!... N'est-ce pas la force qui inspire le respect?

RAMBOUR, *se levant.* — Mais vous plaidez pour mon frère... c'est lui qui est l'aîné...

PHILOCTÈTE. — Il fallait donc le dire... je recommence. Messieurs, la cause que je suis appelé à défendre est la seule juste, la seule bonne, la seule raisonnable.

CHAFFAROUX. — Mais c'est la même chose!

RAMBOUR. — Puisqu'il recommence!

PHILOCTÈTE. — Car... quoi de plus juste, messieurs! qu'entre deux frères, l'avantage reste au plus jeune.

RAMBOUR. — A la bonne heure!

PHILOCTÈTE, *avec onction.* — Ce titre de plus jeune, n'est-il pas le plus saint, le plus sacré, le plus respectable... n'est-ce pas la faiblesse qui réclame la protection!

CHAFFAROUX, *à part.* — Quelle souplesse d'argumentation.

PHILOCTÈTE, *avec force.* — En vain l'on viendra me citer l'opinion de mon adversaire... mais cette opinion est absurde, choquante, blessante, et même compromettante!...

CHAFFAROUX, *se levant.* — Permettez!... je n'ai encore rien dit.

PHILOCTÈTE. — Ne m'interrompez pas... je fais de la critique!

RAMBOUR, *à Chaffaroux.* — Il fait de la critique.

PHILOCTÈTE. — Chacun le sait! mon adversaire est un homme sans probité, sans mœurs, sans caractère...

CHAFFAROUX. — Mais ce sont des injures...

PHILOCTÈTE, *très haut.* — Je fais de la critique!

RAMBOUR. — Il fait de la critique.

PHILOCTÈTE, *montrant Chaffaroux.* — Je ne vous parlerai pas de sa laideur... mais s'il fallait pénétrer dans sa vie privée... ah! pouah!...

CHAFFAROUX. — Comment! pouah!

PHILOCTÈTE. — Rassure-toi... ô Chaffaroux!

CHAFFAROUX, *à part.* — Il me tutoie!

PHILOCTÈTE, *avec pudeur.* — Nous n'interrogerons pas

les bosquets d'Asnières... nous n'irons pas fouiller les mystères de ton potager... anacréontique!

CHAFFAROUX, *se levant, furieux.* — Je ne souffrirai pas... je ne souffrirai pas!

PHILOCTÈTE, *avec dignité.* — Aurait-on l'intention d'interdire la critique en France, dans notre vieux pays des Gaules ?... Oh! je devine le but de ces interruptions. *(Gesticulant très fort.)* On veut nous lier les bras... on veut nous mettre un bâillon... on veut...

RAMBOUR. — Calmez-vous! calmez-vous!

PHILOCTÈTE, *avec une dignité calme.* — Puisqu'il en est ainsi, messieurs... il ne me reste plus qu'à déchirer ma toge, et à m'en voiler la face en signe de deuil! *(Il se rassoit.)*

RAMBOUR, *vivement.* — Ne déchirez pas!

PHILOCTÈTE, *très calme.* — Soyez donc tranquille... c'est une figure.

ALFRED, *à part.* — Décidément, l'avocat se moque de nous.

PHILOCTÈTE. — J'avais prévenu mon adversaire que je serais mordant.

CHAFFAROUX. — Mordant!...

PHILOCTÈTE. — Je crois l'avoir été...

CHAFFAROUX. — Mordant!... quand, depuis une heure, vous me clouez au gibet de vos diffamations!

PHILOCTÈTE, *se relevant.* — Si je me relève, c'est pour rendre justice à la pureté de ses mœurs et à la noblesse de son caractère... j'ai dit!...

CHAFFAROUX. — Il n'y a pas de mal, monsieur Barbenchon, je connais les us du barreau.

PHILOCTÈTE, *prenant amicalement une prise dans la tabatière de Chaffaroux.* — C'est de l'épigramme... Pardieu! vous avez d'excellent tabac.

CHAFFAROUX. — Oui, j'y mets de la fève.

RAMBOUR, *étonné.* — Comment! ils causent tabac!... *(A Philoctète.)* Mais ce n'est pas fini.

PHILOCTÈTE. — Quoi ? ah! vous en voulez encore ?...

RAMBOUR. — Examinez au moins les pièces.

PHILOCTÈTE. — Il y a des pièces ?

RAMBOUR. — Sans doute : voici d'abord l'extrait mortuaire d'Anastase-Clément Sirop.

PHILOCTÈTE, *à part.* — Mon oncle.

RAMBOUR. — Revenant des îles de la Sonde et décédé au Havre, de la pierre...

PHILOCTÈTE. — Comment!... il est mort ?

RAMBOUR. — Mais oui... c'est la cause de la contestation.

PHILOCTÈTE. — Il y a une contestation ?

ALFRED. — Mais oui, pour l'héritage!

PHILOCTÈTE. — Il y a un héritage ?

RAMBOUR, *impatienté.* — Vingt mille francs!... *(A part.)* Il est tout à fait dénué, cet avocat! *(Tout le monde se lève.)*

PHILOCTÈTE. — Vingt mille!... comment!... ça se pourrait...

RAMBOUR. — Je prétends les avoir, et mon frère, de son côté...

PHILOCTÈTE. — Rassurez-vous, vous ne les aurez ni l'un ni l'autre... Il y a un héritier... plus proche... un neveu.

TOUS. — Un neveu ?

PHILOCTÈTE. — Qui vous dégomme tous... pour vous mettre d'accord.

ALFRED, *à part.* — Quel espoir!

RAMBOUR. — C'est impossible.

CHAFFAROUX. — Son nom ?

PHILOCTÈTE. — Un nom superbe! Philoctète-Amable Sirop.

RAMBOUR. — Mon débiteur! un pédicure ?

CHAFFAROUX. — Mais où est-il, ce pédicure!

PHILOCTÈTE, *prenant la scène.* — On va vous le servir, car ce neveu, ce pédicure, c'est...

SCÈNE XVII

LES MÊMES, MARIETTE, BARBENCHON

MARIETTE, *annonçant.* — M. Philoctète-Amable Sirop!

PHILOCTÈTE, *se retournant.* — Plaît-il! *(Apercevant Barbenchon, à part.)* L'avocat!

BARBENCHON. — Oui, messieurs, Philoctète-Amable Sirop. Voici les papiers qui le constatent. *(Il remet à Rambour le portefeuille que Philoctète a donné à Mariette à la scène V.)*

PHILOCTÈTE, *bas à Barbenchon.* — Dites donc, et mon héritage!

BARBENCHON, *de même.* — Silence! tu l'auras.

CHAFFAROUX, *examinant Barbenchon.* — Mais je ne me trompe pas... c'est lui! *(A Barbenchon.)* Je vous reconnais, monsieur! que faisiez-vous ce matin dans mon potager... entre dix et onze ?

BARBENCHON. — Moi ?

PHILOCTÈTE, *à part.* — Comment, c'était...

CHAFFAROUX. — Vous ne répondez pas ? Eh bien! je vais me nommer, monsieur! et vous allez pâlir, monsieur!... je me nomme!... Chaffaroux!... Chaffaroux! Chaffaroux!

BARBENCHON, *très amicalement.* — Enchanté, monsieur... je vois souvent Madame... c'est une de mes clientes.

CHAFFAROUX. — Une de vos clientes ?

PHILOCTÈTE, *à part.* — Oh! *(A Chaffaroux.)* Vous ne comprenez pas ? un pédicure!... Il se trouvait ce matin dans votre potager... pour cause d'ognon.

CHAFFAROUX. — C'est juste... et moi qui croyais que ma femme... Ah! j'en rirai longtemps! *(A Barbenchon.)* Ecoute, mon ami.

BARBENCHON. — Monsieur ?

CHAFFAROUX. — Moi aussi, j'en ai...

BARBENCHON. — Quoi ?

CHAFFAROUX. — Eh bien! des... comme ma femme... je te les garde... tu viendras demain chez moi.

BARBENCHON, *à part.* — Je n'avais pas prévu celui-là... je me brouillerai avec Mme Chaffaroux...

ALFRED, *à Rambour.* — Maintenant qu'il n'y a plus de procès, puis-je espérer que la main de ma cousine...

RAMBOUR, *bas à Alfred.* — Je ne demanderais pas mieux... c'est que Bourdillat s'est avancé avec maître Barbenchon... je vais tâcher d'arranger ça! *(A Philoctète.)* Monsieur Barbenchon, deux mots. Monsieur! je suis père!... la sympathie ne se commande pas... car c'est un attachement d'enfance, monsieur... Pardonnez à mon émotion, monsieur... et veuillez oublier la démarche de Bourdillat.

PHILOCTÈTE, *à part.* — Qu'est-ce qu'il m'a chanté là ? *(Haut, se posant à son tour.)* Monsieur, j'apprécie vos nobles paroles... je comprends votre émotion... elle me gagne... vous êtes père, monsieur... cela me suffit et... j'oublie complètement la démarche de Bourdillat!

RAMBOUR, *avec effusion.* — Ah! monsieur... *(Ils se précipitent dans les bras l'un de l'autre.)*

CHŒUR

AIR

Bizarre aventure!
Mieux que le meilleur avocat
C'est un pédicure
Qui termine tous nos débats!

PHILOCTÈTE, *au public.*

AIR

D'une chaussure trop étroite
Quand vous déplorez la rigueur,
Quand l'un de vous chancelle et boite,
Je me prosterne, avec bonheur,
A la base... de la douleur.
Lorsque à mon tour, pris de vertige,
J'implore des appuis soudains,
Vos pieds, messieurs, je les néglige,
Je n'en veux, ce soir, qu'à vos mains.

REPRISE DU CHŒUR

Bizarre aventure, etc.

FIN DE L'AVOCAT PÉDICURE

LA CHASSE AUX JOBARDS

VAUDEVILLE EN UN ACTE

PAR LEFRANC ET LABICHE

représenté pour la première fois, à Paris, sur le Théâtre des Folies-Dramatiques, le 18 mai 1847

ACTEURS qui ont créé les rôles.

ISOLINE	Mme DUVERNOT
MADAME SAINT-FLORENTIN, solliciteuse	Mme SOPHIE
MADAME MALABAR, marchande à la la toilette	Mme HOUDRY
MADAME GUENUCHAUD, veuve d'un général	Mme ADAM
PASSE-LACET, grisette	Mme LEROUX Mme MARTINEAU
CORALIE, épileuse	Mme PETITET Mme LEBAILLY
MANDARINE, figurante	Mme ELISA
MADAME CABRIOT, femme de lettres	Mme MARÉCHAL
GIBOULETTE, modèle	Mme DANIEL
LÉOCADIE, femme de chambre . . .	Mme CAMILLE
GUENUCHAUD, sous le nom de Floridor	M. HEUZEY
COLOMBIN, jeune provincial	M. DELIÈRE
CAMUSARD, clerc d'huissier	M. COUTARD
CLERCS D'HUISSIER.	

Le théâtre représente un salon. — Porte principale au fond. — Portes latérales, deux fenêtres. — Au fond, à gauche, une armoire avec un guichet. — A droite, une table.

SCÈNE PREMIÈRE

FLORIDOR, ISOLINE

FLORIDOR, *embrassant Isoline sur le front*. — Adieu, mon enfant, je vais passer deux jours à Saint-Germain-en-Laye... pour affaires qui me concernent... de l'argent qu'on me doit... Ne vous ennuyez pas trop, et noyez les chagrins de l'absence dans ce sac de marrons glacés.

ISOLINE, *avec mélancolie*. — Vous partez...

FLORIDOR. — Oui, pour revenir plus tôt mettre ma main à vos pieds... hein ?

ISOLINE. — Vous ne me trompez pas ?

FLORIDOR. — Par exemple... seulement je vous recommande une chose, ne recevez pas vos amies; elle ont des goûts et des plaisirs que je blâme totalement! Flanquez-les à la porte... avec tous les égards dus à leur sexe... Voilà mon vœu.

ISOLINE. — Comptez là-dessus.

FLORIDOR. — Allons, adieu!... amusez-vous bien... occupez-vous... brodez-moi des bretelles... ou un cordon de sonnette... à votre choix... Faites-moi une surprise... la surprise, voyez-vous, trouve tôt ou tard sa récompense... Adieu! pensez à votre petit Floridor, à votre petit Dodor... *(Il sort.)*

SCÈNE II

ISOLINE, CORALIE, MANDARINE, GIBOULETTE, MADAME CABRIOT, *elles entrent deux par deux en galopant et chantant.*

AIR : *Larifla.*

Larifla fla fla *(ter)*.
Enfin, m'sieu Floridor
A passé l'corridor,
Quand les chats sont aux champs
Les rats s'donn' du bon temps.
Larifla fla fla *(ter)*.

GIBOULETTE. — Voyez-vous M. l'ancien régime! qui veut empêcher Isoline de voir ses petites camarades!

CORALIE. — Sous le vain prétexte que nous aimons à rire et à nous amuser.

MANDARINE. — Et que nous ne sommes pas assez haut placées dans la société.

GIBOULETTE. — Mais c'est ce qui te trompe, vieux sapajou! on en a peut-être de plus hautes que toi, des positions. Il me semble que quand on a posé pour le Judith de M. Vernet, une tête d'expression... on peut se vanter d'être sur un certain pied dans le monde.

MANDARINE. — Et moi, ne suis-je pas artiste dramatique ?

CORALIE. — Et moi épileuse pour dames et pour MM. leurs maris ?

MADAME CABRIOT. — Et moi femme de lettres ?

AIR du *Roi d'Yvetot.*

MADAME CABRIOT

Pour un tas de journaux mort-nés,
De Messagers des Dames,
Faire la chasse aux abonnés;
Rédiger des réclames;
De la mode être l'étendard
Et pincer son petit canard,
Dard dard,

Oh! oh! oh! oh! ah! ah! ah! ah!
Le joli métier que voilà là là.

GIBOULETTE

Au talent, qui tient un pinceau,
Servir d'heureux modèle,
Et figurer dans maints tableaux
Qui tous vous montrent belle,
Enfin de l'artiste français
Partager tous les grands succès,
Ah! mais!
Oh! oh! oh! oh! ah! ah! ah! ah!
Le joli métier que voilà là là.

MANDARINE

Pour d'venir, un jour' d'Mam'zell'Mars
La rival' sans contrôle,
D'puis l'mois d'avril, jusqu'au mois d'mars,
Ne jouer que des bouts d'rôle;
Figurer sans gagner un sou
Au théâtre du Gros-Caillou
Bouch'-trou.
Oh! oh! oh! oh! ah! ah! ah! ah!
Le joli métier que voilà là là.

CORALIE

Ecarter tous les cheveux blancs
Du chef que l'on protège;
Du fronton des vieux monuments
Faire tomber la neige.
Ram'ner l'amour qu'elle exila
Sur une tête chinchilla,
Oui-da!
Oh! oh! oh! oh! ah! ah! ah! ah!
Le joli métier que voilà là là.

ISOLINE. — Il est clair que vous êtes des femmes incomprises... par M. Floridor... mais il ne s'agit pas de ça; nous sommes seules... nous nous appartenons... faut tâcher de nous amuser.

MANDARINE. — Une idée... si nous nous amusions... à déjeuner ?...

TOUTES. — Adopté, adopté!

ISOLINE. — Ah! voyons, qu'est-ce que je vais vous offrir ?

CORALIE. — Fais-nous monter n'importe quoi.

GIBOULETTE. — Avec beaucoup de cornichons... trop de cornichons.

ISOLINE. — Avant tout, mes amies, je dois vous faire un aveu pénible... je n'ai pas le sou...

CORALIE. — Mais avec un intérieur aussi chamarré, on doit avoir un crédit ouvert dans le quartier.

ISOLINE. — Je l'avais... mais il resté si longtemps ouvert!... faut trouver autre chose... Attendez, je vais appeler ma bonne. *(Elle sonne.)*

LÉOCADIE, *entrant*. — Madame a sonné ?

ISOLINE. — Oui... as-tu de l'argent ?

LÉOCADIE. — J'ai dix-huit sous.

TOUTES, *avec joie*. — Elle a dix-huit sous.

LÉOCADIE. — A votre service; et puis j'ai retrouvé un ancien morceau de bouilli froid.

GIBOULETTE. — Du bouilli froid, j'en raffole.

ISOLINE, *à Léocadie*. — Va, ma fille, cours... prends ce qui nous manque pour établir la vinaigrette... nous, nous allons mettre le couvert.

MANDARINE. — Et du pain ?

LÉOCADIE. — Ah! j'oubliais... il reste des biscuits de Reims.

GIBOULETTE. — Des biscuits de Reims! qui est-ce qui demande du pain ?

TOUTES. — A bas le pain!

LÉOCADIE. — Et de plus, un Napoléon en chocolat.

TOUTES. — Vive l'Empereur!

CHŒUR

AIR : *Jurons (Le Lierre et l'Ormeau).*

Chantons,
Rions,
Dansons,
Oui, moquons-nous gaiement du lendemain;
A nous plaisir, folie
Et descendons le fleuve de la vie;
Nous tenant par la main,
Narguons l'chagrin,
Bravons l'destin
En nous t'nant toujours par la main.

Léocadie sort. Elles mettent le couvert.

GIBOULETTE. — Où est la nappe ?

ISOLINE. — A la blanchisseuse... c'te bête-là qui me retient toujours mon linge.

GIBOULETTE. — Elles sont toutes comme ça... je vais prendre un rideau.

CORALIE. — Bravo... les anneaux, ça nous servira de ronds de serviettes.

MADAME CABRIOT. — Des serviettes, bon pour les gens malpropres.

MANDARINE, *achevant de mettre le couvert.* — Voilà ce que c'est. *(On entend sonner.)*

ISOLINE. — Ah! mon Dieu, ma propriétaire!

GIBOULETTE. — Combien de termes ?

ISOLINE. — Trois.

GIBOULETTE. — Que ça ?... elle peut entrer.

ISOLINE. — Surtout, mesdemoiselles, de la tenue; Mme Guenuchaud est une femme très bien.

CORALIE. — Tiens, Guenuchaud... j'ai épilé un nom comme ça.

SCÈNE III

LES MÊMES, MADAME GUENUCHAUD

ISOLINE. — Madame, puis-je savoir ce qui me procure l'honneur... nous allions nous mettre à table... un petit repas de famille... si vous vouliez accepter ?

MADAME GUENUCHAUD. — Bien obligée, mademoiselle... une femme comme moi ne s'attable point ainsi avec tout le monde.

GIBOULETTE, *à Mandarine.* — En voilà un genre!

MANDARINE, *à Giboulette.* — Quelle cassure!

MADAME GUENUCHAUD. — Quand on a porté le nom d'un général de l'Empire... qu'on a dîné à l'Elysée et soupé à la Malmaison, on a bien le droit...

GIBOULETTE. — Eh! quoi, le général Guenuchaud...

MADAME GUENUCHAUD. — Guenuchaud, fi donc!... M. Guenuchaud, c'est mon second mari... un homme de rien que mon grand nom a séduit, et que j'ai daigné élever jusqu'à moi.

MADAME CABRIOT. — Vous l'aimâtes ?

MADAME GUENUCHAUD. — Allons donc.

AIR de *La Colonne.*

Je restai veuve et seule sur la terre;
Quand mon premier, feu de Chauvinancourt,
Perdit la vie au passage... du Caire
En emportant avec lui mon amour...
Il m'a laissé cet' maison en retour;
Je l'aime encore, hélas, et Dieu sait comme
Si le hasard a permis que ma main
Ait dérogé jusqu'à prendre un vilain,
Mon cœur est resté gentilhomme.

Aussi moi et Guenuchaud, nous sommes-nous mariés et séparés de biens. C'est moi qui administre ma fortune, qui touche mes fermages... *(A Isoline.)* C'est trois termes que vous me devez.

ISOLINE. — Je vous paierai tout ça ensemble.

MADAME GUENUCHAUD. — Quand ?

ISOLINE. — Ah! très incessamment. J'attendais... je comptais qu'il me reviendrait quelque chose de chez... de chez ma tante... elle ne m'a rien envoyé... jugez si j'ai été saisie!...

MADAME GUENUCHAUD. — Vous pourriez l'être encore, mademoiselle.

ISOLINE. — Hein ?

MADAME GUENUCHAUD. — Si je ne suis pas payée avant cinq heures... l'huissier saura bien...

ISOLINE. — L'huissier ?

MADAME GUENUCHAUD. — Rappelez-vous que la veuve de l'illustre Chauvinancourt ne se dérange pas deux fois pour neuf cents francs... je reviendrai à cinq heures.

ENSEMBLE

AIR : *Ici pour la fête (Mademoiselle ma femme).*

MADAME GUENUCHAUD

C'est assez attendre;
Qu'on m'paie et bientôt,
Ou je fais tout vendre;
C'est mon dernier mot.

TOUTES

Montrez-vous plus tendre;
Vous aurez bientôt,
En sachant attendre,
L'argent qu'il vous faut.

Mme Guenuchaud sort.

SCÈNE IV

LES MÊMES, *moins* MADAME GUENUCHAUD; *puis* MADAME SAINT-FLORENTIN

MANDARINE. — Et dire que c'est pour ce genre de particuliers qu'il tombe du ciel des maisons toutes bâties... Ah! si jamais je deviens propriétaire. *(Elle fait un geste.)*

GIBOULETTE. — Méfie-toi... tu fais craquer ton entournure.

MANDARINE. — T'inquiète pas... c'est au théâtre.

GIBOULETTE. — Ah! alors...

LÉOCADIE, *entrant avec un grand saladier.* — Voilà le rata.

TOUTES. — A table, à table!

MADAME SAINT-FLORENTIN, *entrant.* — Eh bien! et moi ?

ISOLINE. — Saint-Florentin! sois la bienvenue! Léocadie, un couvert de plus... *(A ces dames.)* Mesdames, j'ai l'honneur de vous présenter une de mes bonnes amies, profession : solliciteuse. *(Saluts échangés. — A Mme Saint-Florentin.)* Ah çà! voilà près de deux mois que tu as disparu de l'horizon.

MADAME SAINT-FLORENTIN. — J'arrive de Baden... j'avais été prendre les eaux... mon docteur me l'avait ordonné... mais revenons au sujet de ma visite... je viens t'emprunter...

ISOLINE. — De l'argent ?

MADAME SAINT-FLORENTIN. — Allons donc... entre camarades ça ne se fait pas... non, je viens t'emprunter ton appartement.

ISOLINE. — Mais tu en avais un superbe ?

MADAME SAINT-FLORENTIN. — Je l'ai toujours... rue d'Amsterdam... Il n'a pas bougé... mais le mobilier... Il paraît que je lui avais donné le goût des voyages, et un beau jour, pendant mon absence, mon propriétaire lui délivra un passeport, et il est passé à l'étranger, place du Châtelet.

CORALIE, *avec un salut cérémonieux.* — J'en ai eu trois qui ont fait la même traversée, madame.

MADAME SAINT-FLORENTIN, *même jeu.* — Je blâme vos propriétaires... madame... *(A Isoline.)* Je viens donc t'emprunter ton appartement, voici pourquoi : hier soir j'étais allé à l'Ambigu, voir *La Closerie des Genêts* [1]... eh bien! au cinquième acte... tu sais que je suis très nerveuse, quand Mlle Naptal s'est écroulée... crac... moi aussi, j'ai péché par la base. Mais voilà le plus joli... Il y avait à côté de moi, à la galerie, un brave particulier, qui me voyant chanceler, s'empresse de me prodiguer plusieurs genres de sels qui me rendent immédiatement la connaissance... ce bourgeois part de là, pour me mettre dans la confidence de ses affaires. Il se nomme Colombin... c'est le fils d'un riche capitaliste d'Orléans... Son père, un vieil arriéré, redoutant pour son tendre rejeton les dangers d'une existence loupeuse... exige qu'il s'occupe, qu'il ait un emploi... si ça ne fait pas mal... il vient donc à Paris pour solliciter une place... il aurait besoin d'un protecteur, ou d'une protectrice... Dame, moi... tu comprends... je ne lui disais rien... il vient me chercher sur mon terrain... Protéger les faibles, solliciter pour les timides, intriguer pour les incapables... le tout moyennant une légère rétribution... tu sais, c'est mon fort... Je lui offre mon appui, je lui donne rendez-vous chez toi, pour aujourd'hui deux heures, et je l'attends...

MANDARINE. — Il ne viendra peut-être pas, il y a comme ça un tas d'intrigants, qui promettent...

MADAME SAINT-FLORENTIN. — Chut... j'ai son parapluie.

ISOLINE. — Comment ?

MADAME SAINT-FLORENTIN, *montrant un parapluie qui était caché sous sa mantille.* — Voilà le pépin du gentilhomme...

MANDARINE. — Il pleuvait donc quand vous l'avez quitté ?

MADAME SAINT-FLORENTIN. — Non... il brouillassait... Vous voyez bien qu'il viendra.

1. *La Closerie des Genêts,* drame en cinq actes de Frédéric Soulié (1800-1847) créé à l'Ambigu le 14 octobre 1846.

ISOLINE. — Dispose... tu es ici chez toi! *(Une pierre suspendue à une corde vient battre les carreaux, à droite.)* Qu'est-ce que c'est que ça... *(Allant à la fenêtre.)* Ah! je reconnais la livrée, c'est une missive de Passe-Lacet.

MADAME SAINT-FLORENTIN. — Passe-Lacet ?

ISOLINE. — Une réfugiée de la rive gauche, provisoirement domiciliée ci-dessus... voyons l'épître... « Mon » amie, j'emprunte la main d'une voisine pour t'écrire » que, dans ce quartier-ci, les costumiers sont des rats; » celui qui m'a loué hier mon titi pour aller au bal de » l'Opéra, a la chose de venir le rechercher ce matin, » et ne veut pas me rendre mes vêtements ordinaires » sans avoir reçu la monnaie de sa location... l'infortunée » Passe-Lacet se voit donc condamnée à l'alcôve à per» pétuité, si tu n'as pas celui de lui prêter un costume » quelconque, a l'intention de manger un morceau avec » l'amitié, et de lui conter une anecdote... » *(Parlé.)* Une anecdote. *(Haut.)* Un couvert de plus! *(Lisant.)* « Post-scriptum, la ficelle qui te remettra ce billet, se » chargera volontiers de la pacotille... a déclaré ne pouvoir » signer. » Un costume!... elle en parle à son aise!... Toute ma garde-robe qui est au clou!

MANDARINE. — Eh bien, est-ce que nous ne sommes pas là ?... c'est bien le diable si à nous toutes nous ne pouvons pas composer un habillement...

GIBOULETTE. — Elle a raison... en avant la collecte!

MADAME SAINT-FLORENTIN. — Et moi, je vais faire la quête...

AIR : *C'est égal, c'est égal.*

MADAME CABRIOT

L' Mont-de-Piété, que l' ciel confonde,
N' voulut jamais engager
Ce burnous qui vient d'Alger,
Sur son grand âge il se fonde,
Le voilà, le voilà,
La plus bell' fille du monde
Ne peut donner que c'quelle a
Tra la la tra la la.

Elle remet à Mme Saint-Florentin son bournous.

CORALIE, *parlé.* — Et moi, je souscris pour un bonnet. *(Elle ôte son bonnet et le remet à Mme de Saint-Florentin.)*

GIBOULETTE, *chante.*

Dans votre projet j'abonde;
Ma collerette y passera,
Ma foi, paiera qui pourra!
Si j'en achète une seconde,
La voilà, la voilà, etc.

Pendant la musique du chœur Mandarine a fait un paquet avec les différents objets, s'est approchée de la fenêtre et a attaché le paquet à la ficelle suspendue.

MANDARINE, *criant.* — Ah! hé! houp!

On entend le même cri en réponse.

Enlevé!

On entend une clarinette sous l'autre fenêtre.

ISOLINE. — Ah! bon! voilà ma mère!

GIBOULETTE. — La clarinette, c'est ta mère ?

ISOLINE. — A ce qu'elle dit... elle vient tous les matins avec son meuble... Je lui fais une pension alimentaire. Qui est-ce qui me prête deux sous ?

MADAME SAINT-FLORENTIN. — Les voici... cette fille a des sentiments.

ISOLINE, *jetant les deux sous par la fenêtre.* — Hé! là-bas ?

MANDARINE. — Voilà comme nous sommes, peu de monnaie, mais bon cœur.

On entend dans la coulisse la voix de Passe-Lacet qui chante.

Et hioup hioup hioup tra la la la la,
Et hioup hioup hioup tra la la la la.

TOUTES. — Passe-Lacet!

SCÈNE V

LES MÊMES, PASSE-LACET

PASSE-LACET, *elle porte le burnous de Mme Cabriot, la collerette de Giboulette, et le bonnet de Coralie.* — Sur son trente et un... je ne fais pas de façon, moi, vous voyez...

je viens en voisine... à la bonne flanquette... du moment qu'il n'y a pas d'hommes... gredins d'hommes!

MANDARINE. — Ah çà! maintenant que nous sommes au grand complet, si nous attaquions la denrée!

PASSE-LACET. — Ah! voui! ah! voui, et je vous conterai mon aventure entre deux bouchées.

CHŒUR

AIR : *Enfants de la giberne (Rocambolle).*

La joie assaisonne
Les plus tristes mets,
Et la faim gloutonne
N'raisonne jamais,
Oui, de ce repas sans apprêts
Notre gaieté fera les frais.

On se met à table.

PASSE-LACET, *mangeant.* — J'étais donc au bal de l'Opéra, j'avais achevé ma vingt-septième contredanse, les yeux me sortaient de la tête, les jambes me rentraient dans le corps, c'était délicieux... J'allais, pour me refaire, entamer un léger galop... lorsque, tout à coup, je sens quelque chose qui me tombe sur l'occiput (comme on dit rue de l'Ecole-de-Médecine), ce quelque chose était un nez... je regarde en l'air, cherchant à qui pouvait appartenir ce cartonnage... lorsque je vois à la première galerie un jeune homme blond, tenue soignée, beau linge. Comme il avait l'air de chercher ce que j'avais trouvé, je lui crie : Eh! là-bas? Pas vous, l'autre... C'est-y ça que vous demandez? Il me fait signe que oui... Puis il vient me rejoindre, et nous causons... v'là qu'y me dit qu'il est vicomte... Je regarde ses bottes... vernies... j'dis : Ça se peut... v'là qu'y me dit qu'il m'adore... je regarde son lorgnon... ciselé... nous verrons bien. De fil en aiguille, il arrive à me parler mariage... dame, moi, le mariage c'est mon rêve... j'accepte une gazeuse... Bref, il me donne sa carte, je vois une couronne dessus, c'est flatteur... mais ne voulant pas passer auprès d'un être si couronné que ça pour une femme pas née...

MANDARINE. — Pannée...

PASSE-LACET. — Non, sans la moindre naissance... je m'intitule marquise, je m'attribue d'autor ton appartement, ta rue et ton hôtel, et je lui confie le tout, afin qu'il en abuse... pour le bon motif... je l'attends à deux heures.

MADAME SAINT-FLORENTIN. — Et mon rendez-vous qui est pour la même heure, dans le même appartement ?

PASSE-LACET. — Ah! bah! quéque ça fait... on tient bien dix-huit dans un omnibus... je ne pouvais pas le convoquer là-haut, ce vicomte... mes chaises n'ont que trois pattes... il n'y a que moi qui peux m'asseoir dessus un autre se blesserait.

GIBOULETTE. — Et tu vas le recevoir dans ce costume ?

PASSE-LACET. — Ceci est une question comminatoire, comme on dit place de l'Ecole-de-Droit... à moins qu'il ne m'en tombe un du ciel.

SCÈNE VI

LES MÊMES, MADAME MALABAR

ISOLINE. — Juste, voilà ton affaire, la fée aux loques! la mère Malabar!

PASSE-LACET. — Vive Mme Malabar!

TOUTES. — Vive Mme Malabar!

MADAME MALABAR. — Vertubleu, qué volée de pierrots! Bien le bonjour, toute la société.

PASSE-LACET. — Comment ça va, mère Malabar ?

MADAME MALABAR. — A la douce, mes enfants, à la douce... paraît que j'arrive ici, comme Mars en caserne, comme disait feu Malabar, tambour-major à l'armée d'Egypte.

MADAME SAINT-FLORENTIN. — De son vivant ?

MADAME MALABAR. — Hélas! oui... et s'il ne s'était pas laissé emporter par un coup...

ISOLINE. — De canon ?

MADAME MALABAR. — De soleil, on devrait rouler calèche au jour d'aujourd'hui au lieu que me voilà réduite à colporter ma pauvre brocante à pied.

PASSE-LACET. — Et nous à vous l'acheter... *(Bas aux autres.)* A l'œil!...

MADAME MALABAR. — Tiens, à propos de ça, mes amours, voulez-vous voir ma pacotille ? c'est des emplettes que je viens de faire à la vente d'une ingénue des Français... c'est superbe... *(Ouvrant son paquet qu'elle a déposé en entrant sur la table au milieu de la scène.)* Des bijoux, des dentelles, des jaconas et des chats-huants empaillés!

TOUTES. — Des chats-huants ?

MADAME MALABAR. — Des chats-huants!... c'est la fureur... Il n'y a pas de salon bon genre, sans un peu de chats-huants empaillés. *(Etalant sa marchandise.)* Voyez, mesdames, voyez, la vue n'en coûte rien.

PASSE-LACET. — Ah! l'amour de costume.

MADAME MALABAR. — Hein, comme il est ficelé, ça me coûte les yeux de la tête...

PASSE-LACET. — A combien ça le met-il ?

MADAME MALABAR. — A quatre-vingt-dix francs.

PASSE-LACET. — Quarante-cinq francs par œil!... Et la vue n'en coûte rien... excusez.

MADAME SAINT-FLORENTIN. — Allons, quarante francs.

MADAME MALABAR. — Comptant ?

MADAME SAINT-FLORENTIN. — La semaine prochaine.

MADAME MALABAR. — Alors... quatre-vingt-dix... dont vingt francs d'à-compte... tout de suite.

PASSE-LACET. — Ah! vous n'êtes pas gentille... une ancienne pratique.

MADAME MALABAR. — Tiens, vous me devez déjà dix-sept livres trois sous.

PASSE-LACET. — On vous les joue an lansquenet...

MADAME MALABAR. — Merci...

PASSE-LACET, *câlinant.* — Ma petite mame Malabar.

MADAME MALABAR. — Assez de crédit... l'œil est fermé.

LÉOCADIE, *accourant.* — Chuuut... c'est M. Colombin.

MADAME SAINT-FLORENTIN. — Colombin... *(Avec dignité à Mme Malabar.)* Madame, c'est moi qui paie.

MADAME MALABAR, *à part.* — Cette Saint-Florentin vous a des airs... *(Haut.)* Allons, viens, Passe-Lacet.

PASSE-LACET. — J'aurai le taffetas ?

MADAME MALABAR. — Tu l'auras, mais jusqu'aux vingt francs, je te tiens comme un hanneton, par la patte.

CHŒUR

AIR de *La Ronde de nuit (Mousquetaires de la Reine).*

Qu'on s'éloigne en silence,
Retirons-nous soudain,
C'est un homme d'importance
Que M. Colombin.

Elles sortent.

SCÈNE VII

MADAME SAINT-FLORENTIN, COLOMBIN

LÉOCADIE, *annonçant.* — M. Colombin.

COLOMBIN, *du fond.* — D'Orléans.

MADAME SAINT-FLORENTIN, *à part.* — Jobard numéro un...

COLOMBIN. — Permettez que j'essuie mes pieds. *(Il salue Mme Saint-Florentin du fond.)* Madame... Il fait une boue. . *(Saluant de nouveau.)* Madame.

MADAME SAINT-FLORENTIN. — Mais entrez donc... oh! comme vous voilà fait.

COLOMBIN. — Un peu moucheté... faut vous dire que je suis venu avec l'omnibus... c'est-à-dire, il n'y avait plus de place. Je me suis dit : il va descendre quelqu'un... suivons... je suis... on descend à la station, je me dis : montons; on me dit : Votre numéro ? — 17, rue du Bouloi... — Farceur! laissez monter la correspondance. Elle monte... complet!... en route!... je ne perds pas courage. Je m' dis : il va descendre quelqu'un, suivons... et je suis... à pied... toujours... jusqu'à votre porte... Ah! si jamais je reprends l'omnibus...

MADAME SAINT-FLORENTIN. — Et vous ferez bien... je n'ai jamais mis le pied dans ces tombereaux... quand on a sa voiture.

COLOMBIN. — Vous rouleriez carrosse ? Ah! *(Il tire des gants de sa poche.)*

MADAME SAINT-FLORENTIN. — Quoi donc ?

COLOMBIN, *mettant ses gants.* — C'est un oubli.

MADAME SAINT-FLORENTIN. — Ah!

COLOMBIN, *avec importance.* — Puisque je les ai.

MADAME SAINT-FLORENTIN. — Voyons, causons de votre petite affaire... qu'est-ce que c'est donc déjà ?... une recette... une sous-préfecture ?

COLOMBIN. — Non, une place d'inspecteur au chemin de fer.

MADAME SAINT-FLORENTIN. — Simple inspecteur, vous, le fils d'un homme si cossu ?

COLOMBIN. — C'est papa qui le veut... d'inspecteur au chemin de fer d'Orléans.

MADAME SAINT-FLORENTIN. — J'attends précisément le directeur de cette administration... à dîner...

COLOMBIN. — Il vient manger votre soupe ?

MADAME SAINT-FLORENTIN. — Tous les jeudis, il est même assez gourmet, ce cher... ce cher...

COLOMBIN. — Guenuchaud!

MADAME SAINT-FLORENTIN. — Oui, Guenuchaud!

COLOMBIN. — Ah! je vous en prie, que ça *soie* bon et flanquez-lui de la nourriture, un kilomètre de nourriture!

SCÈNE VIII

LES MÊMES, PASSE-LACET, MADAME MALABAR

MADAME MALABAR, *bas à Passe-Lacet, qui a le nouveau costume.* — Ne marche donc pas sur ton volant, ça fane. *(Bas à Mme Saint-Florentin.)* Eh bien ? et les vingt francs ?

MADAME SAINT-FLORENTIN, *à part.* — Déjà! *(A Colombin en présentant Mme Malabar et Passe-Lacet.)* Mme veuve Malabar, ma tante... une chanoinesse, et Mlle de Passe-Lacet, ma nièce.

COLOMBIN, *saluant.* — Mesdames...

MADAME SAINT-FLORENTIN, *à part.* — Avant de faire des démarches pour ce jeune capitaliste... assurons-nous d'abord de sa générosité...

COLOMBIN, *qui a salué ces dames, à part.* — La première noblesse de France... *(Montrant ses gants.)* J'ai bien fait de les mettre!

MADAME MALABAR, *bas à Mme Saint-Florentin.* — C'est pas tout ça, et mes vingt francs ?

MADAME SAINT-FLORENTIN. — Un moment.

COLOMBIN. — Quoi donc ?

MADAME SAINT-FLORENTIN. — Rien... cette chanoinesse est d'une indiscrétion. Il s'agit d'une loterie.

COLOMBIN. — Une loterie... je la croyais supprimée...

MADAME SAINT-FLORENTIN. — Allons donc... il s'agit d'une loterie au profit des victimes... du gaz... une folie que je fais... mais vous savez... le cœur... le premier numéro sortant gagne un château... à moi, un domaine de famille... Il me reste quelques billets...

COLOMBIN. — Pauvre femme, elle se ruinera!

MADAME SAINT-FLORENTIN, *lui présentant un billet.* — C'est vingt francs!

COLOMBIN, *tirant de la poche de côté de son habit un mouchoir qui est fixé par un nœud à la boutonnière.* — Permettez que je m'empresse.

PASSE-LACET, *à part.* — Est-elle futée, cette Saint-Florentin!

COLOMBIN, *dénouant péniblement un des coins du mouchoir qui renferme de l'argent.* — C'est une précaution que je prends contre les filous. *(Présentant un louis.)* Voici!

MADAME SAINT-FLORENTIN, *refusant.* — A moi!... oh! non, notre chère chanoinesse a bien voulu accepter les fonctions de trésorière...

MADAME MALABAR. — Donnez, petit.

MADAME SAINT-FLORENTIN, *à part.* — Allons, on peut s'intriguer pour ce jeune homme.

COLOMBIN, *à part.* — Je crois que voilà un bon placement.

SCÈNE IX

LES MÊMES, CAMUSARD

CAMUSARD. — Mille et mille pardons... oserai-je vous demander, madame la marquise... *(Apercevant Passe-Lacet.)* Ah!... *(Il salue.)*

PASSE-LACET, *saluant.* — Monsieur!...

MADAME SAINT-FLORENTIN, *à part.* — Jobard numéro deux...

PASSE-LACET, *à part.* — Mon rendez-vous! *(Bas à Malabar.)* C'est un baron... filez! *(Mme Malabar remonte et prend la boîte.)*

COLOMBIN, *bas à Mme Saint-Florentin.* — Serait-ce par hasard l'administrateur ?

MADAME SAINT-FLORENTIN, *de même.* — Juste, il fait la cour à ma nièce.

CAMUSARD, *à Passe-Lacet.* — Vous voyez, je suis exact, marquise... l'empressement... le bonheur... *(A part.)* C'est drôle, ça n'a pas l'air faubourg Saint-Germain.

MADAME MALABAR, *à part, redescendant avec la boîte.* — Ce noble étranger a une bonne figure, j'ai bien envie d'acquitter Passe-Lacet... v'lan! ça va. *(A Camusard.)* Faites vos emplettes, régalez vos dames... savon, pommade, cuirs à rasoirs, brosses à dents, le tout au profit des tremblés de la Martinique...

CAMUSARD, *à part.* — Mais c'est un bazar, que cette vieille-là ?

PASSE-LACET, *prenant un bracelet dans la boîte.* — Ah! baron, l'amour de bracelet.

CAMUSARD, *à part.* — Ah! ah! nous voulons carotter papa... du flanc...

PASSE-LACET. — Ça vaut ?

MADAME MALABAR. — Dix-sept francs et trois sous, les mêmes de quarante francs.

CAMUSARD. — C'est pour rien... c'est pour rien...

MADAME MALABAR. — Eh bien ?

CAMUSARD. — C'est pour rien. *(Il met ses mains dans ses poches et chante.)* Tu ru, tu, tu, tu ru, tu, tu.

MADAME MALABAR. — Je n'aime pas cet air-là. *(Haut, mettant le bracelet à Passe-Lacet.)* Voyez donc comme ça fait bien.

PASSE-LACET. — Oui, ça donne tout de suite un chic.

CAMUSARD, *à part.* — Ah! un chic! *(A Passe-Lacet en fouillant dans ses poches.)* Du moment qu'il vous plaît... il vous plaît. *(Poussant un cri.)* Ah! mon Dieu!

PASSE-LACET. — Quoi donc ?

CAMUSARD. — Ce maraud de Jasmin a négligé de mettre de l'or dans mes poches!

MADAME MALABAR. — Le polisson.

COLOMBIN, *à part.* — L'administrateur a oublié sa bourse... est-ce heureux! *(A Camusard.)* Monsieur, permettez que je m'empresse... *(Même jeu avec le mouchoir.)* C'est une précaution que je prends contre les filous...

CAMUSARD. — Ah! monsieur, je ne recevrai pas...

COLOMBIN. — Voici une pièce d'or, ma dernière... ce serait me désobliger...

MADAME MALABAR, *la prenant.* — Merci, jeune homme.

CAMUSARD, *à Colombin.* — Mon cher, je vous suis obligé d'un louis...

MADAME MALABAR, *à Passe-Lacet.* — Et le bracelet ?

PASSE-LACET, *le lui remettant.* — Nous sommes quittes.

COLOMBIN, *à part.* — Eh bien! le meilleur placement... c'est celui-là.

COLOMBIN, *bas à Mme Saint-Florentin.* — Le moment est bon, si je lui touchais deux mots de mon affaire ?

MADAME SAINT-FLORENTIN. — Gardez-vous-en bien... troubler un tête-à-tête... *(Montrant le cabinet à droite.)* Entrez là, et rédigez votre pétition... je l'appuierai...

COLOMBIN. — C'est ça. *(A part.)* Voilà des femmes un peu comme il faut, voilà des femmes.

CHŒUR

AIR : *Entre nous plus de gêne (Mademoiselle ma femme).*

Je compte sur son zèle
Fidèle
Me voilà sous son aile
Et je suis du succès
Tout près.

MADAME SAINT-FLORENTIN

Fiez-vous à mon zèle
Fidèle,
Je vous prends sous mon aile;
Vous êtes du succès
Tout près.

TOUTES

Fiez-vous à son zèle
Fidèle,
Vous voilà sous son aile;
Vous êtes du succès
Tout près.

Colombin sort à droite.

SCÈNE X

MADAME SAINT-FLORENTIN, CAMUSARD, PASSE-LACET

CAMUSARD. — Ah çà! minute, mes petites chattes; à présent que nous sommes bec à bec, entre nous, votre noblesse n'est pas meilleur teint que la mienne... à bas les masques! moi, je m'appelle Joseph Camusard, étudiant en droit...

PASSE-LACET. — Encore un, mais ce n'est pas le quartier!

CAMUSARD. — Et de plus principal clerc de maître Malavoine, huissier patenté

PASSE-LACET. — Eh ben! zut! puisqu'il retourne encore de l'étudiant! vous voyez en moi Passe-Lacet, ex-écuyère de l'Hippodrome et premier sujet de l'école royale de danse de Mabille, et du Château-Rouge [2].

MADAME SAINT-FLORENTIN. — Et en moi, Nini Saint-Florentin, qui, en fait de quartier de noblesse, ne connais guère que la quartier Tivoli...

CAMUSARD. — Bravo, bravissimo!... *(Criant.)* Vive la Charte!... *La Marseillaise!* et puisqu'on est en famille, en avant la noce!

PASSE-LACET et MADAME SAINT-FLORENTIN. — En avant!

MADAME SAINT-FLORENTIN. — Un raout... c'est bon genre... un raout improvisé! oh! nous danserons la rédowa [3].

PASSE-LACET. — Connu... on fumera, on chantera, et on se rafraîchira en tricotant du tendon d'Achille, comme on dit rue de l'Ecole-de-Médecine... qu'on se le dise!... *(A la cantonade.)* Ohé! les autres! arrivez donc! ce n'est qu'un étudiant.

SCÈNE XI

LES MÊMES, AMIES D'ISOLINE, *accourant de tous côtés.*

CHŒUR

AIR : *Signora (Part du Diable).*

Quoi vraiment,
Un étudiant,
C'est amusant,
C'est surprenant,
C'est inouï;
Mais avec lui
C' n'est pas la peine
Qu'on se gêne,

2. *L'Hippodrome*, construit en 1845 près de l'Etoile, donnait des spectacles de cirque où les chevaux jouaient naturellement un grand rôle. Le Bal Mabille, créé en 1840, était situé dans l'Allée des Veuves, 87, avenue Montaigne à peu près. Le Château Rouge était une salle de bals et de concerts créée en 1845 par un nommé Bobœuf et située rue Château-Moulin dans le quartier de Clignancourt.

3. La rédowa était une danse bohémienne introduite à Paris à la fin de la monarchie de Juillet

Vite à bas
Les embarras,
Plus de contrainte
Et plus de feinte,
On peut parler
Et rigoler,
Tout comme en plein
Quartier Latin.

CAMUSARD. — Quelle avalanche!... il pleut des femmes!... suis-je dans le paradis de Mahomet, ou dans un bateau de blanchisseuses... Ça m'est égal je vous retiens toutes pour la première, comme M. Petipa, dans *Giselle* [4]... Ah çà! mes petits lapins, parlons sérieusement; un seul danseur pour tant de sylphides, c'est insuffisant... Comment faire ? (*Il fouille dans sa poche*, et en tire un nez de carton.) Oh! je tiens mon plan... non, c'est mon nez... Je cours à mon étude, et je vous ramène ici tous mes collègues! les clercs de maître Malavoine.

TOUTES. — Adopté! adopté!

REPRISE DE LA FIN DU CHŒUR

Vite à bas
Les embarras, etc.

Camusard sort

SCÈNE XII

LES MÊMES, *moins* CAMUSARD; *puis* COLOMBIN

MADAME SAINT-FLORENTIN. — Ah çà! nous recevons du monde... faut ranger... rangeons.

TOUTES. — Oui, rangeons.

Elles placent contre le mur les chaises; l'une balaie, l'autre époussette.

4. Marius Petipa (1819-1910), célèbre chorégraphe, fit une grande partie de sa carrière en Russie. On sait que *Giselle* (1841), livret de Théophile Gautier, musique d'Adolphe Adam est le chef-d'œuvre du ballet romantique. La chorégraphie était de Jean Coralli et, pour les variations de la danseuse étoile, Carlotta Grisi, de Jules Perrot.

COLOMBIN, *entrant.* — Pour ce qui est de l'écriture, je me suis appliqué... *(A Mme Saint-Florentin.)* Ah çà! j'aurai ma place ?

MADAME SAINT-FLORENTIN, *sans l'écouter.* — Où mettrons-nous l'orchestre ?

COLOMBIN. — Quel orchestre ? Je vous dis : Ah çà! j'aurai ma place ? et vous me répondez...

MADAME SAINT-FLORENTIN, *indifféremment.* — Ah çà! vous tenez donc beaucoup à ce petit emploi ?

COLOMBIN. — Hein ?... Ah! bien, elle est bonne, celle-là... Comment, je vous rencontre hier à l'Ambigu; tout à coup vous me tombez là sur le dos...

MADAME SAINT-FLORENTIN. — Les nerfs... mon cher... les nerfs...

COLOMBIN. — Bon, c'est votre maladie... faut consulter... moi, je vous reprends, je vous retape, je vous raccommode, et je vous conte mon affaire... avec les personnes comme il faut, je suis comme ça!... En sortant, il pleuvait... je vous prête mon parapluie, vous vendez des billets... j'en prends... le bracelet, je l'achète... et quand j'ai vidé ma pauvre bourse, vous venez me dire... Voyons, est-ce de la causerie, ça ? est-ce de la causerie ?

MADAME SAINT-FLORENTIN. — Je vous conseille de vous plaindre ? le fils d'un Crésus.

COLOMBIN. — Mais non... voilà ce qui vous trompe... mais non... mon Crésus de père, c'est un conte.

MADAME SAINT-FLORENTIN. — Un comte!

COLOMBIN. — Que je vous ai fait. On m'avait dit qu'à Paris, pour réussir, il fallait jeter de la poudre aux yeux; alors je me suis doré sur tranche pour vous intéresser.

MADAME SAINT-FLORENTIN. — Voyez-vous l'espiègle!

PASSE-LACET. — Eh bien! vous avez joliment réussi!

COLOMBIN. — Et la vérité pure, c'est que je n'ai rien, pas la moindre monnaie... Pour un homme, ça suffit... avec des bras, on se tire d'affaire... mais c'est Minette, pauvre petite.

PASSE-LACET. — Minette! une chatte ?

COLOMBIN. — Non... une jeunesse qui a mon cœur... pour toujours, et que j'épouserai... parce que, celle-là, c'est la vertu même...

TOUTES. — A la bonne heure!

COLOMBIN. — Si vous la voyiez... des mains!... *(Regardant celles d'une de ces dames.)* Bah! bien plus grandes que ça!... et des pieds! *(Regardant les pieds de ces dames.)* Avec les siens, on en ferait pour toute la société... Il faut voir, quand elle me tapote les deux joues, et qu'elle me dit avec sa petite voix : Bonne pâte, va!... Dame! moi, ça me remue, et je voudrais... mais je ne suis pas riche. J'avais une place dans les Messageries... il n'y en a plus, de Messageries... alors nous avons pensé aux chemins de fer, et je suis venu à Paris solliciter avec notre reste.. cent trente francs!... Par exemple, aujourd'hui, j'ai fait des bêtises : le bracelet, la loterie... je ne vous les reproche pas, au moins; il me reste encore de quoi m'en retourner.

TOUTES. — Pauvre garçon!

COLOMBIN. — Car elle m'attend là-bas, toute seule... au coin du feu... quand je dis du feu... de la cheminée... le bois est si cher... et dire qu'elle a été à son aise; qu'elle a eu une boutique à Paris, où elle était modiste... comme tout le monde.

MADAME SAINT-FLORENTIN. — Modiste!

TOUTES. — Minette la modiste!

COLOMBIN. — Passage du Saumon... et si elle a été ruinée, celle-là, c'est la faute de son bon cœur... Oui, des amies... des mauvaises femmes, qui se font faire des chapeaux, des robes, des bouracans, un tas de toiles d'araignées qu'elles ne paient pas.

Toutes baissent la tête.

PASSE-LACET. — C'est pourtant vrai, ça.

COLOMBIN. — La pauvre marchande veut lutter d'abord... mais y a pas moyen : la charge est trop lourde... alors...

AIR : *Rassurez-vous, ma mie.*

La misère gratte à sa porte,
Puis elle voit un beau matin
Les huissiers et leur cohorte
Fondre sur son magasin,
Enfin, las de la poursuivre,
On la chasse en lui laissant
Quoi!... sa vertu pour vivre...
Comme c'est régalant.

TOUTES. — C'est affreux!

COLOMBIN. — Oui, c'est affreux, parce qu'avec ça on crève de faim à Orléans... au quatrième... sur la cour.

TOUTES. — Pauvre fille!

PASSE-LACET. — J'en pleure... *(Serrant la main de*

Colombin.) Monsieur, vous êtes un bon enfant, et je... Mesdemoiselles, après ce que nous avons fait...

MADAME SAINT-FLORENTIN. — Il faudrait ne pas avoir de cœur pour les abandonner.

TOUTES. — Oui, oui...

GIBOULETTE, *offrant une chaise à Colombin.* — Tenez, asseyez-vous.

PASSE-LACET, *apportant un fauteuil.* — Non! un fauteuil!... Qu'est-ce qu'il faut vous servir ?

ISOLINE. — Ah! un marron glacé!

MANDARINE. — Il reste du bœuf ?

MADAME SAINT-FLORENTIN. — Jeune homme, voici votre parapluie.

COLOMBIN. — Faut que je m'en aille ?

TOUTES. — Par exemple!

PASSE-LACET. — S'en aller!... pauvre bichon!

COLOMBIN. — C'est que... quand on est chez des grandes dames... ça intimide, on a peur de gêner...

ISOLINE. — Soyez tranquille... nous ne vous oublierons pas. *(Aux autres.)* Mesdemoiselles, nous travaillerons, nous ferons des économies, et...

PASSE-LACET. — V'là qu'elle dit des bêtises!

COLOMBIN. — Comme ça, j'aurai ma place ?

MADAME SAINT-FLORENTIN. — Eh bien! eh bien! oui, vous l'aurez!

PASSE-LACET. — Cristi! mesdemoiselles, jurons...

MADAME SAINT-FLORENTIN. — Oui, jurons toutes de ne prendre ni repos ni plaisir, avant de lui avoir procuré cette place... Nous trouverons le Guenuchaud, nous étudierons ses faiblesses, nous le bloquerons, nous l'assiégerons, et nous l'enlèverons d'assaut.

PASSE-LACET. — Oui d'achar! Jurons.

CHŒUR

AIR : duo de *Marco Tempesta (Irène).*

Que nulle, ici, n'oublie
Le serment qui nous lie,
Jurons; il faut que le passé
Par l'avenir soit effacé.

COLOMBIN, *à part.* — J'ai affaire à des musiciennes.

SCÈNE XIII

LES MÊMES, FLORIDOR

FLORIDOR, *entrant.* — Que vois-je !

TOUTES. — M. Floridor.

FLORIDOR, *à Isoline.* — Ah! je vous y prends, madame.

CORALIE, *à part, regardant Floridor.* — Mais je ne me trompe pas... C'est M. Guenuchaud.

FLORIDOR, *à Isoline.* — Voilà donc la société que vous fréquentez ?

CORALIE, *avec intention.* — Oui, d'anciennes connaissances.

FLORIDOR, *la reconnaissant.* — Ah! *(Bas.)* Chut!...

CORALIE, *à haute voix.* — Bonjour, père Guenuchaud.

TOUTES. — Guenuchaud ?

CORALIE, *à Floridor.* — Un client à moi... vous en ai-je arraché de ces cheveux blancs.

FLORIDOR, *bas.* — Mais taisez-vous donc... il ne faut pas dire...

ISOLINE, *pleurant tout à coup.* — Ah! ah! ah!... monsieur, vous me trompiez... vous m'aviez promis de m'épouser, et vous êtes marié... ah! ah!

COLOMBIN, *à part.* — Je ne comprends pas.

SCÈNE XIV

LES MÊMES, LÉOCADIE;
puis MADAME GUENUCHAUD *et* CAMUSARD

LÉOCADIE, *accourant.* — Madame Guenuchaud.

FLORIDOR. — Ma femme! voilà ce que je craignais. Sauvez-moi, cachez-moi!

MADAME SAINT-FLORENTIN, *ouvrant l'armoire.* — Là, dans cette armoire... mais votre conduite est bien immodeste. *(Elle l'enferme.)* Nous le tenons. *(A Colombin.)* Jeune homme, vous aurez votre place.

Mme Guenuchaud paraît, elle est suivie de Camusard, qui reste au fond.

MADAME GUENUCHAUD, *à Isoline*. — Il est cinq heures... je suis exacte... l'argent est-il prêt ?

ISOLINE. — Encore deux jours, j'attends une rentrée.

MADAME GUENUCHAUD. — Ah çà ! ma chère, est-ce que vous vous moquez de moi... pas de délai... *(A Camusard.)* Huissier, vous allez me faire le plaisir de saisir toute cette brocante...

COLOMBIN, *à part*. — Un huissier!... ah! le drôle d'administrateur !

MADAME GUENUCHAUD. — Allons vite, le scellé sur les portes... les meubles, les armoires.

FLORIDOR, *ouvrant le guichet de l'armoire*. — Les armoires !

MADAME SAINT-FLORENTIN. — Un instant!... Mademoiselle est mon amie... madame...

MADAME GUENUCHAUD. — Et qu'est-ce que ça me fait ?

MADAME SAINT-FLORENTIN. — Je réponds pour elle.

MADAME GUENUCHAUD. — Vous!... mais je ne vous connais pas.

MADAME SAINT-FLORENTIN, *montrant le cabinet de gauche*. — Entrez dans ce cabinet, faites les quittances... dans un quart d'heure vous serez payée... allez, ma chère.

MADAME GUENUCHAUD. — Ah! comme ça, c'est différent.

CHŒUR

AIR : *Mariez-vous vite.*

J'en finirai vite, bien vite, très vite,
A sortir de ces lieux, je sens que tout m'invite.
Et n'était le salut de mon pauvre loyer,
Je n'aurais pas franchi le seuil de ce guêpier.

TOUTES

Finissez-en vite, bien vite, très vite
A nous débarrasser, ici tout vous invite,
Rien n'éteint la gaieté, comme l'air grimacier
De son propriétaire ou bien de son portier.

Mme Guenuchaud entre à gauche.

SCÈNE XV

LES MÊMES, *moins* MADAME GUENUCHAUD

ISOLINE. — Que veux-tu faire ?

MADAME SAINT-FLORENTIN. — Vous le saurez.

FLORIDOR, *ouvrant le guichet.* — Est-elle partie ?

TOUTES. — Oui.

FLORIDOR. — Alors ouvrez-moi.

MADAME SAINT-FLORENTIN. — Impossible de briser le scellé.

FLORIDOR. — Comment! je suis sous le scellé!

MADAME SAINT-FLORENTIN. — Vous y êtes... Il y aurait bien un moyen de sortir...

FLORIDOR. — Je l'adopte.

MADAME SAINT-FLORENTIN. — Nous devons trois termes... faudrait les payer.

FLORIDOR. — Comment!... au fait, puisque c'est pour ma femme, et que... combien, en tout ?

MADAME SAINT-FLORENTIN. — Quinze cents francs.

PASSE-LACET. — Quinze cents malheureux francs.

FLORIDOR. — Vous m'écorchez, parole d'honneur!... heureusement que j'ai sur moi... *(comptant les billets)* un, deux, trois billets...

MADAME SAINT-FLORENTIN, *après avoir pris les billets, à Isoline.* — Dis donc, est-ce que tu tiens beaucoup à payer cette Guenuchaud ?

ISOLINE. — Moi... du tout, cet appartement me déplaît... les cheminées fument.

MADAME SAINT-FLORENTIN. — Très bien!... Monsieur Colombin, approchez! *(Elle lui remet les billets.)* A Mlle Minette, de la part de ses amies de Paris.

TOUTES. — Bravo!

COLOMBIN. — Comment, tout ça! *(A part.)* Voilà des femmes! *(Haut, nouant les billets dans son mouchoir.)* C'est une précaution que je prends... à Paris, il y a tant...

FLORIDOR. — Cordon! s'il vous plaît!

MADAME SAINT-FLORENTIN. — Un moment... *(A Colombin.)* Votre pétition ?

COLOMBIN. — Ah! c'est décidément Monsieur qui est le véritable administrateur. *(Lui présentant sa pétition.)*

Monsieur, c'est une demande... je vous prie d'examiner l'écriture...

FLORIDOR. — Un solliciteur! je n'y suis pas. *(Il referme violemment le guichet.)*

COLOMBIN. — Allons! je repasserai.

MADAME SAINT-FLORENTIN. — Du tout! *(A Floridor.)* Monsieur est un parent auquel nous nous intéressons... c'est... c'est notre cousin.

PASSE-LACET. — Oui, notre cousin à toutes.

COLOMBIN. — Comment, la branche des Colombins se rattacherait... Cousines, permettez! *(Il veut les embrasser ; elles se reculent.)*

MADAME SAINT-FLORENTIN, *continuant.* — Et ce serait nous désobliger que de refuser.

FLORIDOR. — Non, non, les cousins avec moi, ça ne prend pas...

MADAME SAINT-FLORENTIN, *bas à Guenuchaud.* — C'est le prix de notre discrétion... songez-y... si Mme Guenuchaud savait...

FLORIDOR. — Mais je n'ai ni plume ni encre.

CAMUSARD. — Présent, je ne sors jamais sans ça. *(Tirant de sa poche une plume et un encrier.)* Voilà le cornet.

PASSE-LACET. — Le cornet de bonbons à Monsieur.

MADAME SAINT-FLORENTIN. — Écrivez! *(Haut.)* La dite place accordée au sieur Colombin...

PASSE-LACET. — A la condition qu'il épousera Mlle Minette dans le mois... *(Aux femmes.)* J'insère cette clause... les hommes sont si galopins!...

COLOMBIN. — Ah! merci, tenez, la plus comme il faut... c'est vous.

FLORIDOR, *achevant d'écrire.* — Dans le mois... *(Mme Saint-Florentin ouvre la porte de l'armoire.)*

FLORIDOR, *sortant de l'armoire.* — Enfin! *(Bruit en dehors ; l'orchestre joue en sourdine la ritournelle d'une polka.)*

CAMUSARD. — Mesdemoiselles, les clercs de mon étude que je vous présente! *(Entrée des clercs.)*

PASSE-LACET, *les regardant entrer.* — Ah! les beaux cavaliers!... Maintenant, mesdemoiselles, en avant la rédowa!

TOUTES. — La rédowa, la rédowa! *(On danse; Mme Guenuchaud paraît.)*

MADAME GUENUCHAUD. — Qu'est-ce que c'est que ça ?

FLORIDOR. — Ma femme! où me fourrer ?

CAMUSARD, *tirant le nez de carton de sa poche.* — Là-dessous!... *(Continuant à danser.)* Le pas des guirlandes!

FLORIDOR, *mettant le nez.* — Le pas des guirlandes! *(Il danse devant sa femme.)*

MADAME GUENUCHAUD, *présentant les quittances à Isoline.* — Mademoiselle...

ISOLINE, *dansant.* — Ça ne me regarde pas...

MADAME GUENUCHAUD, *présentant les quittances à Mme Saint-Florentin.* — Madame...

MADAME SAINT-FLORENTIN. — Ah! vous avez les quittances ?

MADAME GUENUCHAUD. — Oui.

PASSE-LACET. — Eh bien! gardez-les!

MADAME GUENUCHAUD, *exaspérée.* — Ah! *(Colombin s'empare de Mme Guenuchaud, et l'entraîne dans la danse. La toile tombe.)*

FIN DE LA CHASSE AUX JOBARDS

UN HOMME SANGUIN

COMÉDIE-VAUDEVILLE EN UN ACTE

PAR LABICHE ET LEFRANC

représentée pour la première fois à Paris, sur le Théâtre du Gymnase, le 15 août 1847

ACTEURS qui ont créé les rôles.

CHALABERT	M. LANDROL
RANÇONNET, médecin.	M. SYLVESTRE
LARDILLON, sculpteur.	M. PEREZ
BUCHARD, modèle.	M. ACHARD
MARGUERITE, domestique	Mlle ANNA CHÉRI

La scène se passe à Paris, chez Chalabert.

Porte au fond; dans l'angle, à droite, au fond, porte de la chambre de Lardillon; à gauche, au premier plan, porte du cabinet de Chalabert; au deuxième plan, porte de l'appartement de Mme Chalabert; à droite, au deuxième plan, porte donnant dans l'intérieur de l'appartement. — A gauche, une table avec quelques brochures; à droite, une petite table avec ce qu'il faut pour écrire.

SCÈNE PREMIÈRE

CHALABERT, LARDILLON,
tenant une petite statuette qu'il répare.

CHALABERT. — Enfin, mon cher Lardillon, c'est demain le grand jour... c'est demain que tu deviens mon gendre.

LARDILLON. — Et ce n'est pas sans peine...

CHALABERT. — J'avoue que d'abord je n'ai pas parfaitement accueilli ta demande... je crois même que je t'ai mis à la porte.

LARDILLON. — Et moi, j'en suis sûr.

CHALABERT. — Qu'est-ce que tu veux ? un monsieur qu'on ne connaît pas... qui vient à huit heures du matin vous demander votre fille... c'est bien fait pour étonner un ancien fondeur en bronze, qui donne soixante... sans le trousseau.

LARDILLON. — Mais il me semble que de mon côté...

CHALABERT. — Oui, je sais que tu as du bon... tu as deux oncles assez fortunés et bientôt mûrs... mais pourquoi diable te faire sculpteur, quand tu as tout ce qu'il faut pour être notaire ?...

LARDILLON. — Qu'est-ce que vous voulez... il y a des vocations.

CHALABERT. — Les vocations! ça ne vaut pas les vacations.

LARDILLON. — Vous verrez ma statue de Galatée!

CHALABERT. — Quelle drôle d'idée de faire des Galatées quand on s'appelle Lardillon et qu'on est né à Poissy.

LARDILLON. — Aussi suis-je venu à Paris, et, grâce à Buchard, je me suis lié avec des artistes.

CHALABERT. — Qu'est-ce que c'est que Buchard ?

LARDILLON. — Un ami qui me sert de modèle... à raison de dix francs par séance... Il dit que j'ai du talent... il m'a affirmé, hier au soir, que j'honorerai mon siècle!

CHALABERT. — Honorer son siècle... c'est très bien; mais j'aurais préféré un bien-fonds.

LARDILLON. — Bah! j'en acquerrai un à la pointe de mon ciseau.

CHALABERT. — Ça t'en aurait fait deux... enfin, ma fille l'a voulu.

LARDILLON. — Chère Caroline!

CHALABERT. — Qu'est-ce que tu veux... elle est folle... elle dit que tu as une tête d'artiste.

LARDILLON, *avec passion.* — Comment! elle a dit... Oh! je ferai son buste!

CHALABERT. — Alors, moi, comme père, j'ai dû céder.

LARDILLON. — Vous êtes si bon... vous êtes si... tenez, je ferai votre buste aussi.

CHALABERT. — Eh! mon Dieu, je me suis rappelé mon mariage avec Mme Chalabert... c'est la même histoire : son père s'opposait... mais elle a voulu m'avoir et elle m'a eu.

LARDILLON. — Et vous êtes heureux ?

CHALABERT. — Certainement... Seulement elle a vingt ans de moins que moi, et quand j'y pense, ça me rend presque ombrageux.

LARDILLON. — Vous ?

CHALABERT. — Ce n'est pas que... Ah! je suis plein de confiance, mais je surveille... avec confiance, voilà tout... Ah çà! nous causons... et un jour comme celui-ci... Es-tu tout à fait installé dans l'appartement que je t'ai fait arranger là ? *(Il indique la porte dans l'angle, à droite.)*

LARDILLON. — Depuis ce matin, et je dois vous dire qu'il est délicieux, mon atelier surtout.

CHALABERT. — Ah! je suis passé tout à l'heure à la mairie, à l'église... Dis donc, j'ai décommandé les orgues.

LARDILLON. — Tiens! pourquoi donc ?

CHALABERT. — On me demandait cent vingt francs, et j'ai pensé qu'un tapis de pieds ferait mieux dans ta chambre.

LARDILLON. — Comment! vous avez remplacé les orgues par un tapis ?

CHALABERT. — C'est plus chaud... Tu me remercieras cet hiver... Ah çà!... je remonte chez Clérisseau, mon notaire, au-dessus... Je vais prendre son heure pour la signature... *(Lui remettant un cahier de papier.)* Tiens.

LARDILLON. — Qu'est-ce que c'est que ça ?

CHALABERT. — Eh bien! le projet de contrat...

LARDILLON. — A quoi bon ?

CHALABERT. — Il faut que tu le lises, toi, le marié... c'est l'usage...

CHALABERT

AIR : *Bourrée bretonne.*

Chaque page
De ce griffonnage
Doit t'offrir
De quoi réfléchir.

ENSEMBLE

CHALABERT

Le mystère
Ici n'a que faire,
Sois heureux,
Mais ouvre les yeux!

LARDILLON

Pourquoi faire,
J'aimerais mieux, beau-père,
Être heureux
En fermant les yeux.

Chalabert sort par le fond.

SCÈNE II

LARDILLON; *puis* MARGUERITE

LARDILLON, *tenant le contrat de mariage, s'assied à une table à gauche.* — Qu'est-ce que mon beau-père veut que je fasse de ça... ce n'est pas la fortune de Caroline qui me décide... *(Examinant le contrat.)* Oh! oh! le notaire s'est distingué... une faveur rose!... tout ce qui touche au mariage respire un air de fête, de joie... *(Lisant.)* « En cas de décès du futur... » *(Parlé.)* Diable! ça devient moins gai. *(Il tourne une page.)* « Si par suite du prédécès » de ladite demoiselle. » *(Il tourne une autre page.)* « Si » les conjoints viennent à décéder sans enfants... » *(Parlé.)* Ah çà! il nous enterre tous, ce notaire-là... *(Jetant le contrat.)* Au diable!... j'en ai assez. *(Il reprend sa petite statuette.)*

MARGUERITE, *entrant vivement du fond avec un panier au bras.* — Ouf! il était temps!

LARDILLON. — Marguerite!... qu'est-ce que tu as donc?... tu es essoufflée.

MARGUERITE. — C'est rien, monsieur, j'ai couru... Il faut vous dire qu'il y a un monsieur... un bel homme, ma foi! qui me suit depuis huit jours.

LARDILLON. — Il a peut-être quelque chose à te dire.

MARGUERITE. — Il m'attend sur le Pont-Neuf, et sitôt que je parais!... il pousse un petit cri... Prrrrrr... Alors, moi je me retourne, il me salue... je le salue, nous nous saluons.

LARDILLON. — Alors, pourquoi te sauves-tu?

MARGUERITE. — Je me sauve... je me sauve... tout doucement, et il me rattrape... tout doucement... v'là-t-y pas ce matin qu'y me dit: Mam'zelle, de quel pays que vous êtes? — Je suis de Versailles, monsieur, passez votre chemin. — Tiens! qu'il s'écrie, j'ai un oncle qui est de Rambouillet. — Ah bah!... Comment qu'y se nomme? — Pitanchard. — Connais pas, et alors... nous avons fait connaissance... quand on est du même endroit.

LARDILLON. — C'est juste...

MARGUERITE. — Alors il me dit : Petite mère, je vas vous porter votre panier. — Pourquoi donc ça... mon panier? d'abord il est vide, mon panier... touchez pas!

en revenant nous verrons... et il se met à m'en conter... sur ma figure... sur ma taille... sur mes jambes...

LARDILLON. — Il les avait vues ?

MARGUERITE. — Faut croire... Ah! c'est un bel homme tout de même... Arrivés rue des Prouvaires, je lui dis : C'est pas tout ça... c'est-y pour m'épouser ? — Oui! qu'y me répond tout de suite... c'est-à-dire tout de suite... à la pointe Saint-Eustache. Alors, je lui dis : Qu'est-ce que vous avez ? — Vingt et un ans. — Non, qu'est-ce que vous avez d'argent ?... — Vingt et un ans, qu'il me répond toujours... il paraît qu'il n'a pas autre chose... — Moi, monsieur, c'est différent, j'ai cent écus et je n'épouserai qu'un mari de cent écus; passez votre chemin...

AIR des *Aiguilles.*

Je suis un' fille honnête et sage,
Assez gentille et d' bonne humeur.
Avec moi, c'lui qui f'ra ménage
Peut êtr' tranquill' sur son bonheur.
Il s'ra dorloté comm' personne;
Caressé, choyé constamment.
J'crois donc qu'la place est assez bonne
Pour qu'on dépose un cautionn'ment.

(Parlé.) Aussi j'ai tenu bon et il a eu beau rouler des yeux... pousser des soupirs... C'est un bel homme tout d'même!... je lui ai fermé la porte sur le nez... il n'y viendra plus, allez.

BUCHARD, *ouvrant la porte du fond, pousse le cri annoncé.* — Prrrrr!

MARGUERITE, *se sauvant à droite.* — Ah! mon Dieu, le voici.

LARDILLON. — Hein ?

SCÈNE III

LARDILLON, BUCHARD

BUCHARD, *apercevant Lardillon sans le reconnaître.* — Pardon... M. Bar-du-Bec, notaire!...

LARDILLON. — Buchard!...

BUCHARD, *à part.* — Pincé!...

LARDILLON. — Mon modèle... mon ami!...

BUCHARD. — Le patron!...

LARDILLON. — Que viens-tu faire ici?... Qu'est-ce qui t'amène?

BUCHARD. — L'amour de l'art! Voilà! depuis longtemps je désirais vous faire une surprise.

LARDILLON. — Toi?

BUCHARD. — Oui..., je me disais tous les matins : mais pourquoi donc que M. Lardillon ne termine pas sa statue de Galatée? une femme superbe! Alors, en cherchant, j'ai vu qu'il vous manquait quelque chose... deux jambes!

LARDILLON. — C'est vrai, impossible de trouver un modèle...

BUCHARD. — Je vous aurais bien offert les miennes... mais j'ai mieux.

LARDILLON — Comment?

BUCHARD. — Tel que vous me voyez, voilà quinze jours que je voyage pour l'article tibia... une partie bien ingrate, allez!...

LARDILLON. — Et puis, c'est délicat... quand il faut aller dire à une dame qui passe : Pardon... je fais une Galatée, voulez-vous permettre...

BUCHARD. — Pour ce genre de recrutement, il s'agit de trouver un endroit fréquenté par le sexe... et par le vent... parce que le vent, c'est l'ami des statuaires.

LARDILLON. — Eh bien!

BUCHARD. — Eh bien! j'ai trouvé le Pont-Neuf!... Oui, il y a bien le pont des Arts... mais ce sont des frais.

LARDILLON — Après?

BUCHARD. — Ah! bourgeois, comme la population dégénère!... en ai-je vu défiler de ces jambages... de ces pattes de mouche depuis quinze jours! Figurez-vous des croches, des bancroches... il y en a qui sont tortillés comme des notes de musique... on les jouerait sur le piano!

LARDILLON. — C'est une idée...

BUCHARD. — Et ces gens-là se figurent qu'ils ont des jambes! mais ils marchent sur des bâtons de chaise! Je ne sais pas comment on peut se tenir là-dessus sans se blesser!

LARDILLON. — Ça fait pitié!

BUCHARD. — Je m'en allais, je quittais le Pont-Neuf, fatigué de n'admirer... que moi... et Henri IV... lorsque tout à coup j'aperçois une petite chambrière dont le vent... taquinait la robe.

LARDILLON. — Marguerite ?

AIR : *On n'offense point une belle.*

Mon cerveau d'artiste s'exalte!
Quell' cheville, quel pied parfait!
Et tout cela foulant l'asphalte
Vraiment, monsieur, ça m'indignait.
Si t'es d' Versailles, petit' sournoise,
Retourne donc sous son ardoise :
La sculpture et l'art idéal
Dans c' pays possèd'nt un local,
Pour être au musé' d' Seine-et-Oise
Que te faut-il ?... un piédestal,
Il ne lui manqu' qu'un piédestal.

LARDILLON. — C'est une trouvaille.

BUCHARD. — Je l'aborde... je lui offre mon cœur... elle me donne son panier... en revenant, c'est très lourd.

LARDILLON. — Eh bien ?

BUCHARD. — Eh bien! impossible de rien conclure... elle demande des choses folles... cent écus et un bel homme!... J'ai offert la moitié... la belle moitié!

LARDILLON. — Et on t'a fermé la porte au nez... pauvre garçon! Ah çà! tu l'aimes donc sérieusement ?...

BUCHARD. — Si je l'aime!... je l'aime comme une statue qui serait de vous.

LARDILLON, *flatté.* — Ah! Buchard, ah! Buchard...

BUCHARD. — Pardonnez à ma franchise...

LARDILLON. — Tiens, tu es un bon garçon... Je veux faire quelque chose pour toi.

BUCHARD, *tendant la main.* — Faites...

LARDILLON. — Je veux faire ton buste.

BUCHARD. — Comme vous voudrez... c'est dix francs la séance.

LARDILLON. — Et puisque tu aimes Marguerite... eh bien! le jour de mon mariage, je te donnerai la dot qu'elle exige : trois cents francs.

BUCHARD. — Comment, il serait possible... *(A part.)* Pauvre jeune homme, et moi qui abuse... *(Haut.)* Tenez, monsieur Lardillon... je vous aime, moi, je ne voudrais pas vous faire de peine, mais... est-ce que vous tenez beaucoup à être statuaire ?...

LARDILLON. — Oh! mon cher!...

BUCHARD. — C'est que souvent on se trompe... On est là bien tranquille, à Poissy... On regarde passer les bœufs... ça inspire, et tout à coup on s'écrie : Tiens, si je faisais des statues!

LARDILLON. — Eh bien?

BUCHARD. — Eh bien! on arrive à Paris et on fabrique un tas de pâtisseries.

LARDILLON. — Ce n'est pas pour moi que tu dis ça, il me semble que ma Galatée...

BUCHARD. — C'est une belle femme... j'ai posé pour le torse... mais...

LARDILLON, *vexé.* — Mais, quoi... voyons! suis-je un crétin, un imbécile... Ai-je du talent... oui ou non?

BUCHARD. — Vous en avez!... *(A part.)* Ah! c'est comme ça!...

LARDILLON. — A la bonne heure... Ah çà! je te quitte... un déjeuner d'amis pour ce matin... Nous enterrons le célibat entre artistes...

CHŒUR

AIR : *La Montagnarde.*

On offre avec délice,
La veille d'un contrat,
Un dernier sacrifice
Au dieu du célibat;
En vidant maint flacon
Au bruit de la chanson;
On fait faire un plongeon
Au passé du garçon.

LARDILLON, *sortant par le fond.* — N'oublie pas les jambes de Galatée!...

Il disparaît.

SCÈNE IV

BUCHARD, *seul; puis* MARGUERITE

Pauvre garçon! il me fait de la peine... après ça, il sera riche un jour... Il aime les arts, faut pas le taquiner... La petite ne revient pas... c'est bisquant... il me tarde pourtant de lui apprendre... son bonheur... *(Il pousse le cri déjà connu.)* Prrrr!... Prrrr!... tiens! une sonnette! *(Il prend une sonnette sur la table et l'agite.)*

MARGUERITE, *entrant et courant vers la porte, à gauche.* — Voilà!

BUCHARD. — Prrrr !

MARGUERITE, *se retournant et apercevant Buchard.* — C'est encore vous!

BUCHARD. — Marguerite, depuis notre dernière entrevue... j'ai fait d'heureuses spéculations... j'ai réalisé trois cents francs, et je vous épouse.

MARGUERITE. — Ah bah!... comme ça, tout de suite.

BUCHARD. — Tout de suite... mais sur le seuil de l'hyménée, je croirais manquer à tous mes devoirs si je ne vous faisais ma confession intime et détaillée... Préparez-vous à en entendre des grises!

MARGUERITE, *effrayée.* — Mais, monsieur, c'est inutile.

BUCHARD. — Il le faut... Marguerite... j'ai eu trois ou quatre sentiments...

MARGUERITE. — Trois ou quatre!...

BUCHARD. — Plutôt quatre que trois...

MARGUERITE. — On ne vous demande pas...

BUCHARD. — La première...

MARGUERITE. — D'abord si vous continuez... je m'en vais... mon dîner est sur le feu.

BUCHARD. — Ah!... c'est une raison... j'abrégerai, je ne vous parlerai donc que de Séraphine-Cocotte-Victoire, née de Beauchamps. La seule qui m'ait véritablement inspiré...

MARGUERITE. — Elle était jolie ?...

BUCHARD. — Oh! jolie... en long... cinq pieds quatre pouces, tandis que toi...

MARGUERITE. — Il me tutoie.

BUCHARD. — Tu es la plus adorable petite statuette... Tiens, pour toi je renonce à toutes les folichonneries de mon âge, je veux passer ma vie à t'aimer, à te mijoter, à te faire de l'eau sucrée.

MARGUERITE. — Avec de la fleur d'orange.

BUCHARD. — Ou du rhum, c'est synonyme...

AIR : *Bonjour, bonsoir* (Couder).

Oui, dans le satin
    Ta destinée
    Sera bercée;

D'mon amour câlin
Je veux te faire un traversin.
Oui, mon seul plaisir
Sera d'accomplir
Ton moindre désir...
Je veux te chérir,
Je veux t'obéir
Jusqu'au dernier soupir.
Si j'ai peu de métal,
Si j' compt' peu de richesse :
J'ai pour apport dotal
Un trésor... de tendresse.
Ouverte à tous moments
Pour les recouvrements,
Non, jamais cette caisse
N' suspendra ses paiements,
Oui, dans le satin, etc.

MARGUERITE. — Ah! c'est bien gentil, ça!... C'est un bel homme tout de même!...

BUCHARD. — Ah! je serais si heureux... quel malheur!

MARGUERITE. — Quoi donc ?

BUCHARD. — Il paraît que je suis tombé à la conscription... que j'ai amené le numéro 9.

MARGUERITE. — Ah! mon Dieu!

BUCHARD. — Naturellement, mon physique m'a fait classer dans les carabiniers... un corps d'élite.

MARGUERITE. — Eh bien! alors...

BUCHARD. — Alors j'ai demandé un sursis pour me faire réformer...

MARGUERITE, *le regardant*. — Vous ?

BUCHARD. — Oui, j'ai allégué de nombreux motifs d'exemption.

MARGUERITE. — Lesquels ?

BUCHARD. — J'ai longtemps flotté entre une pulmonie et un ramollissement de la moelle épinière... qu'est-ce que tu aurais choisi ?

MARGUERITE. — Je ne sais pas.

BUCHARD. — J'ai opté pour le ramollissement... j'ai dit que j'étais alité... mais un jour ils me découvriront, et alors... déjà je suis traqué par les gendarmes... un autre corps d'élite... et je n'ose plus rentrer chez moi... voilà pourquoi je reste ici.

MARGUERITE. — Impossible! si on vient.

BUCHARD. — Je me cacherai jusqu'à ce qu'il m'arrive

un moyen d'exemption, il doit y en avoir... tiens... Séraphine-Cocotte-Victoire, dont je te parlais tout à l'heure, je l'ai rencontrée.

MARGUERITE. — Hein ?...

BUCHARD. — Il y a un an... elle avait épousé un médecin que je ne connais pas et qui avait trouvé un moyen de se soustraire toute sa vie au service militaire... voilà ce que je cherche. *(On entend la voix de Chalabert dans la coulisse.)*

MARGUERITE. — Ah! mon Dieu!... la voix de Monsieur...

BUCHARD. — Vite! escamote-moi! *(Indiquant une porte à gauche.)* Qu'est-ce que c'est que ça ?

MARGUERITE. — La chambre de Madame.

BUCHARD. — Et ici...

MARGUERITE. — Le cabinet de toilette de M. Chalabert.

BUCHARD. — Tiens! je vais faire ma barbe. *(Il entre dans le cabinet à gauche, au premier plan.)*

SCÈNE V

CHALABERT, RANÇONNET; *puis* BUCHARD, *caché,* MARGUERITE

CHALABERT, *entrant avec Rançonnet.* — Ce cher Rançonnet!... entrez donc!... entrez donc, voilà bien trois ans que je ne vous ai vu... je vous trouve un peu cassé...

RANÇONNET. — Que voulez-vous... mes campagnes... quand on a traîné sa vieille épée sur vingt champs de bataille... ça casse.

CHALABERT. — Asseyez-vous donc! Marguerite... des sièges... êtes-vous toujours médecin ? *(Après avoir donné des chaises, Marguerite sort.)*

RANÇONNET. — Toujours, morbleu! en ce moment je sollicite la place d'expert-chirurgien près le conseil de révision, corbleu... déjà je suis chargé de visiter un jeune soldat qui refuse de partir, sous prétexte de maladie... je dois l'examiner à domicile, et faire mon rapport... oh! je ne puis tarder à devenir titulaire, j'ai fait valoir mes services... mes blessures...

CHALABERT. — Vous avez été blessé ?

RANÇONNET. — Dix-sept fois... toujours par-devant.

CHALABERT. — Ah! c'est fatal... mais comment se fait-il que vous n'ayez pas la croix... un ancien chirurgien de la Grande Armée!

RANÇONNET. — Que voulez-vous, la débâcle est arrivée... mes états de service ont été perdus, enlevés... j'ai des ennemis politiques... et aujourd'hui quelqu'un viendrait me dire : Rançonnet, tu n'as jamais servi... je ne pourrais pas prouver... corbleu!

CHALABERT. — Heureusement que vous avez des témoins...

RANÇONNET. — J'ai pour témoin mes dix-neuf blessures.

CHALABERT. — Vous m'aviez dit dix-sept.

RANÇONNET. — Dix-sept! par-devant...

CHALABERT, *à part.* — Pauvre vieux brave... il m'affecte. *(A Rançonnet.)* Du courage, tôt ou tard on vous rendra justice...

RANÇONNET. — Je l'espère... je viens de terminer des travaux... mon cher, j'ai entrepris de régénérer l'espèce dans l'intérêt du service militaire et de la société en général...

CHALABERT. — Ah! et par quels moyens ?

RANÇONNET. — Cela tient à des principes d'hygiène...

CHALABERT. *(Il le frappe sur la poitrine avec le dos de sa main.)* Qu'est-ce que l'homme!

CHALABERT. — Dame! l'homme... c'est... c'est moi... c'est mon portier...

RANÇONNET. — L'homme est une plante, un végétal.

CHALABERT. — Tiens!

RANÇONNET. — Il ne s'agit que de savoir le cultiver... le développer... l'embellir, parce que la beauté physique, c'est tout... A Lacédémone, quand un enfant était difforme...

CHALABERT. — On le jetait dans la Seine... à ce que dit Plutarque.

RANÇONNET. — J'ai fait là-dessus un ouvrage dédié à tous les pères de famille et à tous les conseils de révision... Le voilà : vous lirez ma théorie... et moi-même, j'y joins la pratique!...

CHALABERT. — Comment ça ?

RANÇONNET. — Je me suis marié l'année dernière, et j'ai épousé une femme superbe... une femme monstre!..

CHALABERT. — Comment monstre ?...

RANÇONNET. — C'est une figure.

CHALABERT, *feuilletant le volume.* — Ah! oui, c'est une figure... monstre.

RANÇONNET. — On l'a surnommée dans le quartier la belle lingère, elle tient, ici près, un magasin que je lui ai acheté depuis notre mariage... Vous verrez nos produits, je ne vous dis que ça : vous verrez nos produits.

CHALABERT, *qui a feuilleté le volume.* — Permettez... Je vois là un chapitre de votre livre...

RANÇONNET. — Le chapitre premier. « Des beaux-pères. »

CHALABERT. — Non. « Des gendres. »

RANÇONNET. — C'est l'essentiel.

BUCHARD, *ouvrant la porte du cabinet.* — Ma barbe est faite... ils sont encore là!... *(Il écoute.)*

CHALABERT, *lit.* — « Le père qui va marier sa fille ne » saurait être trop difficile, trop minutieux sur la consti- » tution de l'individu qu'il a choisi pour gendre. » *(Parlé.)* Mais vous m'effrayez beaucoup.

RANÇONNET. — Pourquoi cela ?

CHALABERT. — C'est que je vais marier ma fille.

RANÇONNET. — Ah!... prenez bien garde.

BUCHARD, *à part.* — De quoi se mêle-t-y, ce vieux-là!

RANÇONNET. — Voyons... est-il sanguin, bilieux ou lymphatique ?

CHALABERT. — Dame! je ne sais pas...

RANÇONNET. — Et ça se dit père!...

CHALABERT. — Dame! puisque je vais marier ma fille!...

RANÇONNET. — Mais, s'il est chétif?...

CHALABERT. — Hein ?...

RANÇONNET. — Délicat ?...

CHALABERT. — Au fait...

RANÇONNET. — S'il est...

CHALABERT. — Ah!... ce matin... dans sa chambre... j'ai entendu tousser...

RANÇONNET. — Ah! voilà... il tousse.

BUCHARD, *à part.* — Puisqu'il est enrhumé... que c'est bête.

CHALABERT. — Tenez, Rançonnet, rendez-moi un service... vous êtes médecin... voyez mon gendre.

BUCHARD, *à part.* — Hein!

RANÇONNET. — Volontiers.

CHALABERT. — Bien que le mariage soit arrêté et doive se faire demain, je ne conclurai rien avant que vous ne l'ayez jugé, apprécié; je m'en rapporte à votre coup d'œil.

BUCHARD, *à part.* — Ah! c'est comme ça!... *(Il disparaît.)*

CHALABERT. — Je vais le faire venir tout de suite. *(Il appelle.)* Marguerite... Marguerite!...

SCÈNE VI

CHALABERT, RANÇONNET, MARGUERITE

MARGUERITE, *paraissant.* — Monsieur ?...

CHALABERT. — Où est mon gendre ?

MARGUERITE. — Il est sorti.

CHALABERT. — Diable!... il est sans doute chez le notaire... j'y remonte et vous envoie Lardillon.

RANÇONNET. — Lardillon ?...

CHALABERT. — C'est mon gendre!...

RANÇONNET. — Vous me permettez de mettre en ordre quelques notes à l'appui de ma demande.

CHALABERT. — Bien... faites comme chez vous...

CHŒUR

AIR : *Mariez-vous vite (Cœur de grand-mère).*

Je vais courir vite, bien vite, très vite,
Il faut dissiper la crainte qui m'agite;
Quel malheur, si mon gendre étique ou délicat
N'allait pas obtenir un bon certificat.

RANÇONNET

Mon cher, courez vite, bien vite, très vite
Mais plus qu'il ne faut la crainte vous agite;
Votre gendre ne peut être assez délicat
Pour ne pas obtenir un bon certificat.

Chalabert sort.

SCÈNE VII

RANÇONNET, *à une table à droite, il écrit;* MARGUERITE, *au milieu du théâtre,* BUCHARD, *ouvrant la porte du cabinet à gauche, il a un habit marron appartenant à Chalabert et des gants jaunes.*

BUCHARD, *faisant signe à Marguerite.* — Pst!

MARGUERITE, *bas, l'apercevant.* — Vous n'êtes pas parti ?

BUCHARD. — Dieu merci!

MARGUERITE. — Mais cet habit ?

BUCHARD. — Chut!... je l'ai trouvé là.

MARGUERITE. — C'est à Monsieur.

BUCHARD. — Je m'en contente. Annonce au docteur... ce vieux qui griffonne... que M. Lardillon vient de rentrer.

MARGUERITE. — Pourquoi ?

BUCHARD. — Veux-tu être ma femme ?

MARGUERITE. — Oui!

BUCHARD. — Annonce.

MARGUERITE, *très haut et résolument.* — M. Lardillon!

RANÇONNET, *finissant d'écrire.* — Ah! très bien!

MARGUERITE, *sortant.* — Ma foi! qu'ils s'arrangent. *(Elle sort.)*

SCÈNE VIII

RANÇONNET, BUCHARD

BUCHARD, *à part.* — Il s'agit d'être herculéen! *(Il se pose.)*

RANÇONNET. — Mon jeune ami... me voici tout à vous. *(A part.)* Il a de l'apparence. *(Haut.)* Vous connaissez le motif de notre entrevue... Chalabert a dû vous dire...

BUCHARD, *d'une voix énorme.* — Tout!

RANÇONNET, *à part.* — Il a du creux. *(Haut.)* Voyons, ne me cachez rien... Souffrez-vous quelquefois de la tête ?...

BUCHARD, *même voix.* — Jamais!

RANÇONNET. — De l'estomac ?

BUCHARD. — Jamais!

RANÇONNET. — Vous n'avez pas la respiration gênée ?

BUCHARD. — Quand je fends du bois.

RANÇONNET. — Nous allons bien voir. *(Il appuie sa tête sur la poitrine de Buchard.)* Respirez. *(Buchard, en respirant, imprime à sa poitrine un mouvement de va-et-vient tellement prononcé qu'il fait flotter la tête de Rançonnet.)*

RANÇONNET, *à part.* — Un vrai soufflet de forge... êtes-vous fort ?

BUCHARD. — Comme ça.

RANÇONNET. — Voyons... Serrez-moi la main. *(Buchard presse la main de Rançonnet.)* Aïe!... lâchez-moi donc! aïe!

BUCHARD, *froidement.* — C'est la main gauche; Monsieur désire-t-il essayer la droite ?

RANÇONNET. — Non... c'est inutile... *(A part.)* C'est un buffle. *(Haut.)* Jeune homme, vous me rappelez Murat... à Lutzen ou à Bautzen... je ne me souviens pas au juste... il s'était démis l'épaule en découpant un Bavarois... j'accours, je le panse, il me serre la main avec effusion... j'étais luxé...

BUCHARD. — Quelle poigne! *(Faisant mine d'ôter son habit.)* Quand Monsieur voudra, nous passerons au torse.

RANÇONNET, *l'arrêtant.* — Par exemple, ce n'est pas nécessaire...

BUCHARD. — Monsieur pourra s'assurer qu'il n'y a pas de charlatanisme... c'est la nature...

RANÇONNET. — Du tout... je vous crois. *(A part.)* Il a un singulier genre.

BUCHARD, *à part.* — Je vais l'étonner. *(Haut.)* Monsieur n'aurait pas sur lui un noyau de pêche ?

RANÇONNET. — Non, pour quoi faire ?

BUCHARD. — Pour le broyer avec l'index.

Il s'approche de la table à droite, y pose la main gauche à plat, et avec la main droite fait faire le ressort à son index gauche : on frappe, en même temps dans la coulisse, un coup énorme, trois fois répété, qui figure le bruit que le doigt est supposé faire en retombant sur la table.

RANÇONNET. — Ah! je suis fâché... j'aurais voulu voir ça...

AIR de *Nicolas Poulet.*

BUCHARD

Voulez-vous casser un moellon
Sur mon ventre ou sur ma poitrine ?
Voulez-vous que de ce balcon
Je vous lance chez la voisine ?
Je lèv' cent livr's avec les dents
A bras tendus j'port'rais... Anchise...
Et je jongle avec des enfants...
Quand M. l'Préfet m'autorise.

RANÇONNET, *à part.* — Avec des enfants ? mais ça se fait dans les foires, ça... c'est un bateleur.

BUCHARD, *voulant ôter son habit.* — Quand Monsieur voudra, nous passerons au torse.

RANÇONNET. — C'est inutile... Je vous ai dit... j'en ai assez vu!... *(A part.)* Quel drôle de gendre! mais il est remarquable... *(Haut.)* Allons... mon ami, je suis enchanté d'avoir fait votre connaissance, et avant de partir, ce soir, je verrai le beau-père... je lui dirai mon opinion... Vous en serez content.

BUCHARD, *à part.* — Bravo! nous sommes tous mariés! *(Haut.)* Vous nous quittez déjà, docteur ?

RANÇONNET. — Je suis en retard... il faut que je m'informe, on a dû découvrir le domicile d'un jeune soldat insoumis, que je suis chargé de visiter...

BUCHARD. — Comment ?

RANÇONNET. — Oui, le numéro 9.

BUCHARD, *à part.* — Ah! mon Dieu!...

RANÇONNET. — Il s'agit de savoir s'il est propre à faire un carabinier... et j'ai été délégué... Vous voyez que ça presse.

CHŒUR

AIR

Où le devoir m'invite
Je me rends à regret;
Avec douleur on quitte
Un homme aussi complet.

BUCHARD, *à part.*

De compliments il m'assomme,
Ça m'flatt'rait dans mon état,

Si j'pouvais être bel homme
Sans être en même temps soldat.

REPRISE DE L'ENSEMBLE

Où le devoir l'invite,
Il se rend à regret;
Avec douleur on quitte
Un homme aussi complet.

RANÇONNET

Où le devoir m'invite, etc.

Prêt à sortir, il tend machinalement la main à Buchard, puis par réflexion la retire vivement.

SCÈNE IX

BUCHARD, *seul.*

Je suis perdu... ils vont me découvrir, et après les compliments qu'il vient de me faire... impossible qu'il ne me trouve pas excellent. Le moyen de présenter comme poitrinaire un homme qui casse des noyaux de pêche et qui jongle avec des... Que faire!... Si je pouvais trouver dans mes connaissances un valétudinaire obligeant... un petit maigriot qui voulût prendre ma place...

SCÈNE X

BUCHARD, LARDILLON, *gris.*

LARDILLON. — Ah! quel déjeuner! diable de champagne!...

BUCHARD, *à part.* — M. Lardillon!... il va me donner un avis!...

LARDILLON. — Tout mousse autour de moi!... pif... pan... fust... *(Il imite le bruit du champagne qui part et mousse.)*

BUCHARD. — Ah! mon Dieu! dans quel état!

LARDILLON. — Ah! c'est toi, Buchard... bonjour, Buchard!...

BUCHARD. — Écoutez-moi!...

LARDILLON. — Que diable mon beau-père vient-il de me conter! je l'ai rencontré...

BUCHARD. — Permettez, monsieur Lardillon...

LARDILLON. — Il m'a parlé d'un médecin... d'une constitution... c'est de la politique, ça...

BUCHARD. — Il ne s'agit pas de ça!...

LARDILLON. — Et puis il moussait! il moussait!...

BUCHARD, *impatienté.* — Au nom du ciel, laissez-moi donc vous dire...

LARDILLON. — Tiens!... tu mousses aussi... Buchard qui mousse!... fust!...

Buchard. — Un grand malheur... votre mariage... il était rompu.

LARDILLON, *gaiement.* — Ah bah!

BUCHARD. — C'est-à-dire au contraire... vous êtes sauvé... j'ai tout arrangé.

LARDILLON. — Eh bien! alors...

BUCHARD. — C'est-à-dire, non... vous êtes perdu... et moi aussi.

LARDILLON. — Ah bah!

BUCHARD. — Je vous ai fait passer pour un bel homme.

LARDILLON. — Eh bien!

BUCHARD. — Et alors, moi, quand il me verra... il reconnaîtra que ce n'est pas vous...

LARDILLON. — Ah bah!

BUCHARD. — Et votre mariage... les cent écus, le numéro 9... tout ça se tient.

LARDILLON. — Eh bien!

BUCHARD, *impatienté.* — Eh bien! ah bah!... il ne sort pas de là... Tout ce que je puis vous dire... c'est que si vous ne me venez pas en aide, nous n'avons plus que la rivière en perspective...

LARDILLON. — J'aime mieux le champagne.

BUCHARD. — Mais écoutez-moi donc.

LARDILLON. — J'aime mieux dormir... après, tout ce que tu voudras... fust... fust... *(Il rentre dans sa chambre à droite.)*

SCÈNE XI

BUCHARD, *seul.*

Obligez donc un ami, pour qu'il vous laisse dans le pétrin! Il est vrai qu'il est gris... c'est une excuse!

SCÈNE XII

MARGUERITE, BUCHARD

MARGUERITE, *entrant vivement.* — Voilà M. Rançonnet avec deux gendarmes...

BUCHARD. — Où ça!

MARGUERITE. — En bas; ils disent que le numéro 9 est ici. Ils demandent le numéro 9, ils veulent le numéro 9.

BUCHARD. — Que faire ?... Ah! une idée.

MARGUERITE. — Quoi donc ?

BUCHARD, *à part.* — Ah! le patron ne veut pas me servir de son plein gré... Eh bien! il me sera utile malgré lui et sans le savoir! *(A Marguerite.)* Va retrouver M. Rançonnet et les gendarmes.

MARGUERITE. — Et puis ?

BUCHARD. — Dis-leur que je suis gris.

MARGUERITE. — Ça n'y fera rien.

BUCHARD. — C'est égal... dis-leur que je dors... là... dans la chambre à côté.

MARGUERITE. — Celle de M. Lardillon ?

BUCHARD. — N'y a-t-il pas un escalier qui donne sur la cour ?

MARGUERITE — Oui.

BUCHARD. — Eh bien! conduis-les... ils m'y trouveront!

MARGUERITE. — Toi, qui es ici.

BUCHARD. — C'est égal... ils m'y trouveront... moi, le numéro 9, qui viens de boire du champagne... je n'y vois plus clair... tout mousse! c'est égal, ils m'examineront tout de même.

MARGUERITE. — Ah çà! il devient fou.

BUCHARD. — Marguerite, veux-tu être ma femme ?
MARGUERITE. — Oui.
BUCHARD. — Alors, obéis.
MARGUERITE. — J'y vais. *(Elle sort.)*

SCÈNE XIII

BUCHARD, *seul.*

AIR : Quadrille du *Retour à Paris* (de Courcelle).

Heureuse imposture,
La mesure
Me rassure;
J' reste pékin,
Et citadin,
J'en ai bon augure.
A bas la guérite,
Sybarite,
Je l'évite,
Narguant les pious-pious
J' continue à planter mes choux.
Avec cette tournure,
Avec cette figure,
Avec cette encolure,
En vérité peut-on
S'exposer à la guerre
Sous aucune bannière,
A moins que ce soit donc
Sous cell' de Cupidon.
Heureuse imposture, etc.

SCÈNE XIV

CHALABERT, BUCHARD

CHALABERT, *entrant par le fond.* — Où diable est mon gendre ! il m'a glissé entre les mains... je ne sais pas ce qu'il avait... *(Apercevant Buchard.)* Un étranger ?

BUCHARD, *à part.* — Le beau-père!
CHALABERT. — Que demande Monsieur ?
BUCHARD. — Moi ?... M. Bar-du-Bec, notaire ?
CHALABERT. — C'est plus haut... mais il se nomme Clérisseau.
BUCHARD. — C'est le même. *(A part.)* Je ne sais plus ce que je dis...
CHALABERT. — Mais, j'y pense... vous venez peut-être...
BUCHARD. — Oui... je viens pour ça.
CHALABERT. — Pour le contrat.
BUCHARD. — Juste! j'en suis... je suis...
CHALABERT. — Témoin ?
BUCHARD. — Précisément.
CHALABERT. — Soyez le bienvenu, monsieur... Tiens! vous avez là un habit... j'en ai un pareil.
BUCHARD, *à part.* — Aïe!
CHALABERT, *examinant l'habit.* — Seulement le mien est plus marron... je l'ai fait faire à Lyon!...
BUCHARD. — Et moi... à Mons!
CHALABERT. — Ah çà! comprend-on mon gendre... qui laisse arriver ses témoins... et qui n'est pas là... mais avant de rien conclure... j'ai besoin de savoir si le docteur... Il est sans doute près de ma fille... je vais vous l'envoyer... *(Saluant.)* Monsieur.
BUCHARD, *saluant aussi.* — Monsieur.
CHALABERT, *regardant l'habit.* — Oh! oui, le mien est beaucoup plus marron... de Lyon. *(Chalabert sort.)*

SCÈNE XV

BUCHARD, MARGUERITE

BUCHARD. — Ah! Marguerite!
MARGUERITE. — En voilà une histoire!... c'est M. Lardillon qui était là!
BUCHARD. — Eh bien ?
MARGUERITE. — Eh bien! c'est égal... j'ai obéi.
BUCHARD. — Elle a obéi!... Tiens! *(Il l'embrasse.)*
MARGUERITE. — Ce pauvre garçon... il ne s'est seulement pas réveillé... M. Rançonnet lui a dit : Numéro 9,

levez-vous!... Ah ben! oui!... il s'est retourné et il a fait : fust! alors, ils l'ont soulevé dans leurs bras et puis... et puis on m'a dit de m'en aller... et me v'là... êtes-vous content ?

BUCHARD. — Elle me demande si je suis... *(Il l'embrasse.)* Tiens! tiens! tiens! voilà comme je suis content.

MARGUERITE. — Dame! maintenant que je vais être votre femme, il faut que je m'habitue à obéir... parce que l'obéissance... ça se doit...

BUCHARD. — Ça se doit... toujours!... c'est comme un terme.

DUO

AIR : *Servez donc, flattez donc* (Barcarolle).

De ton roi,
Je le voi,
Tu veux connaître la loi.
Cœur soumis,
Obéis,
Aux ordres que je prescris.
Je veux qu'on ne se lasse
Jamais de mon tendre amour,
Je veux que l'on m'embrasse
Plus de mille fois par jour.

MARGUERITE

Sans effroi,
Sans émoi,
Je me soumets à ta loi.
Cœur soumis,
J'obéis,
Aux ordres que tu prescris.

BUCHARD

Je veux que tu me parles
Avec tes yeux les plus doux,
Je veux comme un king Charles,
Me rouler à tes genoux.

MARGUERITE

Sans effroi, etc.

ENSEMBLE

BUCHARD

Ame soumise,
Qu'on tyrannise,
Te voilà prise,
Dans mes filets.
Elle est si bonne,
Qu'ell' s'abandonne,
Quand je l'ordonne,
A mes projets.
Oui, tu promets,
D'être à moi pour jamais.

MARGUERITE

Ame soumise,
Qu'on tyrannise,
Me voilà prise
Dans ses filets.
Je suis trop bonne;
Mais il ordonne,
Je m'abandonne,
A ses projets.
Oui, je promets,
D'être à toi pour jamais.

A la fin du duo, Buchard se jette aux pieds de Marguerite.

SCÈNE XVI

BUCHARD, RANÇONNET

RANÇONNET. — Hein!

BUCHARD. — Aïe! *(Marguerite se sauve.)*

RANÇONNET. — Je vous dérange... Il paraît que vous étiez en affaire...

BUCHARD. — Oui... je donnais quelques ordres... à la cuisinière.

RANÇONNET. — Dans cette position suppliante ?

BUCHARD. — Précisément... je la suppliais... de ne pas

tant faire cuire son rôti... parce que le rôti trop cuit... Et votre carabinier ?

RANÇONNET. — Ah! ne m'en parlez pas! Devinez où nous l'avons trouvé... dans votre maison... sur le même palier...

BUCHARD. — Ah bah!

RANÇONNET. — Nous entrons chez lui... le malheureux était couché, et dans un état voisin de l'ivresse.

BUCHARD. — Pouah!

RANÇONNET. — Quand je lui ai demandé son âge, savez-vous ce qu'il m'a répondu ?

BUCHARD. — Quoi ?

RANÇONNET. — Je vais faire votre buste!...

BUCHARD. — Ah!...

RANÇONNET. — Heureusement qu'à simple vue, il était évident que ça ne pouvait pas faire un carabinier... un petit être grêle, mesquin... pas d'étoffe!...

BUCHARD. — Fi donc!... c'est comme si on voulait faire un paletot avec un bonnet de police... Comme ça, le voilà libéré, ce pauvre numéro 9 ?

RANÇONNET. — Pas encore, il faut que j'expédie mon rapport au colonel.

BUCHARD. — Ah! Il est fait, votre rapport ?

RANÇONNET. — Je l'ai là... dans ma poche... il n'y manque que ma signature...

BUCHARD. — Une plume!... voici.

RANÇONNET. — Est-ce que j'ai demandé ?... Au fait... *(il se met à une table et signe)* autant me débarrasser tout de suite... Mais j'y pense!... par qui faire porter...

BUCHARD. — Justement... je sors pour acheter des gants... Où demeure-t-il, votre colonel ?

RANÇONNET. — Près de l'Hippodrome...

BUCHARD. — Juste... à côté de mon gantier... *(Il prend la lettre.)*

RANÇONNET. — Mais attendez donc!... nous oublions une chose... mon cachet, je ne l'ai pas apposé.

BUCHARD. — Est-ce bien nécessaire ?

RANÇONNET. — C'est indispensable pour la validité... *(Il se fouille.)*

BUCHARD, *à part.* — Diable!

RANÇONNET. — C'est que je ne l'ai pas, mon cachet... je l'ai laissé chez moi, chez ma femme... ici près, au magasin de lingerie...

BUCHARD. — Tiens!... j'y allais.

RANÇONNET — Vous... pour quoi faire ?

BUCHARD. — Pour acheter... des cols... en même temps, si vous voulez permettre...

RANÇONNET. — En vérité, vous êtes trop civil.

BUCHARD. — Civil! on ne l'est jamais trop, monsieur! (*A part.*) Militaire, je ne dis pas.

AIR

Ah! quel bonheur,
Quel honneur,
Oui, mon cœur
Saisit avec ardeur
L'occasion propice
Quand j' rends service
A d'tels amis, ma foi,
En vérité, je croi
Me rendr' service à moi.
Je n' puis vous rendre,
Mon cher et tendre,
Et vous, non plus vous ne pouvez comprendre,
La joi' qu'j'éprouve,
L'bonheur que j' trouve
Enfin l' plaisir
Que j' prends à vous servir.

Tout en chantant ce milieu, il presse la main de Rançonnet, qui fait de vains efforts pour la retirer.

REPRISE, ENSEMBLE

Ah! quel bonheur, etc.

RANÇONNET

Quelle douceur,
Quel bonheur
Enchanteur,
Quand on rencontre un cœur
A l'amitié propice,
Rendre service
A ses amis, ma foi,
Comme vous, je le croi,
C'est presque agir pour soi.

SCÈNE XVII

RANÇONNET, *seul; puis* CHALABERT

RANÇONNET. — Charmant garçon! quelle carrure! et il va acheter des cols! quelle encolure!...

CHALABERT, *entrant*. — Où diable est donc passé mon gendre ?

RANÇONNET. — Il me quitte à l'instant.

CHALABERT. — Eh bien ?

RANÇONNET. — Superbe! des épaules... une poigne!... et un creux!

CHALABERT. — Ah! il est creux!...

RANÇONNET. — Enfin, c'est taillé dans le roc, c'est bâti sur pilotis.

CHALABERT. — C'est drôle... je n'aurais pas cru... il me semblait petit.

RANÇONNET. — Vous trouvez ça petit...

CHALABERT. — Il est frêle.

RANÇONNET. — Vous trouvez ça frêle... comment vous les faut-il ? il me rappelle la vieille garde... les colosses de l'Empire. *(Le frappant avec le dos de sa main.)* Nous étions tous des colosses sous l'Empire...

CHALABERT. — Oh!...

RANÇONNET. — Recevez donc mon compliment sincère... seulement, je dois vous prévenir d'une chose... votre gendre est sanguin...

CHALABERT. — Eh bien! qu'est-ce que ça fait ?

RANÇONNET. — Oh! mais... très sanguin!

CHALABERT. — Napoléon l'était...

RANÇONNET. — Il l'était... d'accord, mais pas au point d'embrasser la cuisinière... votre gendre est plus sanguin que Napoléon.

CHALABERT. — Comment!... que dites-vous ?...

RANÇONNET. — Je l'ai trouvé ici tout à l'heure aux pieds de Marguerite.

CHALABERT. — Quelle horreur!

RANÇONNET. — Mais non... vous deviez vous y attendre... avec cette richesse d'organisation... c'est le revers de la médaille... Plaignons-le!

CHALABERT. — Comment! dans ma maison... sous mes yeux.

RANÇONNET. — Bah! vous en verrez bien d'autres...

CHALABERT. — Vous croyez ?...

RANÇONNET. — Adieu, je vous laisse, je vais retrouver ma femme Séraphine-Cocotte-Victoire, née de Beauchamps... Je ne l'ai pas vue depuis ce matin... Bien des choses à votre gendre... à votre magnifique gendre. *(Il sort.)*

SCÈNE XVIII

CHALABERT; *puis* LARDILLON

CHALABERT. — Comprend-on ce Lardillon... au moment d'épouser ma fille... est-ce qu'il aurait vraiment des passions ?...

LARDILLON, *sortant de sa chambre.* — Ah! j'ai fait un drôle de rêve!... j'ai rêvé gendarmes! eh bien! c'est désagréable... mais maintenant ça va mieux...

CHALABERT. — Ah!... fi! monsieur, fi!

LARDILLON. — Beau-père ?

CHALABERT. — Je dis : Fi! monsieur, et ce n'est pas assez. Je devrais dire... ah! Lardillon!

LARDILLON. — Ah! je comprends... on vous a conté ma petite escapade de tantôt...

CHALABERT. — Vous devriez rougir... à la veille d'un mariage... mais l'homme le plus... désordonné met de l'eau dans son vin.

LARDILLON. — Çà, j'ai eu tort, j'aurais dû en mettre... mais la prochaine fois...

CHALABERT. — La prochaine fois! c'est-à-dire que vous comptez recommencer... d'abord je chasse Marguerite... votre complice...

LARDILLON. — Ma complice... qu'est-ce que nous avons donc commis...

CHALABERT. — Vous le demandez? quand tout à l'heure on vous a surpris l'embrassant.

LARDILLON. — Moi ?

CHALABERT. — Vous!... toi!!!

LARDILLON, *à part.* — Ah çà! est-ce que, de son côté, le beau-père aurait déjeuné ?...

CHALABERT. — Vous voilà confondu! une cuisinière!

LARDILLON. — Permettez... tout à l'heure j'ai fait les rêves les plus singuliers... j'ai rêvé que j'étais... je ne peux pas trop vous dire où... devant trois gaillards plus ou moins militaires qui me regardaient, qui me retournaient... je ne peux pas trop vous dire comment... et qui me parlaient... qui me disaient... je ne peux pas trop vous dire quoi... et puis il y avait des gendarmes et puis des... mais des cuisinières...

CHALABERT. — Oui!...

LARDILLON. — Des cuisinières que j'embrassais!

CHALABERT. — Oui! oui!...

LARDILLON. — Non! non, vrai... je ne crois pas... si je me rappelais, je vous le dirais... parce qu'en rêve... tout est permis.

CHALABERT. — En rêve! mais on vous a vu, monsieur, un homme digne de foi... un docteur patenté...

LARDILLON. — Ah! j'y suis!... vous avez déjeuné ensemble... ah! ah! ah!

CHALABERT. — Riez, riez, mais quand votre belle-mère saura... elle qui n'est pas déjà si bien disposée pour vous....

LARDILLON. — Ma belle-mère! oh! je cours la prévenir... je veux être le premier à lui expliquer... car avec vous, impossible de s'entendre... soyez tranquille, je l'apaiserai, la belle-mère, quand je devrais faire... son buste. *(Il entre à gauche au deuxième plan.)*

SCÈNE XIX

CHALABERT; *puis* RANÇONNET

CHALABERT. — Ah çà! est-ce que mon futur gendre deviendrait fou ?....

RANÇONNET, *entrant vivement.* — Ah! mon ami... quand je vous le disais...

CHALABERT. — Quoi donc ?

RANÇONNET. — Je viens de le trouver aux pieds de ma femme... avec mon cachet! aux pieds de Séraphine-Cocotte-Victoire, née de Beauchamps! avec mon cachet...

CHALABERT. — Qui ça ?

RANÇONNET. — Mais lui... toujours lui... Après ça, c'était inévitable, une nature si exceptionnelle... il est l'esclave de son économie.

CHALABERT. — Mais de qui parlez-vous ?

RANÇONNET. — De votre gendre ! de votre magnifique gendre !

CHALABERT. — Comment !... il aurait osé ?... quand ça ?...

RANÇONNET. — Tout à l'heure... à l'instant.

CHALABERT. — Il était ici... je le quitte.

RANÇONNET. — Allons donc !

CHALABERT. — Il vient d'entrer chez sa belle-mère... là... dans cette pièce... et nous allons bien voir. *(Il ouvre la porte à gauche et pousse un cri.)* Ah ! grands dieux !

RANÇONNET. — Quoi donc !...

CHALABERT. — Ma femme !... sa belle-mère... qu'il embrasse !... Phèdre et Hippolyte !!! *(Il se jette dans les bras de Rançonnet.)*

RANÇONNET. — Voyons, mon ami, du calme... vous étiez prévenu, il ne respecte rien, mais ce n'est pas sa faute... il est l'esclave de son économie...

CHALABERT. — Vous appelez ça de l'économie... il embrasse tout le monde... Oh ! mais ça ne se passera pas comme ça... il me faut une explication... et elle sera chaude. *(Il entre à gauche au deuxième plan.)*

SCÈNE XX

RANÇONNET, BUCHARD

BUCHARD, *entrant par le fond.* — Me voilà.

RANÇONNET. — Encore lui !... ah çà ! il est donc partout.

BUCHARD. — C'est vous que je cherche.

RANÇONNET. — Ah ! vous ne risquez rien... j'ai tout dit, monsieur... votre attitude, votre tenue auprès de Marguerite et de ma femme... et votre beau-père ! *(Il le frappe du dos de la main.)* Votre malheureux beau-père !

BUCHARD. — Mon beau-père !... *(Il fait le même jeu avec le dos de la main sur Rançonnet, qui trébuche sous le coup.)* Je ne suis pas son gendre.

RANÇONNET. — Vous n'êtes pas le gendre de votre beau-père !

BUCHARD. — Ma foi non !

RANÇONNET. — Qui êtes-vous donc ?

BUCHARD. — Vous rappelez-vous le numéro 9... un carabinier mesquin que vous avez jugé incapable de servir... faute d'étoffe. *(Se posant.)* Voilà!

RANÇONNET. — Vous!... impossible!...

BUCHARD. — Vous ne me reconnaissez pas ?... ah! il est bon de vous dire que c'est un autre qui a pris ma place.

RANÇONNET. — Qu'entends-je ?... une substitution... une erreur de personne... se jouer à ce point de l'autorité... compromettre un vieux soldat. Ah! vous avez cru qu'il suffirait, pour vous libérer, de porter cette lettre.

BUCHARD. — Moi, je ne l'ai pas portée...

RANÇONNET, *avec joie.* — Ah! *(A part.)* J'aime mieux ça.

BUCHARD. — J'ai trouvé une autre idée sur mon chemin.

RANÇONNET. — Monsieur, je ne souffrirai pas que le gouvernement soit lésé; vous devez un carabinier à l'Etat... l'Etat aura son carabinier... Rendez-moi cette lettre.

BUCHARD, *la déchirant.* — Voici... mais service pour service... je suis venu pour vous demander une recette.

RANÇONNET. — Je ne suis pas pharmacien, monsieur.

BUCHARD. — C'est égal, vous devez savoir comment un conscrit s'y prend pour brûler la politesse au gouvernement ?...

RANÇONNET. — Moi! moi, qui ai traîné ma vieille épée sur vingt champs de bataille! moi, qui ai pansé des blessés à travers le fer, le feu des bataillons...

BUCHARD — Vieux farceur! mais pendant nos guerres, vous n'avez pansé que des coqueluches.

RANÇONNET. — Monsieur ?

BUCHARD. — Et des coqueluches de campagne encore... au fond d'un petit village bas-breton, où s'était cachée votre vieille épée.

RANÇONNET, *arpentant la scène.* — Assez! vous m'êtes envoyé par mes ennemis politiques.

BUCHARD. — Du tout; mais par Séraphine-Cocotte-Victoire, née de Beauchamps...

RANÇONNET. — Ma femme!

BUCHARD. — Et ma marraine... Elle m'a raconté vos victoires et conquêtes.

RANÇONNET, *à part.* — Ah! mon Dieu! si l'on venait à savoir... je n'obtiendrais jamais ma place. *(Haut.)* Voyons, finissons-en... Que veux-tu ?

BUCHARD. — Moi, rien; mais il ne faut pas que le

gouvernement soit lésé : vous devez un carabinier à l'État, et... dites donc, j'en trouve un pour douze cents francs... c'est une occasion... je vous conseille de le prendre.

RANÇONNET. — Douze cents francs!...

BUCHARD. — Vous les valez... Confiez-moi les fonds... et j'achète le remplaçant pour vous et pour moi... Quand y a pour un, y a pour deux... Il est superbe!...

RANÇONNET. — Mais...

BUCHARD. — Soyez tranquille... je vous rendrai ça... je suis un modèle... de probité.

RANÇONNET. — Allons, soit... tu viendras demain chez moi... et si jamais on te parle de mes vingt-trois blessures... tu diras ?...

BUCHARD. — Je dirai que j'en ai compté cinquante-quatre mortelles.

RANÇONNET. — Très bien! Je t'enverrai du monde.

SCÈNE XXI

LES MÊMES, LARDILLON, CHALABERT

CHALABERT, *à Lardillon.* — Non, je te le répète, tu es un excellent garçon... plein de cœur... mais tu es trop sanguin... voilà ton défaut.

LARDILLON. — Mais quand je vous dis...

CHALABERT. — Tiens, demande à Rançonnet...

RANÇONNET. — Je ne me trompe pas, le numéro 9... que j'ai examiné...

CHALABERT. — Là... tu vois.

RANÇONNET. — Et que j'ai jugé impossible comme carabinier.

LARDILLON. — Hein! *(A part.)* Mon rêve!

CHALABERT. — Carabinier!... je ne comprends plus...

BUCHARD. — Ça ne fait rien.

CHALABERT, *à Rançonnet, montrant Lardillon.* — Qu'est-ce qui se douterait que ce gaillard-là est bâti sur pilotis...

RANÇONNET. — Mais ce n'est pas lui.

CHALABERT. — Comment! ce n'est pas lui... mon gendre que vous avez vérifié ce matin... ici.

RANÇONNET. — Mais non.

LARDILLON. — Mais non.

CHALABERT. — Alors, je ne comprends plus.

BUCHARD. — Ça ne fait rien.

CHALABERT. — Ah çà! mais si ce n'est pas Lardillon, c'est un autre.

BUCHARD, *s'avançant.* — Présent!

CHALABERT. — Vous ?... je ne comprends plus.

BUCHARD. — Ça ne fait rien.

CHALABERT. — Voyons, qui est-ce qui a embrassé Mme Rançonnet ?

BUCHARD. — Présent! c'est ma marraine.

CHALABERT. — Ah!... qui est-ce qui a embrassé Marguerite ?

BUCHARD. — Présent! c'est ma sœur de lait.

CHALABERT. — Une domestique! fi! monsieur... un homme comme vous!... *(Regardant l'habit.)* Qui a un si bel habit... enfin, c'est votre affaire... Mais vous comprenez que maintenant je ne peux plus garder cette fille chez moi.

BUCHARD. — Suffit... je l'attache à mon service. *(Il jette un cri.)* Prrrr!

CHALABERT. — Qu'est-ce que vous faites donc ?

BUCHARD. — Je sonne.

SCÈNE XXII

LES MÊMES, MARGUERITE

MARGUERITE. — Voilà!... M. le notaire et les témoins sont arrivés.

CHALABERT. — Allons... ne perdons pas de temps...

RANÇONNET. — Comment! vous consentez... Mais rappelez-vous donc mon système.

CHALABERT. — Ah! j'en ai assez de votre système; j'en suis revenu, des hommes sanguins... Lardillon, tu n'es pas bâti sur pilotis, tu n'es pas taillé dans le roc... tu es grêle... je m'en réjouis, ma fille est à toi.

RANÇONNET, *à part.* — Ça fait pitié!

CHALABERT. — Allons signer le contrat... vite... vite... Ah! Marguerite... j'oubliais...

MARGUERITE. — Monsieur...

CHALABERT. — Mon habit de cérémonie, mon habit marron.

BUCHARD, *à part.* — Aïe!

MARGUERITE. — Tout de suite, monsieur; c'est que...

BUCHARD. — A quoi bon!... des cérémonies... en famille.

CHALABERT. — Vous avez le vôtre, je tiens à mettre le mien... Marguerite!

BUCHARD. — Non!... je ne le souffrirai pas... D'abord je vous préviens d'une chose, si vous mettez votre habit marron, je me croirai obligé d'ôter le mien... et vous ne voudriez pas me forcer à signer le contrat en manches de chemise.

CHALABERT. — Oh! non!... Allons, je signerai... en redingote...

Tous remontent la scène excepté Buchard et Marguerite.

BUCHARD, *à Marguerite.* — Dis donc, Marguerite...

MARGUERITE. — Hein ?

BUCHARD. — Ils vont signer le contrat.

MARGUERITE. — Je sais bien...

BUCHARD. — Dis donc, Marguerite, nous qui allons nous marier, si nous le signions aussi, notre contrat... à nous deux.

MARGUERITE. — Ah! que c'est bête... je ne sais pas écrire.

BUCHARD. — Tiens! ni moi non plus... v'là mon paraphe *(il l'embrasse);* mets le tien!... *(il tend la joue, elle l'embrasse; il l'embrasse de nouveau)* et je signe deux fois!...

CHALABERT, *se retournant.* — Encore! quel homme sanguin!...

CHŒUR

AIR d'*Hormille.*

Des amants couronnons l'ardeur,
Plus d'exigences,
De vaines transes,
Et sachons faire leur bonheur
Sans prendre l'avis du docteur.

FIN D'UN HOMME SANGUIN

TABLE DES MATIÈRES

THÉÂTRE

GF — TEXTE INTÉGRAL — GF

1/1637-VII-1995. — Imp. B.C.I., St-Amand (Cher).
Nº d'édition 16163. — Novembre 1990. — Printed in France.

GF — TEXTE INTÉGRAL — GF

[illegible]

N° d'édition [illegible] — Novembre 1990 — Printed in France